U0620994

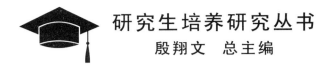

研究生培养研究丛书

殷翔文　总主编

研究生复合型人才培养研究

YANJIUSHENG FUHEXING
RENCAI PEIYANG YANJIU

潘百齐　魏少华　祝爱武　等　著

南京大学出版社

图书在版编目(CIP)数据

研究生复合型人才培养研究 / 潘百齐等著. — 南京：
南京大学出版社，2018.9
(研究生培养研究丛书)
ISBN 978-7-305-20877-5

Ⅰ. ①研… Ⅱ. ①潘… Ⅲ. ①研究生教育－人才培养
－研究－中国 Ⅳ. ①G643

中国版本图书馆 CIP 数据核字(2018)第 197597 号

出版发行　南京大学出版社
社　　　址　南京市汉口路 22 号　　　　邮　编　210093
出 版 人　金鑫荣

丛 书 名　研究生培养研究丛书
总 主 编　殷翔文
书　　　名　研究生复合型人才培养研究
著　　　者　潘百齐　魏少华　祝爱武　等
责任编辑　束　悦　　　　　　　编辑热线　025-83686308

照　　　排　南京南琳图文制作有限公司
印　　　刷　南京玉河印刷厂
开　　　本　787×1092　1/16　印张 16.25　字数 385 千
版　　　次　2018 年 9 月第 1 版　2018 年 9 月第 1 次印刷
ISBN 978-7-305-20877-5
定　　　价　52.00 元

网　　　址　http://www.njupco.com
官方微博　http://weibo.com/njupco
官方微信　njupress
销售热线　025-83594756

* 版权所有，侵权必究
* 凡购买南大版图书，如有印装质量问题，请与所购
　图书销售部门联系调换

《研究生培养研究丛书》编撰委员会

主　任　殷翔文　江苏省学位与研究生教育学会会长、江苏省教育厅原副厅长、江苏省学位委员会原副主任

副主任　吕　建　中国科学院院士，江苏省学位与研究生教育学会副会长，南京大学校长、教授、博士生导师

　　　　　沈　炯　江苏省学位与研究生教育学会副会长，东南大学原副校长，教授、博士生导师

　　　　　熊思东　江苏省学位与研究生教育学会副会长，苏州大学校长、教授、博士生导师

　　　　　朱跃龙　河海大学原副校长，教授、博士生导师

　　　　　潘百齐　南京师范大学原副校长，教授、博士生导师

　　　　　刘祖汉　扬州大学副校长、教授、博士生导师

委　员　（以姓氏笔画为序）

　　　　　冯建明　东南大学党委办公室主任、统战部部长、副研究员

　　　　　汪　霞　南京大学教育研究院副院长、教授、博士生导师

　　　　　郎建平　苏州大学研究生院原院长，教授、博士生导师

　　　　　俞洪亮　扬州大学副校长、教授、博士生导师

　　　　　储宪国　江苏省学位与研究生教育学会秘书长

　　　　　董增川　河海大学副校长、教授、博士生导师

　　　　　魏少华　江苏省学位与研究生教育学会副秘书长，南京师范大学研究生院院长、教授、博士生导师

《研究生培养研究丛书》内容简介

　　《研究生培养研究丛书》（以下简称《丛书》）是由江苏省学位与研究生教育学会组织编撰的一套以研究生教育"为谁培养人""培养什么人""怎样培养人"为主题的、系统性、系列化的学术研究专著。《丛书》包括《研究生培养立德树人研究》《研究生创新型人才培养研究》《研究生应用型人才培养研究》《研究生复合型人才培养研究》《交叉学科研究生培养研究》《研究生培养协同机制研究》六个分册。

　　《丛书》以直面研究生培养若干前沿、重点、热点、难点的理论和实践问题为出发点，以前瞻眼光、国际视野、创新思维、务实态度，系统深入研究问题为着力点，以拓展破解问题的思路、提出解决问题的方案为落脚点，以"理论探讨""国际比较""实践探索""对策建议"为篇章布局，以回答所论述主题"是什么""为什么""怎么样"为逻辑路线，以政府部门、培养单位、科研院所与企业相关人员、研究生导师、研究生，以及教育、科研、人才、经济工作者等为主要读者对象。《丛书》对于促进我国研究生培养制度变革创新，对于提升研究生培养能力与质量具有较好的学术引领作用和实践指导价值，是我国研究生培养领域不多见的一套新作、力作。

本书内容简介

本书对研究生复合型人才培养这一主题进行专题研究,分为4篇。

第一篇理论探讨篇,对研究生复合型人才的概念与特征,研究生复合型人才培养的内涵、意义、模式、机制等问题进行了比较系统的理论探讨。

第二篇国际比较篇,对美国、英国、德国等国家研究生复合型人才培养的基本情况、机制特点、共性与差异进行了比较研究,对有关学校研究生复合型人才培养的个案进行了深入分析,并在此基础上概括提炼出国外研究生复合型人才培养的一些有益启示。

第三篇实践探索篇,主要对江苏有关高校研究生复合型人才培养实践探索的基本情况、机制特点进行了认真总结,对相关实践案例进行了深入分析。

第四篇对策建议篇,围绕研究生复合型人才培养的主题,在理论与实践结合系统深入研究的基础上,分别对政府管理部门、研究生培养单位、研究生导师和研究生提出了研究生复合型人才培养的具体对策建议。

总　序

　　这里奉献给各位读者的,是江苏省学位与研究生教育学会组织编撰的一套《研究生培养研究丛书》(以下简称《丛书》),包括《研究生培养立德树人研究》《研究生创新型人才培养研究》《研究生应用型人才培养研究》《研究生复合型人才培养研究》《交叉学科研究生培养研究》《研究生培养协同机制研究》等六个分册。

　　本《丛书》的出版,是参与回答教育"为谁培养人""培养什么人""怎样培养人"这一时代之问的一种尝试。

　　十年树木,百年树人。教育责任重大,使命光荣。为谁培养人? 培养什么人? 怎样培养人? 这是教育的根本性问题。

　　中国特色社会主义进入了新时代,中国踏上了决胜全面建成小康社会、开启全面建设社会主义现代化的新征程,这是我国发展新的历史方位。新的历史时期,新的社会形态,新的国家目标,都对人才培养提出了更新更高的要求。习近平总书记于2016年12月7日在全国高校思想政治工作会议上指出:"高等教育发展水平是一个国家发展水平和发展潜力的重要标志。实现中华民族伟大复兴,教育的地位和作用不可忽视。我们对高等教育的需要比以往任何时候都更加迫切,对科学知识和卓越人才的渴求比以往任何时候都更加强烈。""只有培养出一流人才的高校,才能成为世界一流大学。办好我国高校,办出世界一流大学,必须牢牢抓住全面提高人才培养能力这个核心点,并以此来带动高校其他工作。""两个更加",道出了党和国家、时代和人民对高等教育的殷切期望;"两个一流"与"一个核心点",指明了一流大学建设的根本方向;"卓越人才"与"一流人才",提出了大学特别是研究型大学培养人才的明确要求。

　　众所周知,94岁的中国航天科学奠基人钱学森在病床上,对前来看望的时任国家总理温家宝进言:中国在进行下一轮的科技发展规划时,不能忽略培养具有创新能力的人才问题。现在中国没有完全发展起来,一个重要原因是没有一所大学能够按照培养科学技术发明创造人才的模式去办学,没有自己独特的创新的东西,为什么我们的学校总是培养不出杰出人才? 这就是著名的"钱学森之问"。我以为,"钱学森之问"是一个关于教育为谁培养人、培养什么人、怎样培养人的时代和社会之问,国家和民族之问,人民和公众之问。我以为,对于"钱学森之问",包括研究生教育工作者在内的教育工作者自然应该回答,科学技术、文化艺术、医疗卫生、经济金融、社会管理等各个领域的工作者应该回答,国家与社会决策管理者、家长、教师等社会各有关方面人士都应该共同回答。编撰出版这套《丛书》,就是作为江苏的研究生教育工作者试图参与回答以"钱学森之问"为代表、以"为谁培养人、培养什么人、怎样培养人"为主要内涵的时代之问的一种尝试。

本《丛书》是完善我国研究生培养制度的一些思考。

我国的现代学位制度开端于1935年。中华人民共和国成立后,1950年招收研究生,1950年至1965年共招收研究生22 700多人。由于"文化大革命",研究生教育中断了12年,1978年恢复了招收培养研究生的制度。到2016年,全国有研究生培养机构793个,其中普通高校576个,科研机构217个。在学研究生198.11万人,其中,在学博士生34.2万人,在学硕士生163.90万人。毕业研究生56.39万人,其中,毕业博士生5.5万人,毕业硕士生50.89万人。[①] 可以看出,中华人民共和国成立以后的学位与研究生教育有几个特点:一是前面近30年发展很缓慢,甚至停止;二是后面近40年发展很迅猛;三是发展规模很大;四是贡献很大;五是时间短,很年轻。应该说,我国的研究生教育在如此短的时间内,以如此快的速度,形成如此大的规模,为国家和社会培养和输送了如此众多的高层次人才,努力之巨大,贡献之巨大,是全世界独一无二的,这是一方面。然而,也正是因为时间之短、速度之快、规模之大,出现了另一方面。这就是我们应该客观地看到的,我国的研究生教育还很年轻,还不够成熟,还难以避免地存在着与外部的社会人才需求脱节,内部的培养规格与培养方式较单一、培养体系不健全、培养制度有缺失、培养机制有失衡、培养质量不够高等问题。在新的历史时期,我国的创新驱动战略是个大战略、总战略、长远战略,既包括科技创新驱动,也包括制度机制创新驱动;既包括经济发展的创新驱动,也包括社会进步的创新驱动。我国要建设创新型国家,还能依靠人口红利吗?不能,要靠人才红利。人才红利从哪里来?从包括教育在内的人才培养、使用、管理体系、制度的创新中来,从包括研究生教育改革在内的教育改革中来。我国的研究生教育在面临着建设创新型国家、发展创新型经济、建设人才为核心尤其是高层次人才与杰出人才为引领的学习型社会、实现中华民族伟大复兴重大机遇的同时,也面临着跟上时代步伐、适应社会需要、引领国家发展和社会进步,进行调整、完善甚至建设性革新,实行制度机制创新驱动,实现由速度型、单一型、粗放型向创新型、品质型、引领型转变的巨大挑战。显然,这种转变的重大课题不是本《丛书》所能全面研究论述的。而本《丛书》是试图基于这个大理念,围绕这个大课题,选择和围绕研究生培养的几个重要方面,探讨性地提出一些完善我国研究生培养制度的想法。

我国的研究生教育需要加强精英培养。钱学森先生讲的"杰出人才",到底是什么样的人才?他的秘书兼学术助手涂元季说,"他心目中的杰出人才要比一般的专家、院士高出一大截,用他的话说叫'科技帅才'","按钱老的标准,这样的杰出人才不仅要在国内某一领域位居前沿,而且要在全球科技领域让人一提到就竖起大拇指;不

---

① 《2016年全国教育事业发展统计公报》,来源:中国教育部网站。

仅个人要具备拔尖的学术水平，还要有本事团结一大批人，统领一大批专家攻克重大的科技难关"。① 可以看出，钱老所说的杰出人才，是国家的栋梁之材，社会各领域的领袖之才、领军之才、大师之才，不仅在国内是出类拔萃的，在世界上也是著名的，是世界人才森林中的参天大树，是人才群星中的耀眼之星，是人才之精英，也许就是习近平总书记所要求的"卓越人才"与"一流人才"吧。

古今中外，很多培养和产生杰出人才的制度、做法和现象是值得我们深思和借鉴的。

在中国，作为"取士不问家世""为国选贤"的科举制度，"自隋至清在我国延续了1 300余年，考选出800多名状元，10万多名进士，上百万举人，这些人才为这一时期的政治、经济、军事、文化、社会发展作出了不可磨灭的贡献"②。通过科举选拔了一批经世致用的杰出人才，这在唐、宋时期表现得尤为突出。然而，中国的科举制度，后来正是因为考试内容陈腐，考试方式僵化，考试制度未能适应社会进步而实行与时俱进的改革，尤其是八股文使科举制度出现大倒退，禁锢思想，摧残人才，误国害民，终被历史抛弃。

在中国，除了科举制度外，作为初为官方修书、藏书、校书之所，后为学者隐居读书、聚徒讲学之所，再为准备科举应试之所，"清末新政"改为学堂的古代教育机构书院，尤其是稽山书院、白鹿洞书院、岳麓书院、嵩阳书院等著名书院，在培养人才、研究学术、传播文化方面发挥了重要作用。

作为中国高等教育奇迹、中国大学楷模的西南联大，为中华民族贡献了一大批顶天立地的栋梁之材，包括杨振宁、李政道这样的大批自然科学家和人文学家。

在国外，产生众多杰出人才的"犹太人"现象是值得我们深思的。"犹太民族造就了一大批空前绝后的伟人与名人，他们属于各领域最出类拔萃的人物"，"群星灿烂的犹太政坛巨子、艺术精英、科学巨匠、思想大师、巨富大亨，诸如：伟大的革命导师马克思、科学巨人爱因斯坦、精神分析学大师弗洛伊德、音乐巨匠门德尔松、艺术大师毕加索、'原子弹之父'奥本海默、传奇政商哈默、美国'奇缘博士'基辛格、'好莱坞叛逆之星'霍夫曼、以色列倔老头沙米尔、以色列总理沙龙等"。③

在国外，英国现象与德国现象也是值得我们深思的。"有许多批评家包括亚当·斯密和爱德华·吉本指出，牛津、剑桥食古不化，似乎大学教育就是培养绅士，片面注重道德、品格和行为举止的训练，课程太窄，跟不上现实和科学技术的发展。甚至有人进一步推演：牛津、剑桥孕育的这种'绅士帝国主义'，使英国的精英缺乏实际技能，结果到了20世纪，英国被德国全面赶超。这样的绅士教育，导致了大英帝国的衰

---

① 《访钱老秘书兼学术助手涂元季：钱学森的人才忧思》，来源：新华网。
② 周道祥：《江南贡院史话》，南京出版社2016年版，前言第2页。
③ 德川盛乐：《犹太人影响世界的28个法则》，金城出版社2007年版，第1页。

落。""捍卫牛津、剑桥所代表的盎格鲁-撒克逊传统的人指出,德国大学过分专业化,培养的是专门人才,却不是完整的人。德国人作为个体而言,才干出群,但是,德国作为一个整体而言,表现一再令人失望。频频走火入魔,把自己的才干变成破坏性力量,相对而言,牛津、剑桥的传统培养的优秀公民和领袖,在关键时刻都能挺身而出,挽狂澜于既倒,奠定了盎格鲁-撒克逊民族对世界的统治。"①

诚然,上述这些例子不一定是最具代表性的,但至少是成功的;是不可照搬和复制的,但可以有不少的启示;也不一定是最好的,但可以为做得更好提供借鉴。当代社会对人才的需求有其自身的、更突出的层次性要求和结构性要求,对高层次人才的需求有更强烈的精英化要求。实现经济发展的转型升级和中华民族的伟大复兴,需要荟萃的群英、辈出的英才支撑和引领。在现代中国,实现高等教育大众化乃至普及化以后,精英教育就随之消失了吗?或者说,本、专科层次的高等教育实现大众化乃至普及化以后,研究生层次的高等教育也随之大众化乃至普及化了吗?在高等教育大众化、普及化的背景下,精英教育是应该加强还是应该被有意无意地削弱呢?显然,答案应该是否定的。那么,杰出人才、精英人才的培养任务主要应该由谁来承担、应该如何加强呢?研究生教育作为国民教育体系的最高层次,不仅不应为高等教育大众化乃至普及化的大潮所淹没,而且更应该责无旁贷地适应当代经济社会发展,人的全面发展,国家强盛与民族复兴更高、更全面、更复杂的人才需求,立足于人才需求、人才培养与人才供给这个大体系,通过与社会体系科学合理的分工与密切协调的合作,研究探索出高层次人才尤其是精英人才培养、供给这个方面"自己独特的创新的东西",实施人才培养的精英战略、精品战略和特色战略,建立形成不断革新和完善的选拔培养杰出人才、精英人才的体系、制度、机制、模式和环境,切实担当起培养社会杰出人才、精英人才的重任,并进而引领包括基础教育、中等教育与高等教育在内的整个教育体系的制度创新和完善发展,形成符合时代要求和社会要求的、完善先进的各级各类人才培养大体系,形成中国特色的研究生教育体系及其杰出人才培养体系。

我国的研究生教育需要加强全面培养。上乘的象牙雕作品,正是以坚实细密、洁净如玉、温润柔和的质地,造型独特、玲珑别透、雍容华贵的精美,一丝不苟、精镂细刻、巧夺天工的技艺,显示其高雅非凡、出类拔萃的气质,让人驻足不前、爱不释手、巨资珍藏。诚然,一般的材质,普通的工匠,粗糙的技法,是出不了这样的精品的。杰出人才的培养又何尝不是如此呢?杰出人才作为人才森林中的参天大树,既有特别高大、粗壮的体态,又有特别优秀、独特的品质。作为未来的领袖人才、领军人才,必须有不同于一般人才所具有的心灵、道德、智慧、品格、能力和特质。诚然,在科技主义盛行、人文主义危机的年代,在物欲横流、功利盛行的年代,在平庸世俗、斯文扫地、价值底线一再被突破的年代,培养这样的杰出人才是很困难的。

---

① 薛涌:《培养精英》,江苏文艺出版社 2010 年版,第 42 页。

　　比如说人文精神与科学精神的教育。研究生是不缺知识的,但是,一定能说不缺文化吗?一定能说不缺人文精神与科学精神吗?如何通过道德的、人文的、科学的、心理的等方面的综合教育,使培养的研究生不仅有知识,还有理想,有思想,有道德,有责任;有人文情怀,有文化底蕴,有科学精神,有专业素养,有超越学科专业、国度、文化的视野和思维;有历史眼光,有世界眼光,有批判眼光;有创新精神,有拼搏精神,有务实精神,有团队精神,有献身精神;有凝聚力,有领导力,有定力,有毅力,有韧性,有弹性;有精英品格,有草根基础;等等?

　　比如说体育精神教育。体育是培养精英的重要手段。"用体育来培养精英,来源于古希腊的教育观念。古希腊人认为,刻苦的体育训练,可以培养公民坚忍不拔的品格和忍受巨大痛苦的能力,同时也锻炼了强健的身体。这样培养出来的公民,在战场上就是最好的战士。""橄榄球在美国的流行,最初还要归功于培养统治精英的需要。特别是哈佛、耶鲁、普林斯顿这三巨头的联赛,逐渐奠定了橄榄球在美国社会生活中的地位。这一粗野的比赛,其核心的教育目的就是把盎格鲁-撒克逊民族的精英培养成世界的征服者和统治者","美国精英教育的主课之一,就是体育"。①

　　我们的研究生教育固然需要适应科学技术迅猛发展的形势,立足科学前沿,加强专业教育,培养专业英才,不断提高各领域的专业发展水平,但是,不能只实施专业教育,不能只围绕专业的知识和能力转,不能为专业而专业,为学问而学问。研究生不是本科生的重复或简单延伸,不是传统的技术学徒,更不是导师这个所谓"老板"的"打工者",而是未来的社会精英。研究生教育需要以培养杰出人才为己任,静下心,沉住气,拒绝浮躁,拒绝功利,以审视批判社会和校正引导社会的勇气,以造就"象牙塔"品质的大气,以不断提升高层次人才培养能力的底气,围绕全面发展、出类拔萃、引领未来的精英人才培养目标,实施全面培养、系统培养、精心培养,让精英人才的各种素质和能力要求在研究生培养目标中体现,在培养方案中落实,在培养过程中实施,在培养质量上验证。

　　我国的研究生教育需要加强分类培养。国家治理、社会运行、领域发展,需要具有不同层次、不同功能的合理结构的人才体系来支撑。社会对各层次人才的需求是多类型、多规格、多样化的,对高层次人才的需求也是如此。研究生教育所培养的人才是直接走向社会、进入职业岗位的,处于社会人才体系的高端。研究生教育在现有按照不同学科专业、不同层次培养人才的基础上,还需要进一步面向细化的高层次人才市场,精细划分人才培养类型。比如说,按照人才的规格功能实行研究生分类培养,既培养创新型人才,也培养应用型人才;既培养专业型人才,也培养复合型人才。在人才培养制度的安排上,既有常态培养,又有特殊培养;既有适应性培养,又有超前性培养;既有"卖方推销"的培养,更有"买方订制"的培养。

---

　　① 薛涌:《培养精英》,江苏文艺出版社 2010 年版,第 174 页。

　　我国的研究生教育需要加强个性化培养。李政道曾经对《西南联大行思录》的作者张曼菱说过：西南联大的学生，不是一个模子里出来的，每个人都像一粒种子一样，而教育是配合这个学生的个性来实施的。这里，李政道一言道破了教育者与受教育者关系的本质。因材施教是我国传统教育思想的核心内涵，而我们在现实中往往看到的是，用相同的标准去衡量所有的学生，用批量化生产方式，用相同的模子去"制造"人才，这不能不说是我国现行教育制度令人悲哀的一大弊病。如果有理由说，在基础教育阶段，在本、专科教育阶段，尚不能够、无条件、难以真正实施因材施教的话，那么，在研究生教育阶段，却是必须实施因材施教的。在研究生培养中，因材施教、个性化培养，不仅应该是一种理念，而且应该是一种实践；不仅应该是一种方法，而且应该是一种模式；不仅应该是一种倡导，而且应该是一种制度化的育人方式。通过实施个性化培养，切实纠正"同一型号批量生产"的培养方式，使所培养的每一位研究生都是特别的，都具有自身独特的个性特质、学术特长和能力特点，都能很好地适应社会对高层次人才的个性化、多样化的需求。

　　我国的研究生教育需要加强"容偏"培养。说实在的，我对我国现行的研究生统考招生制度一直有一些看法，并曾经在一些学术性场合发表过自己的观点。为什么？因为多少年来，有不少具有明显特长的"偏才"就被这样的"一刀切"制度而拒于研究生教育大门之外了。最近看了一篇题为《数学0分去哪里？清华北大欢迎你》的文章。文章介绍，当年，北大专门发出通知录取国文98分、数学0分的江苏扬州中学考生朱自华，后来他改名为朱自清。当年，在北大的招生会议上，胡适说："我给了一个上海考生作文满分，你们一定要把他招进来。"招生委员会一看这名考生数学为0分，有人不同意录取。最后由校长蔡元培拍板同意，录取了这个叫罗家伦的小伙子进了北大外文系。两年后，他起草了"五四运动"的《北京学界全体宣言》，后来当了清华大学的校长。当年，江苏无锡的一个小伙子报考清华，语文和英语成绩都特别出色，英语还是满分，但数学仅15分。校长罗家伦想起自己数学0分进北大的经历，签名录取了这位叫钱锺书的考生。当年，一名数学考了4分叫季羡林的考生，被清华录取到外文系读德语，成了钱锺书的系友。当年，清华录取了在苏州大学时连数学四则运算都不会，理科四门成绩总分为25分，国文和历史考试成绩都是满分，后来与钱学森、钱三强并称为"三钱"的江苏无锡考生钱伟长。"九一八事变"后，清华物理系主任吴有训经不住决心学理科造飞机大炮救国的钱伟长的软磨硬泡，松口让这名入学物理成绩仅5分的学生试读物理专业。看完这篇文章后，真为朱自清、罗家伦、钱锺书、季羡林、钱伟长他们这些"偏科生"庆幸！真对胡适、蔡元培、罗家伦、吴有训他们这些慧眼伯乐心生敬佩！在庆幸、敬佩之余，想到的是：如果当年的招生制度如现在一样"一刀切"，还能有当时这些"偏科生"们的幸运，还能有后来这些大师大家们吗？如果当年吴有训拒绝了钱伟长的请求，还会产生爱因斯坦曾经感慨的"解决了困扰我多年的问题"的中国青年，乃至后来成为中国近代力学、应用数学最重要的奠基人的钱伟长吗？如果现在本科生的录取和培养需要体现通识教育要求，那么，研究生的录取和培养是否可以更加"容偏"些呢？

我国的研究生教育需要加强协同培养。近几年来，协同创新日益成为我国高校提升创新能力、提高教育质量的热门话题和具体行动。科技创新固然需要加强协同，作为集教学、科研、实践于一体的研究生培养更需要加强协同。在这里，我想重复一下本人的一段话："要防止在协同创新中产生一种认识误区和实践偏差，即高校协同创新主要或就是科研创新，科研创新主要或就是自然科学技术创新，而自然科学技术创新主要或就是技术创新和成果转化。""培养高层次创新创业人才，是大学的首要与根本任务，自然也就应该成为协同创新的首要与根本任务。""通过协同创新，实行理论与实践紧密结合，教学与科研、生产、管理实践紧密结合，大学教师与社会导师培养紧密结合，教育培养行为与社会培养行为紧密结合，实行教育思想、教育制度、人才培养体制、人才培养模式创新的大联动，形成创新人才与创业人才协调培养的大体系，实现大学与社会有关行业、用人单位和职业界人才培养大协同。"①

说到这里，大致表达了我关于完善我国研究生培养制度的几点想法，这就是我国研究生教育需要加强精英培养、全面培养、分类培养、个性化培养、"容偏"培养和协同培养。这几个方面的考虑，都是围绕"为谁培养人、培养什么人、怎么培养人"这个基本问题，有理念层面、理论层面的，有实践层面的。有的需要内涵于研究生培养目标中，有的需要体现在培养方案中，有的需要转化到课程体系中，有的需要落实到相关培养环节中，有的需要贯穿于培养全过程中。无论是哪个方面的，哪个环节的，都需要制度化。既要有慧眼识才的伯乐，更要有识才、容才、育才的制度。之所以强调制度问题，是因为好的培养制度才能导致好的培养行为和好的培养结果。而建立和完善好的培养制度的主要责任应该在于研究生教育政策制定者和研究生教育管理者。而好的培养制度也必须要由好的培养人通过好的培养行为才能得到落实。这里所说的培养人除了研究生培养管理工作者以外，更多的是指研究生导师，包括培养单位内外的研究生导师。名师可以出高徒，但如果只是顾及自己的名和利，把学生当作自己追名逐利工具的名人或者所谓的"名师"，也不一定能出高徒，名人不一定自然是名师。虽非名师，但倘若并不顾及自己名和利，能让学生踩着自己的肩膀，让自己的烛光照亮学生成长道路的导师，也有可能出高徒，自然也会成为受人尊敬的名师的。总之，一是要靠好的制度，二是好的制度的制定、建立、完善和执行都要靠人。

本《丛书》的出版，也是交上了却我多年心愿的一份作业。

我自2003年担任省教育厅分管学位与研究生教育工作的副厅长、江苏省学位委员会副主任到2015年2月退休，在这个岗位上一共工作了12个年头。这期间，有幸与全省学位与研究生教育的同仁一道，在学位与研究生教育的有关方面，比如，学位

---

① 殷翔文：《高校协同创新的角色定位与价值追求》，载《中国高校科技》2012年第7期。

授权单位和学位授权学科的发展提升方面,在优势学科、重点学科、协同创新中心、研究生工作站等平台的创立、建设与管理方面,在深化学位与研究生教育改革、加强学位与研究生教育管理、提高研究生培养质量方面,做了一些事情,取得了一些成绩,创造和积累了一些经验,为努力将江苏由研究生教育大省建设成为研究生教育强省而共同出力流汗,添砖加瓦,度过了难忘的岁月,留下了美好的回忆。在此过程中,我虽然也对相关问题形成了一些思考,在相关专业刊物上发表过一些文章,但总感到这些理论研究还不够系统,不够深入,用于转化为实践也不够。更重要的是个人的眼界有限,能力和作用微薄,只有集中大家的智慧和集体的力量,才能把事情做成做好。于是,在筹备成立江苏省学位与研究生教育学会的过程中,在2013年担任学会会长后,就立即着手开展组织编撰这套《丛书》的各项工作,包括确定选题、申报课题、筹措经费、搭建撰写班子、提出研究撰写要点、组织系列研讨、对《丛书》各分册逐一进行统稿修改等。现在,依靠大家的智慧和力量,出版了这套《丛书》,算是了却了我一个多年的心愿,向全省学位与研究生教育同仁和广大读者交上这份本该早就完成的作业。

这套《丛书》,在基于我国研究生教育需要实行由速度型、单一型、粗放型向创新型、品质型、引领型转变的大理念下,努力秉持这样一些理念:基于人才观—质量观—教育观的联系性、协调性、统一性和精英培养的理念,把握全书及其各分册的主线和脉搏。基于人为本、德为先和全面培养的理念,开展研究生培养立德树人的研究。基于人才需求多样性、多类型和分类培养的理念,开展研究生创新型人才、应用型人才、复合型人才培养的研究。基于高层次人才培养的复杂性、系统性和协同培养的理念,开展交叉学科培养研究生与研究生培养协同机制的研究。同时,表达了这样一些想法:我国的高层次人才市场需要进一步科学细分,高层次人才培养定位需要进一步精准确立,研究生教育需要进一步转型升级。研究生培养理念需要更具时代性,研究生培养目标需要更具精英性,研究生培养规格需要更具多样性,研究生培养制度需要更具灵活性,研究生培养机制需要更具协同性。

这套《丛书》力求体现这样一些特色。一是学术研究。《丛书》以设立重大课题研究项目为基础,以"为谁培养人、培养什么人、怎样培养人"为主线,从不同的方位,以不同的视觉直面研究生培养若干前沿、重点、热点、难点的理论和实践问题为出发点,以前瞻眼光、国际视野、创新思维、务实态度系统深入研究问题为着力点,以拓展破解问题的思路、提出解决问题的方案为落脚点,以"理论探讨""国际比较""实践探索""对策建议"为篇章布局,以回答所论述主题"是什么""为什么""怎么样"为逻辑路线,力求为我国研究生教育改革作出一点理论贡献。然而,《丛书》所论述和表达的,是作者个人作为学术研讨的观点和见解,并不代表他们所在的组织和单位。二是实践导向。《丛书》各分册均以源于实践、服务实践、引领实践为价值取向,以促进我国研究生培养制度革新创新、提升研究生培养能力和质量为目标追求,力求为研究生教育改革提供一些实践经验的启示和借鉴。三是统分结合。统,就是通过编撰委员会研究确定《丛书》的选题、定位、总体框架、风格特色、章节目录、任务分工、时序进度、体例规范等，协调解决编撰出版中的有关重要问题，统一组织专家审稿，并在综合专家评审意见的基础上进行统稿修改。分，就是按照编撰委员会的总体要求，由有关研究生培养单位及人员分工组织相关专题研讨会、承担各分册的编撰任务，鼓励各分册在总体框架与风格特色的设计安排下，形成各自的风格，彰显自己的特色。

这套《丛书》出自这样的作者群体。《丛书》由江苏省学位与研究生教育学会牵头组织编撰，各分册由省内数十家研究生培养单位数以百计的专家与相关人员精诚合作，通过数年潜心研究和不辍笔耕而完成。在他们中间，有的是研究生培养单位的领导和研究生教育工作者，有的是教育研究工作者，有的是党政管理工作者，有的是研究生导师和研究生。在这里，我要诚挚地感谢《丛书》编撰委员会的吕建、沈炯、熊思东、朱跃龙、潘百齐、刘祖汉、储宪国、汪霞、冯建明、董增川、魏少华、郎建平、俞洪亮等同志，要诚挚地感谢在《丛书》上署名和未署名的作者，还要诚挚地感谢其他相关单位和人员。感谢他们为《丛书》的编撰、出版所给予的大力支持、密切合作，所付出的辛勤劳动和宝贵智慧！我很幸运有他们这样的合作伙伴，没有他们，事业难成；没有他们，《丛书》难成。在这里，我还要特别感谢在《丛书》编撰、评审、修改、出版过程中提出多方面宝贵意见的有关领导、专家和人士，是他们的宝贵意见和慷慨奉献，使这套《丛书》更成熟、更完善。

这套《丛书》面向这样的读者群体。我们热切欢迎和期待所有关注、研究研究生教育和高层次人才培养的社会各界人士能成为这套《丛书》尊敬的读者。尤其热切欢迎和期待广大教育工作者，人才工作者，教育与人才研究工作者，大学生，研究生，有关科研机构、企业和政府管理部门的人员能成为这套《丛书》尊敬的读者。因为这套《丛书》就是为他们而出版的。他们的关注才是最可喜的，他们的认可才是最宝贵的，他们的评价才是最重要的。我们当然更热切而真诚地期待着他们的批评和指教！

诚然，由于多种主观和客观的原因，这套《丛书》还多有不尽如人意之处。比如，有些理论的阐述虽有新意，但可能不一定深刻；有些实践的案例虽有启发，但可能不一定典型；有些内容的安排虽有积极意义，但可能不一定精彩；各分册有关章节布局虽有统筹，但可能不一定严密；有些问题的探讨虽有针对性，但可能不一定深入；有些见解虽有独到之处，但可能不一定精辟；有些对策建议虽是有益的，但可能不一定是全面和最好的，等等，不一而足。然而，我们注重的是，虽未致远，但已迈步；虽未登高，但已跋涉。我们期望的是，为促进我国研究生培养制度的革新和完善，为建设中国特色、世界一流的研究生教育强国，为实现中华民族伟大复兴的中国梦，对《丛书》所涉命题能够给予更多的关注，能有更多理论的研究和实践的成功。

江苏省学位与研究生教育学会会长　殷翔文
2018 年 8 月于南京

前　言

　　在建设人才强国与教育强国的伟大事业中,形成中国特色世界一流的研究生复合型人才培养体系,是新时代研究生教育工作者的一项具有战略意义的重要使命任务。而目标明确地、自觉地进行这方面的实践探索与理论研究,是其中的关键。这部《研究生复合型人才培养研究》,就是我们课题组进行的初步尝试,也是我国第一部聚焦研究生复合型人才培养研究的专著。

　　人才得失,是世运盛衰、国事兴废的关键。社会从农业经济时代、工业经济时代步入知识经济时代,愈发依赖于人才。当今世界的激烈竞争,归根结底就是人才的竞争。其中,高层次复合型人才更是"兵家必争"之"才"。

　　这是因为,现代社会日益呈现在高度分化的基础上向整体化与综合化发展的态势,科学技术和社会生活不断融合,各学科、各专业、各领域之间相互交叉,尤其是当代科学前沿研究,更是具有一种集成创新的特征,需要研究者在多方面具有精深知识并加以智慧运用。同时,从我国国情来看,随着社会经济和科学技术的高速发展,产业结构持续优化升级,社会分工不断调整变化,错综复杂的新问题大量涌现,这也使国家对高层次复合型人才的需求更加迫切。

　　纵观古今中外的历史,我们会发现各领域的领军人物大多是复合型人才。达·芬奇既是天才的艺术大师,又是伟大的科学巨擘,他把人体解剖知识运用到绘画创作中,又以美术家的眼睛和双手绘制了 200 幅精确度极高的解剖图。牛顿是近代科学体系的奠基人,他在天文学、光学、数学、力学等自然科学多个领域都取得了惊人的成就,做出了卓越的贡献。爱因斯坦除了是一位伟大的物理学家,同时也是一位出色的小提琴手,还钟情于哲学和文学。竺可桢既精于气象学、地理学,又是一位学贯中西的文史大家,他在科普著作《物候学》中旁征博引,诗词、笔记、方志等信手拈来。钱学森先学铁路工程,转学航空工程,后来又研究控制论、系统科学、地理科学等,同时他在音乐、绘画、摄影等方面都造诣颇深。无数的例子告诉我们,高层次复合型人才往往是最富于科学精神、最具有创新品质的群体,因为他们有着广泛而浓厚的兴趣,知识结构多维,能力体系多样,学术思维活跃,立体思维充分发展,他们会更容易去质疑传统、挑战权威,更容易从新的角度去发现、分析和解决问题,更容易产生新的想象和大跨度联想。鉴此,培养高层次复合型人才,是解决"李约瑟难题"和回答"钱学森之问"的关键之一。

　　在我国,建设一支宏大的高层次复合型人才队伍,主要途径就是研究生层次复合型人才的培养。因为,研究生层次人才位于高层次人才培养体系中的最高层次,研究生教育也是国民教育体系中的最高层次教育。研究生教育作为高等教育的独立阶段,源于1876年美国霍普金斯大学的研究生教育。现代研究生教育诞生于19世纪初德国柏林大学设置哲学博士所实施的相应教育。19世纪,由于知识的分化,现代意义上的学科、专业不断形成,为传统的研究生培养提供了学科专业文化条件。基于此,长期以来,研究生教育实质上实施的是学科教育、专业教育,即依托学科分专业进行,是"学科导向",学科专业文化是其主流文化。由此培养出的研究生只重视专业理论学习与研究,具有专业性、研究性和创新性,是传统的研究生层次专业人才。20世纪初以来,当代科学发展的基本特征是学科高度分化与高度综合相结合,在分化的基础上向高度综合发展,其高度综合有占主导地位的趋势,改变了自近代科学产生以来科学分化占主导地位的倾向。随着知识综合发展趋势增强,学科整合及其学科交叉与融合现象逐渐增多。20世纪20年代,"跨学科"一词出现,跨学科是知识综合发展的产物。此后,跨学科性与多学科性的综合性研究及其成果被广泛应用,这成为当代科学发展的鲜明特征。目前,社会科学、自然科学方面提出的重大问题,几乎都不可能仅仅依靠一门学科的理论和实践得到解决,而每一门学科本身的重大理论和实践也几乎都要涉及某些其他学科的内容。尤其是重大现实问题的研究与解决,经济建设和社会发展的迫切需求,都需要培养大批研究生复合型人才,这就是"问题导向""需求导向"。由此培养出的研究生,不仅需要具有研究生层次人才的专业性、研究性和创新性,而且需要具有专业的贯通性和产学研的结合性,还需要具有研究生层次专业复合性知识、能力、思维和工作潜质或业绩。

鉴此,培养大批研究生复合型人才,进而形成中国特色世界一流的研究生复合型人才培养体系,具有多方面的重大意义。它有利于提高研究生层次人才培养质量,改变传统的研究生培养模式,促进研究生发展,提升研究生导师队伍水平;有利于高校拓展跨学科专业的新专业和促进跨学科建设;有利于高校更好地服务于国家经济建设和社会发展,为此培养出大批急需的研究生复合型人才,推进重大现实问题的研究与解决,从而大大提升高校服务社会的效能;有利于提高研究生的工作适应性、灵活性和竞争力,激发研究生的创新活力。

形成中国特色世界一流的研究生复合型人才培养体系,无疑是研究生教育领域的一场革命,尤其需要全国的研究生培养单位和研究生教育工作者进行目标明确的、自觉的、持续的实践探索。我们欣喜地看到:研究生复合型人才作为研究生层次人才分类培养中的一种人才类型,在社会实践领域已经出现;研究生复合型人才培养的价值已为许多人所认识;研究生复合型人才培养活动几乎在各研究生培养单位都存在;很多研究生培养单位都有培养复合型人才的尝试探索行动,并积累了宝贵的培养经验;许多富有改革精神的研究生教育工作者已经自觉或不自觉地试图为形成研究生复合型人才培养体系而努力,并取得了一定成绩。当然,这多是经验性的,很可能要走不少弯路。尤其是在培养研究生复合型人才的过程中,还不能正确处理好"专业"与"复合"这两者的关系,大致存在着三种倾向:一是重"专业"轻"复合";二是轻"专业"和表面上的重"复合",结果"专业""复合"两头落空;三是虽能正确认识"专业"与"复合"两者的关系,深知"复合"的重要性,但在实践中不知如何实现"两全其美",致使"复合"培养工作处于自流状态。加之实践中出现的一些问题,如跨学科课程设置缺乏系统性,导师知识结构相对单一,师资配置缺乏协同性,培养环节缺乏整合性,产学研合作培养不均衡,等等。因此,形成研究生复合型人才培养体系,在实践领域依然面临着许多挑战与问题。

形成中国特色世界一流的研究生复合型人才培养体系，无疑是研究生教育领域的一场攻坚战，迫切需要全国的研究生培养单位和研究生教育工作者进行卓有成效的、系统的、深入的理论研究。在我国，高层次复合型人才自古至今一直大量存在，但对此研究探讨较少，尤其是对研究生复合型人才培养的研究更少。从课题组成员目前查阅到的教育专业词典和教育研究成果来看，均无完全匹配的概念解释，祝爱武教授在本书第一章第一节首次从构词学、人才分类培养和跨学科等多视角解读、界定了"研究生复合型人才"的概念。这从一个侧面表明：目前，研究生复合型人才及其培养研究还处于初被关注的探索期，仍未引起人们的足够重视与研究。值得点赞的是，江苏省学位与研究生教育学会和殷翔文会长高度重视研究生复合型人才培养的研究，于 2015 年以重大课题立项资助的形式，委托南京师范大学承担并由我负责主持该项目的研究。同时，对课题组提出较高的学术研究要求，对课题组成员寄予了较高的学术研究成果期待。在这种情况下，作为一种研究生培养目标专用术语的"研究生复合型人才"概念开始进入大学校长、研究生院院长、高等教育学专业研究者和研究生教育工作者的视野，并随着该项课题研究活动的逐步推进和学术研究成果的多次交流，成为越来越多的大学校长、研究生院院长、高等教育学专业研究者和研究生教育工作者熟知并在相关研究中使用的专业术语和高频词汇。此后，课题组成员把研究生复合型人才作为研究生层次人才分类中的一种类型，以理论研究、行为研究等方式开展系统深入的研究工作，如讨论研究生复合型人才概念，界定研究生复合型人才培养目标，探索研究生复合型人才培养过程中管理制度、导师制度所面临的挑战，分析研究生复合型人才模式类型、培养活动特点及培养机制的优化策略，探讨如何在保证研究生教学秩序的前提下进行研究生层次人才培养模式变更等问题。总之，我们撰写这本书，作为我国第一部研究生复合型人才培养研究的专著，除了抛砖引玉之外，更力求以此呼唤、吁请全国研究生教育工作者共同来进行这方面的理论研究与实践总结。

也许是机缘巧合，我与"高层次复合型人才培养的研究"课题 6 次结缘，且贯穿我在南京师范大学的教学、研究、管理、创作工作的全程。

第一次结缘始于 1982 年 2 月。至今我依然清楚记得：36 年前，我刚从南京师范学院中文系本科毕业后留校担任助教，从事"中国古代文学"课程中"唐宋文学"段的教学工作。当年 5 月 20 日（正巧是我 25 岁生日）下午给 1979 级（3）（4）班大三本科生讲授"苏轼"一章，这也是我在大学上的第一课。备课过程中，我深感苏轼是我国历史上极为罕见的最多才多艺的全面天才，是迄今为止高层次复合型人才的当之无愧的最高典范。这强烈地吸引了我。从此，苏轼成为我心目中最崇拜的偶像。同时，也激发了我对高层次复合型人才的关注与研究兴趣，更何况我在日后教学中所讲授的唐宋时期文学家几乎都是高层次复合型人才！鉴此，我在随后撰写的第一篇高教研究论文《试论高等文科教学内容最优化》（发表于《江苏高教》1987 年第 1 期；《新华文摘》、"人大复印资料"均收录）中，首次提出"高等文科教学内容最优化的六大结构"，其中第二大结构就是"学科纵横结构"，原文是这样表述的："遵循专业性与综合性相结合的原则"，"它包括本学科的纵向知识（即专业知识）和与本学科有关的横向学科的知识、动态、趋势，而且尤其注重后者，因为发展人文、社会科学，只有使其横向综合，才能得到纵向发展。所以这是一个纵向深入和横向宽广相结合的、具有立体层次的知识结构。组成和讲授这种结构,可以引导学生运用系统思维方式,从更广阔的背景、从更高的层次来学习、考察,使学生既能'纵通',又能'横通',并激发创造性思维,促使其产生新的思想、观点和方法"。以此文为基础与框架,由我独立完成的项目"优化高师'中国古代文学'课程教学内容体系的研究与实施"于1993年9月获国家级教学成果奖二等奖,其中包含了较多的本科层次复合型人才培养的内容。

第二次结缘始于1997年6月。当时,我受命组建南京师范大学研究生处,并担任首任处长,后又兼任党委研究生工作部部长。此后,一方面,我与大家一起开始从学校研究生教育管理层面推进研究生复合型人才的培养工作,做了一些实事;另一方面,自己作为中国古代文学专业的硕士生导师、博士生导师,教育硕士专业学位研究生导师,在培养研究生的过程中特别注重专业的复合性训练,取得了一些成果;同时,也将自己的高教研究从本科层次转向研究生层次,相关成果体现在以《论优化文科研究生教学内容和课程体系》(发表于《江苏高教》2000年第3期)一文为代表的系列论文中,其中包含了更多的研究生层次复合型人才培养的内容。

第三次结缘始于2004年7月。当时,我受命创建南京师范大学泰州学院,先后任校长助理、副校长、党委常委,兼任首任院长、法定代表人、党委书记、副董事长;后又主管独立学院,并兼任南京师范大学中北学院理事长。此后,一方面,我与大家一起用6年时间将学院创建成泰州历史上第一座万人大学;另一方面,又将注意力转向独立学院本科生应用型人才培养,尤其聚焦于应用型人才培养的综合性、复合性上,并将此作为学院的办学目标,取得了较好的成效,受到多方好评。

第四次结缘始于2012年7月。当时,我受命主管教师教育人才培养及其科研工作,并兼任学校教师教育学院院长、江苏省高校师资培训中心主任、江苏省教师教育专业指导委员会主任。此后,一方面,我与大家一起推进教师教育领域研究生、本科生复合型人才培养;另一方面,又将相关成果融入我作为第二主持人(时任学校党委书记兼校长宋永忠教授为第一主持人)的项目"推进新时期教师教育高端化、实体化、一体化改革,打造教育家成长摇篮",该项目先后于2013年12月、2014年9月获省政府教学成果奖特等奖、国家级教学成果奖二等奖。

第五次结缘始于2015年1月。当时,我受命主管学校研究生教育教学管理及其思想政治教育工作,并兼任学校研究生院院长。离开研究生教育管理岗位近12年之后,我又重新回到了自己富有情结的战线。此后,一方面,我与大家一起在全校万人研究生规模的新平台上继续大力推进研究生复合型人才培养,相关实践详见本书第八章所述;另一方面,江苏省学位与研究生教育学会于2015年11月20日发文委托我主持江苏省研究生教育教学研究与实践重大课题"高层次复合型人才培养的研究"。我们课题组同仁历经两年努力,完成了这部《研究生复合型人才培养研究》专著,提前提交了课题的最终结题成果。没有想到:研究生教育管理岗位,成为我告别学校领导工作的最后岗位;主持"高层次复合型人才培养的研究"课题,成为我告别研究生教育管理岗位的最后任务。真是机缘巧合!

第六次结缘始于2017年6月。当时,我即将因年龄原因退出校领导工作岗位,在学校领导和多方关心支持下,我创立了南京师范大学跨界融合创意创作院,并担任首任院长。南师大跨界融合创意创作院为全国高校同类机构第一家。此后,一方面,我带领一批志同道合的青年教师、研究生、本科生共同从事自己一直钟情但又无法全力进行的文化创意创作工作;另一方面,运用跨界融合的跨学科理念,在创新创业的实践中,引导青年教师进行专业复合性训练,培养研究生、本科生大文化类的复合型人才;同时,自己也积极投身于复合型人才的锻炼成长实践中。我由此非常欣慰与感慨:这种机缘巧合还在延续……

36 年来,我对高层次复合型人才的培养持续进行了实践、思考与研究,相关成果已陆续发表。除此之外,对于研究生复合型人才的培养,结合我平时的思考、研究和管理、导师工作实践,还有以下五个方面的看法。

一、研究生复合型人才的培养,应以中华优秀传统文化为借鉴,努力推进其创造性转化与创新性发展

我国对具有综合素质和多种能力的复合型人才的培养有着悠久的历史和优良的传统,也产生了众多复合型的杰出英才。这是中华优秀传统文化的重要组成部分,也是中华民族的根和魂的独特基因,是区别于其他民族的鲜明标识。在新时代,我们要传承和弘扬它,就应以此为借鉴,与时俱进,努力推进现代转型,促进提升超越,即创造性转化与创新性发展,这是新时代的新使命。

我国古代学术思想文化领域向来有"文史不分"的传统。南京大学周勋初先生对"文史不分"的内涵作了很好的说明:"所谓'文史不分',从目下的情况来说,当然不能仅指文学、历史两门学科。我国古时所说的'文史'也不是这个意思。'文史'的内容是很广泛的,它包括了人文科学和社会科学的许多门类。哲学、宗教等等,尤与历代文人的思想有关,研究文学,自然不能不对此有所了解。"[①]我国历史上"文史不分"的学术传统正体现了对具有综合素质和多种能力的复合型人才培养的目标要求。

我国历来有复合型人才培养的传统。在中国古代,学生需要同时学习多种学问和技能。在先秦时代,儒家就有六艺之学。古代的学生要学习礼、乐、射、御、书、数,不仅要学文章,还要学武术,做一个文武双全、智勇兼备的有用之才。孔子说:"有文事者必有武备,有武事者必有文备。"要求学生们应文武兼修,缺一不可。孔子的门生子路,性格爽直,豪勇有武。学生公良孺善于格斗,武力超群。孔门有"德行""言语""政事""文学"四科,即教人做人、说话、为政、作文。可见孔子教育思想中所包含的培养复合型人才的特点是非常鲜明的。当然,相对于现代教育中将复合型人才培养作为一种具有现代意识的培养目标,古代教育思想中蕴含着的复合型人才培养更多是一种自然需求,是一种"无意识"的行为。但正是这种自然生成的重视复合型人才的培养实践,使许多人具备了好几个方面的才干,或者是一专多能,在不同领域纵横自如,游刃有余,做出贡献。

王维,是唐代与李白、杜甫齐名的大诗人,是盛唐山水田园诗派的重要代表人物之一,也是一名出色的书画家,同时还是一位优秀的音乐家。他的山水田园诗自然清新、情趣高雅、意境悠远,能以境写心、寓禅于景,含有意外之意、韵外之韵。他的山水画富有诗情画意,风格飘逸,用墨沉稳,内涵深刻,将禅的空灵意境融入绘画之中,呈现了天人合一的忘我之境。唐代张彦远在《历代名画记》中评其《辋川图》:"清源寺壁上画辋川,笔力雄壮。"

---

①　《周勋初文集》第 7 册,江苏古籍出版社 2000 年版,第 371 页。

苏轼评其诗画:"味摩诘之诗,诗中有画;观摩诘之画,画中有诗。"王维在音乐上造诣颇深,精通音律,擅弹琵琶。他进士及第后便担任太乐丞一职,负责朝廷礼乐方面事务。可见,王维的确是一位诗书画乐多种艺术才能兼备的复合型人才。

苏轼,更是一位百科全书式的复合型人才。他是北宋中期的文坛领袖,在诗、词、文等方面取得了很高的成就。其诗题材开阔、风格多样,与黄庭坚并称"苏黄";其词开豪放一脉、旷达自适,与辛弃疾并称"苏辛";其文纵横自如、笔力雄健,与欧阳修并称"欧苏",为"唐宋八大家"之一。在文学创作上,苏轼的诗、词、文都达到了宋代文学的高峰,成为宋代文学无可争议的代表。苏轼在绘画、书法等艺术领域也有创造性贡献。在书法上,苏轼擅长行楷,与黄庭坚、米芾、蔡襄并称"宋四家"。他师法百家之长,取名家之精粹,融会贯通,自成一家。他的《黄州寒食诗帖》被誉为"天下第三行书"。在绘画上,苏轼擅长画墨竹,且绘画重视神似,提倡"诗画本一律,天工与清新",并提出了"士人画"的概念,为后来"文人画"的出现和发展奠定了一定的理论基础。苏轼在医学医药、养生、美食、水利等古代技艺方面也有所成就。苏轼对医学医药兴趣浓厚,精心收集药方。后来,人们把苏轼收集的医方、药方与沈括的《良方》合编成《苏沈良方》,此书至今犹存,沾溉后世。苏轼写下了不少养生著作,如《养生说》《问养生》《续养生论》《养生偈》等,留下了宝贵的养生心得。苏轼还是一位名副其实的美食家,不仅喜欢用诗歌来赞美美食,而且躬身创制膳食,留心总结美食品味、制作的经验。他发明的"东坡肉"流传至今。在杭州做官时,苏轼兴修水利,筑建"苏堤",润泽一方水土,造福一方百姓,体现了他在水利建设方面的杰出才能。从某种意义上可以说,苏轼身上的这种复合型文化的特性典型地体现了我国古代的文化精神。

我国历史上人们对复合型人才的培养及其目标,是以一种自然状态为主的。在古代社会,人们对人才的综合素质和能力的要求是很高的。当然,相比现代,古代社会对复合型人才的培养及其目标更多是一种自然形成,是一种生活常态。在我国古代,社会分工没有现代社会细致,各种学问之间的黏合比较紧密,人们也还没有现代人的学科、专业、知识的科学划分的自觉意识,多是从生活实际和实践经验出发来处理各种关系。因此,在他们看来,复合型素质是解决现实生活问题的自然需求。正是这种社会常态的历史环境造成了复合型人才素质的自然养成,催生了大量复合型人才的不断出现。被古代士子奉为无上宝典的儒家"十三经"就鲜明地体现了历史环境下的自然常态。"十三经"内容广泛,包罗万象,囊括多门相当于现代学科诸如文学、历史、哲学、政治、经济、语言文字、伦理、民俗、地理等学问,是名副其实的综合型"宝典"。在这种"文史不分"传统的熏陶下,不少人都身兼多能、身怀多艺,在文学、史学、哲学乃至科技领域都能自由转换、驰骋,淋漓尽致地表现了复合型人才的特色。在历史上,一些著名的文学家往往兼具史才、哲才。唐代的韩愈不仅是唐代古文运动的领袖、唐宋八大家之首,能"文起八代之衰",诗歌创作也另辟新域,嘎嘎独造。他还具有史学家的笔力,所主撰的《顺宗实录》是目前仅存的一部唐代实录。另外,他也是一位富有哲学思辨才华的思想家,对唐代儒学的复兴做出了巨大贡献。一些史学家也通常具有文学家的才华。汉代的司马迁既是一位伟大的史学家,也是汉魏时期古文创作成就极高的文学家,他所著的《史记》向来有"史家之绝唱,无韵之离骚"的美誉。作为汉朝的太史令,他还精通天文、地理、阴阳、历法等多种学问,是一位名副其实的复合型人才。一些著名的古代思想家不仅有着杰出的思辨能力、深刻的哲学思想、完整的学术体系,在思想领域独树一帜,同时在文学创作上也独具特色、成就非凡。譬如唐代的柳宗元、刘禹锡,宋代的周敦颐、邵雍、张载、程颐、程颢、朱熹,明代的王阳明等,他们在哲学上以其独特的思想影响后世,在文学上也形成了自己的艺术风格。宋代理学家所写的理学诗以思想深邃、说理绵密、富有情趣体现了古代思想家在哲理思辨之外的诗心雅意。正是这种"文史不分"的历史传统,造就了我国古代众多领域都涌现出诸多杰出人物的辉煌局面。

　　我国历史上人们对复合型人才的培养及其目标,往往具有注重实用性的特点。在中国古代社会,像王维那样兼具诗画乐三绝、像苏轼那样百科全书式的复合型人才身上还体现了注重实用性的传统特征。在古代,除了诗词歌赋,琴棋书画也是士子们的必备技能。古代士子们喜欢以琴棋书画为媒介来展现自身的才华,寄予自己高远的志向,展露自己深沉的抱负。这种关注现实需求、以解决实际生活中的问题为目的的综合素质和多种能力的培养,正是古代复合型人才注重实用性特征的重要体现。因此,纵观历史上的杰出人物,他们多是具有实际应用特性的复合型人才。东汉张衡在文学史上以《二京赋》《归田赋》享有盛名,更是伟大的天文学家、发明家,在天文学方面著有《灵宪》《浑仪图注》等应用性质的科学著作。张衡发明的浑天仪、地动仪等科技机械,后来被广泛地应用于实际生活中。沈括是北宋著名政治家、科学家,一生致力于古代科学研究,并将其成果运用于实践当中,在数学、物理、化学、天文、地理、水利等众多应用型科学领域都有所发明成就,被誉为"中国整部科学史中最卓越的人物"(李约瑟语)。其代表作《梦溪笔谈》,集前代科学成就之大成,记载了许多具有应用型性质的科学发现和发明。他们在古代自然科学方面的突出贡献都展现了实用性的特征。南宋辛弃疾以豪放派词人的身份熟知于后世,但其实他并不只是位舞文弄墨的文人,而且是一位杰出的军事将领,有着超越一般读书人的军事才能,是一位真正能够"上马击狂胡,下马草军书",兼具文学才华和军事才能的应用型的复合型人才。明代的徐渭多才多艺,在诗文、戏剧、书画等方面都独树一帜。他是中国"泼墨大写意画派"创始人、"青藤画派"之鼻祖,开创了一代画风。书善行草,写过大量诗文,被誉为"有明一代才人"。能操琴,谙音律,擅写曲,有杂剧《四声猿》等传世。同时,他也是位杰出的军事谋略家,喜出奇谋,谈论行军打仗的形势策略大多得其要领。担任胡宗宪的幕僚时,协助其谋断东南,抗击倭寇,展现了出色的军事谋略。由此我们可以看到古代杰出人物的复合型才能的应用性特征。他们能够将多种才能都运用到实践和生活中,在实践的历练中进一步体现了古代复合型人才的培养及其目标注重应用性的特征。

　　我国历史上人们对复合型人才的培养及其目标,还具有以官为业的职业化特点。古代的知识分子读书多以做官为目的,可以说是以官为业,在朝为官就是他们最终的职业选择。在儒家高举的"修身""齐家""治国""平天下"崇高理想的支配下,古代的读书人将进入仕途作为人生的第一选择。为了能够实现自身的价值和理想,他们孜孜矻矻,呕心沥血,培养自己的多方面才能,也造就了他们复合型人才的特色。在科举时代,他们往往需要具备多种才能以应付未来的道路。有幸进入仕途的读书人不仅能诗能文、能书能画,还具有为政、管理、修史、经济、军事、司法、钱粮、农田水利等综合性才能,来实现经世济民的理想。这种以官为业的职业化特征对他们形成具有综合素质和多种能力的复合型人才有着重要影响。

在我国古代,复合型人才的培养及其目标可以说是一种自然常态,古人往往从实践需求出发来发展自身的综合素质和多种能力,体现了应用性的特点,并且有着以官为业的职业化特征。他们对复合型人才的理解或许没有现代科学视野下那么规范、深刻,却实实在在造就了无数的具有复合型人才特征的出色人物,这些人才在众多领域引领着历史向前发展,做出了杰出的贡献。现代人更是把复合型人才作为一种培养目标,以提升人们的综合素质和多种能力,顺应时代形势的发展,满足解决现实问题的需要。我们今天培养研究生复合型人才,就是要认真继承与弘扬中华优秀传统文化,努力推进其创造性转化与创新性发展。

二、研究生复合型人才的培养,应以实事求是、顺其自然、遵循规律为准则,着力做到从四个"实际出发"

"实事求是",就是要从实际出发;"顺其自然",就是要因势利导;"遵循规律",就是要符合教育规律和研究生成长规律。按此准则,研究生复合型人才的培养必须从需求的实际出发,从发展的实际出发,从学科的实际出发,从研究生自身的实际出发。

第一,研究生复合型人才的培养,要从需求的实际出发。21世纪以来,随着科技的不断进步、经济的飞快发展,社会得到了迅猛发展,各行业各领域对人才的需求也日益增加,尤其是对具有多种技能的复合型人才的需求不断加大。现阶段社会中的工作岗位越来越迫切需要复合型人才的加入。这种需求一方面从人才自身看,能够使具备多种才能的复合型人才的才华和能力得到充分的施展,使他们能更大程度地展现自身综合能力;另一方面从整个社会发展需求看,可以更好地节约人力资源,使人尽其力、人尽其智,从而达到人才资源优化的目的。在某种意义上,复合型人才应该是既掌握扎实的理论基础知识,又具备较强的专业实践技能,并在相关领域触类旁通,能胜任两个以上岗位的人才。随着我国社会主义市场经济的不断壮大,市场竞争机制及市场配置对研究生教育资源的影响越来越大,研究生教育市场化理念也日益为人们所接受。市场成为最大的现实需求,是研究生复合型人才培养重要的时代背景。正如本书所言:"市场需求为研究生复合型人才培养提供了社会合法性基础条件。研究生复合型人才培养具有社会合法性机制和市场竞争机制,市场需求为研究生复合型人才培养的外在推动力,推动了研究生培养单位'按需'培养研究生复合型人才,使研究生复合型人才培养具有社会合法性基础条件。"(第一章第一节)在市场的资源配置调节下,努力培养具有综合能力、具有市场竞争力、能够满足市场需求的研究生复合型人才成为研究生培养单位的重要目标。研究生复合型人才的培养就是要从现实的实际需求出发,既不能滞后于时代,固守旧的培养模式,停滞不前,也不能一味地好高骛远,不切实际,只顾构建"空中楼阁",画饼充饥,而是要紧随时代的发展,贴近市场的需要,实事求是,与时俱进。

第二,研究生复合型人才的培养,要从发展的实际出发。就社会的发展来看,各学科、各行业、各领域之间的联系日益紧密,许多重要的工作都需要分工合作才能完成,这就需要具有多种知识和技能的复合型人才的出现,他们可以在更短的时间内完成工作任务,从而提高生产效率,取得先机。因此,在全球化市场经济的环境中,众多企业更为青睐那些身兼多种技能与综合素质的复合型人才,如懂销售的文案策划员、会外语的营销人员。比起专业能力单一的学生,一专多能的学生在激烈市场竞争中的求职成功率显然更高。社会的迅猛发展呼唤涌现出更多一专多能、身兼多能的复合型人才。与传统的专业培养目标统一化、专业培养方案趋同化、专业实践教学环节薄弱、无法满足研究生差异化培养需求的研究生培养模式相比,"研究生复合型人才培养模式是'按需培养'模式和个性化、差异化培养模式,这种人才培养模式是对传统的研究生层次人才培养模式的创新"(第一章第一节)。这是基于市场需求,遵循实际需求,充分满足研究生个性发展的创新型培养模式,也是国家创新型体系建设的题中之义。一方面,国家创新型体系建设"要求研究生培养单位为国家创新体系提供强大的研究生层次人才资源和知识创新资源支撑,这为研究生复合型人才培养模式创新提供了观念指导";另一方面,"研究生复合型人才培养既需要社会合法性基础条件,也需要国家政策支持条件,国家政策、纲领性文件对研究生复合型人才培养提供了必要的保障和激励"(第一章第一节)。在国家创新体系建设过程中,先后颁布的《面向21世纪教育振兴行动计划》《国家中长期教育改革和发展纲要(2010—2020年)》《教育部关于全面提高高等教育质量的若干意见》等纲领性文件都把培养创新型人才作为重要发展目标,为研究生复合型人才培养提供了明确的政策依据。从发展的实际出发,研究生复合型人才培养不仅需要关注市场、政府等独特的外部条件,也需注重教育系统、知识生产模式转变、大学转型等内在逻辑。这体现了研究生复合型人才培养既是研究生层次人才发展的内在需求,又是研究生教育职能变革的要求。伴随着大学教育的大众化和市场化,大学知识生产方式也发生了新的变革。研究生复合型人才培养一方面符合跨学科知识生产的要求,另一方面也适应应用型知识生产的要求。新的形势对研究生的培养提出了新的要求,这必然会影响大学的发展。高等院校要从自身实际出发,针对市场需求,树立创新创业理念,培养理论知识和实践能力并重的研究生复合型人才,实现研究型向创业型转变,可以说"研究生复合型人才培养是研究生教育系统发展的内在需求,是研究生培养单位在知识生产模式转变情况下创新知识的内在需求,是大学转型的结果和要求"(第一章第一节)。针对发展的实际需求,研究生本人也应对自身的发展提出更高的要求,以适应现实的实际情况,应对未来的发展趋势。研究生应当自觉培养自身的复合型能力,学习多种知识,涉猎多重领域,挖掘自身潜力,提高综合素质,努力成为一位具有复合型特征的人才,这样才能在未来的社会发展中获得更高的成就。对研究生个体价值发展而言,成为具有综合素质和多种能力的研究生复合型人才不仅是遵循市场规律、求得工作谋生的需要,也是提高自身素质、促进身心和谐发展、提高社会生活质量的需要。因此,研究生要在知识、能力、素质等多方面和谐发展,成为通专结合的复合型人才,以适应社会发展的实际趋势和需求。

第三,研究生复合型人才的培养,要从学科的实际出发。20世纪后半叶以来,学科综合化趋势越来越明显,新兴交叉学科、边缘学科大量涌现,固有学科间的清晰界限正在不断淡化甚至逐渐消亡。学科之间的交叉、渗透、融合越来越广泛,越来越深入。学科间不断交叉融合,联系日益广泛紧密,成为当代学科发展的实际,成为未来学科发展的趋势。社会发展中不断涌现出的国际化、区域发展、社会管理、政治决策、战略选择等新问题,都不是哪一门学科所能解决的,都要依靠多门学科、多种技术的综合应用才能得到很好的解决。学科间的融合发展不仅要理工结合,也要文理渗透。跨学科知识、跨学科组织、跨学科文化成为研究生复合型人才培养中重要的教学内容、支撑组织和主流文化。只有遵循学科的发展实际,采取相应的应对措施,改革原有的学科培养模式,探索具有跨学科思维和特征的培养目标,在最大程度上培养具有跨学科意识和素质的研究生复合型人才,才能在新一轮的学科创新和人才培养中获得先机。因此,我们要"以跨学科视角解读研究生复合型人才,研究生复合型人才就是以跨学科思想为指导,通过跨学科教学与跨学科研究相结合的办法所培养的研究生层次跨学科人才"(第一章第一节)。可以说,"跨学科的出现为研究生复合型人才培养提供了跨学科文化条件。研究生复合型人才培养强调研究生层次不同专业的复合性,体现的是专业复合的文化,要求不同学科专业知识内容交叉、不同学科组织融合、不同学科文化交流、不同学科人员相互尊重、不同学科资源共享"(第一章第一节)。跨学科是知识综合发展的产物,推动着学科整合与学科交叉融合的进程。学科交叉融合的发展实际要求研究生不仅要掌握成熟的理论知识,更要具备解决实际问题的实践能力。可以说,跨学科"体现了一种历史实践性转向,更加面向现实问题的解决,具有很强的实践性"[1]跨学科研究式是专业复合性模式的一种,是从现代学科发展需要出发培养研究生复合型人才的一种培养模式,是"依托跨学科研究项目或跨学科组织培养研究生复合型人才的模式","主要是培养具有跨学科研究能力的研究生层次复合型人才"。(第二章第二节)当然,我们也要强调,跨学科的交叉研究必须从相关学科的实际属性出发,切不能生搬硬套、生拉硬跨、胡乱"拼盘"、强行"嫁接",以免造成学科资源的浪费。

第四,研究生复合型人才的培养,要从研究生自身的实际出发。即要注重研究生的个性化培养。研究生的自身情况各有不同,呈现出个性化的特点。这就需要针对研究生的实际情况实行个性化培养模式,避免"填鸭式"千篇一律的雷同培养模式。我国向来有因材施教的教育传统,即要求针对学生的自身实际采取相应的教育方式。研究生的个性化培养,要求我们力避流水线模式化的培养方式,需要我们转变教育理念,革新教育观念,实行有针对性的教育,推行个性化教育。在研究生个性化培养过程中,完善研究生复合型人才"自我导向发展"培养模式,对促进研究生个性化发展至关重要。所谓研究生复合型人才的"自我导向发展"培养模式,是指"研究生以研究生复合型人才为发展目标,通过自我导向和有利的培养条件发展成为研究生复合型人才的模式,简称为'自我导向式'。其特点是:凸显了研究生的主体性特点、成人学习和发展的自我导向特点和'以生为本'的研究生培养理念"(第二章第二节)。这就要求我们应以研究生自身实际为出发点,充分发挥他们的主体性作用,尊重他们的自主选择性,发挥他们的自主创造性,以实践活动为动力发挥他们的能动性,激发他们学习和发展的自我导向性,使他们真正成为具有跨专业性、专业贯通性和产学研结合性的研究生层次的复合型人才。研究生只有通过个性化的培养,才能够从自身条件出发,通过实践锻炼和理论学习,成为具有独特人格素养和学术品味的高层次复合型人才,从而适应多元变化的社会发展趋势。因此,我们要从实际出发,实行个性化的培养模式,针对不同层次的研究生提出相应的要求,如本书所言:"硕士研究生复合型人才的思想品格应该达到硕士研究生层次人才的应有要求,其知识、能力(包括学习能力、实践能力、研究能力等)、思维具有硕士研究生层次专业复合性,并且达到能够独立从事复合性专业研究工作的能力水平;博士研究生复合型人才的思想品格应该达到博士

---

[1] 周朝成:《当代大学中的跨学科研究》,中国社会科学出版社 2009 年版,第 29 页。

研究生层次人才的应有要求,其知识、能力、思维具有博士研究生层次专业复合性,并且达到能够从事复合性专业创造性工作的能力水平。"(第一章第四节)不同层次的研究生需要不同的培养要求和培养目标,这正是对研究生复合型人才培养个性化模式的强烈呼唤。

研究生是研究生复合型人才培养的关键对象。研究生自我因素是研究生复合型人才培养的重要内部要素之一。研究生复合型人才是一种高素质人才,涉猎需广泛,术业有专攻,而且必须拥有人品、智慧、激情、自信、创新、团队精神等多方面素质。高校的研究生要在现有的条件下努力实现自身的全面发展,成为创新型的复合型人才。但是人的天赋有高低,条件有好坏,不能要求每个人都能够快速得到高水准的发展,迅速拥有超出常人的能力,因此,培养研究生复合型人才需考虑到研究生的实际情况。有的人天赋很好,条件很好,能够快速掌握所学的各门知识和技能,具有较强的综合能力,能够胜任不同的工作岗位,这自然是令人羡慕的。但由于外部客观条件和内部自身条件的限制,并不是人人都能迅速成为一个完全适应社会发展需要的复合型人才,这也是实际情况,毋庸讳言。对此,我们既不能因噎废食,放弃自身的学习,也不能揠苗助长,不顾现实条件,脱离实际情况,而是要认真对待,认清自身的实际,针对自己的不足与优势,扬长避短,充分发挥自己的主观能动性,努力奋斗,不断"充电",日益完善自我,提高综合能力。

三、研究生复合型人才的培养,应以融合为目标,竭力催生一个又一个学科新增长点

学科融合和跨界融合是当今社会、经济、文化、艺术领域的热门潮流之一,也是未来社会发展的重要趋势之一。当今世界多元文化共生,各个学科渗透紧密,各个领域交流频繁,融合也应运而生,成为一种重要的交流方式和文化现象,受到人们越来越多的关注。研究生复合型人才培养应该顺应时代发展趋势,懂得融合,学会融合,并以此为目标,不断催生学科新增长点。

融合不是简单地相加,而是要形成新的增长点。融合不是学科、专业、知识间随意搭配的"拼盘",而是要通过融合来制作一道"色香味"俱全的"美味佳肴"。当今的时代,任何高科技成果无一不是多学科、专业、知识融合的结晶。因此,如何培养出高质量的复合型人才以满足形势发展的需要,已是摆在高等教育面前的十分突出的问题。研究生复合型人才就是要懂得融合、学会融合,这样才能把所学会的多种知识和掌握的多种技能有机地结合,以避免多学科的杂乱无章,防止各类知识的零散分布。融合应该是学科间的渗透、产业间的沟通,是通过有机的组合来促成新的增长点。因此,融合就意味着再生。再生是融合的高级层次,需要我们拥有非常高明的融合能力。我们的培养目标就是要增强研究生的融合能力,以促进新的增长点出现,以适应不断发展的社会形势,解决不断出现的现实问题。

融合应是应用型融合,要能够与实践应用对接。我们的融合不能是镜花水月般的不切实际,不能只是毫无实际用处的屠龙之技,而是要能够运用在我们的实践中,在实际的生产生活中创造有价值的东西。只有通过深度的融合才能创造出真正的价值。深度的融合需要人们具有综合素质和多种能力的复合型特点,才能够在实践中将理论、知识与应用实践相结合,从而创造出具有实用性的应用价值。研究生复合型人才的培养要在实践中锻炼研究生的深度融合能力,将理论学习与实践结合起来,将知识汲取与应用结合起来,以实现应用型融合的目标,提升研究生复合型人才的综合素质和能力。

融合能够激发创新思维。创新思维是指以新颖独创的方法解决问题的思维过程,这种思维能突破常规思维的界限,以超常规甚至反常规的方法、视角去思考问题,提出与众不同的解决方案,从而产生新颖的、独到的、有社会意义的思维成果。融合要求我们的研究生努力学习多学科的知识,打破学科间的壁垒,融合所学各科的知识,迸发创新激情,碰撞创新思维,提升创新精神,发挥创新才能,产生创新性成果。研究生要改变知识结构单一、思维角度狭窄的状况,积极优化自身的知识结构,丰富自身知识架构,形成内涵丰富、排列有序的"知识场"。加强跨学科的融合有助于研究生优化知识结构,突破固有思维模式,触发灵感,激励顿悟,从而摆脱定向思维,跳出狭小的思维空间,找到科学、合理、新颖的切入点,从新的视角、层面和维度来探寻客观世界的规律。研究生要通过跨学科的学习、融合,优化知识结构,掌握多种技能,增强综合素质,培养创新精神,挖掘创新潜力,发挥创新能力,从而成为一个具有复合型特征的人才。

融合意识要求我们用专业贯通的视角看待研究生复合型人才的培养。专业贯通是伴随当今时代知识综合性不断发展而产生的要求。从 20 世纪后半叶开始,一些复杂的问题研究需要多个学科、专业的知识,知识综合发展的趋势日益增强,专业整合、交叉、融合的现象逐渐增多,传统经典学科、专业间的界限被不断打破,学科的边界被重新划分,一些交叉学科(如物理化学、分子生物学)和多学科的研究领域(如女性研究、城市研究、脑科学研究)开始大量出现,并且在大学中也逐渐确立了学科的合法性。中国历来有文史哲不分家的优良传统,专业间的相互渗透、彼此交融的特征十分明显,并且由此产生了一批新的学科。如历史学与地理学跨学科交叉、融合形成了历史地理学,文学与地理学跨学科交叉、融合形成了文学地理学。在自然科学领域,跨学科的现象更加突出,如化学与物理学跨学科交叉、融合形成了物理化学和化学物理学,化学与生物学的跨学科交叉、融合形成了生物化学和化学生物学等。这些交叉学科的不断发展大大地推动了科学进步,因此跨学科间的交叉、融合体现了科学向综合性发展的趋势。此外,自然科学和社会科学之间也可以相互交叉、融合、结合发展,形成新的交叉边缘学科,如进化金融学就是近年来兴起的介于生物学和金融学的一门交叉学科,演化证券学则是介于生物学和证券学之间的交叉学科,实验会计学是一门由实验科学与会计学交叉融合形成的新学科。专业贯通视角对我们认识研究生复合型人才的内涵有重要意义。正如本书指出的:"以跨学科视角解读研究生复合型人才,研究生复合型人才就是以跨学科思想为指导,通过跨学科教学与跨学科研究相结合的办法所培养的研究生层次跨学科人才。"(第一章第一节)在专业贯通视角下,研究生复合型人才具有学科文化和跨学科观念。他们既对自己所在学科专业的知识价值有认同感,对自己所在学科专业组织有归属感,注重知识及组织的学科化、专业化,又具有跨学科文化观念,强调跨学科交叉融合,强调各学科人员加强不同文化之间的对话与交流。

融合要做到产学研相结合。融合意识要求我们在研究生复合型人才培养过程中要坚持走产学研相结合的道路。研究生复合型人才是具有专业性、研究性、创新性的研究生层次的人才,不仅要在专业上懂得跨学科学习、研究,注重专业贯通性,也要注重研究的实践性和应用性,将生产、教学、科研相结合。在融合意识下,研究生复合型人才要"注重专业的理论学习与问题研究的贯通性,注重专业的知识应用研究或技术应用探究与生产实践的贯通性,具有产学研结合性"(第一章第二节)。教学和科研是研究生培养的重要内容,把教学与科研相结合有利于促进研究生教育的发展。研究生复合型人才培养既要注重专业的理论基础、跨学科的学术视野,也要注重通过专业问题来展开教学,实现教学与科研的有机结合。在教学与科研结合的基础上,更要注重学研与生产的结合,加强应用性实践培养,将专业研究与市场需求相挂钩,把应用研究与实践生产结合在一起。传统的研究生教育模式往往只注重书本知识,只注重理论研究,缺乏实践性和应用性,与生产的联系疏离,与市场的关系冷淡,带来了一系列的不良后果,正像本书提到的:"研究生的专业知识学习仅停留于书本层面,其专业理论学习与科研实际、工作实际缺乏贯通性,科研训练和实际工作经验不足,科研能力和实践问题解决能力不够,致使研究生毕业走上工作岗位后,工作适应性不好,解决实际问题的灵活性和创新性不够。"(第一章第二节)这是非常不利于研究生朝更深广、更实用的领域发展的。因此,我们提倡在研究生教育中要把生产、教学、科研相结合,实现产学研贯通化,"既要加强正常的理论教学,让研究生掌握坚实的基础理论和系统的专业知识,又要让研究生大量参与科研活动,重视研究性学习、参与式研究、与导师合作研究和独立开展研究对培养研究生的作用,还要让研究生注重实验、实习和实践锻炼,使专业的应用研究与生产实践相互贯通。研究生的产学研结合,促使研究生的理论和实际相联系,从而提升研究生培养质量,增强研究生复合型人才的适应性、灵活性和创新性"(第一章第二节)。"市场配置研究生教育资源的关键在于研究生层次人才培养质量竞争,而衡量研究生层次人才培养质量的重要标准是高校所培养的研究生层次人才与社会需求及研究生的个性化发展需求是否一致。"(第一章第一节)以市场为导向,实行"产学研联合"培养模式,实现教学、科研、生产一体化,培养具有应用性和产品研发性的研究生人才,培养具有专业贯通性和产学研结合性的研究生人才,才能更好地适应市场发展的实际需求。"研究生复合型人才的'产学研联合'培养模式的培养过程具有产学研结合性,即教学、科研、生产在培养研究生过程中的一体化。它比传统的研究生培养模式'学徒式'和'专业式'更注重专业贯通性、培养活动的多样性、培养场所的校内与校外结合性、培养主体的多元性和合作性、人才培养的专业理论与实践的贯通和产学研结合性。"(第二章第二节)研究生培养单位应努力提升研究生的综合素质,加强研究生的综合能力,培养具有高质量产学研结合的应用型复合人才和研究型复合人才,以应对纷繁复杂的社会形势,适应变化多样的工作岗位。

融合应当研究现实重大问题。走产学研结合的道路要重视现代大学在研究生复合型人才培养中的作用,尤其要重视现代大学在推动重大问题研究上的重要作用。随着社会形势的发展,现代大学与社会的关联越来越大,昔日"象牙塔"式的校园环境也发生了重大变化,理论研究与社会实践的关系越来越密切,学科知识与生产实用的联系越来越紧密,在这种情况下,推动重大问题的研究应当成为现代大学应承担的社会责任。现代大学在保持学术独立和教学研究传统的同时,其发展也越来越依赖政府、基金会、公司和校友等外来经费资助,与社会产生了广泛而密切的联系。"研究生复合型人才培养工作一定程度上依赖重大现实问题的研究,也在一定程度上推进了重大现实问题的研究。"(第一章第三节)现实问题的复杂性需要越来越多具有专业复合性的复合型人才加入、解决。因此,"培养研究生复合型人才除了进行跨学科专业知识教学之外,关注重大现实问题并通过产学研结合和对重大现实问题的研究,也是培养研究生复合型人才的重要举措,同时,以重大现实问题研究培养研究生复合型人才的活动,也在一定程度上推进了重大现实问题的研究"(第一章第三节)。

融合是大势所趋,是时代之需。研究生复合型人才的培养正是顺应了时代发展的要求。作为培养研究生复合型人才重要基地的高等院校,要从自身实际出发,与时俱进,改变思维定势,改进学科建设的理念,改变过去传统的学习模式和单一的教学模式,打破学科隔阂,树立新思维、新观念,把握学科融合的发展规律,加强学科间的交流与沟通,构建跨学科融合的学术环境,形成一种多学科共同发展、互相促进、互相交融的学术氛围。高校要通过学科间的资源整合、优化,加强学科间的交叉、融合,寻求新的学科增长点,培养现代社会发展所需的研究生复合型人才。

四、研究生复合型人才的培养,应以智慧为法宝,尽力攻克各种难题并做出重要贡献

众所周知,"智慧"一词与哲学息息相关。英文"哲学"一词 philosophy 是由古希腊文 philein 和 sophia 这两个词演化而来的,philein 是"爱"的意思,sophia 是"智慧"的意思,这两个词组合起来的含义就是"爱智慧"。古希腊哲学家亚里士多德认为:"既然人们研究哲学是为了摆脱无知,那就很明显,人们追求智慧是为了求知。"在古代,有智慧的人往往被称为"智者"。在现代科学体系中,人们对智慧的解释更为清晰明确。今天的科学这样定义"智慧"一词:智慧是生物所具有的基于神经器官的一种高级的综合能力,包含感知、知识、记忆、理解、联想、情感、逻辑、辨别、计算、分析、判断、文化、中庸、包容、决定等多种能力。智慧让人可以深刻地理解人、事、物、社会、宇宙、现状、过去、将来,拥有思考、分析、探求真理的能力。古往今来,人们对智慧充满了尊重、敬畏之情。古希腊的赫拉克利特说过:"智慧就在于说出真理,并且按照自然行事,听自然的话。"马克思说:"当我们得到理解的时候,智慧是不会枯竭的;智慧同智慧相碰,就迸溅出无数的火花。"

人们通常会用智商、情商、逆商、钱商、道德商数、健康商数和创意商数等的高低来表示和判断人们的多方面能力发展状况。复合型人才也应该是多个商数综合水平较高的人。一个人如果想拥有高超的智慧,自然是在这些方面拥有的能力越多,能量越大。但"从理论层面上讲,复合型人才理应是智商、情商、逆商、钱商、道德商数、健康商数和创意商数等较高的人。但是,在实践层面,不完美总是人们发展的常态,复合型人才也不例外。例如,智商、道德商数和健康商数较高的复合型人才,情高、逆商、钱商的表现可能一般;情商、逆商、钱商、健康商数数值较高的复合型人才,智商、道德商数可能一般"(第一章第一节)。正所谓"金无足赤,人无完人",如果要求每个人都拥有全面的能力显然是不科学的,但我们可以通过自己的努力尽可能多地培养自己多方面的综合能力。这也是我们培养研究生复合型人才应当努力的方向。

对于智慧,每个人都有着自己的理解。我所认为的"智慧"应该是高智商与高情商的结合,在这里可以用一个公式来表示,即"智慧=高智商+高情商"。智商(IQ)和情商(EQ)分别反映了人们两种性质不同的心理品质。智商主要反映人的认知能力、思维能力、语言能力、观察能力、计算能力、律动能力等,指的是人的智力发展水平,表现了人的理性能力。情商主要反映一个人感受、理解、运用、表达、控制和调节自己情感的能力,以及处理自己与他人之间的情感关系的能力,表现了人的情绪认知、情绪管理、情绪调节等综合能力发展水平,反映了个体把握与处理情感问题的能力。苏轼《晁错论》中言:"古之立

大事者,不惟有超世之才,亦必有坚忍不拔之志。"如果说"超世之才"是指高智商,那么"坚忍不拔之志"则指的是高情商。在现实生活中,高智商与高情商缺一不可。

我所说的高智商人群并不是我们固定思维所理解的拥有极高IQ像达·芬奇、爱因斯坦那样百年难遇的天才,而是在现实中能正常认识问题、正确解决问题的个体。他们面对复杂的现实问题时不会手足无措,不会茫然迷惑,而是会用自己的智慧透过事物的表象看清事物的本质,运用自己所学到的知识和掌握的技能去理性地分析问题、解决问题。研究生复合型人才的培养要加强培养他们的理性思维能力。只有理性的思维才能有助于研究生在学习、科研以及将来的工作中能够更好更从容地处理在学业、课题和任务中所面临的问题与困难。目前由于高校教育模式和学生学习模式的单一,研究生只关注自己狭窄的专业领域,难以有更丰富的知识体系、更宽广的学术视野、更多样的专业技能,缺乏复合型人才的综合素质,因此在处理较为复杂的问题和任务时往往捉襟见肘,难以应付。这就需要进一步加强研究生的智商教育,提高他们在认知、思维、语言、观察、计算、律动等多方面的综合能力。科学研究是一个特别需要高智商的领域。对于研究生,如果将来有志于从事科研工作,就应该努力提高自己的智商水平,通过不断的学习来丰富知识储备,提高发现问题、分析问题、解决问题的能力。在现代研究生复合型人才培养教育过程中,人们也愈来愈清晰地认识到高智商的重要性。一如本书所提到的那样:"研究生复合型人才培养的基本理念和目标在于培养具有创新能力的卓越人才。国外高校将跨学科复合型研究生教育视为培养卓越人才的重要路径之一,在跨学科研究生教育方面,尤其注重招收天资聪颖、具备超群潜力的学生。"(第六章第四节)国外的这些培养经验对于我们今天培养研究生复合型人才有很好的借鉴意义。

耶鲁大学第23任校长苏必德是情商理论的创始人,著有《情商》一书。苏必德认为情商主要包含了四种能力,分别是:感知自己与他人情绪的能力;利用情绪帮助思考的能力;了解情绪产生及其波动方式的能力;控制自己与他人情绪以获取正面成效的能力。在我看来,这不仅仅是情商的四种能力,更是情商的意义所在。一个高情商的人会有着远大的人生目标、清晰的自我认识、坚定的意志力、强有力的自控力和良好的人际关系等等。高情商的人会认真对待每一件事情,懂得尊重每一个人,善于处理生活中遇到的各种问题,善于控制自己的情绪,任何时候都能做到头脑冷静、行为理智,抑制感情的冲动,克制急切的欲望,及时化解和排除自己的不良情绪,使自己始终保持良好的心境,心情开朗,胸怀豁达,心理健康。研究生复合型人才的培养不仅仅是要求研究生做一个有着丰富学识、出色才能的高智商人才,还要求是一个意志坚定、自控力好、冷静理智、身心健康的高情商人才。在现实生活中,一些高智商的硕士生、博士生被诈骗的事情已屡见不鲜,这不得不令我们认真思考、反省。培养研究生复合型人才就是要培养高智商与高情商并存的智慧之人。这样才能让研究生在未来的学习、科研、工作中用自己的知识、才能、热情去处理所面临的复杂问题,建立良好的人际关系,真正成为一个学识丰富、才能出众、热情理智、身心健康、富有智慧的复合型人才。

一个有高情商的人至少应该具有以下三种特质,即博大的情怀;丰富的情感,尤其是要有感恩之情;浓厚的情趣。只有拥有博大的情怀,才能拥有智慧的人生。博大的情怀源于宽广的心胸。它能让我们在纷繁复杂的社会中泰然自若,能够让我们在峥嵘沧桑的岁月中阔步前行。博大的情怀还会感染他人,激励他人,彰显情怀的伟大。一个拥有博大情怀的人注定会有一个智慧的人生。人是情感的动物,情感是维系自己与他人之间关系的重要纽带。丰富的情感是自我发展的重要条件,也是处理人与人之间关系的一张名片。智慧的人生需要拥有丰富的情感。在众多的情感形式中,感恩之情的地位举足轻重。对父母的感恩、对师长的感恩、对朋友的感恩等都是我们丰富情感的重要体现。智慧的人生应当是懂得感恩、学会感恩的人生。情趣是情商的重要特质。一个有情趣的人必然是一个真实的人。高雅的情趣能够促进个人积极向上,充满阳光,富有朝气,研究生复合型人才就应该是这样的人。智慧的人生需要情趣来支撑。

智慧是创新的基础。创新是社会发展的动力,是个人前进的助推器。创新需要以智慧为燃料来推动前行。任何创新活动都要我们运用智慧来完成。现代社会发展迅速,各种问题层出不穷。现实社会中存在的疑难问题,只靠我们原有思维和方法往往很难完美地得到解决,这就需要我们开动脑筋,运用智慧的力量,创新新思维,创新新方法,才能妥善地解决现实中遇到的问题。创新是社会发展不竭的动力,需要我们的智慧来完成。培养研究生复合型人才就是要运用智慧的力量来提高研究生的创新思维水平,提高研究生的创新能力。

智慧是卓越人才的必备条件。卓越的人才对推动社会的发展有着重要影响。责任感、创新性、应用性和国际化是卓越人才的重要素质。责任感是良好的精神状态,使人能够积极面对工作和生活,克服所遇到的困难,善于协同他人合作。卓越人才应当具有创新性素质,面对遇到的问题能够不断地采用新思维、新方法来加以解决。卓越人才也要能够运用所掌握的知识和理论解决现实中的问题。当今世界联系日益紧密,交流不断加强,这就需要卓越人才具有国际化的视野,站在更高的平台上来看待问题、解决问题。要使研究生成为高层次的复合型的卓越人才,就必须用智慧的力量来加以培养。卓越的人才往往是具有高情商和高智商的智慧之人。拥有智慧可以让卓越人才做出更大的贡献。

智慧要求我们注重培养系统思维方式。系统思维方式对我们认识世界和改造世界具有重要的作用。对于培养研究生复合型人才来说就是要加强研究上专业复合性思维的训练,培养他们形成系统的专业复合型思维。拥有系统的思维方式使他们的视野更为广阔,思考问题更加有序缜密,逻辑更加清晰,可以避免固有思维模式的干扰,摆脱僵化思维的束缚,更加富有创新性,具有开拓能力。系统的专业复合型思维的培养需要研究生具有复合性的学科知识,掌握复合性的学科理论,加强复合性的综合能力。而在这个培养过程中,智慧的作用会渐渐凸显出来。这就需要培养者和研究生本人都要充分发挥智慧的作用,更加有效地训练研究生的思维能力,以便更好地提高自身的综合素质和能力,从而有效地解决现实中遇到的各种难题。

五、研究生复合型人才的培养,应以导师主导、研究生主体为原则,全力形成师生"互为导师"的生动局面

研究生复合型人才的培养是一项系统工程,具有复杂性特征,需要多方协作、共同努力才能完成。在这个系统工程中,导师和研究生扮演着主要的角色,发挥着重要的作用。研究生复合型人才的培养跨越不同专业,跨越不同学科,这就需要有不同的导师来共同指导、相互合作。导师和研究生之间会存在着错综复杂的人际关系,因此,如何正确处理好

导师与研究生之间的关系就成为这个系统工程中的重要环节。

在研究生教育工作中,导师是主要的培养者,起着主导性作用。研究生导师的品德、学问、精神都对研究生的成长产生深远的影响。导师高尚的道德品质、严谨的治学态度及负责的敬业精神会深刻地影响学生的人生观、世界观和价值观。学生在日常学习和工作中会有意无意地按照导师的行为模式与思维模式进行。研究生是研究生教育的重要组成部分,起着主体性作用。导师与研究生的关系是高校教育中重要的人际关系,和谐的师生关系是研究生培养的前提和质量保障。构建良好的师生关系是高校研究生教育管理工作的应有之义,对推动研究生复合型人才培养意义重大。

第一,研究生复合型人才的培养,要坚持"互为导师"的原则。我一直提倡导师与研究生要"互为导师",这是处理研究生导师和研究生之间关系的有效方法。所谓"互为导师",就是既要注重导师的主导地位,同时也不能忽略研究生的主体地位。在"互为导师"的前提下,导师与研究生之间不再是单一的教育和被教育关系,不再是单向的老师与学生的关系,而是相互学习、相互借鉴、相互启发的和谐平等的师生关系。韩愈在《师说》中说:"是故弟子不必不如师,师不必贤于弟子,闻道有先后,术业有专攻,如是而已。"导师在研究生教育中起着主导作用,对研究生的思想品德、学业课程、专业研究、身心健康有着深远影响。研究生的主体地位也要得到充分尊重,这样才能充分发挥他们的主动性、创造性。导师与研究生"互为导师"的原则就是要坚持师生相互为师的精神,构建双边乃至多边的和谐师生关系。导师固然是知识渊博、学问精湛,在学业指导上起着高屋建瓴的作用,但也应该看到学海无涯,导师不可能对所有的知识都了然于胸。而研究生对自己的研究课题经过了长时间的学习、思考,在与导师交流中可以产生新的知识与体验以及新的启发与思考。导师给予研究生高屋建瓴的指导,研究生反馈给导师新启发新思考,这正是"互为导师"的生动体现。

第二,研究生复合型人才的培养,要发挥导师的主导作用。在研究生复合型人才的培养过程中,导师作为培养者和主导者,应当努力做到"三导",即在研究生思想品德上要引导,学业专业上要指导,心理健康上要疏导。

首先,导师在研究生的思想品德方面要起引导作用。导师要起到立德树人的道德典范作用。导师要用自己优良的品德去影响学生,让学生在潜移默化的影响中树立正确的理想信念,形成良好的思想品德,培养高尚的道德情操,养成优秀的个人修养,确立崇高的学术品格。研究生心目中对导师有着极高的认同感和尊崇感,是学生心目中的效仿对象和人生楷模。导师的生活态度、思想品德、学术作风和专业水平等无时无刻不在影响着学生。因此,导师的个人思想品德很大程度上决定了研究生培养的质量。导师应该深刻认识到自身的使命,在研究生复合型人才的培养教育中发挥立德树人的典范作用,积极引导学生在思想品德方面不断进步。

其次,导师在研究生的学业专业方面要起指导作用。"导师的学术水平是决定研究生培养质量的关键。导师通过长期的科学研究与实践,获得了大量的领域专业理论知识,而研究生在专业知识积累、科学研究经验等方面存在不足,必须在导师的指导下,通过自身的努力实现科研水平的提高。"①研究生复合型人才的培养要丰富学生的专业知识和技能,尽可能使学生掌握多种学科的知识和技能,提高自身的专业素养,提升自己的综合能力,从而使自己真正成为一专多能的复合型研究生人才。这就需要导师在研究生的学业专业上充分发挥指导作用。俗话说:"名师出高徒。"在培养研究生复合型人才过程中,导师需不断改进自己的教育理念,改变传统的教学模式,激发学生的自主学习兴趣,培养学生发现问题、分析问题、解决问题的能力,引导学生在研究中提高自己的学术知识水平,培养自己的学术综合能力。此外,导师应注重培养研究生的科研素质和创新能力,传授科研方法,激发学生的科研热情,提高研究生的综合素质和培养质量,充分发挥研究生导师在专业研究上的指导作用。

最后,导师在研究生的心理健康方面要起疏导作用。近年来,心理问题日益成为困扰人们的重要社会问题,越来越多的人发生心理危机,处在高校校园里的研究生也不例外。由于社会的快速发展,当代研究生不可避免地面临一系列的压力和挑战,如学业压力的过大、就业形势的紧张、人际关系的不和谐、家庭关系的不融洽、情感问题的困惑、经济压力的困扰等。这些压力和挑战在一定程度上影响了研究生的心理健康发展,使其陷入心理危机,并最终影响研究生培养质量的提高。在现实生活中,研究生因为心理问题造成的悲剧也时有发生。针对研究生在心理健康方面的问题,导师应该积极发挥其疏导作用。导师对学生的成长有着重要影响,将导师对研究生的影响力恰当地运用于研究生心理健康教育工作中,可以在很大程度上发挥导师在研究生心理健康方面的疏导作用。导师要密切关注研究生的心理健康状况,及时与研究生谈心,针对研究生的心理困惑与心理教师进行沟通,针对研究生在科研方面的困惑和压力要及时提供帮助,帮助学生减轻心理压力,渡过难关,预防可能出现的心理危机事件,尤其要注重培育研究生理性平和的健康心态。研究生的心理健康是培养研究生复合型人才的重要组成部分。只有具备丰富学识、综合能力、身心健康的研究生,才能实实在在成为研究生复合型人才。

第三,研究生复合型人才的培养,要尊重研究生的主体地位。在研究生复合型人才的培养过程中,要学会尊重研究生的个体自由、人格独立、情感需求,充分发挥研究生的主体作用。作为成年人,研究生的思想已经成熟,具有稳定的人生观、价值观和学术观,对待社会问题和学术问题有自己独特的看法。研究生在导师面前要树立起自信心,在尊重导师的基础上主动与导师对话,大胆建言献策,勇敢阐述见解,这样才有益于研究生更好更快地获得新知识、新观点、新思想,发挥自身的主体作用。作为具有较高自主性和自学能力的研究生要有更强的独立意识,更丰富的想象力和创造力,努力冲破传统思想的束缚,更快地接受新知识、新技术、新理念,这都有利于促进研究生主体地位的加强,有利于推进研究生复合型人才的培养进程。因此,对于研究生的某些"奇谈怪论"、奇思妙想,研究生导师要以包容的心态接受学生的多样性,认识到学生在培养过程中的主体地位,尊重学生的独立性,改变传统的"授受"思维,改变传统的"灌输"式谈话,采用"对话"式交流,甚至可以"不耻下问"。我们应当重视并充分发挥研究生在研究生复合型人才培养中的主体作用。

---

① 孟亚峰、吕贵洲、朱赛:《浅谈导师在研究生培养中的作用与影响》,载《教育教学论坛》2017年第51期。

　　本书作为江苏省学位与研究生教育学会组织编撰的《研究生培养研究丛书》的一种，聚焦于我国研究生复合型人才培养研究，分理论探讨、国际比较、实践探索和对策建议四篇，对研究生复合型人才培养相关重要问题展开探讨，以期能够为研究生培养单位的人才培养和政府部门的相关决策提供一些有价值的参考。本书共四篇九章。第一篇为理论探讨篇，共2章。主要是对研究生复合型人才和研究生复合型人才培养等重要问题进行充分阐述。第二篇为国际比较篇，共4章。主要介绍了美、英、德等国外研究生复合型人才培养现状和特点，通过典型案例深入考察发达国家研究生教育跨学科培养模式的内涵，并进行了总体分析。第三篇为实践探索篇，共2章。通过江苏省内南京医科大学和南京师范大学这两所代表性大学的研究生复合型人才培养的案例，分析了两校研究生复合型人才培养的现状，深入探讨了各自的培养模式、培养机制和培养特色。第四篇为对策建议篇，共1章。针对研究生复合型人才的培养，为政府管理部门、研究生培养单位、研究生导师和研究生提出了相应的对策建议。

　　为了方便读者能更好更快地走进本书，领略本书内容，在此特对本书各章节的内容加以简要概括，希冀能起导读之用。

　　第一章主要对研究生复合型人才的概念、特征及其培养意义、影响因素展开了充分的阐述，从理论上解决"研究生复合型人才是什么样的人才"和"为什么要培养研究生复合型人才"两个问题。第一节从构词学、人才分类培养和跨学科等方面对研究生复合型人才概念展开多视角解读，指出：研究生层次复合型人才是具有研究生层次两个或两个以上专业的知识、技能、能力和创造性劳动业绩的人才；也是具有专业理论、技术、方法与应用而具有专业的理论与实践的贯通性、产学研结合性的人才；是研究生层次人才分类培养中的一种人才类型，是具有研究生层次专业复合性特点的研究生层次人才；是以跨学科思想为指导，通过跨学科教学与跨学科研究相结合的办法所培养的研究生层次跨学科人才。研究生复合型人才具有学科文化和跨学科文化观念，是基于学科组织与跨学科组织而培养的，又面临学科资源配置与评价的阻力。第二节探讨了研究生复合型人才的特征。研究生复合型人才具有研究生层次人才的专业性、研究性及创新性等特征；能够注重专业的理论学习和问题研究的贯通性，注重专业的应用研究与生产实践的贯通性，具有学研结合性与产学研结合性的特点，是纵向型复合型人才；具有专业复合性知识、能力、思维与工作潜质或业绩，体现出研究生层次专业复合性特征。第三节讨论了研究生复合型人才培养的意义在于有利于提升研究生层次人才培养质量，有利于大学拓展新专业和促进学科建设，有利于大学更好地服务于地方经济建设，有利于增强研究生的适应性、灵活性和竞争力。第四节研究了影响研究生复合型人才培养的因素，并对政府、市场等外部因素以及大学、研究生等内部因素以及内外部因素的关系进行了反思。研究生复合型人才的培养受到国家发展战略和政府政策影响，而市场因素是影响研究生复合型培养的重要经济因素。大学自身的大学观念、大学制度、大学的办学条件、办学层次和院校水平等因素，均影响研究生复合型人才培养。研究生的学习动机、学习态度及学习成果评价等自身因素都是研究生复合型人才培养的重要影响因素。

　　第二章主要探讨了研究生复合型人才培养的内涵与特征、模式类型和机制状况等方面问题，进一步回答了"如何培养研究生复合型人才"的问题。第一节在对"培养"和"研究生复合型人才"两个核心概念的阐释基础上,通过对复合型人才诸多见仁见智的观点释义,将研究生复合型人才培养界定为:"研究生培养主体在一定的研究生培养环境条件下,按照一定的研究生复合型人才培养目标,对作为培养对象的研究生实行长期的教育与训练,以使其发生预期变化的活动和过程。"这就明确地釐清了研究生复合型人才培养的内涵。在此基础上,从研究生复合型人才培养的逻辑起点、必要条件、基本要求、最终目标4个方面分别揭示了其显著特征:关注社会发展对研究生复合型人才的需求以及研究生跨专业和实践性发展需求是其逻辑起点;相应的培养组织和培养制度是其必要条件;根据培养过程特点选择培养方式、方法并加强质量保障是其基本要求;促进研究生发展成为研究生复合型人才是其最终目标。第二节在阐释研究生复合型人才培养模式的内涵及构成要素(包括培养目标、培养过程、培养制度、质量评等)的基础上,创新性地把研究生复合型人才培养归类为三种不同模式,即"专业复合性"培养模式(其中包含"跨专业课程式""复合性专业式""跨学科研究式"3种方式)、"产学研联合"培养模式、"自我导向发展"培养模式,并通过实践举例与理论分析紧密结合,严谨地分析了3种模式的培养目标、培养过程、培养制度、质量评价等方面的内容。研究生复合型人才培养机制对培养研究生复合型人才意义重大。第三节重点论述了研究生复合型人才培养机制的内涵特征,从"动力机制""运行机制""约束机制"3个方面对研究生复合型人才培养机制展开了详细的论述。教育引导、政策支持和资助机制以及研究生导师激励机制是其培养的动力机制。用人单位与培养单位之间的协作培养机制、分类培养机制和跨学科专业的教学机制及教学管理机制以及学位管理机制和研究生管理机制是其培养的运行机制。教育约束机制、社会监督机制以及淘汰制与导师责任机制是其培养的约束机制。对于研究生培养机制的问题,本书理论阐释清晰,实践举例恰当,较为完整地构建了研究生复合型人才培养的多重机制,对我们解决研究生复合型人才培养质量保障和培养目标的现实问题具有借鉴意义。

第三章专门讨论了美国研究生复合型人才培养的相关问题。第一节通过对美国研究生教育历史演进的梳理,指出其研究生教育已逐步建立起同经济发展相适应的运行机制,形成跨学科、理念多元、国际化一三大特征。美国研究生教育中的跨学科复合型人才培养模式是美国研究生复合型人才培养的重要模式。第二节以哈佛大学的化学物理学项目,加州大学伯克利分校的生物统计学项目,麻省理工学院的地球、大气与行星科学项目,杜克大学的计算机媒体、艺术与文化项目,卡耐基梅隆大学的音乐和技术项目等5个跨学科研究生培养项目为个案分析,从招生政策、培养目标、师资队伍、课程设置、教学方法、学业评价等多方面详细描述了美国研究生教育跨学科培养模式的主要要素和培养特色。第三节细致论述了美国研究生复合型人才培养机制与特点,归纳出美国研究生复合型人才培养具有鼓励学科交叉培养跨学科人才,要求生源具备多学科背景,人才培养理念以多个学科知识与能力的优势为核心,组织跨学科师资团队、设置跨学科综合性课程体系及教学方式关切跨学科特性等特点。

第四章专门讨论了英国研究生复合型人才培养的相关问题。第一节论述了英国研究生学位类型及要求和研究生教育的主要模式。第二节通过英国研究生复合型人才的个案分析,介绍了英国国家研究人员发展框架,强调进一步优化研究生素质结构,突出学术研究以外的个人技能和社会技能。再详细介绍了伦敦大学教育学院复合型研究生培养课程体系中博士生技能发展计划和在线课程等富有特色的研究生培养方式。第三节细致论述了英国研究生复合型人才培养机制与特点主要在于确立统一质量标准,允许大学培养创新;构建多机构、多主体协作网络;强调综合素质,尤其重视创业和创新能力培养。

第五章专门讨论了德国研究生复合型人才培养的相关问题。第一节通过对"博洛尼亚进程"改革和"卓越倡议"计划背景下的德国研究生复合型人才培养的描述,介绍了德国在研究生复合型人才培养方面所作出的努力和所取得的成果,使读者了解德国研究生复合型人才培养的基本情况。第二节以德国精英大学亚琛工业大学为例,介绍了德国硕士研究生复合型人才培养的做法。以班贝格大学社会科学研究生院、柏林自由大学的弗里德里希·施莱格尔文学研究研究生院、达姆施达特工业大学的能源与能源技术精英研究生院等几所入选"卓越倡议"计划的精英研究生院为例,介绍了德国博士研究生复合型人才培养的做法和方式。第三节分别从硕士研究生和博士研究生两个角度分析了德国复合型人才培养的机制与特点。硕士研究生复合型人才培养在学制结构、学制学分要求、跨学科特色课程选修模块的设置、国际联合办学等方面特点显著。博士研究生复合型人才培养的机制与特点主要在招生选择、奖学金资助、导师小组构成要求、课程模块设置、跨学科和交叉领域的研究、研究生院的国际化程度等方面体现出其独特性。最后谈到德国高校研究生复合型人才培养机制和特点对我国研究生复合型人才培养有重要启示。

第六章是对国外研究生复合型人才培养的总体分析,对其基本情况、共性特点、差异性及对我国研究生复合型人才培养的启示进行了总体论述。第一节重点说明国外研究生复合型人才培养的基本情况,指出国外研究生复合型人才的培养目标主要是通过"跨学科研究生教育"方式实现的,并以学院内部开展的跨学科研究生教育项目、由研究生院主导的跨学科研究生教育项目、由跨学科研究机构提供的跨学科研究生教育项目等三种形式来完成。第二节详细阐释美、英、德等国的研究生复合型人才培养在培养理念、机制体制、课程资源等方面所具有的共性特点。在培养理念上,强调通过跨学科教育模式培养具有宽厚理论基础和广博的知识面,基本掌握两门或两门以上学科的理论、知识和技能,富有跨学科意识和创新精神的复合型人才。第三节重点对国外研究生复合型人才培养进行了差异分析。指出由于各国大学体制、学位制度的不同以及经济社会发展对人才需求重点的不同,各国在研究生复合型人才培养的具体做法和侧重点上存在着差异性。如美国研究生复合型人才培养的特色或侧重点主要体现在跨学科人才培养;英国在研究生教育上具有很强的中央政府特色;德国把研究生教育视为国家行为的色彩更为浓厚。第四节从理论上阐述了美、英、德等高等教育发达国家在研究生复合型人才对我国的重要借鉴和启发意义:研究生复合型人才培养的基本理念和目标在于培养具有创新能力的卓越人才,关键在于跨学科组织的体制机制,主导是跨学科师资队伍,核心和落脚点是跨学科课程资源建设。

第七章专门讨论了南京医科大学研究生复合型人才培养的相关问题。第一节介绍了南京医科大学研究生教育总体情况,并对研究生复合型人才培养情况进行细致的说明。南医大在加强学科建设、打造精英导师、改革招生模式、营造教育环境、拓展国际交流合作、鼓励交叉学科融合等方面为学校研究生复合型人才培养提供了良好的保障体系。第二节以基础与临床结合协同培养复合型研究生和医工结合培养复合型人才等案例为对象,具体论述了南医大在研究生复合型人才培养上的实践探索。第三节重点论述了南医大研究生复合型人才培养机制,包括深化博士研究生培养模式改革、加强过程管理与监督,确保培训到位、高素质师资队伍保障。最终形成南医大研究生复合型人才培养的特点:"双导师制"与导师组复合型培养;推动产学研合作,提高研究生转化医学理念;依托全国独立设置医科院校研究生院联盟促进复合型研究生培养;校校合作签署战略合作实施协议。

第八章专门讨论了南京师范大学研究生复合型人才培养的相关问题。第一节论述了南师大研究生教育总体情况,介绍了南师大从招生选拔、人才培养、教育管理及条件保障等方面采取一系列措施,努力推动研究生复合型人才培养进程。第二节以复合的专业、专业的复合、研究方向的复合等研究生复合型人才培养形式为个案分析,详细论述了南京师范大学依托学院、学科、导师/导师组加强研究生复合型培养,取得了显著成果和良好效果。第三节主要论述了南京师范大学通过不断深化研究生教育,内涵建设成效逐渐显现,进一步完善研究生复合型人才培养机制,在生源质量、教学质量、学位论文质量、管理体系机制等方面为研究生复合型人才培养提供了有效的保障机制,并形成了自己的特点,即在生源选拔上注重复合型人才培养的基础;在培养过程上注重复合型人才培养形式的多元化,在培养途径上注重复合型人才培养能力复合的需要,在条件保障上注重复合型人才培养的知识复合、能力复合,在教育管理上注重复合型人才培养的综合能力提升,在人才培养注重改革和整体性。

第九章重点对政府管理部门、研究生培养单位、研究生导师和研究生提出了具有可操作性的对策建议。本章针对江苏省研究生复合型人才培养状况,对政府管理部门、研究生培养单位、研究生导师和研究生提出了相应的对策建议。第一节提出了政府管理部门要在教育引导、资助力度、管理机制、完善培养政策、信息化建设等方面加强管理与建设。第二节提出研究生培养单位应坚守教学学术理念,优化人才培养模式,建立健全激励政策,提高管理执行能力,提升自身人文素养。第三节指出研究生导师在培养过程中起着主导作用,研究生导师要树立研究生复合型人才培养的理念,全过程注重研究生复合型人才培养,提供研究生复合型人才培养的条件支持,组建导师团队共同指导研究生。第四节认为研究生作为培养主体应积极适应社会发展的需要,主动发挥自身的主体性作用。

我们课题组全体同仁潜心研究,辛勤笔耕,精诚合作,历经两年,终于完成了这部《研究生复合型人才培养研究》。此时此刻,我们倍感欣慰:作为我国第一部聚焦研究生复合型人才培养研究的专著即将奉献给广大读者!我们真诚期待大家的批评教正!我们更加相信:越来越多的研究生教育工作者会同道而行,更精彩、丰硕的研究成果已指日可待,中国特色世界一流的研究生复合型人才培养体系一定能够早日形成!

南京师范大学　潘百齐
2018 年 8 月于南京

目　录

实践探索篇

对策建议篇

理论探讨篇

LI LUN TAN TAO PIAN

第一章 研究生复合型人才

研究生复合型人才是研究生层次人才分类培养中的一种人才类型,通过研究生培养单位培养研究生复合型人才是研究生发展成为研究生层次复合型人才的重要路径,是研究生复合型人才质量保障的重要方式。本书理论探讨部分的内容循着研究生复合型人才是什么样的人才、为什么要培养研究生复合型人才和怎样培养研究生复合型人才的研究思路,以已有研究文献中人们认可的、引用率较高的"人才""复合型人才"等概念释义为素材,从多个分析视角解读研究生复合型人才概念,分析研究生复合型人才培养的社会背景、内在逻辑、意义,探讨研究生复合型人才培养的活动特点、模式类型和机制状况,以期为我国研究生复合型人才培养的研究和实践提供理论资源的借鉴。

第一节 研究生复合型人才概念

概念清晰是进行社会科学研究的基础要求,因此,研究之前一般需要先明确概念,尤其是主题中的核心概念,这是明确研究问题和区分研究对象的基础工作,属于研究规范内容,也是研究者的工作责任心的体现。对研究生复合型人才培养的研究同样需要首先明确研究主题中的核心概念,如"研究生复合型人才"等。研究生复合型人才作为一种研究生层次人才培养目标的专用术语,是在诸多学者研究、讨论研究生层次人才分类培养问题和对相关主题"研究生复合型人才培养的研究"的共同研究过程中产生的,从目前课题组成员查阅到的教育专业词典和教育研究成果来看,均无完全匹配的概念解释。这里从构词学、人才分类培养和跨学科等多视角解读"研究生复合型人才"概念。

一、构词学意义上的"研究生复合型人才"

构词学是人们所熟悉的一门学科,它是语言学的一个分支,是研究语词的内部结构、功能及其规律的学科。人们遇到没有现成解释可以参照的新的复杂概念之时,常常会从构词学意义上去解读。构词学告诉我们,解读新的复杂的词或概念,可以从新的复杂的词或概念的基本单位(即具有语意或语法功能的最小语言单位),即词位(词位又叫词素或语素)或属概念分析入手。因此,研究者遇到新的概念"研究生复合型人才"之时,可以从构词学意义上去解读,首先厘清"人才""复合型人才"等基础概念或属概念,在此基础之上理解和把握研究生复合型人才概念。

(一) 人才

"人才"是"研究生复合型人才"概念中的基础概念或属概念。理解研究生复合型人才概念,首先需要厘清人才概念,即理解人才是什么人和什么样的人是人才,亦即人才的内涵及人才培养质量的考核标准,在此基础上对研究生复合型人才概念进行分析。

1. 人才的内涵

通常,人群中的人可以粗略地区分为人才、普通人和人渣。显然,不是所有的人都是人才,人才仅是人群中的一部分人,这部分人独特的外显存在方式彰显了人才之所以为人才的内涵。人才的内涵回答"人才是什么人"的问题,属于规范性问题。

人才,顾名思义,是人与才的统一,是为人与做事的统一。为人即作为人、是人或具有人的存在方式,即具有人类的特殊属性(主要指人类的优秀性),懂得人之为人的道理,拥有人之为人的品质(如善良、爱心、诚信、责任、尊重、正义等)和人格(指人的个性品格);做事,就要有才,即具有做事所需的知识、技能、能力,具有创造性的劳动,并为社会、国家甚至全人类做出积极有益贡献。

人才与人力不同:人力是指人的劳动能力或指拥有劳动能力的人,泛指所有劳动者,是一个整体概念;人才是指"具有一定才识学问、德才兼备的人",是指"全体劳动者中较优秀的一部分人"[①]。"在新的历史时期,'人才'就是那些具有一定的知识技能,能够创造性地开展工作,有益于社会、有益于国家的'人力'"[②],就是"引领时代者或者改变时代的人,是在更高层次上满足国家或者人类需要的人"[③]。

2. 人才培养质量的考核标准

《中共中央国务院关于进一步加强人才工作的决定》指出:"只要具有一定的知识或技能,能够进行创造性劳动,为推进社会主义物质文明、政治文明、精神文明建设,在建设中国特色社会主义伟大事业中作出积极贡献,都是党和国家需要的人才。"显然,不是所有人都是人才。人才之所以是人才,是因为具有人之为人的品质和人格,具有做事所需的知识、技能、能力,具有创造性劳动并对社会、国家甚至全人类作出积极有益的贡献,即人才仅仅是指那些具有一定的知识、技能、能力,能够创造性地开展工作,并为社会、国家甚至全人类作出积极有益的贡献的人。

3. 人才的综合素质

人才往往具有综合素质,人才的综合素质大致包括良好的身体素质、心理素质、社会素质、文化素质等几个方面。人的身体素质是指"人维持生命活动的基本素质",即"人的有机体具有的生命活动能力,包括运动、消化、呼吸、感觉、神经活动、生殖等生理功能状况,以及人的身体适应外界自然环境变化的能力"[④]。人的心理素质是指人的感觉、知觉、记忆、思维、想象、注意、情绪、意志等"心理功能状况,以及人的心理适应外界自然环境、社会环境变化的能力"[⑤]。"人的社会素质是指人在特定的社会生活环境中,通过学习、教育以及他人影响所形成的与该社会发展要求相一致的修养、能力和才干,包括思想政治素质、伦理道德素质、科学文化素质、审美素质和实践素质等等。思想政治素质体现为人的政治立场、理想信念和价值观念。伦理道德素质体现为人的道德觉悟、伦理行为和道德评价。科学文化素质体现为人的科学文化知识、思维能力和创新能力。审美素质体现为人

---

① 刘苹、陈维政:《人才资源向人才资本转变的内涵分析》,载《商场现代化》2007年第8期。
② 刘苹、陈维政:《人才资源向人才资本转变的内涵分析》,载《商场现代化》2007年第8期。
③ 胥刚、衰学敏:《我国高校人才培养模式摭谈》,载《学校党建与思想教育》2013年第1期。
④ 王孝哲:《马克思主义人学概论》,安徽大学出版社2009年版,第7页。
⑤ 王孝哲:《马克思主义人学概论》,安徽大学出版社2009年版,第110页。

的审美观念、审美能力、审美特长以及创造美的能力。实践素质体现为人的科技知识、操作使用工具的能力、控制实践过程的能力和实践活动的效率。人的社会素质是人的社会属性、人的本质在人的修养、能力、才干方面的表现。"①人的文化素质主要是指人在文化知识、现代技术等方面的表现。

4. 人才的衡量标准

人才的衡量标准回答的是"什么人是人才"的问题。以人才是人与才的统一为标准来衡量,是人但无才(指工作平庸的普通人),或有才但缺失人性(即失去人性的人,或称之为人渣的人),不具有做人的品格即不懂做人的道理、不具有做人的品质和人格,都算不上人才。人才,"人"字在前,即以人为前提的才。比如,主持人,它所强调的也是主持人主持的才能要以具有做人的品格为前提。有的人有才,学会了做事,但他失去了人之为人的善良、爱心、诚信、责任、尊重、正义等优秀品质,没有人的自尊、自信、个性、激情、想象力和创造精神,不会与他人共处、共生、共谋发展甚至突破人之为人的道德行为底线(如违法、伤害他人等),不懂得怎样作为人并以人的存在方式而存在,即失去了"人之为人"的东西,这种人算不上人才。显然,"人才"是"人"与"才"的统一,人才是具有一定的知识或技能、能力,能够创造性地开展工作并为社会、国家甚至全人类作出积极有益的贡献的人,而品德、知识、能力(尤其是工作实力)和业绩(尤其是工作实绩)是衡量人才的标准。

《中共中央国务院关于进一步加强人才工作的决定》指出:"要坚持德才兼备原则,把品德、知识、能力和业绩作为衡量人才的主要标准,不唯学历、不唯职称、不唯资历、不唯身份,不拘一格选人才。"②人才具有"能动性、创造性、增值性、再生性等特性"③,国家和社会为每一个人提供了均等的成才机会,因此人人都可能成为人才。而个人要成为人才,首先是做一个人,懂得修行和修心,修行是指修得社会人的行为规范(如遵纪守法、悦纳自己、与他人及自然和谐相处等),修心是指修得人之为人的品格和思想品质;其次,做一个中国人,要爱国,无论身处何方,因为"无国哪有家,无家哪有你";再次,做一个对国家、对人类有用的人,以理想目标为行动的出发点、依据和归宿,积极主动地参与社会实践,争取对国家经济建设、科技发展和社会进步作出较大的贡献。"如果自身怠于学习和进步,疏于严格要求自己,就会从曾经的'人才'而蜕变为普通的'人力'甚至是'人渣'。反过来,如果一个人不断奋斗、持续奋斗,就可从普通人逐渐成长为对社会做出有益贡献的人才。"④

(二) 复合型人才

1. 复合型人才的内涵

复合型人才是具有复合型特点的人才,其中"复合"是对单一而言的,"从字面意义上理解,就是不同的两者或两者以上的合成"⑤,是"两个或两个以上的事物联系在一起,产生出具有新的含义的事物"⑥,复合型人才是在知识、技能、能力和业绩方面具有复合型特

---

① 王孝哲:《马克思主义人学概论》,安徽大学出版社 2009 年版,第 110-111 页。
② 刘苹、陈维政:《人才资源向人才资本转变的内涵分析》,载《商场现代化》2007 年第 8 期。
③ 郭世田:《当代中国人才价值实现的路径设计》,载《山东大学学报(哲学社会科学版)》2012 年第 4 期。
④ 刘苹、陈维政:《人才资源向人才资本转变的内涵分析》,载《商场现代化》2007 年第 8 期。
⑤ 潘春燕:《复合型人才及其培养模式的构建思考》,载《学理论》2010 年第 7 期。
⑥ 刘燕春、俞丽芳、侯碧君:《基于培养复合型人才 ESP 教学现状与策略研究》,载《英语广场》2015 年第 11 期。

点的人才。

2. 理想的复合型人才类型

从人才具有综合素质这种意义上说，人才都应该是复合型人才。人才是普通人群中比较文明、适应性较强、劳动更具创造性和贡献力的人。这种人往往具有综合素质，理想的复合型人才就是人们通常所言的通才。其知识基础宽厚，智能结构比较合理，看待问题的视野开阔，发散思维能力较强，善于从多角度考虑问题，适应性、灵活性、创新性较强，能够较好地理解复杂世界的事物和生存于其中的人们自身，善于凝聚团队力量和解决复杂问题。

3. 复合型人才的层次类型

复合型人才可以大致区分为一般复合型人才和高层次复合型人才。一般复合型人才具有两个或两个以上文化领域中的常识知识（或普遍知识、一般知识）、一般技能和一般能力（一般能力是指人们在一般认识活动中所表现出来的观察力、注意力、记忆力、思维力和想象力）以及相应的创造性劳动业绩；高层次复合型人才不但具有一般复合型人才的知识、技能、能力、创造性劳动业绩复合性特点，而且还具有专业知识、专业技能和专业能力以及相应专业创造性劳动业绩的复合性特点，包括专科层次复合型人才、本科层次复合型人才和研究生层次复合型人才等。

4. 复合型人才的衡量标准

通常，人们会使用智商、情商、逆商、钱商或理财商数、道德商数、健康商数和创意商数等的高低来表示和判断人们的多方面能力发展状况。智商（IQ，即 Intelligence Quotient 的简写，智商包括判断商数 Judgment Quotient）是指人的智力发展水平，情商（EQ，即 Emotion Quotient 的简写）是指人的情绪认知、情绪管理、情绪调节等综合能力发展水平，逆商（AQ，即 Adversity Quotient 的简写）是指人认识逆境和战胜逆境的能力发展水平，钱商（MQ，即 Money Quotient 的简写）或理财商数（FQ，即 Finance Quotient 的简写）是指人的理财能力（即投资受益的能力）发展水平，道德商数（MIQ，即 Moral Intelligence Quotient 的简写）是指人的道德品质发展水平，健康商数（HQ，即 Health Quotient 的简写）是指人认知健康、维护健康的能力发展水平，创意商数（CQ，即 Creation Quotient 的缩写）是指人超越现状、开创新事物的能力发展水平。一般人，其多方面能力发展水平一般，即人们常说的普通人的智商、情商、逆商、钱商或理财商数、道德商数、健康商数和创意商数一般；人才，是人中豪杰，多方面能力发展水平较高，即人们常说的人才的智商、情商、逆商、钱商或理财商数、道德商数、健康商数和创意商数较高。而复合型人才被认为是多个商数综合水平较高的人。从理论层面上讲，复合型人才理应是智商、情商、逆商、钱商、道德商数、健康商数和创意商数等较高的人。但是，在实践层面，不完美总是人们发展的常态，复合型人才也不例外。例如，智商、道德商数和健康商数较高的复合型人才，情高、逆商、钱商的表现可能一般；情商、逆商、钱商、健康商数数值较高的复合型人才，智商、道德商数可能一般。针对不完美的人生事实，人们也能够悦纳追求完美的人的不完美——普通人只要能够创造性地开展工作并为社会、国家甚至全人类作出积极有益的贡献（凸显的是实践行动的创造性），就被人们视为人才；人才只要具有两个或两个以上领域中的知识、技能、能力和创造性劳动业绩，被人们感觉知识面广、能够多角度看待问题并具有解决问题的综合能力,就被人们视为复合型人才。

（三）研究生复合型人才

研究生复合型人才是研究生复合型人才培养和研究生复合型人才培养研究中的基础概念,理解研究生复合型人才概念是进行研究生复合型人才培养研究和培养研究生复合型人才的基础。

1. 研究生复合型人才的内涵

对研究生复合型人才是什么人才的回答就是研究生复合型人才的内涵。研究生复合型人才是什么样的人才? 从构词学意义上去解读,研究生复合型人才既属于研究生层次的高层次人才,也属于研究生层次的复合型人才,是具有复合型特点的研究生层次人才,也是处于研究生层次的复合型人才。研究生层次人才是接受过研究生层次专业教育的人,即具有研究生层次专业知识、专业技能、专业能力和专业创造性劳动成绩的人;复合型人才是在知识、技能、能力和业绩方面具有复合型特点的人才。基于此,我们可以认为,研究生层次复合型人才是具有研究生层次两个或两个以上专业的知识、技能、能力和创造性劳动业绩的人才,也是具有专业理论、技术、方法与应用而具有专业的理论与实践的贯通性、产学研结合性的人才。具有研究生层次两个或两个以上专业的知识、技能、能力和创造性劳动业绩的研究生层次复合型人才为研究生层次横向复合型人才,具有专业理论、技术、方法与应用而具有专业的理论与实践的贯通性、产学研结合性的研究生层次复合型人才为研究生层次纵向复合型人才,而具有跨学科特点的研究生层次纵向复合型人才或具有专业贯通性和产学研结合性的研究生层次横向复合型人才是研究生层次领军型复合型人才。

2. 研究生复合型人才的衡量标准

明确研究生复合型人才是什么人才,即明确研究生复合型人才的内涵之后,我们往往都会自觉不自觉地思考研究生复合型人才的衡量标准问题,即弄清楚"什么样的人才是研究生复合型人才"的问题。依据研究生复合型人才的内涵分析,我们不难得出如下结论:那些具有研究生层次专业复合性特点的研究生或具有研究生文化素质的人才,是研究生复合型人才,比如,跨研究生层次两个或两个以上专业进行学习的研究生,无论其所跨专业均是硕士研究生层面的,或者均是博士研究生层面的,还是既有硕士研究生层面也有博士研究生层面的,均是研究生复合型人才;那些具有专业的贯通性和产学研结合性的研究生或具有研究生文化素质的人才,是研究生复合型人才。

二、人才分类培养视角中的"研究生复合型人才"

人才分类培养制度是继"学院制""导师制""学分制"之后而出现的一种高校人才培养制度。学院制基于人才培养的学院组织管理,导师制和学分制基于教学管理,人才分类培养制度基于多元化的培养目标,它们都是系列的制度而非单一的制度。[1]人才分类培养制度就是从多元化的人才培养目标出发,选择适宜的人才培养方案,优化人才培养机制的

---

① 姚小萍、胡仁东:《论我国高校人才分类培养制度的生成与实现路径》,载《教育探索》2015年第11期。

系列培养制度。首先,它是基于培养目标的培养制度。选择人才分类培养方案、优化人才分类培养机制、细化人才分类培养的其他规则(如学生的合理选择规则等)和安排差异化培养活动,都必须从人才分类培养目标出发。培养目标是人才分类培养制度的核心,它不仅是培养活动的出发点,还是检验培养活动的依据和评价培养活动成效的标准。其次,它是需求导向的培养制度(或言"因需培养"制度)。人才分类培养制度中的人才分类,既要基于社会的人才需求,也要基于学生的分类发展需求。现代高校与社会发展的关系越来越密切,高校不是"安居于象牙塔"中的传统高校,现代高校必须"走出象牙塔"而为社会提供服务,承担必要的社会责任。因此,高校"培养什么类型的人才",虽是高校人才培养的根本问题,但不能由高校"一厢情愿"做决定,而要参照社会的人才需求和学生的分类发展需求,考虑"社会需要什么类型的人才"和"学生希望成为什么类型的人才"等问题。高校分类培养人才,既要满足社会对多样化人才的需求,也要满足学生不同的发展需求和就业取向。再次,它是个性化、差异化的培养制度。这不仅表现在人才分类培养目标具有个性化、差异化特征,满足学生个性化、差异化发展需求,而且表现在人才分类培养方式具有个性化、差异化特征,尊重了学生的个体差异性,有益于促进学生的分类发展和个性完善,还表现在人才培养的有效性评价注重学生学习增值、学习成效证明,注重有着差异的学生在接受高等教育前后的品格、学识水平、能力等的变化。从人才分类培养视角思考"研究生复合型人才",研究生复合型人才就是研究生层次人才分类培养中的一种人才类型,其培养制度具有独特的生成机制。

(一) 研究生复合型人才是研究生层次人才分类培养中的一种人才类型

研究生层次人才分类培养制度如其他的人才分类培养制度一样,它是从多元化的研究生层次人才培养目标出发,选择适宜的研究生层次人才培养方案,优化研究生层次人才培养机制的系列培养制度。研究生复合型人才培养制度就是其中的一种培养制度,它是从研究生复合型人才培养目标出发,选择适宜的人才培养方案,优化研究生复合型人才培养机制的系列培养制度。研究生复合型人才是研究生层次人才分类培养中的一种人才类型,它是按照社会对研究生复合型人才的需求培养的研究生层次人才,是具有研究生层次专业复合性特点的研究生层次人才,往往具有创新创业的特点。培养研究生复合型人才,既可通过不同研究生培养单位分层分类进行或协同培养,也可由各个研究生培养单位基于学科分类、专业分类而通过校内不同院系之间的协同培养以及学科交叉、专业整合来进行。

研究生复合型人才及其培养制度目前处于初被关注的探索期。研究生复合型人才在社会实践领域已经出现,研究生复合型人才培养的价值已为许多人所认识,研究生复合型人才培养活动几乎在各研究生培养单位都存在,很多研究生培养单位都有培养复合型人才的尝试行动,并积累了宝贵的培养经验。但相关研究不多,"研究生复合型人才培养"主题仅仅在2016年年初引起江苏省学位与研究生教育学会领导的关注与重视,学会特以"研究生复合型人才培养的研究"为省级重大课题立项主题,委托南京师范大学原副校长潘百齐教授主持,并通过省学位与研究生教育学会会议交流等形式动员省内大学校长、研究生院院长、高等教育学专业教师及研究生、教育管理人员关注此主题并参与该课题研究。此后,课题组成员把研究生复合型人才作为研究生层次人才分类中的一种类型,以理论研究、行动研究等方式对该主题开展系统深入的研究工作,如讨论研究生复合型人才概念,界定研究生复合型人才培养目标,探索研究生复合型人才培养过程中管理制度、导师制度所面临的挑战,分析研究生复合型人才培养模式类型、培养活动特点及培养机制的优化策略,探讨如何在保证正常研究生教学秩序的前提下进行研究生层次人才培养模式的变更等问题。研究生复合型人才培养及其研究,不在于其自身,而在于其给研究生教育系统带来的象征革命。

(二)研究生复合型人才培养的独特社会背景条件

研究生复合型人才及其培养活动的出现,与其他类型的人才及其培养活动的出现一样,有着独特的社会背景,绝不是"空穴来风"或研究生培养单位的"一厢情愿"。

1. 市场需求为研究生复合型人才培养提供了社会合法性基础条件

研究生复合型人才培养具有社会合法性机制和市场竞争机制,市场需求为研究生复合型人才培养的外在推动力,推动了研究生培养单位"按需"培养研究生复合型人才,使研究生复合型人才培养具有社会合法性基础条件。大学积极参与市场竞争并满足市场需求成为当代大学的生存之道。

研究生教育规模扩大和研究生教育经费紧张,使研究生教育市场化理念逐步被人们所接受。市场竞争机制及市场配置研究生教育资源的作用受到人们的重视,消费者市场(即研究生市场)、人才市场和院校市场①等市场需求为研究生复合型人才培养提供了社会合法性基础条件,积极参与市场竞争并满足市场需求成为当代大学的生存之道,怎样满足市场需求是研究生复合型人才培养单位不得不考虑的问题。市场配置研究生教育资源的关键在于研究生层次人才培养质量竞争,而衡量研究生层次人才培养质量的重要标准是高校所培养的研究生层次人才与社会需求及研究生的个性化发展需求是否一致。研究生复合型人才培养质量若符合社会需求,研究生复合型人才在人才市场上被用人部门所认可和录用,就业率较高,或者研究生复合型人才教育服务符合研究生的个性化发展需求,得到研究生的认可,学生认同率较高,他们就会通过报考和缴费等形式进入研究生教育服务的消费者市场。消费者充足,大学声誉较好,研究生培养单位通过培养优秀的研究生复合型人才在同层次大学人才培养竞争中占优,得到政府、社会和消费者认可,就能从中获得较多资源。而院校在参与市场竞争中获得较多的资源,院校之间的资源竞争进一步推动了研究生层次复合型人才培养制度的不断发展。

2. 国家创新体系建设为研究生复合型人才培养模式创新提供了必要条件

研究生复合型人才培养模式是对传统的研究生层次人才培养模式的创新。传统的研究生层次人才培养模式为专业培养模式,存在专业培养目标统一化、专业培养方案趋同化、专业实践教学环节薄弱、无法满足研究生差异化培养需求等弊端。研究生复合型人才培养模式是"按需培养"模式和个性化、差异化培养模式,这种人才培养模式是对传统的研究生层次人才培养模式的创新。首先,其培养目标基于市场需求而确定。研究生复合型人才培养目标为研究生复合型人才,这个培养目标是市场对研究生复合型人才需求的反

---

① 伯顿·R.克拉克:《高等教育系统——学术组织的跨国研究》,王承绪等译,杭州大学出版社 1994 年版,第 11、16、178 页。

映,它既体现了研究生复合型人才的社会需求,也体现了研究生的个性发展需求。其次,研究生复合型人才培养过程是以生为本、因材施教的过程,是研究生个性化、差异化发展的过程。再次,人才培养质量评价注重研究生在接受培养前后的变化,注意收集研究生学习增值、学习成效证明,以及对研究生受教育前后的品格、学识水平、能力等的对比,这使以生为本的大学理念回到人们的视野,研究生的个性化发展和需求逐渐为大学所重视。

国家创新体系建设为研究生复合型人才培养模式创新提供了必要条件。首先,国家创新体系建设要求研究生培养单位为国家创新体系提供强大的研究生层次人才资源和知识创新资源支撑,这为研究生复合型人才培养模式创新提供了观念指导。提升国家综合国力和国家竞争力,需要进行国家创新体系建设,而研究生教育作为教育系统中的最高层次教育,肩负着为国家培养研究生层次创新人才和创新知识的重任,"是建设国家创新体系的重要支撑力量"[1],"是国家创新体系中知识创新系统的核心","研究生培养单位是国家创新体系的重要执行主体","研究生教育创新计划是国家创新体系的重要组成部分"[2],这使研究生复合型人才培养模式创新成为必要。其次,政府政策、教育发展的纲领性文件为研究生复合型人才培养模式创新提供了政策基础,是研究生复合型人才培养活动的强制性机制条件。研究生复合型人才培养制度的生成既具有市场竞争机制、社会合法性机制,也具有政府强制性机制,是多种机制共同作用的结果。研究生复合型人才培养既需要社会合法性基础条件,也需要国家政策支持条件,国家政策、纲领性文件为研究生复合型人才培养提供了必要的保障和激励。在国家创新体系建设中,《面向21世纪教育振兴行动计划》要求研究生培养单位"瞄准国家创新体系的目标,培养造就一批高水平的具有创新能力的人才",这既明确了我国研究生教育在21世纪的战略任务,也为我国研究生教育指明了发展目标。《国家中长期教育改革和发展纲要(2010—2020)》指出,教育要"树立多样化人才观念,尊重个人选择,鼓励个性发展,不拘一格培养人才,注重因材施教。关注学生不同特点和个性差异,发展每一个学生的优势潜能"。这使注重研究生个性化、差异性发展的研究生复合型人才培养成为必要。《教育部关于全面提高高等教育质量的若干意见》的"要加大应用型、复合型、技能型人才培养力度"规定要求,使研究生复合型人才成为一种独立的研究生层次人才类型有了较为明确的政策依据。

3. 跨学科的出现为研究生复合型人才培养提供了文化条件

学科为传统的研究生培养提供了学科文化条件。传统的研究生培养,依托学科分专业进行,学科专业文化是其主流文化。学科不仅是知识的分类,具有学科知识性文化特征,更是规范化与专门化的知识体系,使每一门学科拥有自身独特的研究对象、研究方法、学术用语以及表达方式,并成为研究生培养的重要内容,而且具有学术部落社会性文化特征,对学术部落具有很强的文化凝聚力,"任何一个进入了某一学科的人都面临着被学科所规训,被学科文化所熏陶与感染"[3],"要成为一门学科领地的成员,不仅要有本学科的

---

① 谢桂华、许放:《研究生教育与国家创新体系》,光明日报出版社2011年版,序。
② 谢桂华、许放:《研究生教育与国家创新体系》,光明日报出版社2011年版,第73、75、86页。
③ 周朝成:《当代大学中的跨学科研究》,中国社会科学出版社2009年版,第71页。

精湛技术水平,而且要有对学院式群体的忠诚并遵守其规范"①。比如,认同学科价值,掌握学科方法,使用学科语言(包括学科术语和学科措词等),崇拜学科偶像,关心学科相关事件,固守学科疆界,排斥"非法入侵者"。学科专业成为研究生培养组织,"学院式""学科式"和"专业式"等成为研究生培养模式,学院或系科等学科组织之间不仅有着本原性的知识冲突,而且还有着学院或系科外部合法性的冲突,关乎学院或系科作为学术组织的目标、价值判断与行动方式。学科配置资源的方式,使资源为学院或学系所控制,学科人固守学科疆界,分享学科利益,既防范学科边界"入侵者",也不愿意游离于学科之外。

　　跨学科的出现为研究生复合型人才培养提供了跨学科文化条件。研究生复合型人才培养强调研究生层次不同专业的复合性,体现的是专业复合的文化,要求不同学科专业知识内容交叉、不同学科组织融合、不同学科文化交流、不同学科人员相互尊重、不同学科资源共享。这与学科制度文化存在冲突,并面临学科知识性文化和学术部落的社会性文化阻力。在 20 世纪 20 年代,跨学科及多学科、交叉学科甚至超学科等新概念出现并为研究生复合型人才培养提供了条件,并成为研究生复合型人才培养的主流文化。"1970 年OECD 在第一次国际跨学科研讨会上将'跨学科'(interdisciplinarity)定义为'跨学科是指两门或者两门以上不同学科之间的相互联系,从思想的简单交流到较大领域内教育与研究的概念、方法论、程序、认识论、术语、数据以及组织之间的相互联系'(OECD,1972)。"②"刘仲林教授认为,跨学科的'跨'表示跨介于传统学科之间或跨出传统学科之外,也即凡是超越一个已知学科的边界而进行的涉及两个或两个以上学科的实践活动均可成为'跨学科'。"③这种跨学科知识性文化和跨学科的学术部落社会性文化为研究生复合型人才培养提供了文化氛围,跨学科知识成为研究生复合型人才培养中的教学内容,跨学科组织成为研究生复合型人才培养的主要支撑组织,跨学科文化因而成为研究生复合型人才培养系统中的主流文化。

(三) 研究生复合型人才培养的内在逻辑

　　研究生复合型人才培养既有独特的外部背景条件,也有其自身活动的内在逻辑。研究生复合型人才培养的内在逻辑表现在:研究生复合型人才培养是研究生教育系统发展的内在需求,是研究生培养单位在知识生产模式转变情况下创新知识的内在需求,是大学转型的结果和要求。

　　1. 研究生复合型人才培养是研究生教育系统发展的内在需求

　　研究生教育系统发展既要遵循外部发展逻辑,关注外部要求和外部条件,如政府政策、市场需求、跨学科条件等,也要关注内在发展需求,如知识经济时代人才发展需求、研究生教育职能变革要求等。研究生复合型人才培养是研究生教育系统发展的内在需求。

　　首先,研究生复合型人才培养是研究生层次人才发展的内在需求。在研究生教育初期,争取参与研究生教育的机会、拥有研究生教育经历和文凭、掌握研究生层次专业知识、专业技能、专业能力,成为研究生层次专业人才,这是大多数人的研究生教育梦想,其重视

---

① 周朝成:《当代大学中的跨学科研究》,中国社会科学出版社 2009 年版,第 71 - 72 页。
② 周朝成:《当代大学中的跨学科研究》,中国社会科学出版社 2009 年版,第 8 页。
③ 周朝成:《当代大学中的跨学科研究》,中国社会科学出版社 2009 年版,第 29 页。

的是教育文凭,是研究生层次专业教育经历,而研究生个性化发展和需求以及跨专业发展问题并未受到重视。后现代主义思潮的兴起和知识经济时代的到来,使人的主体性得到关注,以生为本的培养理念再次回归到人们的视野之中,知识,尤其是综合知识的价值凸显,研究生的人力资本被看作其个人生活质量和强大社会实力的关键[1],研究生的教育需求和人才市场的人才需求发生了巨大改变:在研究生教育服务的消费市场,研究生是否缴费接受研究生教育服务,看重的不仅是文凭学历,更重要的是研究生教育服务质量,重视的是研究生教育能否给个人带来的知识、学识、能力等的综合变化,教育增值或人力资本提升需求是否能够得以满足,重视研究生教育经历所带来的发展价值和对个人生活状况的整体改善、生活质量的整体提升,重视个人创造性劳动和能为社会做贡献的综合实力的提升;社会各部门招聘和录用人才,也注重应聘者的学识、能力、总体贡献力。多元化的理念、多样性的研究生层次人才需求使研究生培养单位积极开展研究生层次人才分类培养,注重基于培养目标进行整个培养过程的顶层设计。研究生复合型人才培养是研究生层次人才分类培养的组成部分,是研究生层次人才发展的内在需求。

其次,研究生复合型人才培养是研究生教育职能变革的要求。第一,研究生复合型人才培养是研究生教育服务职能拓展的要求。研究生教育服务职能拓展,包括拓展到增加服务职能和服务职能的拓展两个方面。"拓展到增加服务职能",要求研究生培养单位"按需培养"研究生复合型人才,考虑"社会需要什么研究生层次人才"和"研究生希望发展成为什么人才",这是研究生培养单位对社会的人才需求和研究生的个性化发展需求的积极回应,是研究生培养单位在国家政策指导、市场需求条件下主动参与市场竞争、创新研究生层次人才培养模式的表现,是研究生培养单位关注研究生个性发展、需求和贯彻因材施教等人才培养原则的表现。"服务职能的拓展",要求研究生培养单位以多样化的理念为指导,根据多样性的需求积极开展人才分类培养,拓展研究生层次人才培养类型,包括研究生复合型人才培养类型。第二,研究生复合型人才培养是研究生教育的知识传播职能变革的要求。知识传播是研究生教育的职能之一,学科专业知识传播职能的变革,跨学科专业知识成为新的知识传播内容,这为跨学科人才及研究生复合型人才培养提供了条件,也对跨学科人才及研究生复合型人才培养提出了要求。

再次,研究生复合型人才培养是研究生教育的知识生产职能变革的要求。"科学知识生产方式经历了不同的社会阶段,古代社会中以'哲学思辨式'科学知识生产和'经验试错式'科学知识生产为主,近代社会以'实验型'科学知识生产方式为主,当代社会以'实验型'科学知识生产方式全面渗透并影响社会物质生产为主。"[2]研究生教育自产生以来,经历了近代社会知识生产方式到当代社会知识生产方式的变革,知识生产由以学科分化为主要路径到普遍的跨学科研究路径,知识生产职能由学科人员生产学科知识变革为多学科人员生产应用型为导向的知识(如解决现实复杂问题的知识等),这对具有专业复合性的研究生复合型人才培养提出了要求。

最后,研究生复合型人才培养是研究生教育的知识应用职能变革的要求。知识应用

---

① 詹姆斯·杜德斯达:《21世纪的大学》,刘彤等译,北京大学出版社2005年版,第246页。
② 李正风:《科学知识生产方式及其演变》,清华大学出版社2006年版,第139-140页。

由大学学科内拓展到整个社会,其职能由学科人员用来解决纯学术问题转变为多学科人员或跨学科人员用来解决现实复杂问题,这对研究生复合型人才培养提出了要求。

2. 研究生复合型人才培养是知识生产方式转变情况下知识生产的要求

随着高等教育大众化和市场化,大学的知识生产方式发生了英国著名知识社会学家迈克·吉本斯所称的知识生产模式Ⅰ到知识生产模式Ⅱ的变革,表现在变革的知识生产在环境、效用、主体构成、组织特性、主体责任、质量控制等方面具有不同于以往知识生产的新特点,如超越学科范围、主体同质性、学科价值,而具有跨学科性,主体异质性,以及对企业、政府或者社会的效用性等,这对研究生复合型人才培养提出了要求。

首先,研究生复合型人才培养是跨学科知识生产的要求。大学走出"象牙塔",通过跨学科知识生产服务社会,不仅需要将不同学科的学者组成一个个研究团队(这些研究团队具有跨学科性、多样性和相对不稳定性。大学不是知识生产的唯一组织),共同关心现实问题,并围绕共同关心的现实问题开展多学科研究,也需要单个研究者具有跨学科背景或专业复合性特点,超越学科视界,尊重其他不同学科在知识生产中的价值,关注复杂的现实问题,主动关心政府和社会对科学知识生产的要求,重视外部因素对科学知识生产的影响,进行跨学科研究。① 这对研究生复合型人才培养提出要求。研究生复合型人才要具有超越单一学科视界的主体观念,具有关心跨学科问题、研究跨学科问题的主体精神,具有尊重其他学科及实践活动在知识生产中的价值,具有运用跨学科知识解决现实问题、生产新知识的能力。跨学科知识生产不仅对研究生复合型人才培养提出了要求,而且跨学科知识生产主体、团队组织,研究问题的跨学科性、异质性和复杂性,也促进了研究生复合型人才培养工作。

其次,研究生复合型人才培养是应用型知识生产的要求。应用型知识生产是以应用为背景,并对企业、政府或者社会具有效用性的知识生产。② 这种知识生产注重的是生产知识对企业、政府或者社会具有效用性,其过程是多个利益主体不断协商、意见撮合的过程,指向的问题具有复杂性与相关学科的前沿性,并为各学科参与人员所共同关注,问题解决需要产生"产品",如具有一定创新性的学术论文、技术产品、问题解决方案、行动方案等,凸显了研究者的社会责任与产学研结合性。③ 研究生复合型人才符合其中的研究者的相应要求,研究生复合型人才培养过程也是产学研相结合的过程,它是应用型知识生产的要求。

3. 研究生复合型人才培养是大学转型的结果和要求

现代研究生教育诞生于19世纪初柏林大学设置哲学博士所实施的相应教育,自此之后,研究生培养成为大学人才培养的重要内容,影响着大学发展,同时也受大学转型的影响。研究生复合型人才培养是大学转型中研究生层次人才分类培养中的一种类型,是大学转型的结果和要求。

首先,研究生复合型人才培养是传统大学向现代大学转型的结果和要求。传统大学

---

① 周朝成:《当代大学中的跨学科研究》,中国社会科学出版社2009年版,第45-48页。
② 周朝成:《当代大学中的跨学科研究》,中国社会科学出版社2009年版,第47页。
③ 周朝成:《当代大学中的跨学科研究》,中国社会科学出版社2009年版,第33页。

是人才培养和科学研究的机构,如 19 世纪初德国洪堡创办的柏林大学和 20 世纪美国亚伯拉罕·弗莱克斯纳在他的代表作中所言的美英德大学等。传统大学强调大学作为学术组织的独特性,认为大学的功能是人才培养和科学研究,传播和生产高深知识;传统大学中的研究生培养坚持教学和科研相结合的原则,实施专业教育,由大学分层分类培养,由学科专业分类培养,培养研究生层次的专业人才,研究生培养主要遵循研究生教育的内部发展逻辑,是"供给导向"的研究生层次人才培养。现代大学为多元化巨型大学,规模大,利益群体多,结构复杂,目标多元,功能多样,除了传统的人才培养、科学研究功能之外,还有社会服务等功能。研究生培养不仅要遵循研究生教育的内部发展逻辑,而且还要依据社会要求,注意发挥研究生培养和科学研究的社会服务功能,按社会需求培养人才,培养社会需要的人才,即"按需培养",在"需求导向"的研究生层次人才培养中,创新知识和辅助培养研究生的科研不能仅限于学术理论问题的研究,还要关注社会现实问题的研究。

其次,研究生复合型人才培养是研究型大学向创业型大学转型的结果和要求。20 世纪 50 年代至今,教育与经济社会发展之间的关系日益密切,科技、知识、人才等因素在经济社会发展中的作用越来越重要,大学内课程设置、教学内容、教学方法的变革,不仅使大学的人才培养、科学研究、社会服务等诸多职能被拓展(如不仅重视理论知识,而且注重实践知识;不仅重视知识的生产、传播,而且注重知识与生产实践的联系和在生产实践中的应用,注重知识的市场价值等),而且大学增添了承担促进经济与社会发展的"创业"职能。如美、日等发达国家围绕大学建立高科技园区、研究中心、孵化器等,推动大学科研成果转化和新企业的诞生,加强了大学与政府、企业的合作,使一些研究型大学实现了向创业型大学的转型。创业型大学强调大学对国家、社会需要做出敏锐的回应,并积极承担国家战略任务,这对传统的研究生层次人才培养提出了改革的要求,如调整培养方案、拓宽专业基础、重视实践活动、加强理论与实践的联系等。研究生培养单位以人才的创新创业理念为指导培养研究生复合型人才,是对国家、社会和创业型大学对复合型人才要求的敏锐的回应,是通过自身创新研究生层次人才培养模式及相应的人才培养创新活动对社会进步做出的实质性贡献,这既是研究型大学向创业型大学转型的结果,也是研究型大学向创业型大学转型的要求。

三、跨学科视角中的"研究生复合型人才"

跨学科是知识综合发展的产物。知识的分化形成了学科,现代意义上的学科大致形成于 19 世纪,知识的学科化和专业化,使研究生教育以分立的学科形式组织知识的生产、传播与应用,培养着研究生层次专门人才。20 世纪初,知识综合发展趋势增强,学科整合及学科交叉与融合现象逐渐增多,到 20 世纪 20 年代,"跨学科"一词最早出现。① 根据刘仲林教授的观点,跨学科既指一门以研究跨学科(交叉学科)规律与方法为基本内容的新学科,即跨学科学,它是研究跨学科的整体运动、普遍规律的学科,以使孤立的学科在一定程度上得以整合;也指包括众多的跨学科性学科在内的交叉学科群体,如社会心理学、管理心理学、教育经济学、教育管理学、环境科学、安全科学、生命化学等等。跨学科在大学

---

① 周朝成:《当代大学中的跨学科研究》,中国社会科学出版社 2009 年版,第 29 页。

与研究机构中主要是指打破学科壁垒,运用不同学科理论或方法所进行的教育活动或研究活动①,它"体现了一种历史实践性转向,更加面向现实问题的解决,具有很强的实践性"②。以跨学科视角解读研究生复合型人才,研究生复合型人才就是以跨学科思想为指导,通过跨学科教学与跨学科研究相结合的办法所培养的研究生层次跨学科人才。

(一)研究生复合型人才具有学科文化和跨学科文化观念

学科文化或跨学科文化包括学科或跨学科的知识性文化和社会性文化。研究生复合型人才一方面具有学科文化观念,包括具有学科的知识性文化观念和学科的社会性文化观念,对自己所在学科专业的知识价值有认同感,重视学习学科专业课程,以形成合理的专业知识结构,具有学科知识性文化基础及行为规范,对自己所在学科专业组织有归属感,明确学科价值、学术群体风格、学科方法、学科术语及相应特色的行为方式,经受学科文化的影响;另一方面又具有跨学科文化观念,包括跨学科知识性文化观念和跨学科社会性文化观念。在学科培养制度下,研究生复合型人才会面临学科文化冲突的阻力,学科文化使研究生复合型人才注重知识及组织的学科化、专业化,重视具有内在逻辑联系的学科专业知识学习,并受学科组织文化控制,而跨学科文化强调学科交叉与融合,强调各学科人员加强不同文化之间的对话与交流,这使研究生复合型人才的学科专业文化与跨学科专业文化存在冲突,在学科制度下还存在被学科权力规制的危机,面临多个角色、身份冲突和多学科文化认同中的感情冲突。

(二)研究生复合型人才基于学科组织与跨学科组织而培养

研究生复合型人才是不同的学科组织、学科人合力培养的人才,其培养既可采取"存量改革"的办法,通过依托已有的学科专业组织,通过修订培养方案,增加跨学科课程内容的办法来培养,也可采用"增量改革"的办法,组建新的跨学科组织,制定专门的研究生复合型人才培养方案,依托学科专业,通过学科交叉与融合的办法来培养。但无论采用哪一种培养办法,在一般情况下都会遇到学科组织与跨学科组织冲突的阻力问题。当大学要求学院、系之间开展合作以培养研究生层次复合型人才之时,不仅学院、学系等学术组织目标的差异与冲突阻碍其交流与合作,使不同学术组织之间难以达成共同理解与交流,学院、学系提升自身在同类学术组织中的学术声誉目标与跨学科培养研究生复合型人才的组织目标之间的差异与冲突阻碍研究生层次复合型人才培养中的学科合作行动,而且以学科为基础构建的学院、学系与跨学科培养研究生的组织结构在学术、管理方面也存在冲突性,表现在:学院、学系的学科单一性比较显著,学科边界与科层结构彰显了学科逻辑高效率发展线路,呈现出纵向的科层结构,学院之间、学系之间明显存在隔离与分化现象,而培养研究生复合型人才的组织结构具有跨学科性,强调的是多学科的融合,注重与相关学院、学系的横向沟通交流,但在学科体制下,它往往只是学科组织体系的一种附属与补充,如同单学科体制下的流浪儿③,或被整合在学系、学院之中,或处于与学院并级的地位。此外,学科组织权力之间的冲突也阻碍了跨学科人才培养。大学组织中有两种合法

---

① 周朝成:《当代大学中的跨学科研究》,中国社会科学出版社2009年版,第35页。

② 周朝成:《当代大学中的跨学科研究》,中国社会科学出版社2009年版,第29页。

③ 刘仲林:《交叉科学——单学科体制下的流浪儿》,载《辽东学院学报(社会科学版)》2007年第2期。

性权力关系,即行政权力关系和学术权力关系:前者是垂直向层级关系,如大学—学院—学系,是上下行政等级权力关系,分别管理着大学、学院和学系的人事、资源、学术、评价等;后者是水平向联结关系,如学院之间、学系之间、教师个人之间的专业权力关系,拥有专业权力的组织和个人控制着与学科相关的利益,如学位、教衔、身份、资源及学术声誉等。为了捍卫学科知识疆界、控制学科教师聘任与评价以及学科资源配置流向,学科组织的权力冲突不可避免,况且行政权力关系和学术权力关系均已被学科组织所垄断,处于强势地位,而培养高层次复合型人才的跨学科组织由于游离于学科之外而处于弱势地位,存在被学科权力规制的危机。与此同时,参与研究生复合型人才培养活动的教师也面临多个角色、身份冲突和多学科文化认同中的感情冲突。

(三) 研究生复合型人才培养面临学科资源配置与评价的阻力

研究生复合型人才培养虽在理论上具有学科资源和跨学科资源基础,但在目前以学科培养制度为基础的人才培养实践中面临着学科资源配置、学科评价等阻力挑战。资源是人才培养的基础与保障,培养研究生复合型人才需要财力资源(经费)、人力资源(研究生、导师、管理人员)和物力资源(大学的房产、设备、土地等),而针对有限的大学资源,基于学科的大学组织往往采取学科配置资源的制度,当培养高层次复合型人才需要不同的学科相结合时,院系成本结构难免导致"地方割据"现象,多学科合作背后难免学科利益冲突。此外,学科框架下的院系评价和教师评价,也使学科组织、学科人加入培养人才的跨学科组织面临极大挑战。

第二节　研究生复合型人才的特征

研究生复合型人才是研究生层次人才分类培养中的一种人才类型,是贯通专业的理论、方法、技术与应用的人才,是具有研究生层次专业复合性特点的人才。这种人才,首先,受过研究生教育,具有研究生层次人才的特征;其次,注重专业的贯通性,贯通专业的理论、方法、技术与应用,具有产学研结合性;再次,受过研究生层次专业复合性训练,具有研究生层次专业复合性。受过研究生教育和具有研究生层次人才的特征,把研究生复合型人才与其他层次类型的复合型人才区分开来;注重专业的贯通性和具有产学研结合性,把研究生复合型人才与传统的只重视专业理论学习与研究的研究生层次专业人才区分开来;受过研究生层次专业复合性训练和具有研究生层次专业复合性,把研究生复合型人才与单一专业的研究生层次人才区分开来。

一、受过研究生教育,具有研究生层次人才的专业性、研究性和创新性

研究生教育是国民教育系统中的最高层次教育,它实施的是专业教育,遵循教学与研究相结合的人才培养原则,具有创新要求,使受过研究生教育的人才具有专业性、研究性和创新性。研究生复合型人才作为研究生层次人才的一种类型,像研究生层次其他人才类型一样,受过研究生阶段的专业教育和专业问题研究训练,完成过具有创新要求的课程作业,在参与学术沙龙、参加学术会议、参与课题研究、写作学术论文、参加生产实践等活动中有创新性见解或创造性劳动业绩,具有研究生层次人才的专业性、研究性和创新性。

（一）受过研究生阶段的专业教育，具有研究生层次人才的专业性

现代研究生教育诞生于 19 世纪初德国柏林大学设置哲学博士所实施的相应教育。从其背景来看，19 世纪现代意义上的学科的形成，为柏林大学基于哲学学科开展哲学博士专业教育提供了条件。学科是一种专门化和规范化的知识体系，不仅使知识分门别类，而且使学术组织得以划分与形成。专业既指知识分类中的专门学业，也指社会分工中的专门职业。专业是学科的支撑，又是依托学科的专业，学科进入大学之后，专业教育便成为大学中研究生教育的重要内容，传授专业知识、训练专业技能、提升专业能力、培育专业精神成为研究生教育的基本职能。这使研究生教育在本质上成为专业教育，依托大学学科按专业实施，以传授专业知识、训练专业技能、提升专业能力、培育专业精神为基本职能。受过研究生教育的研究生具有专业知识、专业技能、专业能力和专业精神，研究生的专业知识、专业技能、专业能力和专业精神彰显研究生层次人才的专业性特点。

不同的研究生在进入不同的学术专业之后，如同进入了不同的文化宫，在接受专业教育的过程中，与专业同行相互接触，形成专业价值认同，尊崇专业偶像，阅读专业著作和专业期刊论文，学习相关专业的课程理论、研究方法，探究专业问题，学会使用专业术语，懂得和遵循专业行为规范，习得专业技术，提升专业能力，并接受专业同行的监督与评价，具有专业身份认同和对专业组织的归属感。

（二）受过研究生阶段的专业问题研究训练，具有研究生层次人才的研究性

研究生不仅要接受研究生层次专业教育，具有专业性，而且还要接受研究生阶段的专业问题研究训练，具有研究生层次人才的研究性。研究生层次人才的研究性体现在，研究生在读期间系统学习过研究性知识，接受过系统的专业研究训练，进行过研究性学习，观摩过导师、同学等学术同仁组织的学术研究活动或项目研究活动，进行过参与式研究及与导师的合作研究，阅读过学术权威的学术著作和专业期刊上的学术论文，学习过专业领域有影响作用的学术思想甚至学术观点，掌握了专业研究性知识及专业研究方法，具有研究生层次人才所具有的专业研究精神、专业问题意识、专业研究能力、专业研究成果。比如，教育学学科的研究生一般都学习过"教育科学研究方法"等课程。而且从专业问题的解决步骤，学术论文的撰写、投稿与刊发，到如何参与学术沙龙、开题报告会及毕业论文答辩会等，都有具体的专业训练活动。那些具体的专业训练活动，或是课堂研讨活动、学术沙龙，或是读书交流会、课题汇报会，或是学术报告、学术会议，等等。研究生经常性地参与专业研究训练活动，学会以价值中立的客观态度审视同伴和自己的学术活动，具有批判和自我批判精神，学会与同伴进行学术交流（包括在读书报告会、学术交流会、专业问题论坛等场合与同伴进行学术交流），学会组织或参与课题研究各环节活动，学会撰写学术论文（包括撰写专业期刊论文、毕业论文、学位申请论文等），学会撰写课题报告（包括课题申请报告、课题中期进展报告、课题结题报告等）。

对研究生进行专业问题研究训练，不仅需要研究生具有研究者的角色意识，发挥研究者的主体精神，明确自身的"现有"研究现状与研究水平，明确研究生的研究要求和研究责任，积极、主动、自觉地向周围有专业才能的人学习，听从导师的指导，并寻找机会参与适合自己的学术研究活动，而且需要导师发挥精神导师和学术导师的应有作用，无论在学术研究精神,还是在学术研究活动等方面,导师都起引导或指导作用,履行导师作为学习者、研究者、引导者的责任,对研究生进行有目的、有计划、有组织的引导,为研究生参与探究性学习和课题研究活动创造条件,遵循教学与研究相结合的研究生培养原则,以研究促进教学,还需要研究生培养组织创造良好的组织条件和制度条件,从制度和组织上保障研究生在读期间接受系统的专业问题研究训练。

充分发挥研究生在科学研究中的作用。在科学研究中发挥作用,这既是公众对研究生寄予的厚望,是研究生之所以为研究生的角色表现,也是研究生教育要求,研究生需要把外在的研究生教育要求变成内在的发展需求,使履行研究者角色职责的过程变成个人在科学研究中发展的过程。充分发挥研究生在科学研究中的作用,需要研究生培养单位提出明确可行的制度要求,提供切实可行的制度保障;需要研究生导师的要求和示范;需要研究生主动、自觉、积极地努力。

(三)受过研究生阶段的创新教育,具有研究生层次人才的创新性

研究生教育不仅是专业教育,肩负着为国家培养研究生层次专业人才的重任,主要由大学对研究生进行专业性的培养,这不同于非大学类机构的职业教育,也不同于大学的本专科教育,而且还是创新教育,"研究生创新教育是指在研究生培养过程中始终贯彻以提高研究生的创新意识、创新精神、创新知识和创新能力为主要目标的教育"[1],肩负着为国家培养研究生层次创新人才的重任,主要由大学和科研院所对研究生进行创新性的培养,培养研究生的创新意识、创新观念、创新精神、创新能力,充分发挥研究生培养单位在国家创新体系中的重要作用,使研究生培养单位通过研究生创新教育在知识创新、技术创新、科技创新和区域创新中做出贡献。

研究生教育是"一个国家教育和科技发展水平的重要标志","是国家创新体系中知识创新系统的核心";"研究生培养单位是国家创新体系的重要执行主体",不仅"为国家创新体系提供强大的人力资源支撑",而且"是知识创新的重要主体","是技术创新和产业创新的重要推动者"。"国立科研机构和大学都是国家创新体系的重要组成部分,它们构成了国家创新体系中相互联系、优势互补的重要单元。"国立科研机构,如"法国国家科研中心、德国赫尔姆霍茨研究中心联合会、俄罗斯科学院、澳大利亚科学与工业组织、印度科学与工业研究理事会"、中国科学院、中国社会科学院,以及中国科技部、农业农村部、水利部等许多部委建立起的专业性综合科研机构等,"是知识创新和技术创新的重要力量,是国家创新体系的重要组成部分"。我国大学主要通过大学科技产业、大学科技园及大学的专利申请活动等途径有效促进技术创新和产业创新。一些国立科研机构和大学还是研究生培养单位,如中国科学院就是研究生培养单位。1955年"中国科学院研究生教育制度正式建立","1978年3月中国科学院又率先成立了我国第一所研究生院——中国科学技术大学研究生院(北京),同年中国科学院招收了我国恢复研究生制度后的第一批研究生"。中国科学院成为研究生教育的重要承担者,中国科学院等国立科研机构的研究生教育也成为我国研究生教育事业的有机组成部分,是我国研究生层次人才培养体系的构成要素,在

---

① 谢桂华、许放:《研究生教育与国家创新体系》,光明日报出版社2011年版,第87页。

培养造就高级科技创新人才、促进高技术产业发展等方面发挥重要作用。大学作为研究生培养单位，通过研究生教育承担培养研究生层次创新拔尖人才、进行知识创新并推动技术创新和产业创新的重要使命。[①]

　　研究生教育对国家创新体系的作用主要体现在如下几个方面：首先，"研究生教育为国家创新体系提供知识储备"。研究生培养单位是知识创新的主体，"对知识和技术的研究始终是研究生教育的核心"，研究生教育通过知识创新、知识传播为国家创新体系提供知识储备。"研究生教育的创新关系到知识创新系统的结构和功能，进而关系到国家创新体系的整体绩效"，"研究生教育创新计划是国家创新体系的重要组成部分"。其次，"研究生教育为国家创新体系提供助推力"。研究生教育不但"为知识创新提供了直接动力"，也"为技术创新提供了间接的原动力"。如在理工科研究生培养过程中，研究生往往需要参加和企业联合开展的项目研究，这些研究或是技术改造，或是开发研究，或是应用研究，从而使研究生教育不仅成为知识创新的直接动力，而且还使研究生教育间接地参与到以企业为主体的技术创新中，为技术创新提供了间接的原动力。研究生教育还对研究生培养单位的学科建设乃至国家高等教育学科体系的发展发挥重要作用，有助于促进研究型大学群体的兴起。再次，研究生教育为国家创新体系提供研究生层次创新拔尖人才。培养研究生层次创新拔尖人才是实施人才强国战略的要求，是国家创新体系的呼唤，也是研究生教育的重要使命和最高目标，被《高等教育法》规定为研究生教育的基本任务。"研究生教育应当把培养创新能力作为核心，并将其融入培养的全过程。这不仅是研究生教育自身发展的要求，更是时代赋予研究生教育的重要历史使命。"科研与研究生培养一体化、产学研协作培养研究生，这成为国家创新体系对研究生教育改革的诉求。[②]

　　研究生受过研究生阶段的创新教育，具有研究生层次人才的创新性，研究生层次人才的创新性体现在创新思维、知识创新和能力创新等方面。研究生教育过程不仅是知识生产、知识传播、知识应用的过程，而且是对研究生进行思维方式的训练过程，是训练研究生高级创新思维的过程。研究生既需要进行发散性思维训练，能够根据创新需求进行"由此及彼""由表及里""举一反三"的发散性思维，对已有知识或现成答案质疑和进行批判性分析，也能够根据创新问题和时间有限性要求，对已有知识进行综合，集聚或收敛思维，即进行集中性思维，还可以训练逆向思维、直觉思维、逻辑思维、多向思维、网状思维等。创新思维主要有思维的"独立性""敏感性""想象性""联动性""多向性""跳跃性""顿悟性""逻辑性"等特征。"知识创新是研究生教育的社会责任"，是研究生层次人才创新性的重要内容，是技术创新、知识传播和知识应用的基础。"创新能力是利用已积累的知识和经验经过科学的思维加工和再造，产生新知识、新思想、新方法和新成果的能力。"创新能力是在创新活动中得以形成并在创新活动中得以表现的，创新能力的形成与知识结构、创新品格等有关。研究生的知识结构包括"基础知识、专业知识、人文社会科学知识、实践知识"等内容，这是研究生创新能力形成的基础。创新品格是激发创新意识和欲望的内在因素，包括好奇心、开拓精神、自信心、自尊心、乐观、坚毅、忍耐等。"具有创新品格的人一般有以

---

①　谢桂华、许放：《研究生教育与国家创新体系》，光明日报出版社2011年版，第72-85页。
②　谢桂华、许放：《研究生教育与国家创新体系》，光明日报出版社2011年版，第86-130页。

下一些个性特征：高度的独立自主性；旺盛的求知欲，刻苦钻研和勇攀科学高峰的精神；善于观察，对事物运转的机理和原因勤于探索；严谨的治学态度，讲究条理、准确和严格；乐于挑战、不畏艰难；有丰富的想象力与直觉能力；对新生事物有很浓的兴趣和较强的接受能力等。""广大研究生的创新能力一旦得以提升，必然会对国家创新体系各子系统的创新在整体上产生放大效应，导致其创新绩效被层层放大、扩散，最终对国家创新体系的创新绩效的提升产生不可估量的倍增效应。"①

二、注重专业的贯通性，具有产学研结合性

研究生复合型人才具有研究生层次人才的专业性、研究性和创新性，但专业性、研究性和创新性仅是研究生复合型人才和其他研究生层次人才类型，如研究生应用型人才、研究生创新型人才等的共同特征或类特征，而注重专业的贯通性和具有产学研结合性为纵向型复合型人才显著的个性特征。如研究生层次人工智能专业纵向复合型人才是贯通人工智能理论、方法、技术、产品与应用等的研究生层次人才，这种人才注重专业的理论学习与问题研究的贯通性，注重专业的知识应用研究或技术应用探究与生产实践的贯通性，具有产学研结合性。

（一）注重专业的理论学习与问题研究的贯通性，具有学研结合性

教学与科研相结合是研究生培养的基本原则，教学和科研并重是研究生教育的显著特征。研究生教学，既注重专业的理论教学，如基础课关注基础理论的教学，专业课关注专业理论的教学，跨专业选修课注重拓展研究生专业视野和人文社会科学知识的教学，社会实践课、实习活动课注重实践知识的教学，又注重通过专业问题研究进行教学，如基于专业问题引导研究生进行研究性学习、进行参与式研究，或与导师开展合作研究，或参与研究生教育创新计划项目研究，使研究生教学与科研之间形成一种相互促进、相辅相成的关系：研究生的专业理论学习与问题研究具有贯通性。

研究生层次纵向复合型人才需要具有坚实的基础理论，专业理论，以及相应的技能、方法和相关知识，具有从事本专业工作和科学研究工作的能力，因此，注重专业的理论学习和问题研究的贯通性及具有学研结合性是研究生层次纵向复合型人才的特点。硕士研究生应注重掌握坚实的基础理论和系统的专业知识，并学会从事本专业实际工作和用专业知识进行科学研究；博士研究生应注重掌握坚实宽广的基础理论和系统深入的专业知识，并学会独立从事本专业实际工作和用专业知识独立进行创造性科学研究工作，创新知识或创造性解决现实问题。纵向复合型人才，其培养模式往往为产学研合作培养模式，鼓励的是高校、科研院所与企业等培养机构主体之间的合作。

（二）注重专业的应用研究与生产实践的贯通性，具有产学研结合性

我国传统的研究生培养基于专业人才培养方案中的课程教学要求，以书本知识教学为主，既缺乏与科研部门的联系，也缺乏与生产部门的合作。研究生的专业知识学习仅停留于书本层面，其专业理论学习与科研实际、工作实际缺乏贯通性，科研训练和实际工作

---

① 谢桂华、许放：《研究生教育与国家创新体系》，光明日报出版社 2011 年版，第 111 - 117 页。

经验不足,科研能力和实践问题解决能力不够,致使研究生毕业走上工作岗位后,工作适应性不好,解决实际问题的灵活性和创新性不够。

研究生层次纵向复合型人才注重专业的应用研究与生产实践的贯通性,就是对传统的研究生培养中联系科研实际和生产实际不足的问题的纠正。研究生层次纵向复合型人才强调教学—科研—生产相结合即产学研相结合,对研究生的培养以教学与科研相结合为指导思想,既要加强正常的理论教学,让研究生掌握坚实的基础理论和系统的专业知识,又要让研究生大量参与科研活动,重视研究性学习、参与式研究、与导师合作研究和独立开展研究对培养研究生的作用,还要让研究生注重实验、实习和实践锻炼,使专业的应用研究与生产实践相互贯通。研究生的产学研结合,促使研究生的理论和实际相联系,从而提升研究生培养质量,增强研究生复合型人才的适应性、灵活性和创新性。

三、受过研究生层次专业复合性训练,具有研究生层次专业复合性

研究生复合型人才既受过研究生教育,在社会成员眼中是研究生层次专业技术者形象,具有研究生层次人才的专业性、研究性和创新性,又是"复合型"的研究生层次人才。纵向复合型人才具有专业理论、方法、技术与应用等的贯通性及产学研结合的特点,根据产学研结合的侧重点不同,研究生层次纵向复合型人才可分为研究生层次的应用型复合型人才、研究型复合型人才和创新型复合型人才等;横向复合型人才受过研究生层次专业复合性训练,如"人工智能+"经济、社会、管理、教育、心理、法律等横向复合型人才,其培养模式往往为"人工智能+X"的专业复合性培养模式,重视的是人工智能与经济学、社会学、管理学、教育学、心理学、法学等学科专业教育的交叉融合,具有研究生层次专业复合性。具有研究生学历的教师具有研究生层次学科专业与教育专业的复合性,很多具有研究生学历的管理人员,也具有研究生层次专业复合性,往往是研究生层次的学科专业与管理专业的复合性。研究生层次横向复合型人才的专业复合性,体现在专业复合性知识、专业复合性能力、专业复合性思维、专业复合性工作业绩等方面,包括专业复合的理论性,也包括专业复合的发展性。这种专业复合性观念影响着研究生个人,同时作为约定俗成的社会成员看法,影响着研究生群体。

(一)受过研究生层次专业复合性教育,具有专业复合性知识

研究生层次横向复合型人才受过研究生层次专业复合性教育,具有专业复合性知识。专业性是研究生教育不变的特征,但专业性不是不变的,而是随着时代对人才的要求的变化而变化。如今,知识经济时代要求人才具有较强的适应性、灵活性和创新性,专业教育因而超越了最初专业教育中专业的单一性和狭隘性而已成为包容学术教育的大教育。接受什么专业的研究生教育意味着接受这个专业培养方案中所有课程的教育,研究生教育的专业性表现为传统的专业性与通识性相结合,甚至呈现出专业复合性。教学过程的专业性也不能理解得过于狭窄,要注意多学科知识的丰富性和学科间的渗透交叉、综合性发展要求。如今的专业人才培养模式是建立在较宽广的通识基础之上和适应具体研究生培养单位与研究生不同特点的多样化的研究生层次人才培养模式,受过研究生层次专业复合性教育的研究生层次横向复合型人才,具有专业复合性知识,既有专业性,又有对复合专业的适用性。

　　研究生复合型人才的基本特点之一就是拥有专业复合性知识。专业复合性知识既指研究生层次专业理论知识和专业实践知识的复合,也指不同学科的专业复合性或同一学科不同专业的复合性。研究生层次专业复合性知识的变化,包括研究生层次专业复合性知识的量的增长和质的变化。专业复合性知识量的增长体现在,研究生在导师指导下,以较少的时间获得大量的研究生层次专业复合性知识,获得的研究生层次专业复合性知识信息量之多是非正规研究生教育环境的学习在等量时间内所不能企及的。专业复合性知识质的变化体现在,研究生在接受研究生教育之后所形成的具有明显研究生层次专业复合性倾向特征的知识结构,包括专业复合性基础知识、专业复合性方向知识以及跨学科前沿知识,是更加完全的知识结构。研究生复合型人才接受过初等教育和中等教育,初等教育和中等教育也传授知识、训练技能,但初等教育和中等教育传授的都是具有普遍意义的基础知识或常识知识,训练的技能是一般劳动者必需的劳动技能和生活技能,因此接受初等教育和中等教育只为一个人成为良好的社会公民和普通意义上的人才奠定坚实的基础。研究生接受过高等教育中的专科教育和本科教育,专科教育和本科教育也传授专业知识和训练专业技能,但专科教育和本科教育的专业知识教学和专业技能训练只为一个人成为专业人才奠定基础,与研究生教育的知识教学要求不同。《中华人民共和国高等教育法》第十六条规定:"高等学历教育应当符合下列学业标准:(一)专科教育应当使学生掌握本专业必备的基础理论、专门知识,具有从事本专业实际工作的基本技能和初步能力;(二)本科教育应当使学生比较系统地掌握本学科、专业必需的基础理论、基本知识,掌握本专业必要的基本技能、方法和相关知识,具有从事本专业实际工作和研究工作的初步能力;(三)硕士研究生教育应当使学生掌握本学科坚实的基础理论、系统的专业知识,掌握相应的技能、方法和相关知识,具有从事本专业实际工作和科学研究工作的能力。博士研究生教育应当使学生掌握本学科坚实宽广的基础理论、系统深入的专业知识、相应的技能和方法,具有独立从事本学科创造性科学研究工作和实际工作的能力。"在知识应用方面,硕士研究生和博士研究生与本科生也不同:本科生学习专业知识主要是为了应用专业知识解决专业问题;硕士研究生学习专业知识主要是为了应用专业知识进行科学研究;博士研究生掌握本学科坚实宽广的基础理论、系统深入的专业知识、相应的技能和方法,主要是为了应用学科专业知识进行创新,如创新知识或创造性解决现实问题等。研究生复合型人才拥有专业复合性知识,有助于运用专业复合性知识开展研究和解决现实复杂问题,增强人才的社会适应性、灵活性和创新性。

　　传授研究生层次专业复合性知识和训练相应的专业复合性技能,是促进研究生专业复合性发展的基础。"传道、授业、解惑"是作为教育者的研究生导师的角色要求和应尽的社会责任。社会对教育者彰显教育者形象寄予厚望,"导师制"下的研究生导师身兼精神导师和学术导师的责任,因此需要研究生导师在传授专业复合性知识、训练专业复合性技能过程中,发挥其指导研究生学术进步和精神完善的应有作用,促进研究生在接受知识、习得技能过程中获得专业复合性发展。身居某种职位的研究生导师,也是普通研究生导师群体中的一员,当他"清楚地明白自己是教育者而不是官员时,那么他就会被教育的精神感召,去为教育事业作出贡献;而相反,只能说明他已经被权力和荣誉腐蚀殆尽"。"教育的过程,就好比人生的过程,一旦有了一个出发点,就有了各种各样的可能性。一旦上路,成为周围人的先知先觉者,他就会比周围的任何人,都能勇敢地去捍卫某种价值和尊严。"①研究生也会耳濡目染。研究生不仅仅是研究生教育的被动经历者,而且是进行有意义学习的教育对象和学习主体,既需要有尊师重教情怀,按照受教育者角色要求,虚心向老师求教,习得系统的专业复合性知识和过硬的专业复合性技能,又需要注意发挥自身作为学习者的主体作用,有意义地接受学习,在享用专业复合性教育服务的同时承担其学习主体的责任,在习得经验与技能的同时有意识促使个人认知和行为的改变,改变认知水平中的"无知"的混沌状态,而走向"有知"的思想澄明状态②,使"习得经验并导致行为改变"的学习要义在学习实践中得以充分体现,彰显其专业复合性学习增值及知识、文化、思想、品格等方面的发展成效。

(二)参与过专业复合性研究,具有专业复合性能力

研究生复合型人才在专业复合性教育活动中形成了专业复合性能力。心理学告诉我们,能力是保证一个人顺利从事活动的心理条件和习惯化了的行为方式的总和。能力,通常分为一般能力和特殊能力,一般能力是指人们在不同种类的活动中表现出来的能力,特殊能力是指人们在某种专业活动中表现出来的能力。美国哈佛大学教育研究院的霍华德·加德纳教授提出多元智能理论,认为人有多种智能,包括语言智能、数学逻辑智能、空间智能、身体运动智能、音乐智能、人际智能、自我认知智能、自然认知智能等,并且每个人都拥有不同的智能优势组合。研究生也有多元智能,而且每一个研究生有自身独特的智能优势组合。研究生的专业能力是研究生在专业活动中形成并在专业活动中表现出来的能力,包括专业理论学习能力、专业实践活动能力等。研究生复合型人才受过专业复合性教育,在专业复合性活动中形成了专业复合性能力,专业复合性能力也在专业复合性活动中得以表现。研究生复合型人才的专业复合性能力包括专业复合性理论学习能力和专业复合性实践活动能力等。

专业复合性理论学习能力是研究生在接受研究生专业复合性教育之中形成并表现出来的,这种能力研究生个体和群体都能感知到,它保证了研究生专业复合性学习活动的顺利进行,是促使研究生专业复合性学习增值和取得专业复合性学习成效的基础,是研究生专业复合性发展的重要组成部分。它与研究生专业复合性知识结构的形成之间存在着一定的正相关关系。一般情况下,专业复合性知识、专业复合性技能是专业复合性能力发展的基础,没有一定的专业复合性知识、专业复合性技能基础,就很难谈专业复合性能力的发展;而习得专业复合性知识和专业复合性技能的过程也是促进研究生专业复合性能力发展的过程,因为专业复合性知识是人类专业复合性实践经验的总结,它既有内在专业复合性知识逻辑,也经过人们精选编排,是符合研究生身心发展顺序的。

专业复合性实践能力,是研究生能够迅速地将所学专业复合性理论知识用于解决专业复合性实际问题、能够自如地应付专业复合性工作实践中遇到的各种困难、能够胜任实际工作的能力。学习专业复合性知识、专业复合性技能,不仅在于提高专业复合性认识、专业复合性技能,而且更重要的在于使用专业复合性知识、专业复合性技能解决实际问题

---

① 吴松:《教育者与受教育者》,载《高等教育研究》2000 年第 2 期。
② 吴松:《教育者与受教育者》,载《高等教育研究》2000 年第 2 期。

和工作难题。研究生虽是学生,需要学习未知的新的专业复合性知识、专业复合性技能,但他们迟早需要走向社会,需要为角色转变做准备,因此,在校期间参与专业复合性实践,并运用专业复合性知识、专业复合性技能于专业复合性实践,这也是研究生复合型人才成长和角色转变的要求。研究生除了提升专业复合性理论学习能力之外,还需要提升专业复合性实践能力。

无论是专业复合性理论学习能力,还是专业复合性实践能力,都是个人发展中极具魅力的方面。专业复合性能力强是迅速、灵活、正确解决专业复合性问题或复杂现实问题的必备条件,为个人做出专业复合性贡献、取得专业复合性成就奠定基础,也是个人文明素养的体现,具有促进个人文化发展的价值,还有利于促进个人改变社会地位。因此,"专业复合性能力"是普通人、一般类型的人才和每一位上进的研究生都期及的。谁都想让自己在拥有综合基础知识,专门化的知识、技能基础上,变得更有专业能力和专业复合性能力,由不专业到专业,由专业能力较低到专业能力较强,由专业知识的单一性到复合性或多样性。个人接受研究生教育,提高了个人的教育水平与知识水平,这种教育程度上升和专业能力及专业复合性能力提高也是个人文明素养提高的重要条件之一。系统、正规的研究生教育,学术导师、精神导师的引导,学术精神、专业环境的熏陶,这些都使研究生的专业素养及专业复合性素养得到提升的同时,其文明素养也比以往更高,如研究生接受研究生教育之后变得更有气质,更有成熟的品格,更有知识分子"为公"和公益追求的精神等。研究生在专业能力及专业复合性能力提升的同时,在文化传承方面,更具有选择性。研究生入学前的"择优"招生和研究生入学后的"汰劣"等办学行为使研究生懂得文化选择中的"择优汰劣",在文化交流方面,更具有主动性,在文化创造价值方面,"具有更多的未来性和深刻性"。在开放的能力社会,"个人的教育水平、能力表现、对社会的贡献"是"个人社会地位变动的主要根据",研究生接受研究生教育,提升教育程度和专业能力,有利于"进入主要从事脑力劳动的职业阶层","脱离父辈所从事的职业与地位,改弦更张",或使研究生在接受研究生教育前后所从事的职业,以及所处的社会地位发生方向上向上的变动。①

(三) 受过研究生层次专业复合性思维训练,具有专业复合性思维

研究生复合型人才是受过专业复合性教育训练,具有专业复合性思维的人。一个人接受研究生层次专业复合性教育,不仅在于习得专业复合性知识,习得专业复合性技能,提升专业复合性能力,而且在于接受专业复合性思维方式的训练。基于具有复合性特点的学科专业的研究生,受学科专业复合性文化的影响,形成相应的跨学科理念与专业复合性价值取向,学会使用专业复合性语言,具有专业复合性知识、专业复合性技能、专业复合性能力。这制约着具有复合性特点的学科专业中的每一位研究生的思维方式和专业复合性学习行为方式,不仅使研究生的学习内容具有专业复合性,关注的多是专业复合性论著、专业复合性期刊和专业复合性论文等学习内容,学习方法具有专业复合性特点,而且较为长期的学科专业复合性文化熏陶,学科专业复合性偶像的示范,及学科专业复合性学习要求,学科专业复合性学术活动训练,使研究生学会使用跨学科语言进行思维,并学会

---

① 胡建华等:《高等教育学新论》,江苏教育出版社 2006 年版,第 200—210 页。

借助于专业复合性理论探讨专业复合性问题。其思维方式经受跨学科人学术的洗礼与学科专业复合性训练,由对学科专业复合性问题的集中思维到发散思维,由发散思维再到集中思维,研究生的思维方式最终实现由普通人的经验型思维方式或常识型思维方式,向跨学科理论型思维方式或专业复合型思维方式转变。

拥有专业复合性思维方式,一个人就会以专业复合性视角看待问题,视野更为开阔,思考问题显得更加有秩序,思维逻辑变得更加严密,避免了经验型思维的盲目与秩序混乱,避免了单一学科专业视角的认识狭隘性。运用专业复合性理论思考问题,对问题形成专业复合性认识,将认识由常识层面提升到专业层面和专业复合性层面,这增强了认识的多视角性和专业深刻性,超越了常识认识层面及单一专业视角的肤浅与不足。拥有专业复合性思维方式,一个人就容易把专业复合性理论与专业复合性实践相结合,有利于做好长远规划,有利于依托专业复合性知识、专业复合性技能、专业复合性能力发现问题和解决问题,有利于提高人们对现实问题的敏感性,使人们做到早发现问题,早"诊断"和明确问题,早提出问题解决方案,早解决问题。

(四)具有专业复合性工作潜质或业绩

研究生层次横向复合型人才受过研究生层次专业复合性教育,参与过专业复合性研究,受过研究生层次专业复合性思维训练,具有专业复合性的知识、能力、思维,还具有专业复合性工作潜质或业绩。培养研究生复合型人才,既可通过不同研究生培养单位分层分类进行,如硕士研究生层次复合型人才和博士研究生层次复合型人才,由各个研究生培养单位基于学科分类、专业分类而通过学科交叉、专业整合而设置具有专业复合性的新专业来进行,还可以跨学科思想为指导,进行跨学科课程改造,通过跨学科教学与跨学科研究相结合的办法培养。无论是通过具有专业复合性的新专业培养,还是通过对传统专业进行跨学科课程改造进行培养,研究生复合型人才都具有专业复合性工作潜质或业绩。

受过研究生层次专业复合性教育,具有专业复合性知识,这为研究生复合型人才参与专业复合性劳动并作出相应的贡献提供了知识基础;参与过专业复合性研究,具有专业复合性能力,这为研究生复合型人才参与专业复合性劳动并创造出专业复合性工作业绩提供了能力条件;受过研究生层次专业复合性思维训练,具有专业复合性思维,这为研究生复合型人才通过专业复合性劳动创新创业提供了思维条件。

第三节 研究生复合型人才培养的意义

复合型人才强调人才的不同知识、能力和思维的复合性,研究生复合型人才因而具有不同于传统单一专业人才的专业复合性或专业贯通性。培养研究生复合型人才既是研究生层次人才培养质量提升的内在要求,也是大学拓展新专业和开展跨学科研究以及进行交叉学科建设的根本动力,它有利于提升大学的服务效能,增强研究生的适应性、灵活性和竞争力。近年来,在人才强国战略指导和政府的支持引导下,一些研究生培养单位基于研究生复合型人才培养目标已经进行了积极的人才培养探索和尝试,开展了多维度、多形式的研究生层次复合型人才培养活动,取得显著成效。研究生复合型人才培养是一种新的研究生层次人才培养理念和制度,社会对研究生复合型人才的需求以及对大学跨学科研究成果的关注使研究生层次专业人才培养向复合型人才培养转变成为一种必然。

一、有利于提升研究生层次人才培养质量

研究生层次人才位于高层次人才的最高层次,其培养活动集人才培养、科学研究、社会服务和文化传承创新于一体,在推动经济社会发展、创新型国家建设和文明传承中发挥着基础性和关键性作用,是国家繁荣昌盛和竞争力提升必不可少的基石,是经济社会发展所需的创造力和智能活力的不竭源泉。在目前我国由研究生教育大国向研究生教育强国迈进的战略转型期,研究生培养质量问题日益凸显,社会各界对研究生培养质量愈加关注和重视,研究生培养工作既面临难得的机遇,也面临诸多的风险挑战。提升研究生培养质量,不仅要遵循研究生培养的自身逻辑,改变不适宜的研究生培养模式,促进研究生的发展,而且还要遵循外界对研究生层次跨专业人才要求的适应性,着眼于研究生复合型人才培养与人才强国战略目标的匹配性和与我国竞争力提升要求的一致性,改善传统的研究生培养机制。

(一)尊重研究生培养的自身逻辑

研究生培养的目的是培养研究生层次人才,研究生层次人才是研究生层次的"人"与"才"的综合体,其中研究生层次的人是研究生培养的根本目的。一个研究生层次的人,就是应该知道研究生是怎样角色的人和如何做研究生角色的人,而且研究生层次的人在紧急关头,不论对谁,都能尽到做研究生这个层次人的本分。面对无法改变的命运,研究生层次的人始终将处于研究生这个层次人的地位上,独立使用自己作为研究生层次人的理性,会自己理性思考和判断,通过接受外在培养影响和自我培养影响,激发作为研究生层次人的明智行为,阻止与角色相冲突的不明智行为,提升研究生的理性判断力,促进研究生的自觉行动。培养研究生的自我判断和自我行动,这是现代研究生培养活动的自身逻辑。[①]

基于研究生培养活动的自身逻辑,研究生培养工作通过审慎的人为引导,使研究生有能力进入现实的研究生交往社会,得出自己的理性见解和有思想准备地扮演研究生层次人的角色,同时又有能力和力量进入研究生交往社会的改善行动之中;既有研究生层次人的自我判断力,能够理性地传承文明,具有引领社会循依健康文明方向发展的理念,又有研究生层次人的自我行动能力,扮演研究生层次人的角色,自觉参与和投身于研究生交往社会改善的讨论和行动之中;面对外来经济的、政治的、文化的干预或干扰,能够保持研究生层次人的自我判断与自我行动,理性思考和判断外来影响对研究生生活和发展的意义,思考培养主体的培养目标、培养要求及如何将这些外在培养目标、培养要求转化为内在发展需求,使研究生的生活和发展具有研究生主体的自觉性、积极性和能动性,从而使研究生习得或生成的经验具有连续性和相互作用性,使研究生的发展具有全面性或完整性。

研究生复合型人才培养工作尊重研究生培养的自身逻辑,追求研究生层次复合型人才的培养目标,研究生对此的判断力和认同感。这有利于实现外在要求向内在需求的转

---

① 彭正梅:《现代教育的自身逻辑的寻求及其对创新人才培养的意义》,载《外国教育研究》2010 年第 9 期。

化,有利于研究生将所要学习的东西转化为对研究生层次复合型人才培养活动的参与性活动,从而促使研究生自身经验结构具有连续和相互作用的合理性,使研究生的发展具有跨学科专业发展的全面性或多学科知识的完整性,为研究生层次全面发展人的培养提供了基础。因为研究生层次的全面发展人首先是能够进行自我判断、自我行动的人。任何研究生复合型人才培养要求,都必须尊重研究生复合型人才培养活动自身的逻辑,促使研究生发展成为具有研究生层次复合型人才的自我思考和自我行动的理性主体。而传统的以专才为培养目标的研究生培养活动和分裂主义的学科教育,使具有不确定性的可塑性的研究生,在参与决定自己的确定性之时,深受学科分裂主义的教育影响,对学科专业知识、技能和能力的培养要求进行转化。这样的培养要求及转化行动不仅违反了研究生层次全面发展人培养的自身逻辑,不利于研究生发展成为研究生层次的全面发展的人,而且也体现出研究生层次人的培养者的不负责任,因为研究生本身也是完整的人。

(二) 改变传统的研究生培养模式

研究生复合型人才培养模式以研究生层次专业复合型人才为培养目标,改变了传统的研究生培养中的专业培养模式。传统的研究生培养,以学科分裂主义思想为指导,依托学科专业平台和专业培养方案,实施专业课程设置,安排专业课程内容,使研究生的培养与发展局限于学科专业视角之中,专业知识、专业技能、专业能力成为研究生自我判断和自我行动的价值中心,其他专业的知识、技能和能力被排斥在训育和历练的内容之外。这种学科分裂主义的培养条件无视研究生作为完整性的人的存在,违背了研究生层次人的全面发展的要求,不符合研究生层次全面发展人的培养逻辑。实践告诉我们,这样的研究生培养模式使研究生毕业后在工作当中实践能力不足,工作适应性、灵活性和创新性不够。研究生培养单位要改变这种传统的专业培养研究生模式,改变研究生层次人才培养思路,寻求新的研究生培养模式,必须超越学科思维的局限,冲破学科边界,寻求跨学科、交叉专业培养研究生或产学研协同培养研究生的模式,注重专业的复合性和学科知识的交叉、联系和融合,注重对研究生动手实践能力的培养,以弥补或修正专业培养模式中的课程设置专业化、评价标准单一化等缺点。

研究生复合型人才培养系统是开放的,研究生被置于开放系统进行培养,改变了传统的研究生培养单位封闭培养研究生的模式。传统的研究生培养单位封闭培养研究生的模式,使研究生囿于研究生培养单位之中,培养工作以培养单位为主导,研究生作为培养对象被动地存在于培养过程,作为学习主体或发展主体的主动参与性、积极选择性和自觉能动性不足,动手实践能力偏弱,理论学习与实践操作相脱节,致使研究生专业视野狭窄,毕业后的工作适应性不强,人才培养工作与社会的人才要求相差甚远。而研究生复合型人才培养,尤其是跨专业或注重产学研结合的研究生复合型人才培养模式,改变了传统的研究生封闭培养的模式,而将研究生置于开放的社会系统中,既发挥研究生培养单位作为人才培养主体的理论教学优势,又发挥企业单位和研究生个人参与研究生培养的主体作用,作为求职者的研究生既有理论和专业知识,又有很强的动手能力,专业理论与专业实践相结合,其工作适应性、灵活性、创新性得以增强。

研究生复合型人才培养活动凸显实践性,改变了传统的专业理论传授的培养模式。传统的专业理论传授的研究生培养模式,注重了专业知识和理论的传授,发挥了教师的主导作用,研究生在课堂上接受了系统的专业理论,研究生的学习主要是专业知识的接受学习,而探究性活动、发现学习、实践性活动不足,从而导致研究生的理论学习与实践活动脱节,限制了研究生的工作适应性、灵活性和创新性。改变传统的专业理论传授的培养模式,就要改变研究生培养观念,创设跨学科科研训练中心或组织等。首先,把研究生当作学习主体和发展主体,积极创设条件或情境,引导研究生自我导向性学习、研究和发展。其次,改变理论传授的封闭性培养模式,而注重培养过程的实践性。研究生需要跟导师一起研究项目和得到科研训练,研究生培养单位为研究生建立创新创业实践基地或实习基地,并利用实践或实习基地为研究生开展实践训练活动或科研训练活动。研究生学习凸显实践性和探究性,导师教学不仅注重具有层次关系的学科知识,而且注重具有交叉和融合关系的跨学科知识。研究生的专业学习不仅有理论或专业知识的学习,而且有动手实践能力的训练和问题研究,理论学习不仅有专业理论学习,而且有跨专业理论学习。再次,整合已有的实验实训中心或设立跨学科研究中心,购置或整合仪器设备,整合学科专业特色,对研究生开展实践训练、实验课程和科学研究活动,有组织地进行研讨、实践、模拟训练、科研或科技竞赛,增加研究生的实验实训机会,发挥研究生的主体性,拓展研究生的思维。此外,还可通过邀请专家、教授做报告,或让研究生参与学术会议、学术沙龙的形式,引导研究生关注学科前沿问题和重大现实问题,激发研究生参与科研项目研究的热情,提升研究生的动手能力、交往能力、组织管理能力和团队合作能力,培养研究生的团队精神。

(三) 促进研究生的发展

在研究生复合型人才培养过程中,研究生复合型人才是培养目标,培养主体有目的、有组织、有计划地对研究生进行培养是培养途径或培养条件,其根本目的在于促进研究生的发展。研究生的发展包括研究生的专业性、研究性、创新性和专业复合性等方面。

研究生复合型人才培养作为人才培养的一部分,也是基于学科实施的,不管是基于哲学、经济学、法学、教育学,还是基于文学、历史学、理学、医学、农学等,学科学术组织都是人才培养的基本组织。学科内专业是人才培养的平台或途径,处于不同学科专业平台上的研究生都要接受专业文化熏陶,习得专业知识,训练专业技能和专业能力,还要注意专业影响和专业提升,训练专业思维,从而具有专业性。研究生复合型人才的研究性体现在其培养过程中的研究性学习、科研项目训练等活动,体现在研究生习得的科研精神,掌握的科研方法、科研知识、科研技能和科研能力,以及撰写的科研论文或科研报告等方面。研究生复合型人才的创新性体现在研究生"将自身的认识和实验不断推向前进的行为及其结果,是创造行为与创造成果的统一"。其中包括研究生的创造,研究生的"创造包括发现和发明两个方面","发现是见前人、他人所未见的客观规律;发明则是从无到有,将自然形态的事物改造成人为形态的事物,即创造物。从创造的作用而言,发现在于认识世界;发明则在于改造世界。从学科性质而言,发现属于基础学科,发明则属于应用学科或工程学科。创造是发现和发明相互作用的结果,是认识世界和改造世界的统一。认识世界是为了改造世界,但不认识世界就不能改造世界。正如毛泽东所指出的:'必然王国之变为自由王国,是必须经过认识与改造两个过程的。'"①而研究生认识的独立性(包括思维的独立性、学习的独立性和研究的独立性)、实践的独立性(包括工作、学习、交往等方面所需的各种实践动手能力)和生活上的独立性(包括生活自理能力与经济能力等)是研究生创造的基础性条件。② 研究生复合型人才的专业复合性体现在研究生复合型人才具有研究生层次两个或两个以上专业的知识复合性、能力复合性和思维复合性,具有专业复合性的研究生层次人才更具有工作适应性、灵活性和跨学科知识的创新性。

(四) 提升了研究生导师队伍水平

研究生培养质量在很大程度上依赖研究生导师队伍水平,而研究生复合型人才培养有助于提升研究生导师队伍水平。导师在研究生培养中起关键性作用,研究生成为专才或复合型人才,导师的观念引领、行为示范的作用较大。研究生要发展成为研究生层次复合型人才,在专业知识学习、科学问题探究、实践问题探讨、跨专业学习等方面都离不开责任心强、学术精良的专业教师为其引导思路和指点迷津。

培养研究生复合型人才,往往需要来自不同学科专业领域的双主体或多主体导师,而且那些导师要克服学科专业的偏狭并走向相互合作,因此研究生复合型人才的培养过程其实也是促使研究生导师超越学科专业局限而不断增进学术理解、促进学术交流和学术合作的过程,是研究生导师扩大跨学科专业视野、开展跨学科专业研究、增进跨学科专业理解的过程,它提升了研究生导师队伍水平。

二、有利于大学拓展新专业和促进学科建设

培养研究生复合型人才是人才市场的要求,也是研究生培养单位主动改变已有专业人才培养模式,适应市场需要而做出的选择。它促使大学拓展了跨学科专业的新专业,促进了大学的跨学科建设。

(一) 有利于大学拓展跨学科专业的新专业

专业,在《辞海》中被定义为"高等学校或中等专业学校根据社会专业分工的需要设立的学业类别","各专业的教学计划,体现本专业的培养目标和要求"。它是按照社会对不同领域和岗位的专门人才的需要而设置的,不同领域和岗位实际工作需要什么专门人才,需要专门人才具有什么知识结构,专业就组织相应的培养方案、教学计划、课程知识结构、师资队伍、教材和其他教学基本条件来满足。从大学的角度思考,专业是为学科承担人才培养职能的平台,专业建设以学科为依托,以育人为目标,以社会需求为导向,是大学的人才培养供给与社会的人才需求的一个结合点。专业口径制约人才的适应性、灵活性和创新性。学科、育人目标和社会需求影响专业口径,传统的学科专业具有专门性,专业口径较窄,口径较窄的专业培养出来的人才具有知识的专门性,但往往缺乏多学科专业知识的交叉性、融合性,毕业研究生的工作适应性、灵活性与创造性往往不足。拓宽专业口径或进行跨学科专业培养复合型人才,改变传统专业人才之不足,加深人才的理论基础,增强

---

① 毛泽东:《自由是对必然的认识和对客观世界的改造》,《毛泽东著作选读(下册)》,人民出版社 1986 年版,第485 页。

② 冷余生:《论创新人才培养的意义与条件》,载《高等教育研究》2000 年第 1 期。

研究生的适应性和工作变通性,必然会催生跨学科组织出现,催生跨专业课程出现,甚至催生跨学科专业的新专业出现。这是科学发展、技术进步和新职业大量涌现对研究生培养工作的必然要求。

(二) 有利于促进大学的跨学科建设

培养研究生复合型人才,一开始总是基于已有的学科专业进行的:基于已有专业和依托已有学科并对已有专业建设进行局部的学科改造,如在传统专业平台上拓宽专业基础,增设学科基础课程,或者在学科基础课程不变的情况下,增设跨学科专业的选修课程,同时进行教学内容调整尝试、教师队伍建设尝试、课程设置改革尝试、专业培养方案修订尝试、教学计划修改尝试,积累宝贵的研究生复合型人才培养经验。在此基础之上,一些研究生培养单位开始尝试开设跨学科专业的新专业以培养研究生复合型人才。而专业是学科的支撑,学科建设离不开专业建设,专业建设是学科建设的基础,专业建设与学科建设互动发展,专业的学科改造有助于推动学科改造,而专业改造中的跨学科专业问题就是学科建设关注的学科前沿问题,属于大学跨学科建设的一部分,因此,研究生复合型人才培养有利于促进大学的跨学科建设。

培养研究生复合型人才的专业建设与学科建设需要统筹考虑,统一纳入大学学科建设的整体规划和建设中来并付诸实施和共同建设,形成专业建设与学科建设互动发展机制。要形成专业建设与学科建设的互动发展机制,首先,需要提高对专业建设的认识,促进专业建设,基于专业建设寻求学科建设中新的学科增长点,避免"重学科建设,轻专业建设"的现象。其次,对专业建设与学科建设要统筹规划、统一建设,使专业建设与学科建设的互动发展具有良好的外部环境和政策支撑,实施学科建设资源的互动机制,以避免专业建设与学科建设的条块分割现象,减少在学科、专业的划分口径的重叠处重复建设,充分利用学科建设资源,以提高投资与建设效益。再次,建立将专业建设纳入学科建设的统一规划与建设之中的管理制度。目前高校学科建设的管理部门为国务院学位委员会、省级学位委员会和高校研究生管理部门(或学科建设管理部门),而高校专业建设的管理部门是教育部高教司、省教育厅高教处和高校教务处[①],学科建设和专业建设的管理部门处于分割局面,并未统筹规划和管理,这容易造成重复建设和资源浪费等问题。建立将专业建设纳入学科建设的统一规划与建设之中的管理制度,是高校整体规划与建设的重要内容,有利于优化高校的资源配置,减少高校重复建设中的资源浪费问题,有利于促进专业建设和学科建设的互动发展和有序发展,从而提升研究生复合型人才培养成效。

三、有利于大学更好地服务地方经济建设

地方经济发展为大学培养研究生复合型人才提供了条件,也对研究生层次复合型人才培养提出了要求,是影响大学研究生层次复合型人才培养的重要因素。地方经济发展所需的研究生复合型人才和科技创新这两个核心问题主要依靠大学的研究生复合型人才培养工作来解决。大学不仅培养了经济发展急需的研究生层次复合型人才,而且教学与

---

① 梁传杰:《学科建设理论与实务》,武汉理工大学出版社 2009 年版,第 16 页。

科研相结合、产学研相结合等研究生复合型人才培养措施也推进重大现实问题的研究,提升了大学服务社会的效能。

(一) 培养经济建设急需的研究生层次复合型人才

大学通过研究生复合型人才培养活动,培养了经济建设急需的研究生层次复合型人才。人才是当今世界各国经济和社会发展最重要的战略资源,被认为是国家兴衰存亡的关键。各国为了促进经济发展、科技发展和提高自身竞争力,都高度重视开发人才资源,提出人才开发和人才强国战略。比如,我国政府继提出经济强国和科技强国战略目标之后,于2002年在《2002—2005年全国人才队伍建设规划纲要》中明确提出了"人才强国战略",要求从国家竞争力提升的战略高度来认识人才资源的开发与管理问题,并明确指出:"抓住机遇,迎接挑战,走人才强国之路,是增强我国综合国力和国际竞争力,实现中华民族伟大复兴的战略选择。"人才开发问题被视为党和国家事业发展的关键问题,实施人才强国战略也被作为我国新世纪新阶段人才工作的根本任务。大学适应经济建设对研究生复合型人才的要求,"利用人类智慧所发明的最经济、最直接和最有效的方法"[1],把普通的研究生培养成为经济建设急需的研究生层次复合型人才,这是研究生培养单位的一个重要使命,也与提升国家竞争力和实施人才强国战略目标的要求相吻合。

培养研究生复合型人才是研究生培养单位对人才强国战略的具体落实,是大学服务地方经济建设的重要表现。研究生复合型人才是具有研究生层次两个或两个以上不同专业的知识复合性、能力复合性和思维复合性的人才,其适应性、灵活性和创新性强。这种人才能够适应复杂而不断变换的职业环境,能够灵活处理复杂的现实问题,能够在跨学科专业问题领域敏感地寻找到创新点。大学通过研究生复合型人才培养活动,培养经济建设急需的研究生层次复合型人才,这有利于大学更好地服务地方经济建设。

(二) 推进重大现实问题的研究

推进重大现实问题的研究,是现代大学应当承担的社会责任。现代大学已从社会边缘走入社会中心,成为经济发展、社会进步的轴心机构。"在现代社会里,大学被誉为人类社会发展的'动力站'。知识的保存、传授、传播、应用和创新,文明的传承和进步,人才的发掘与培育,科学的发现与技术的更新,社会的文明与理智,不同文化间的交流与沟通,无不依赖大学作为基础。"[2]大学与社会的联系越来越密切,一方面,大学作为独特的组织,需要维护其学术研究和教学自由的历史传统,不能因外来政治、经济、文化等影响而失去其自身应有的学术独立等价值追求;另一方面,大学作为社会中的组织,它与社会的联系日益增多,其发展也越来越依赖政府、基金会、公司和校友等外来经费资助,教授们的研究范围有所扩大,教授和研究生的收入有所增加,生活内容更加丰富多彩,大学及其成员难以回避其社会道德责任。曾任美国哈佛大学校长的德里克·博克曾撰写《走出象牙塔——现代大学的社会责任》一书,以醒目的标题呼吁现代大学要走出象牙塔,主动地把握社会需求并对社会需求做出服务回应。这种服务回应包括人才培养、科学研究等内容。

---

① 奥尔特加·加塞特:《大学的使命》,徐小洲、陈军译,浙江教育出版社2001年版,第10页。
② 王承绪、徐辉、徐小洲:《汉译世界高等教育名著丛书》总序,德里克·博克:《走出象牙塔——现代大学的社会责任》,徐小洲、陈军译,浙江教育出版社2001年版。

而科学研究包括重大现实问题的研究。

研究生复合型人才培养工作一定程度上依赖重大现实问题的研究,也在一定程度上推进了重大现实问题的研究。自19世纪初德国洪堡对柏林大学进行改革以来,教学与科研相结合都被视为研究生培养的重要原则,研究生导师注重以研究促进研究生教学,研究生注重在研究中学习。培养研究生复合型人才除了进行跨学科专业知识教学之外,关注重大现实问题并通过产学研结合对重大现实问题的研究,也是培养研究生复合型人才的重要举措,同时,以重大现实问题研究培养研究生复合型人才的活动,也在一定程度上推进了重大现实问题的研究。人们生活的自然和社会环境是复杂的,现实复杂问题的解决,难以通过学科分类体系中的单一学科视角做出科学解释,对复杂现实问题的把握能够超越单一视角的片面认识,而从整体上进行把握,解决现实复杂问题需要具有专业复合性的复合型人才。

(三)提升大学服务社会的效能

大学作为知识传播、知识生产和知识应用机构,承担向社会传播知识、创新知识和促进知识运用等职能,而大学培养研究生复合型人才促进了跨学科专业知识的传播、生产和应用,提升了大学服务社会的效能。首先,跨学科专业知识的教学,就是跨学科专业知识的传授和传播;其次,培养研究生复合型人才需要教学与科研相结合,注重跨学科专业问题研究,而跨学科专业问题研究过程,就是跨学科专业知识的生产或创新过程;再次,对研究生复合型人才进行跨专业和产学研协同培养的过程,也是跨学科专业知识的应用过程。

四、有利于增强研究生的适应性、灵活性和竞争力

通常,研究生主要为研究生招生单位单独培养,研究生培养场所局限于研究生招生单位,如我国的高校、科研机构、科学院和党校;研究生招生单位培养研究生的活动主要为专业培养方案中的课程理论教学和论文写作,研究生培养方案中的实践性实习流于形式,没有严格要求;研究生习惯于课堂听讲、学科课程理论学习和老师的科研教导。这种封闭性培养方式培养出来的研究生层次人才适应性、灵活性、创新性、竞争力不足。研究生复合型人才培养方式是开放性培养方式,研究生被置于开放的社会大环境中,使研究生招生单位、社会用人部门、作为发展主体的研究生等多元主体参与到研究生培养活动之中。研究生作为完整的人,不仅学习学科专业课程,而且学习跨学科专业课程;不仅学习学科专业理论,而且到实践部门顶岗实习,参与实际工作;不仅关注学科专业理论问题,学研结合,而且研究工作实际问题,产学研结合;不仅重视导师作为精神导师和学术导师的指导作用,而且重视自身作为学习主体、研究主体的主体作用,主动承担主体发展的责任,因而其具有较好的适应性、灵活性、创新性和竞争力。

(一)跨学科专业活动增强了研究生的工作适应性、灵活性

跨专业学习活动和跨学科研究活动增强了研究生的工作适应性、灵活性。大学内的学科、专业是知识分化所形成的知识体系、规训制度和学术组织。作为知识体系的学科、专业,规定了不同的知识领域的学科边界和专业边界,是知识学科化、专业化的显著标志。学科专业领域中的研究生学习学科知识和专业知识,对其他学科专业知识"漠不关心",这

使研究生在面对不同专业工作和职业变换时缺乏适应性。作为规训制度的学科、专业,规范了学科、专业领域的知识体系,使学科专业领域中的研究生的学科知识、专业知识规范化、专门化。学科和专业的社会建制对学科、专业领域中的人进行学术训练,使不同学科专业领域中的人具有独特的学科专业文化,认同和信仰所在学科专业的价值,使用学科专业语言,并具有学科专业的学术风格。学科专业研究生的独特性使其在与其他学科专业人交往与合作时面临风格变换较难、灵活性不够的问题。作为学术组织的学科、专业,凸显其学术使命、学者主体的能动作用、学术信息和学术物质资料,并将具有相同学科、专业背景的人联结起来,形成具有共同学术旨趣的科学共同体,分享相同的学科专业背景知识,吸收同样的文献,遵循具有共识性的学术规则,开展比较充分的学科专业内部的学术交流,具有比较一致的学术看法和共同感兴趣的科学研究活动,但面对学科交叉、跨学科复杂问题,往往缺乏关注兴趣和创新性解决能力。[①]

跨专业学习活动和跨学科研究活动属于知识整合性活动,活动主体具有异质性,而非高度同一性;活动场所具有多样性,而非稳定性;学习内容具有跨学科专业性,超越学科专业单一性;研究问题来源于实践应用的语境,而非纯学术情境;问题解决具有跨学科性,而非高度学科性;学习或研究的成果具有现实世界的应用性,而非静态的"纸上谈兵":因此增强了研究生的工作适应性和灵活性。

(二)产学研相结合活动激发了研究生的创新性

传统的研究生培养模式注重的是理论教学,研究生的知识学习注重的是知识的层次性,理论教学与实践活动相脱节,专业知识之间的交叉、联系不多,学科资源共享机会不多,这在客观上制约了毕业研究生灵活处理工作问题的能力,影响其在专业工作中的灵活性和职业市场中的竞争力。而凸显实践性的研究生复合型人才培养活动,有利于研究生的专业理论学习与企业生产实践的有机结合,有利于实现多学科资源共享,研究生学以致用,有效解决人才培养的供需错位问题,有利于研究生层次人才供给与企业对研究生层次人才需求实现对接,即实现研究生层次人才供需对接。

目前,凸显实践性的产学研结合的研究生复合型人才培养方式引起广泛注意,其提升研究生工作灵活性和竞争力的重要性也成为政府、高校、社会的共识,我国《国家中长期教育改革与发展规划纲要(2010—2020 年)》明确指出:"要建立健全政府主导、行业指导、企业参与的办学机制,制定促进校企合作的政策法规。"制定校企合作、工学结合、顶岗实习的政策法规,以及建立产学研结合的研究生培养体制,也将成为人们关注研究生复合型人才培养成效中的重要问题而愈加引人关注。

推进凸显实践性的产学研合作培养模式的创新发展离不开政府的宏观设计和社会舆论的正确引导,也离不开用人单位和研究生培养单位的微观落实。首先,借鉴国外研究生复合型人才培养经验,发挥政府在产学研合作中的扶持作用,制定或完善产学研结合培养研究生的相关法律、法规,有效保障企业、高校和研究生的利益;其次,重视舆论的导向作用,扭转研究生培养单位封闭办学,重理论基础教学、轻实践技能训练的错误观念,转变企

---

① 周朝成:《当代大学中的跨学科研究》,中国社会科学出版社 2009 年版,第 20－27 页。

业以利润追求为唯一目标的合作观念,鼓励企业以可持续发展理念为指导而树立负责任的社会形象,由只关注利润转向还关注人的价值,主动承担社会责任,包括承担对投资者的责任、对环境的责任、对社区的责任和对顾客的责任等,加大产学研合作培养研究生的宣传力度,使社会舆论处于正确轨道并发挥正确导向作用;再次,培育产学研合作育人的良好氛围,调动研究生培养单位、企业和社会多主体参与研究生培养的积极性,发掘产学研协作培养研究生的成功案例和典型案例,强化高校、企业、研究生、家庭、社会多主体合作实现"共赢"的研究生培养新理念,为产学研合作创造有利社会环境,促进产学研结合在用人单位和研究生培养单位的微观落实。

(三) 自我导向发展活动提升了研究生的竞争力

研究生本是学习主体、研究主体和发展主体,如若研究生无视自身的主体角色和主体责任,自我定义为被动学习者、跟随式研究者和短见式发展者,势必影响其竞争力,而且其研究生阶段学习、研究和发展将受其观念牵制而浅尝辄止或面临困境。

如若研究生重视自身的主体性,积极扮演学习主体、研究主体和发展主体的角色,主动、自觉承担主体自我导向发展责任,以研究生层次复合型人才为自我发展目标,制定自我发展规划,积极利用学校培养制度等资源和支持条件,主动请教多学科专业教师指导,积极参与跨学科专业知识学习,自觉参与实习实践工作,关注重大现实问题研究,势必能够提升其竞争力。

第四节 研究生复合型人才培养的影响因素

研究生复合型人才培养过程是研究生培养单位根据社会对研究生复合型人才的需求,依托自身学科资源,以研究生复合型人才为培养目标,有组织、有计划地培养研究生的过程。研究生复合型人才培养能够提升研究生层次人才培养质量,既是国家建设和经济社会发展的要求,也是大学积极回应人才市场需求、主动服务于社会和提升大学服务效能的表现。研究生复合型人才培养不仅是一种人才培养理念、制度,更是研究生发展成为研究生复合型人才的重要路径,有利于增强研究生的适应性、灵活性和创新性,从而提升研究生的竞争力和研究生层次人才对经济社会发展的贡献率。影响研究生复合型人才培养的因素,既有外部因素,如政府、市场等因素,也有内部因素,如大学自身因素及研究生自身因素等。

一、研究生复合型人才培养的外部影响因素

研究生复合型人才培养过程是一个复杂的人才培养过程。研究生复合型人才培养单位既要考虑自身经费、师资水平、生源质量、教育模式、教学手段、教学方法等办学条件和发展要求,也要考虑政府、市场等外部条件与要求,如国家发展战略和政府政策、人才市场需求、文化和科技发展要求等。

(一) 政府因素

研究生复合型人才培养受政府因素影响,尤其受国家发展战略和政府政策影响。现

代研究生层次人才培养成为人类社会活动的一个主要领域,在各个国家的经济建设与社会发展中发挥重要的作用,并愈来愈受政府的重视和干预。最初,研究生的规模整体上受政府财政支持的控制,政府以经费支持来影响研究生发展规模,以参谋、咨询服务形式影响研究生培养单位的某些内部事务,整体上不得干预研究生培养单位的内部事务,这种政府对研究生培养的干预作用模式为隐性模式,政府对研究生培养工作的影响形式是间接形式。随着研究生规模的不断扩大和研究生层次人才的社会作用的增长,研究生培养受政府影响的范围扩大了,政府对研究生培养的干预作用由一般的参谋、咨询服务向实际的指导性服务发展。政府制定研究生教育政策,指导研究生培养工作,成为政府影响研究生教育系统的新的方式。这种政府对研究生培养的干预模式为显性模式,政府通过制定政策、直接指导来影响研究生培养及研究生培养单位的办学,则是政府对研究生培养的直接作用形式。政府对研究生培养的作用范围扩大、干预模式由隐性模式到显性模式及作用形式由间接向直接的变化,从表面上看,是政府愈来愈使研究生培养目标与国家目标协调一致,从深层上看,是许多国家政府意识到研究生层次人才培养系统对国家经济建设与社会发展的重要性,政府日益重视研究生层次人才培养,要在研究生层次人才培养中发挥导向作用。

研究生复合型人才培养是国家发展战略的具体落实。强国一直是众多国家经济社会发展和国民的使命与愿景,它包括人才强国、科技强国和经济强国等内容。要实现经济强国,必须经历由人才强国到科技强国再到经济强国的战略实施过程。我国政府继提出经济强国和科技强国战略目标之后,在《2002—2005年全国人才队伍建设规划纲要》中提出了"人才强国"战略,在2003年召开的我国第一次全国人才工作会议上强调"新世纪新阶段人才工作的根本任务是实施人才强国战略"。人才资源是第一资源,人才是人民群众中的杰出人物,是关系党和国家事业发展的关键问题。但是,目前我国只是拥有13亿多人口的人口大国,还不是人才大国,更不是人才强国。虽然我国已进入高等教育大众化阶段,也实施了研究生扩招政策,高等教育毛入学率、本科毕业生中研究生所占比率和人才对经济社会发展的贡献率提高许多,普通人接受高等教育的机会和研究生数量增加了,但与高等教育发达国家相比,我国高等教育毛入学率、本科毕业生中研究生所占比率和人才对经济社会发展的贡献率仍有较大的提升空间,将人口资源转化为人才资源是我国人才强国战略的要求。研究生层次复合型人才培养是对国家人才强国战略实施要求的一种回应。

研究生复合型人才培养是提升国家竞争力的需要,政府的问题导向和项目资助政策是研究生复合型人才培养的外在推动力。人才资源是经济社会发展的第一资源。无论中国还是他国、今天还是明天,人才作为经济社会发展第一资源的思想已经成为人们的共识。研究生复合型人才作为研究生层次人才的一种类型,其培养工作是提升国家竞争力的需要,它为国家培养合格的研究生层次复合型人才,传播一种凸显研究生层次专业性、研究性、创新性和跨专业性的人才培养文化,选拔一部分研究生,创设一定的培养条件,使他们接受研究生复合型人才教育,成为颇具适应性、灵活性和创新性的研究生层次复合型人才,从而获得更好的工作、更优越的社会地位,实现着社会的分层,传递着研究生培养的文化,改变了研究生层次人才培养的封闭性、专业单一性和人才选拔的身份标准(家庭的社会地位与阶层、个人的教育文凭与学历等身份信息，成为人才选拔的标准和依据），从而置研究生培养于开放的、跨学科专业、产学研结合的培养环境，人才选拔和录用标准更凸显成就标准。

（二）市场因素

研究生复合型人才培养受经济因素影响，尤其受市场因素影响。研究生复合型人才培养是经济发展到一定阶段才出现的人才培养活动，经济发展为研究生复合型人才培养提供了物质基础，是研究生复合型人才培养的前提条件，也影响着研究生复合型人才培养观念，制约着研究生复合型人才教育内容、教育手段、方法和组织形式的变化，经济发展水平制约着研究生复合型人才培养规模和研究生复合型人才培养类型及质量规格。

经济结构制约研究生培养（包括研究生复合型人才培养）的学科专业结构。经济发展水平较低时，产业结构比较简单，研究生规模较小，研究生培养的学科专业结构较为简单，研究生层次人才培养类型单一，仅限于研究生层次人才的层次要求和学科专业要求，研究生培养观念是供给导向的培养观念。传统的学科专业是研究生培养活动的基本依托，研究生层次人才基本上是研究生层次的专业人才，既无跨学科专业或产学研结合培养研究生复合型人才的社会需求，也无跨学科专业或产学研结合培养研究生复合型人才的条件。随着经济由主要依靠第一产业、第二产业转向依靠第三产业的发展，产业结构、行业结构、技术结构、就业结构、人才需求结构也发生变化，以社会需求为导向、以育人为目标、以学科为依托的研究生培养的专业结构必然发生变化，劳动力市场对劳动者的知识、技能、能力等人力资本因素的较高要求，使教育投资增加，研究生培养单位根据产业结构的变化及时调整专业结构成为必然。研究生培养单位只有及时调整专业结构，使研究生培养的专业结构与经济结构相适应，使研究生的知识结构、技术结构、能力结构与经济发展要求相适应，才能保证研究生层次人才适合社会经济发展的需要。

研究生复合型人才培养是基于人才市场对人才分类培养要求而出现的研究生层次人才培养类型。市场经济发展中的市场概念、服务观念、竞争机制、经济手段等都会影响研究生复合型人才培养工作，不仅使研究生复合型人才培养数量、研究生复合型人才培养的学科专业结构受到研究生教育消费市场和劳动力市场的调节，而且使研究生复合型人才培养活动也受到研究生教育消费市场、劳动力市场和市场经济运行方式的调节。研究生复合型人才的培养制度、培养组织方式、研究生学习动机、知识结构等都受经济因素影响，研究生培养经费来源市场化、科学技术商品化、资源配置市场化也反映了研究生复合型人才培养受经济因素的影响。

经济社会问题的复杂性，要求研究生层次人才具有现实适应性、问题解决的灵活性和创新性，这使传统的研究生层次专业人才在人才市场中面临严峻挑战，而适应性、灵活性和创新性强的研究生复合型人才被社会所需求。现实问题比较复杂，比如，我国作为人口众多的发展中国家，存在贫困人口脱贫和致富问题，农村城市化问题，提升人口的质量和文化水平问题，人口的老龄化问题，环境的保护和治理问题，等等。解决这些复杂的现实问题，需要人们具有学科专业知识的复合性，注意拓宽基础知识面，加宽专业口径，文理相通和学科专业融合，这使传统的专业人才面临学科专业单一和知识面狭窄等困境，从而对具有专业复合性的研究生复合型人才提出培养要求。交叉学科、边缘学科的迅速发展和学科综合化趋势,改变了人才培养的社会需求和学科分裂的研究生培养观念,而促使研究生培养具有新的专业复合、学科交叉的观念。研究生复合型人才培养被人才市场所要求,研究生培养单位主动调整专业设置,增加跨学科专业的新专业,对已有研究生培养专业进行课程内容改造,增加学科专业复合性知识内容,与教学相结合的科研具有学科融合、专业复合、跨学科等特点。

二、研究生复合型人才培养的内部影响因素

研究生复合型人才培养既为政府、市场等外部因素所影响,也受大学自身、研究生自身等内部因素影响。

(一) 大学自身因素

大学作为研究生培养单位,其自身因素影响着研究生复合型人才培养。大学自身因素包括大学观念、大学制度、办学条件、办学层次和院校水平等,均影响研究生复合型人才培养。

大学观念主要是指大学校长、教师、学生关于大学的观念,包括大学观、办学观、教育教学观、课程观、评价观等内容,它涉及大学是什么机构、大学应该培养什么人以及怎样培养人等内容。办学观是对"谁来办学"(即办学主体问题)、"为谁办学"(即面向对象问题)和"怎么办学"(指办学模式及办学机制)等问题的看法。有什么样的大学观、办学观,就有相适应的教育教学观、课程观和评价观。大学观念对研究生培养的影响作用是明显的。比如,现代研究生教育诞生于19世纪德国哲学博士的设置,而洪堡的大学观念对于研究生教育的诞生具有重要影响。洪堡认为大学是探索真理和带有研究性质的机构,大学的功能是发展科学和培养人才,理想人才应是个性和谐、全面发展的完人,柏林大学设置哲学博士就是为了培养这种理想人才。培养哲学博士需要大学提供适宜的环境,重视普通教育和自我教育,教学与科研相统一。

大学制度也影响研究生复合型人才培养,它涵括大学学科制度、大学招生制度、大学办学制度、大学投资制度、大学教学制度、大学研究制度、大学管理制度、大学师资队伍建设制度、大学评价制度等内容,为现代大学培养研究生复合型人才提供了制度保障,保障了研究生复合型人才培养中的教学、科研、社会服务、文明传承的正常秩序,并对研究生复合型人才培养过程中的科研、社会服务、文明传承起到激励或约束作用。

比如,学科准入制度,尤其是跨学科的准入制度、学科等级制度、学科复合或交叉制度,是研究生复合型人才培养的前提条件。但同时,大学学科制度由于学科知识体系分立、学科组织目标差异、学科利益冲突,又使研究生复合型人才培养面临学科分裂主义的严峻挑战,表现在研究生复合型人才培养面临学科文化冲突、学科组织冲突、学科资源配置阻力与学科评价阻力等方面。研究生复合型人才培养需要的是跨学科专业文化、跨学科组织、跨学科统筹资源和配置资源,但学科制度下的学科知识性文化基础与研究生复合型人才培养的跨学科专业文化要求相冲突,学科社会性文化与研究生层次复合型人才培养中多学科文化对话和交流的要求相冲突,学科组织目标之间的差异与冲突,阻碍了学科专业的复合,学科的"地方割据"现象干扰学科之间的合作,以学科为基础构建的学院、学系与研究生复合型人才培养的组织结构在学术、管理方面也存在冲突性。大学招生制度对大学能否招到优秀学生起着重要作用,它是确保人才培养质量的一个前提条件。

(二) 研究生自身因素

研究生是研究生复合型人才的培养对象,硕士研究生应该是大学本科毕业生或相当于大学本科毕业生中的优秀者,博士研究生应该是硕士研究生毕业生中的优秀者。研究生能否成为研究生复合型人才,其自身的因素,如学习动机、学习态度及学习成果评价等都是重要影响因素。

首先,研究生的学习动机影响研究生复合型人才培养。学习动机又称学习动力,研究生的学习动机是指研究生学习活动的推动力,包括学习需要、学习信念、学习目标、学习兴趣、学习爱好、学习习惯等因素。研究生包括硕士研究生和博士研究生,相应地,研究生复合型人才包括硕士研究生复合型人才和博士研究生复合型人才:硕士研究生复合型人才的思想品格应该达到硕士研究生层次人才的应有要求,其知识、能力(包括学习能力、实践能力、研究能力等)、思维具有硕士研究生层次专业复合性,并且达到能够独立从事复合性专业研究工作的能力水平;博士研究生复合型人才的思想品格应该达到博士研究生层次人才的应有要求,其知识、能力、思维具有博士研究生层次专业复合性,并且达到能够从事复合性专业创造性工作的能力水平。研究生的学习动机影响研究生复合型人才培养,不仅学习动机的强度不同对研究生复合型人才培养的影响不同,而且学习动机的不同内容,如与研究生复合型人才培养要求相匹配的学习目标、学习需要、学习兴趣等,对研究生复合型人才培养的影响也不同。学习目标指引研究生的学习方向,研究生对研究生层次两个或两个以上不同专业知识学习、能力提升、思维训练、兴趣、价值认可等,激发或强化了研究生发展成为研究生复合型人才的学习活动。

其次,研究生的学习态度影响研究生复合人才培养。研究生的学习态度一般是指研究生在学习中所表现出来的一种比较稳定的心理倾向,包括研究生在学习中的注意状况、情绪状况和意志状态等。研究生对研究生层次两个或两个以上不同专业课程学习的态度、对待老师的态度、对待所在培养单位的态度等都影响研究生复合型人才培养,其中积极的态度对研究生复合型人才培养具有积极的影响,消极的态度对研究生复合型人才培养具有消极的影响。

再次,研究生的学习成果评价影响研究生复合人才培养。研究生学习成果评价是研究生复合型人才培养质量保障的一种重要方式,它是评价者了解研究生学习增值情况的活动,这种活动的目的是保障研究生复合型人才培养质量,改进研究生学习成效,促进研究生个体的发展,同时它对研究生复合型人才培养活动具有导向、激励和约束作用。研究生的学习成果是研究生复合型人才培养质量评价的核心内容,关注研究生学习增值、强调研究生培养成效证据是研究生学习成果评价的逻辑起点。对研究生学习成果的评价过程是评价者不断收集数据、分析数据、应用数据的过程,评价的持续性是研究生学习成果评价的基本要求。[①]

此外,大学在办学过程中的经费、师资、生源质量等条件以及办学层次和院校水平等,

---

① 黄海涛:《学生学习成果评估:美国高等教育质量保障研究》,教育科学出版社 2014 年版,第 27 - 42 页。

也是影响研究生复合型人才培养的因素。

三、对影响研究生复合型人才培养的内外部因素的反思

研究生复合型人才培养是研究生层次人才分类培养的一种新的人才培养理念和制度,它以培育研究生复合型人才为目标,以研究生复合型人才培养的社会需求为导向。人们探讨其影响因素,既要理性分析内外部具体影响因素,也要以"元认知"的思想为指导,对自身的理性分析活动进行反思。

(一) 对研究生复合型人才培养的外部因素的反思

通过上文分析,我们知道,研究生复合型人才培养既受政治、经济、文化、科技等外部因素的影响,也离不开一定阶段的政治、经济、文化、科技等条件,是外部诸多因素综合作用的结果,其中国家的人才强国战略、政府的相关资助政策、人才市场需求等外部因素推动了研究生复合型人才培养及其研究。在研究生复合型人才培养中,上述外部影响因素是研究生复合型人才培养及研究的外因,通常情况下,那些外因只能通过内因起作用。但是,有时外因在特定情况下能够成为诱发研究生培养的强制性变革的关键因素,使研究生复合型人才培养成为可能,因此,培养研究生复合型人才需要重视创设必要的外在条件,包括观念引领、制度保障、政策支持、经费资助、信息服务、组织实施等条件。

(二) 对研究生复合型人才培养的内部因素的反思

研究生复合型人才培养从根本上讲是大学等研究生培养单位的任务,内部因素对研究生复合型人才培养的影响是更为直接的。大学是以人才培养为中心任务和基础性功能的教学、科研和社会服务组织。自中世纪大学诞生以来,人才培养一直是大学的中心任务和基础性功能,大学的教学、科研和社会服务等活动都是围绕这个中心任务开展的。我国《高等教育法》第四章第三十一条也明确规定:"高等学校应当以人才培养为中心,开展教学、科学研究和社会服务,保证教育教学质量达到国家规定的标准。"一方面,大学培养研究生复合型人才的活动离不开社会资源和国家的政策支持,外因的作用不可轻视或忽视,而且要重视;另一方面,大学既然作为研究生复合型人才培养主体之一,主体自身的直接影响作用是显在的,不可低估的。这要求研究生培养主体主动承担培养研究生复合型人才的主体责任,做好研究生复合型人才培养这项中心工作,使大学的科研等活动都要围绕和服务于人才培养这个中心工作,以培养社会需要的研究生复合型人才,满足经济社会发展对大学培养研究生复合型人才的要求。大学的科学研究关注研究生复合型人才培养问题,探讨研究生复合型人才的内涵、特点、培养意义,探讨研究生复合型人才培养的特征、影响因素、培养模式和培养机制,这是大学适应并促进社会发展、适应并促进研究生发展的研究生教育的基本要求,也是大学通过教学和科研履行社会服务功能的体现。研究生复合型人才培养既要遵循社会发展的规律要求,重视外因的作用,也要遵循研究生身心发展规律以及科学知识发展规律的要求,重视内因的作用,研究生复合型人才培养的过程是内外部因素共同作用并促进大学发展与研究生发展的过程。

马克思主义的历史唯物论认为,人是人类社会之本,是社会中的价值主体,社会的发展说到底就是为了人的发展。研究生的发展不是单方面的发展,而是德、智、体、美、劳诸

方面全面发展,促进研究生全面发展的教育应是全面发展教育。而以专业为基础所实施的专业教育,其"窄口径""处方型"的专才培养模式不利于研究生的全面发展,专才培养中的课程设置单一,文理科分家,跨学科课程、综合课程缺少等问题不利于拓展研究生的知识面和学术视野,不利于增强研究生层次人才的社会适应性、问题解决中的灵活性和创新性。影响研究生全面发展的因素既有环境因素和教育因素,也有研究生自身的理论学习因素和实践活动因素,总结研究生发展经验、分析研究生发展问题,均要综合考虑多方面因素,切忌顾此失彼。

(三) 对影响研究生复合型人才培养的内外部因素之关系的反思

根据马克思主义关于事物发展的内因与外因相互关系原理,我们知道:外因是事物变化发展的条件,内因是事物变化发展的根据,外因必须通过内因才能起作用。研究生复合型人才培养从根本上说,是研究生培养单位的人才培养活动,是研究生培养单位有目的、有计划、有组织地把一些研究生培养成为研究生复合型人才的活动。但这种人才培养活动不是在封闭的环境中进行的,而是在开放的环境中进行的,参与主体绝不仅仅是研究生培养单位,研究生培养单位的研究生复合型人才培养活动,也绝不是研究生培养单位的"单打独斗"或"唱独角戏",而是和政府、市场及研究生等主体共同作用的结果。研究生复合型人才既是研究生培养单位的人才培养目标,也是市场所需和国家发展所要求的人才类型,还是大部分研究生的发展目标,研究生复合型人才培养目标的实施依靠多因素协同作用。

第二章　研究生复合型人才培养

研究生复合型人才培养不仅涉及研究生复合型人才由谁来培养(即培养主体)、培养谁(即培养对象)、培养什么质量规格的人才(即培养目标)、为什么培养(即培养意义),还涉及怎么培养的问题,怎么培养研究生复合型人才涉及研究生复合型人才培养的内涵与特征、模式与机制等内容。

第一节　研究生复合型人才培养的内涵与特征

研究生复合型人才培养是研究生层次人才分类培养的一种理念和制度,其基本特征是:关注社会发展对研究生复合型人才的需求以及研究生跨专业和实践性发展需求是其逻辑起点,相应的培养组织和培养制度是其必要条件,根据培养过程特点选择培养方式、方法和加强质量保障是其基本要求,促进研究生发展成为研究生复合型人才是其最终目标。这种人才培养理念和制度反映了人们对研究生培养质量关注点的转移,即由注重人才培养的研究生层次要求到研究生的分类培养,也反映了研究生层次人才培养导向的变化,即由注重供给到注重需求。

一、研究生复合型人才培养的内涵

我国高等教育进入大众化阶段和研究生规模扩大以后,研究生教育竞争更是以质量竞争为主。质量竞争首先是生源质量竞争,即各个研究生培养单位为了保障研究生层次人才培养质量,总是争相创造条件招收优秀研究生,并按照研究生层次人才要求对其进行教育与训练。但这种人才培养观属于供给导向的人才培养观,其关注点是作为人才供给方的培养单位"不能输在起跑线上"和如何充分利用有限条件培养研究生层次人才。以此人才培养观为指导,人们对研究生培养质量的追求,其关注点仅停留在人才培养的生源质量和研究生培养层次要求上,因此产生的研究生培养质量竞争只是大学教育分层(如本科教育和研究生教育分层)背景下的人才培养质量竞争,人才优势凸显的是研究生层级人才优势,这种优势基于研究生培养的制度理性、师资优势和研究生自身的"精英"优势。研究生层次人才的层级特点和科类群体特点明显,但同一层级同一科类人才培养平台上的研究生,分类培养的特点(由于缺乏分类培养的坚实支撑平台)并不凸显,研究生分类发展需求也并不能满足,社会对研究生培养单位提出的分类培养人才的要求因此也难以较好地落实。在这种情况下,研究生培养单位对研究生进行分类培养成为必然。研究生复合型人才培养既是研究生层次人才分类培养的一种理念和制度,也是研究生发展成为研究生层次复合型人才的重要路径。

(一) 培养:研究生复合型人才质量保障的重要方式

研究生培养单位的规模化、有组织的"培养"是研究生发展成为研究生复合型人才的重要途径,是研究生复合型人才质量保障的重要方式,毕竟研究生完全依赖自我导向发展成为研究生层次复合型人才的难度较大,质量也难以保障。但"培养"的内涵和特征是什么,这是人们开展相关研究的认识基础,要树立科学的研究生层次复合型人才培养观,必须对"培养"概念进行深入细致的考察。

首先,词源或词义考察可以帮助我们在区分培养与教育概念中理解"培养"的内涵。培养不等同于教育,却与教育极其相近,它们是人们耳熟能详的两个意思相近、内容相关、经常出现替代使用情况的词语或现象,我们可以从词源或词义方面进行考察,在区分"培养"与"教育"概念中理解"培养"的内涵。"培养",《现代汉英词典》中对应的英文解释为 educate(教育)、train(训练)、foster(培育)、cultivate(教养)和 develop(发展)[1],而作为名词的教育,在英语中是 education,在德语中是 erziehung,在法语中是 éducation,而且英语、德语和法语中对应于汉语"教育"的词同源,均是由拉丁文 educare("引出""引发"或"引导")演变而来的[2],它意味着要用引导或教导的办法引出或引发儿童内在的潜能,使之变为现实。这就是说,在西语中,"培养"一词是一个与"教育"极其相近而又在某种程度上包容了教育、训练、培育、教养和发展的概念(它比"教育"概念更宽泛)。在汉语中,"培养"却是一个被"教育"所包容的概念,往往是指人才培养,即对人的培养和培养人才,人们对"培养"的释义较多,"培养"的语用意义也较为复杂。比如,在日常汉语使用中,培养概念在学校教育和家庭教育中使用较多(而在社会教育中使用较少,因为社会教育中的教育主体、教育对象和教育内容等具有随机性和开放性),常言"培养学生""培养孩子",其中"培养"具有按照一定的目的对一定对象(如孩子或学生)进行长期的教育和训练并使其成长的意思。关于"培养"的这种释义,强调了培养的目的性、方向性,教育和训练的长期性和有效性,对象的相对稳定性和成长性。这一点也得到了《现代汉语词典》相应释义的印证。《现代汉语词典》把"培养"解释为"使成长"和"按照一定的目的长期地教育和训练"[3]。显然,作为日常汉语概念的"培养"是一个与广义"教育"概念相近而又在一定意义上等同于广义"教育"中的学校教育和家庭教育的概念,它是一个好似"镶嵌"在"教育"概念之中的概念。再比如,"培养"作为专业术语在教育基本理论中往往是指"正规教育",即指学校教育,是学生在有组织的教育机构中所受到的教育,也用制度化教育来指称[4],其组织程度和制度化水平相对较高,而"教育"既包括正规教育,也包括有组织的教育机构以外所实施的非正规教育。可见,教育基本理论中的"培养"概念是一个与正规教育基本等同而又被教育所囊括的概念。总之,中西方语用中的"培养"与"教育"之间的包含关系虽有不同,但"培养"与"教育"概念近似这一点是共同的认识,"培养"的基本内涵仍然是按照一定目的对受教育者进行长期的教育和训练,使其发生预期的变化。广义的培养是指整

---

① 外语教学与研究出版社词典编辑室:《现代汉英词典》,外语教学与研究出版社 1988 年版,第 659 页。
② 冯建军:《现代教育学基础》,南京师范大学出版社 2007 年版,第 2 页。
③ 中国社会科学院语言研究所词典编辑室:《现代汉语词典》,商务印书馆 1984 年版,第 859 页。
④ 冯建军:《现代教育学基础》,南京师范大学出版社 2007 年版,第 7 页。

个人才培养系统及其活动和过程,狭义的培养主要是指怎样培养人才的系统及相应的活动和过程。

其次,在区分"培养"及与其相近的"顺应"和"塑造"概念中理解和把握"培养"的内涵。在"研究生该如何培养"的问题研究中,在研究生教育工作者选择、组织、安排研究生培养工作时,存在"顺应""塑造"和"培养"几种不同的指导观念。有人认为研究生有研究生的自然天性,培养研究生就要服从研究生自然发展的永恒法则,主张"培养"工作要对研究生的自然天性予以顺从和回应,即"顺应";有人却持不同的观点,认为研究生是社会中的人,培养研究生依赖的是社会公共资源,因此强调研究生培养单位应该代表社会对研究生实施规范引导和规范约束等人为影响,以把研究生"塑造"成为社会所需要的人才。这两种人才培养观听起来都非常有道理,前者强调了培养对象作为"人"在人才培养中的中心地位,后者强调了培养主体在人才培养中的主导作用,而且这两种人才培养观都肯定了"培养"在研究生层次人才质量保障中的重要作用,培养也确实是研究生发展成为社会所需要的理想人才的重要途径。但"培养"既非"顺应",也非"塑造",我们可以在对"培养"及与其相近的"顺应"和"塑造"概念的比较与分析中理解和把握"培养"的内涵。顺应,体现了法国思想家卢梭在其代表作《爱弥儿》中所倡导的"自然教育"观,属于"有人"的自然教育,也是夸美纽斯、洛克、裴斯泰洛齐等人的人才培养思想的最重要体现(如裴斯泰洛齐强调培养全面、和谐发展的人,培养活动必须符合学生的本性,从最简单的要素开始直到复杂的事物)。但在教育理论发展中,"顺应"受教育者身心发展规律的论著,由于建立在观察甚至臆测基础之上,缺乏科学的手段和方法论的指导,因而无论是法国卢梭的《爱弥儿》、捷克夸美纽斯的《大教学论》,还是英国洛克的《教育漫话》、瑞士裴斯泰洛齐的《林哈德与葛笃德》,均未能成为科学教育学。在教育实践中,纯粹的"顺应"做法,淡化了培养主体对培养对象的规范引导、方向指导、思想引领等作用,导致培养主体的主导作用缺失,使人才培养的成效大打折扣。塑造,强调社会影响,重视社会价值,以社会需要为出发点,克服了顺应受教育者身心自由发展所导致的培养主体主导作用缺失的弊端,培养所谓的"社会需要的人"。但以生产产品和塑造物品的方式方法来对人进行机械塑造或人为影响,忽视受教育者作为人的因素,轻视个人价值,无视个人需要,忽视个人之间的差异特点,势必使规范引导和行为约束的"塑造"活动成为"无人的教育"。上文词源和词义的分析告诉我们:培养是指培养主体按照一定目的对一定的受教育者进行长期的教育和训练,使其发生预期的变化。培养,强调其活动和过程的目的性,强调其目标对其主体和对象的行动的方向指引性和活动内容及活动安排的规范性,凸显其主体对其对象长期施加有目的影响的主导地位、主导作用和主体责任,容易发挥其"塑造"作用,把其对象培养成为符合一定社会需要的具有某种质量规格的人。与此同时,"培养"也凸显其活动"顺应"人性的特点,关注其对象作为人的发展因素,如发展条件、发展水平、发展特点、发展需要等,遵循其对象作为人的发展规律,强调其对象作为"人"在其活动中的主体性,如主体的自觉性、主动性和能动性,属于"有人"的教育,其活动既是对社会预期要求的反映,基于社会对人才的需求和对大学培养人才的要求,也是对其对象作为人的发展要求的反映,基于受教育者的发展需求。可以这样说,"培养"兼顾了"顺应"和"塑造"的优点,克服了两者的缺点,是对两者优点的结合。

　　再次,考察多学科视角中"培养"的释义。上述分析虽已通过"培养"与"教育"的区分和"培养"与"顺应""塑造"的比较,而使"培养"的基本内涵比较清晰,然而,在具体的人们那里,不同学科背景和研究领域的人,对"培养"的释义又不同。比如,人们以生物学学科之眼看待培养时,倾向于把"培养"看作帮助学生适应其生活环境的活动和过程;以心理学学科之眼看待培养时,则把"培养"视为训练学生官能以改善学生气质和行为;以社会学学科之眼看待培养时,把"培养"视为一种增进学生适应社会能力的社会活动;以哲学学科之眼看待培养时,则把"培养"视为对学生人格进行的一种文化教育活动,旨在使个人觉醒,使学生更好地理解世界和生存于其中的人们,从而自动追求理想,磨炼意志,不断完善自我和奉献社会。不单如此,即使同一门教育学科之眼,因其认识角度、学科发展阶段不同,对专业术语"培养"释义时侧重点也不同。比如,教育学成为一门独立学科经历了"教"之学、"教育"之学和"教育学"的不同发展阶段,夸美纽斯的《大教学论》是"教"之学的典范。夸美纽斯在《大教学论》中把"培养"视为"把一切事物教给一切人们的全部艺术",强调"怎么教"的培养问题,而且努力地为培养措施寻找理论依据,主要目的在于"寻求并找出一种教学的方法,使教员因此可以少教,但是学生可以多学;使学校因此可以少些喧嚣、厌恶和无益的劳苦,多具闲暇、快乐与宁静"[①]。德国康德的《论教育学》是"教育"之学的典范,《论教育学》中的"培养"为品格、道德教育活动及过程,强调品格、道德的教育,目的是为社会培养有品格、有道德的人。德国赫尔巴特的《普通教育学》是教育学成为一门独立学科的标志性著作,该著作率先打破了"教授"之学与"教育"之学的隔离,成为融合教学与教育的教育学,并明确了"无教学的教育"和"无教育的教学"的人才培养理念,对其后的人才培养活动提供了科学指导。多学科视角中"培养"概念的这些释义为我们理解和把握"培养"概念提供了参考。

　　基于以上分析,我们不难发现,培养虽与教育不同,却与教育极其相近。培养的基本涵义是按照一定目的对受教育者进行长期的教育和训练,使其发生预期的变化。培养作为一种教育观念和教育制度,它超越"顺应"和"塑造"之处在于,它规避了两者之缺点,而又兼顾了两者之优点。理解和把握人才培养观之时,需要考虑学科背景和研究立场等因素。培养往往是指人才培养,即对人的培养和培养人才。广义的培养是指整个人才培养系统,涵盖整个人才培养复杂系统的诸多活动或工作环节,如优选生源、优选培养主体、优化教育资源配置,优选培养制度、创造良好培养条件、优选人才培养方案,合理设置课程、选聘教师、组织和安排教学活动,以及加强质量保障等;狭义的培养主要是指具体人才培养单位如何培养人才,包括具体培养单位制定人才培养方案,并依据人才培养方案设置课程、选聘教师、组织和安排教学活动和加强培养质量保障等活动或工作环节。在操作的层面上,培养则侧重于程序性活动的安排、监督与调控,如在研究生入校之后,进行研究生复合型人才培养的价值宣传与引导,接下来,具体落实研究生复合型人才培养计划,选聘导师和教师,进行课程教学、科研训练,加强实践实习工作要求,成立专门的联络中心,作为研究生到社会相关部门(尤其是产业部门)实习的桥梁组织或中介组织,为研究生进入理想的实习单位提供制度支持、信息服务等条件,研究生可以在实习工作中发现研究的问

---

① 冯建军:《现代教育学基础》,南京师范大学出版社 2007 年版,第 13、17 页。

题,并在实习期间完成学位论文的撰写工作。

(二) 研究生复合型人才:研究生培养质量的目标追寻内容

研究生复合型人才作为一种研究生培养质量的目标追寻内容,是在诸多学者研究、探讨研究生层次人才分类培养问题过程中产生的。高等教育进入大众化阶段和研究生招生规模扩大后,如何有效满足研究生分类发展要求,成为各个研究生培养单位共同关心的重要问题,分类培养研究生本身也是大学服务于社会的重要使命。2015 年,江苏省学位与研究生教育学会领导和老师们高瞻远瞩,关注和高度重视研究生分类培养以提升研究生教育质量这个具有时代意义的重大议题,委托和大力支持南京师范大学等几所高校承担"研究生复合型人才培养的研究"等几项重大课题,同时对各个课题组提出较高的学术研究要求,赋予了各个课题组成员较高的学术研究成果期待。在这种情况下,作为一种研究生培养目标专用术语的"研究生复合型人才"概念开始进入大学校长、研究生院院长和专业研究者的视野,并随着该项课题研究活动的逐步推进和学术研究成果的多次交流,成为越来越多的大学校长、研究生院院长、专业研究者熟知并在相关研究中使用的专业术语和高频词汇。

研究生复合型人才从不同视角分析有不同的内涵。构词学意义上的研究生复合型人才是指具有研究生层次两个或两个以上专业的知识、技能、能力和创造性劳动业绩的人才;人才分类培养视角中的研究生复合型人才是研究生层次人才分类培养中的一种人才类型,它是指按照社会对研究生复合型人才需求培养的具有研究生层次专业复合性特点的研究生层次人才;跨学科视角中的研究生复合型人才是指以跨学科思想为指导,通过跨学科教学与跨学科研究相结合的办法所培养的研究生层次跨学科人才。

(三) 研究生复合型人才培养的几种不同释义

基于上文的分析,我们可以明确,"培养"和"研究生复合型人才"在研究生复合型人才培养质量保障中密切相连。培养是研究生复合型人才质量保障的重要方式,是研究生发展成为研究生复合型人才的重要途径,它规定了"培养"概念的界定要清晰具体,便于研究者在正确的"培养"理念指导下选择"培养"活动进行研究,也便于培养者树立正确的培养理念并提升"培养"活动的成效。研究生复合型人才是研究生培养质量保障的目标追寻内容,规定了研究生培养的人才类型及优势特征。这既强调了培养活动目标的明确性,规定和规范了培养主体和培养对象的努力方向和活动内容,提高了培养主体和培养对象的共同目标意识,有利于发挥培养主体在培养活动中的主导作用和培养对象作为学习主体和发展主体的主体性作用,也强调了培养活动目标的具体性,即培养的理想人才类型是研究生层次复合型人才,其质量规格标准首先是一般人才所应具有的良好的身体素质、心理素质、社会素质、文化素质,其次是一般研究生层次人才所特有的较好的专业素质、研究素质、创新素质,再次是研究生层次复合型人才所特有的专业复合性素质。研究生复合型人才培养目标是研究生复合型人才培养质量保障活动的出发点、依据和归宿,它规定了研究生复合型人才"培养"质量保障模式与机制的选择。但由于研究生复合型人才培养概念刚刚进入大学校长、研究生院院长和专业研究者视野不久,其基础构词概念"培养"和"研究生复合型人才"在不同学科背景和研究领域的学者那里又有不同的释义,因此,对研究生复合型人才培养的界定目前尚无定论。

尽管如此,一些代表性观点对于我们全面理解研究生复合型人才培养的内涵仍有借鉴意义。其一,研究生复合型人才培养就是设置或完善专门的组织机构、制定和完善研究生复合型人才培养制度,以激励、约束和管理研究生复合型人才培养活动的过程。比如,美国的工程研究中心既是一个专门培养工科研究生的联合体组织,也是一种新的研究生培养制度,它在事实上诠释了培养研究生复合型人才就是设置或完善专门的组织机构、制定和完善研究生复合型人才培养制度,以激励、约束和管理研究生复合型人才培养活动的过程。① 这种释义表明了作为培养条件的培养组织、培养制度在研究生复合型人才培养质量保障中的重要作用。其二,研究生复合型人才培养就是一种凸显实践性并由学校(或研究所)和工商企业界联合培养研究生的模式。例如,产—学—研合作培养研究生的模式、虚拟研究生院培养模式等,都与德国学徒式和美国专业式这两种经典的研究生培养模式不同。产—学—研合作培养模式等均把研究生培养主体由大学拓展到社会,使研究生培养从传统的大学校园延伸至整个社会②,强调高校与工商企业界联合承担培养研究生的主体责任,强调研究生除了在校内学习研究生阶段的基础课程、专业课程、人文社会科学课程等之外,还必须在一段时间里受聘于工商企业界,既承担工作任务,又做学位论文,使研究生的学习和研究植于实践并服务于实践。这在事实上也是对研究生复合型人才培养概念的诠释。这种释义表明研究生复合型人才培养具有实践性和多主体合作培养研究生的自觉性。其三,研究生复合型人才培养就是跨专业培养研究生的模式。例如,大学存在跨两个或两个以上传统专业的新专业或开设跨专业课程培养研究生的模式,如美国的麻省理工学院(MIT)、加州大学圣地亚哥分校、日本东京大学大学院新领域创成研究科和大学院跨学科情报研究组织以及我国浙江大学的浙江加州国际纳米技术研究院等跨学科研究中心都有跨学科培养研究生的模式,这种模式本身表明:研究生复合型人才培养是跨专业培养研究生的模式,它基于研究生的跨专业发展需求而具有跨专业性。其四,研究生复合型人才培养就是对研究生成长为研究生层次复合型人才的学习、研究过程的控制。比如,有研究者认为:"如果说授予学位是对研究生学习、研究结果的认可,那么,对研究生的培养则是对研究生的学习、研究过程的控制。"③这就等于说,研究生复合型人才培养就是对研究生成长为研究生层次复合型人才的学习、研究过程的控制。这种释义表明激励研究生发展的自觉性和加强对研究生学习与研究的管理的重要性。

以上对研究生复合型人才培养的诸多释义,见仁见智。通过综合和分析,结合笔者在前文对"培养"和"研究生复合型人才"这两个核心概念的阐释,本书将研究生复合型人才培养定义为:研究生培养主体在一定的研究生培养环境条件下,按照一定的研究生复合型人才培养目标,对作为培养对象的研究生实行长期的教育与训练,以使其发生预期变化的活动和过程。这个界定反映了研究生复合型人才培养的主要特征。

① 黄治国:《研究生培养制度研究》,武汉大学出版社 2008 年版,第 171 - 174 页。
② 黄治国:《研究生培养制度研究》,武汉大学出版社 2008 年版,第 46 页。
③ 黄治国:《研究生培养制度研究》,武汉大学出版社 2008 年版,第 41 页。

二、研究生复合型人才培养的主要特征

研究生复合型人才培养过程是指在一定历史条件下,由研究生复合型人才培养主体把作为培养对象的研究生培养成为研究生层次复合型人才的过程,其过程目标明确、系统复杂、主体多元,在逻辑起点、必要条件、基本要求等方面都表现出自身的特征。

(一) 关注社会发展对研究生复合型人才的需求以及研究生跨专业和实践性发展需求是研究生复合型人才培养的逻辑起点

研究生教育作为高等教育的独立阶段,它源于1876年美国霍普金斯大学的研究生教育,是适应19世纪以来思想史上知识的学科化和专业化所做出的一种变革。但知识的学科化和专业化使很长时间之内的研究生培养在导向上仅限于关注人才培养的生源质量和研究生层次人才培养的学科要求、专业要求,淡化了研究生层次人才分类培养的社会需求(如社会对研究生复合型人才的需求)以及研究生跨专业和实践性发展需求这个逻辑起点。同时,研究生培养过分学科化、专业化,使其局限性也比较明显,如容易导致研究生的专业知识面狭窄、工作适应性不够、学科理论知识脱离实际、解决复杂现实问题的能力不足等问题。第二次世界大战之后,复杂的社会实践问题解决、国家科技创新能力提升以及知识进步等对大学培养复合型人才提出了要求,研究生为了增强社会适应性,也具有跨专业和实践性发展要求。社会与研究生发展中的这些要求使研究生培养回归社会和研究生对复合型人才发展需求的逻辑起点,并成为研究生复合型人才培养活动的根本动力,同时也使人们追求研究生培养质量的关注点发生转移,即由注重研究生培养单位培养研究生的层次要求逐渐转移到注重社会和研究生对研究生培养单位培养研究生层次复合型人才的要求,反映了研究生层次人才培养活动的内在驱动导向由供给侧到需求方的变化。

(二) 研究生复合型人才培养的组织和制度是研究生复合型人才培养的必要条件

学科制度自19世纪形成以来,不仅使大学成为基于学科的组织,以学科组织知识的生产、传承与应用,每一个学科在大学都有其存在的合法性,有一套自己的学科规则,具有学科组织的知识边界属性、相对稳定性、与科层结构的适切性和基于学科的学术权力,而且使大学人才培养也贯穿学科理念与学科价值取向,学科知识与学科文化传统制约着每一位学科人的行为方式,使任何一个进入了某一学科的人都被学科所规训,被学科文化所熏陶与感染。而跨学科培养研究生复合型人才在学科制度下必然面临"学科组织目标之间的差异与冲突""学科组织结构层面的障碍""学科组织权力之间的冲突"和"教师角色与身份的冲突"[①],这意味着研究生复合型人才培养需要有相应的合法组织和培养制度等条件作为支撑,研究生复合型人才的培养组织和培养制度是研究生复合型人才培养的必要条件。

(三) 根据培养过程特点选择培养方式、方法并加强培养质量保障是研究生复合型人才培养的基本要求

研究生复合型人才培养是一个复杂的活动系统,根据其过程特点选择培养方式、方法

---

① 周朝成:《当代大学中的跨学科研究》,中国社会科学出版社2009年版,第146-151页。

并加强培养质量保障是其重要特征。首先,研究生复合型人才培养既有可推广或可模仿的经典模式和多种可以借鉴使用的培养方法,也有仅适用于特定培养环境条件的培养方式、培养方法。一定的研究生复合型人才培养主体在选择培养方式、方法时需要发挥其主体自觉性,遵循培养有法但无定法的原则,根据具体的研究生培养条件和具体的研究生复合型人才培养目标以及研究生复合型人才培养过程的跨专业性、实践性和多主体参与培养活动的自觉性,选择合适的培养方式、方法,积极为研究生复合型人才培养创造良好的教育环境。其次,研究生复合型人才培养质量保障主要是在内外需求的基础上应运而生的,包括其过程中形成的各要素及其相互关系(如责任主体多元化等),正如剑桥大学副校长安娜·朗斯黛尔所言:"第一是大学的内部需求,即管理并为师生提供健康环境的需求;第二是大学外部的需求,即大学外部要为大学制定一套公认的授予相应资格和学位的标准。"①研究生培养的国际趋势也表明研究生教育质量保障主体趋于多元,"从满足政府实现教育资源有效配置、社会经济发展所需人力供给和学校秉持学术自由诉求三个维度来看,政府、社会和学校三方都应积极投入到研究生教育质量保障的过程中来"②。构建以大学内部保障为主、内外相融合的研究生复合型人才培养质量保障体系,形成政府、社会各界、高校多元主体之间责任有别、牵制有度、彼此协商的利益平衡机制。

(四) 促进研究生发展成为研究生复合型人才是研究生复合型人才培养的最终目标

研究生复合型人才培养的各种释义都直接或间接地说明了培养这一终极目的。需要说明的是,研究生复合型人才本身不仅是一种理想人才类型,而且它也彰显了理想人才的层次特征(专业性、研究性、创造性)和理想人才类型的内在综合素养特征(专业的贯通性和复合性)。研究生复合型人才培养更多地关照了需求方的诉求,基于研究生跨专业和实践性发展需求及社会对研究生复合型人才需求而确定的"研究生复合型人才"培养目标,不但强调大学作为质量保障主体要充分发挥其自主保障质量的作用,为研究生的发展提供跨学科或跨专业平台、鼓励教师开设跨学科课程、增加研究生课程学习的弹性、引导研究生自我导向发展,而且强调作为人才需求方的社会实践部门以及研究生个体也要发挥研究生复合型人才培养主体的质量保障作用,应该自觉地、积极地、主动地参与到研究生复合型人才培养活动中来。这种以需求为导向而确定的培养目标规定了相应的培养活动,加强了研究生层次复合型人才培养质量保障,拓展了研究生的学习与研究内容,把研究生培养从传统的大学引到了整个社会,把人们对研究生培养质量的关注点由注重研究生层次人才培养的生源质量(供给侧"不能输在起跑线上")及研究生层次人才培养要求(供给侧要充分利用有限条件培养研究生层次人才)引到了研究生层次复合型人才这种类型人才(分类)培养上来,增强了多元主体对研究生复合型人才培养质量保障的责任意识,凸显了大学作为研究生培养主体自觉进行"供给侧改革"的精神,有利于满足研究生的跨专业和实践性发展需求。

---

① 周文辉:《中国研究生教育质量保障体系研究》,北京理工大学出版社 2012 年版,第 219 页。
② 周文辉:《中国研究生教育质量保障体系研究》,北京理工大学出版社 2012 年版,第 44 页。

第二节　研究生复合型人才培养模式

通常,模式与模型、范式是同义词,它是指某种事物的标准构造样式。这种标准构造样式是"稳定的、系统的和理论化的范型"[①],是标准的,可以借鉴、参照或推广的,而具体的研究生复合型人才培养则是动态发展的、复杂多变的,既无固定模式,也无固定方法。正如"教无定法,但必有法",研究生复合型人才培养虽无固定模式和固定方法,但必有建立在实践经验和理性分析基础之上并为后人参照的基本模型或基本做法,这些基本模型或基本做法是经过实践检验的,如同有系统性与范型性的某种标准样式一样,可以被学习推广、被参照模仿,因此可称为研究生复合型人才培养模式。

一、研究生复合型人才培养模式的内涵及构成要素

"概念认识"是"类型分析"的基础。分析"研究生复合型人才培养模式"类型之前,先要认识"研究生复合型人才培养模式"概念。研究生复合型人才培养模式是指研究生复合型人才培养系统结构,还是指研究生复合型人才培养活动样式? 研究生复合型人才培养模式外延扩展到研究生复合型人才培养的整个管理活动,还是研究生复合型人才培养的整个教学活动? 研究生复合型人才培养模式有哪些类型? 不同类型的研究生复合型人才培养模式有哪些构成要素? 本部分内容将回答这些问题。

(一) 研究生复合型人才培养模式的内涵

理解和把握研究生复合型人才培养模式的内涵及构成要素,首先要理解和把握其基础概念"人才培养模式"。尽管"人才培养模式"在管理层和学术界的使用俯拾皆是,且分歧明显,至今没有一个较权威的、公认的概念界定,学者们对"人才培养模式"概念的理解也是仁者见仁、智者见智,但是,归纳起来,人们对"人才培养模式"的认识分歧集中于对其外延的认识分歧及属性的争议两个方面:在外延认识方面存在"泛化论"和"狭义论"之分歧,在属性认识方面存在"结构范畴"和"过程范畴"之争议。泛化论者把人才培养模式视为"为实现一定的人才培养目标的整个管理活动的组织建构方式"[②],外延扩展到整个管理活动,几乎把人才培养模式等于大学的办学模式,外延过大;狭义论者将人才培养模式视为为实现一定的人才培养目标的整个教学活动的组织建构方式,包括教育思想、教育观念、课程体系、教学方式、教学人员及教学环境等的有机结合,几乎把人才培养模式等同于大学内的教学模式,外延过小。其实,人才培养模式外延应该是整个教育教学过程的体现[③],它应该是位于办学模式之下和教学模式之上的一个区间概念,"大于或小于这个外延,都会影响概念的精确性和完整性。因为,超出培养过程,就会和办学模式混淆不清;小于培养过程,则可能降格为教学模式"[④]。

① 胡玲琳:《我国高校研究生培养模式研究》,复旦大学出版社 2010 年版,第 24 页。
② 陈世瑛、张达明:《工程本科生培养模式的研究》,载《江苏高教》1997 年第 1 期。
③ 胡玲琳:《我国高校研究生培养模式研究》,复旦大学出版社 2010 年版,第 28 页。
④ 龚怡祖:《论大学人才培养模式》,江苏教育出版社 1999 年版,第 11 页。

对人才培养模式的属性认识,也存在"结构范畴"和"过程范畴"两种观点分歧:持"结构范畴"观点的人认为人才培养模式是"为实现人才培养目标而把与之有关的若干要素加以有机组合而成的一种系统结构"①,强调的是系统内诸要素之间相对稳定的组合关系或结构的稳定性和典范性,倾向于从系统静态特性分析,而更多地把人才培养模式视为静态的结构;持"过程范畴"观点的人则认为人才培养模式是"在一定教育思想和教育理论指导下,为实现培养目标而采取的教育教学活动的组织样式和运行方式"②,强调的是人才培养活动随外界条件变化而变化的组织状态和运行状态,倾向于从系统动态特性分析,而更多地把人才培养模式视为受时代要求、教育思想、培养理念诸因素影响的人才培养活动的组织状态和运行状态。其实,人才培养模式是指在一定的教育理念指导下,为实现一定的人才培养目标而由培养过程中诸要素构成的标准样式与运行方式。它既有系统中具有相对稳定性和典范性的内容,是一种在人才培养实践中使人们可以照着做的标准样式,具有典范性和可仿效性;也有系统中具有动态性和个别性特征的内容,是一种在人才培养实践中使人们不得不考虑特定条件和多种特定影响因素的教育教学活动运行方式,具有变化性和特殊性。人才培养具有典范性和可仿效性,这使人们在相近的人才培养活动中可以借鉴前人的经验,有助于提升人们在人才培养活动中的理性水平,使人才培养活动更有成效;人才培养具有特殊性和变化性,这使人们对人才培养过程进行谋划、设计、建构或管理之时,必须从人才培养实际条件出发,考虑内外部的具体影响因素,开展创造性的工作,不能机械套用已有模式或对已有模式进行简单移植。对人才培养模式的认识是人们认识研究生复合型人才培养模式的基础。

基于上述有关"人才培养模式"概念的"静态特性分析"和"动态特性分析",我们可以采用"静态特性分析"和"动态特性分析"相结合的办法,把研究生复合型人才培养模式界定为:为实现一定的研究生复合型人才培养目标而把与之有关的培养过程中若干要素加以有机组合而形成的系统结构与运行方式,包括培养目标与相关措施的总和。

首先,研究生复合型人才培养模式是一种为实现一定的研究生复合型人才培养目标而把与之有关的培养过程中若干要素加以有机组合而成的系统结构。这是关于研究生复合型人才培养模式的"静态特性分析"的内涵。第一,它是由多个工作环节或系统要素组成的整体。如由招生、教学、科研、实习、毕业论文设计或撰写、论文答辩或考核以及学位授予或证书授予等环节组成的整体,或由培养目标、课程设置与专业设置、师资队伍、教学方式、科研课题、招生制度、日常管理、质量评价等要素组成的整体。第二,它具有层次性。系统论告诉我们:系统具有层次性,一个系统相对于它的子系统而被称为系统,但它相对于它的上级系统时又被称为子系统。被视为一种系统结构的研究生复合型人才培养模式也具有层次性,其培养组织有层级区分,培养系统中有子系统,培养要素中也有子要素。第三,它的要素之间相互联系、相互作用,从而形成特定的结构。培养目标与培养过程中的课程体系、师资队伍、教学方式等形成比较稳定的结构。③

---

① 李硕豪:《高校培养模式刍议》,载《吉林教育科学·高教研究》2000年第2期。
② 杨杏芳:《高校人才培养模式的多样化及其最优化》,载《教育与现代化》2000年第3期。
③ 胡玲琳:《我国高校研究生培养模式研究》,复旦大学出版社2010年版,第29页。

其次,研究生复合型人才培养模式是为实现一定的研究生复合型人才培养目标而采取的教育教学活动的组织样式和运行方式。这是关于研究生复合型人才培养模式的"动态特性分析"的内涵。它强调的是研究生复合型人才培养活动随外界条件变化而变化的组织状态和运行状态,倾向于从研究生复合型人才培养系统动态特性分析,而更多地把研究生复合型人才培养模式视为受时代要求、教育思想、培养理念诸因素影响的研究生复合型人才培养活动的组织状态和运行状态。第一,培养目标基于一定的需求和条件而确定,而社会对研究生层次人才的需求和研究生发展需求是变化的,时代条件和研究生培养条件也是变化的,因此培养目标仅是一定阶段、一定需求条件下的培养目标。第二,培养过程受多种因素影响,呈现出来的是复杂的、动态发展的组织状态和运行状态。培养过程中的课程体系、师资队伍、教学方式等都不是完全处于静态的体系或固定不变的运行方式。第三,培养制度是有弹性的制度。虽然一般的人才培养制度都具有"路径依赖"的特点,具有一定的稳定性,但任何制度都不是僵化不变的,培养制度中的招生管理制度的较优选择、日常管理制度的较优执行等,都有弹性变化的空间。第四,质量评价也是一定阶段、视角、标准的质量评价,无论是培养过程质量评价,还是人才培养质量评价,评价视角、评价标准均具有多样性和选择性,较优的选择具有多样性,不是刻板不变、固定单一的。

总之,研究生复合型人才培养模式是为实现一定的研究生复合型人才培养目标而把与之有关的培养过程中若干要素加以有机组合而形成的系统结构与运行方式,它既有稳定性和推广性,也有特殊性和变化性。

(二) 研究生复合型人才培养模式的构成要素

研究生复合型人才培养模式是研究生复合型人才培养实践经验的总结,是人们在对研究生复合型人才培养实践经验进行理性分析基础之上总结出来的某种具有系统性与范型性的标准样式,主要涉及"培养什么样的研究生复合型人才"和"怎样培养研究生复合型人才"等问题,包括培养目标、培养过程、培养制度、质量评价等相互联系、相互作用的基本构成要素。

1. 培养目标

培养目标是指通过培养活动使培养对象所要达到的基本要求和规格标准,它规定了对培养对象培养的方向及培养对象在一定修业年限结束之后应达到的基本要求,是培养模式中具有导向性的要素。确定培养目标往往以一定的人才培养理念为指导,基于一定的培养条件和社会需求而确定。无论是产学研联合培养模式、专业复合型培养模式,还是自我导向型培养模式,研究生复合型人才培养目标均需具体明确。培养目标是整个培养活动的出发点、依据和最终归宿,它对培养活动具有导向作用。

2. 培养过程

培养过程是培养模式的核心,主要回答"怎样培养研究生复合型人才"的问题,涉及专业设置、课程体系、师资队伍、培养方式等方面的工作内容。课程设置,是致力于实施具体的研究生复合型人才培养目标的课程设置,它服务于一定的研究生复合型人才培养目标。课程体系不但包括公共课、专业课,而且包括跨专业选修课、交叉学科专业课程等,同时规定了不同课程性质的课程门数、学分要求、上课时段和教学方式等。培养研究生复合型人才的师资队伍,既是由不同学科背景的研究生导师组成的师资队伍,也是由具有专业复合性教育背景的研究生导师组成的师资队伍,能够满足为研究生开设专业课程、跨专业课程、交叉学科课程等需求。培养方式是根据培养目标和培养对象特点而在培养过程中对培养对象所采取的基本方法与形式,比如"课程式""研究式""产学研联合式""自我导向式"等。

3. 培养制度

研究生复合型人才培养制度是有关研究生复合型人才培养的规定、程序及实施体系。它是研究生复合型人才培养目标得以实现的重要保障和基本条件,是研究生复合型人才培养模式中最为活跃的基本要素。研究生复合型人才培养制度集中体现在严格的招生制度、适宜的并体现培养特色的课程制度、完善的教学制度(包括教学活动实施制度、教学督导制度、教学评价制度等)、周密的日常管理制度等方面。

4. 质量评价

研究生复合型人才培养质量评价是依据一定的标准对研究生复合型人才培养质量作出的客观评价和科学判断。评价工作涉及研究生复合型人才培养的各个环节,如课程体系、教学管理、导师指导、研究生学习状况等,其中作为培养对象的研究生的学习增值状况及学习成效证明是考核和评价的重点内容。

二、研究生复合型人才的"专业复合性"培养模式

专业复合,顾名思义,是指不同专业复合,即由不同专业复合成为一个新专业,或在一个专业人才培养方案中增设跨专业课程,即专业课程复合。学科是高校承载教学、科研、社会服务、文明传承等职能的基本单元,它以专业为支撑;专业是以育人为目标、以学科为依托、以社会需求为导向的人才培养平台。专业是学科下的一级建制,是以学科为基础的专业或称学科中的专业,学科与专业互动发展,常被人们连在一起使用。不同专业既有同一学科之内的不同专业,也有不同学科的不同专业。"专业复合性"培养模式,包括"增设跨专业课程"的培养模式即"跨专业课程式",也包括"开设复合性专业"的培养模式即"复合性专业式",还包括"基于跨学科研究"的培养模式即"跨学科研究式"。

(一)"跨专业课程式"

"跨专业课程式"即"增设跨专业课程"的研究生复合型人才培养模式。"增设跨专业课程"的研究生复合型人才培养模式,是在已有的研究生培养专业不变的情况下,采取增设跨专业课程,调整课程体系、教学内容、教学方式等办法培养研究生复合型人才的模式。这种人才培养模式改革属于渐进式改革,既有利于利用已有专业培养条件培养研究生复合型人才,又对已有研究生培养模式冲击不大,容易为人们所接受,师生抵触情绪不大,是适合于改革初期的模式选择。

1. "跨专业课程式"的培养目标

"跨专业课程式"的培养目标,即指"增设跨专业课程"的研究生复合型人才培养模式的培养目标。"增设跨专业课程"的研究生复合型人才培养模式的培养目标是培养具有跨专业能力的研究生复合型人才。这种人才既具有深厚的基础知识、扎实的专业知识、专业工作能力和科研能力,又具有跨专业知识、跨专业文化观念和跨专业工作能力。比如,很多拥有研究生学历的管理人员,既有学科专业学习背景,也有跨学科课程或跨专业课程学

习的经历,具有从事专业工作和管理工作的潜质或业绩。当代的研究生层次跨学科人才、横向型复合型人才,多为具有跨专业课程学习经历并具有跨专业能力的研究生复合型人才。

2. "跨专业课程式"的培养过程

"跨专业课程式"的培养过程,即指增设跨专业课程的研究生复合型人才培养模式的培养过程。"增设跨专业课程"的研究生复合型人才培养模式,其培养过程所涉及的因素较传统的"学徒式"或"专业式"要多,其过程也较为复杂。"增设跨专业课程"的研究生复合型人才培养模式的培养过程的复杂性主要体现在:影响因素较多,增设了跨专业课程而加大了教师教学及教学管理的难度等方面。

(1) 考虑社会需求和研究生个性化发展需求及学科、师资、专业条件等多种影响因素

在"学徒式"和"专业式"下,研究生培养的主要影响因素是研究生培养单位的专业人才培养要求、研究生导师的教学与指导能力水平,而在增设跨专业课程的研究生复合型人才培养模式下,研究生复合型人才培养是需求导向的研究生复合型人才培养,其主要影响因素除了培养单位的学科、师资条件及专业要求之外,还有社会的需求和研究生个性化发展需求等。因此,增设课程和培养研究生复合型人才,均需要考虑社会需求和研究生个性化发展需求及学科、师资、专业条件等多种影响因素。

(2) 增设跨专业课程

"增设跨专业课程"的方式有"学校主导式""学院主导式",也有"学校和学院共同主导式"。"学校主导式"是以学校或学校的研究生院为主导组织,而在全校范围内增设专业复合性课程供研究生选修跨学院课程的方式;"学院主导式"是以学院为主导组织,而在学院范围内增设专业复合性课程以供学院内部研究生跨专业选修课程的方式;"学校和学院共同主导式"是以学校研究生院和学院为共同主导组织,而为研究生增设专业复合性课程的方式。

"增设跨专业课程"是时代对研究生培养的要求。在计划经济条件下,我国研究生培养方案基本上每一个专业是标准化的统一培养方案,这种专业人才培养方案没有弹性,培养人才的专业口径狭窄,研究生修学课程缺少跨学科专业课程,这种研究生层次人才培养方式方法既不适应社会需求,也不适应研究生个性化学习需求。为了适应研究生培养的时代要求,增加研究生的适应性,近年来,许多研究生培养单位在保证研究生培养方案具有一定稳定性的前提下,进行了"存量改革",即对已有研究生培养方案实行了局部改革。改革的一项重要内容是增设专业复合性课程,增设专业复合性课程的方式有"学校主导式""学院主导式",也有"学校和学院共同主导式",增设专业复合性课程的目的是为研究生选修跨专业课程提供条件。

比如,"增设跨专业课程"的"学院主导式",由学院主导在学院内或一级学科内增设专业复合性课程,允许研究生在一级学科平台上选修跨专业课程,即研究生培养方案在规定研究生修学总学分和必修学位课程要求的情况下,增设跨专业课程,扩大选修课程模块,允许研究生在与导师讨论的基础上根据个人兴趣、爱好在一级学科平台研究生课程中选修一定门数的跨专业课程,这有利于强化研究生学习的主体意识,拓宽研究生的学术视界,增进研究生对其他不同专业的了解、价值认同和对"异己"专业人员的尊重与理解,增

强研究生的跨专业学习观念,促进研究生跨专业工作适应力的提升。

（3）开设综合性课程

为研究生"开设综合性课程",其基本方式有"面向全院研究生"开设综合性课程和"面向全校研究生"开设综合性课程等方式,有"学校、学院指令式"综合性课程和"导师自愿开设"的综合性课程等方式。

为研究生"开设综合性课程",是一项以"以生为本"教育思想为指导而进行的研究生教育改革内容。以"以生为本"教育思想为指导,从研究生复合型人才培养和研究生个性发展角度出发,专业教授不但要结合时代要求不断进行专业课程教学创新,把最新的研究成果融入课程教学内容之中,使专业课程内容更能适应科学研究和工业界的生产发展需要,而且要回应学校培养复合型人才的要求或邀请。一些专业教授,尤其是从事跨学科专业研究的教授,可以发挥其跨学科专业研究优势而为研究生开设跨学科专业的综合性课程,学校让这些课程出现在两个或多个专业的研究生的备选课程表上,让研究生进行跨专业学习选择。培养单位也可采取激励措施,为跨专业教学创造良好条件。但这在客观上增加了相关教学及管理人员的工作量,也增加了课程管理、教学管理和导师教学的难度。

（4）研究生导师在授课或指导中的多学科专业"隐形交叉"

研究生导师在授课或研究生指导中的"多学科专业知识隐形交叉"有利于培养研究生的跨学科专业观念,开阔研究生的跨学科专业视野,丰富研究生的跨学科专业文化。课程在课程专家那里可分为五个层次,即理想的课程、正式的课程、领悟的课程、运作的课程与经验的课程。理想的课程主要是指课程专家提出应该开设的课程;正式的课程是指由教育行政部门所规定的课程,即列入学校课程体系中的课程;领悟的课程是由任课教师对正式的课程所领悟而形成的课程;运作的课程是指教师在课堂上实际实施的课程;经验的课程则指学生实际在课堂上体验到的东西。教师从自身的经验出发,对正式的课程进行自己的解读,带入个人的研究观点,使学校为研究生所开设的课程与授课教师所领悟的课程发生融合。这种融合交叉往往是在教师没有发觉的情况下进行的,因此,教师将这种超越课程边界的研究带入课堂就产生了隐形的跨学科专业内容交叉,学生在接收相关信息之后也拥有了交叉学科内容或跨专业文化观念。

3."跨专业课程式"的培养制度

"跨专业课程式"的培养制度即"增设跨专业课程"的研究生复合型人才培养模式的培养制度。"增设跨专业课程"的研究生复合型人才培养模式,主要通过增设跨专业课程而进行课程体系调整,促使研究生实现跨专业发展的目标,这反映在培养制度上就必然对课程制度、教学制度、日常管理制度等提出相应要求。比如,课程制度上要增加弹性,为师生个性化选课提供条件,常规的做法是修改研究生培养方案,减少必修课程,增加跨专业课程,规定必修课与选修课之间的比例和修学课程门数、学期、学分,采取由点到面的课程体系调整办法,先在学院内已有专业培养方案中增设一级学科内跨专业课程或跨二级学科课程,再在成功经验的基础上逐渐开设跨学院、跨一级学科的课程,并使开放选择的课程门数逐渐增多,不断完善课程制度。研究生院可以通过教学制度调整,以制度规定的形式对学院提出开设跨专业课程和进行跨专业教学的基本要求,并以制度形式为开设跨专业课程和进行跨专业教学的研究生导师提供激励条件;各级研究生复合型人才培养组织要建立完善的日常管理制度。

4.“跨专业课程式”的人才培养质量评价

“跨专业课程式”的人才培养质量评价即“增设跨专业课程”的研究生复合型人才培养模式的人才培养质量评价。对“增设跨专业课程”的研究生复合型人才培养模式的人才培养质量进行评价，涉及研究生复合型人才培养过程的各个环节，尤其需要注重对研究生接受跨专业课程学习前后的发展状况进行评价，注意收集研究生学习成效证明，并对研究生接受跨专业课程学习之后的学习增值情况进行客观衡量和科学判断。常规的做法是：研究生在接受跨专业课程学习前后，分别填写反映研究生学习动机、态度、努力程度及学习之后的发展变化等的调查问卷，为研究生学习状况调查和研究生培养单位开展院校研究收集问卷信息，以了解研究生接受跨专业课程学习的动机、态度，以及努力状况、学习成效、发展问题。加强对研究生学习的过程管理和发展性评价。首先，注重研究生定期自述个人学习增值状况的价值，要求研究生在提供学习成效证明的情况下进行自我评价；其次，认可教师和专家对研究生的评价，包括认可教师对研究生专业课程学习的评价，认可并重视导师对研究生参与课题研究、学术沙龙、学术会议、读书会等学术活动表现的评价，认可研究生导师组对研究生论文开题与预答辩的价值，认可盲评专家对研究生学术论文的审核意见与评价，通过研究生导师座谈会等形式听取研究生导师对院校研究生发展状况、发展问题的整体评价，并给予被评价者一定的申诉机会；再次，收集用人单位对毕业研究生的评价信息。总之，通过对研究生接受跨专业课程学习前后的发展性评价、对比评价、多主体评价，从而客观公正地评价和科学判断“增设跨专业课程”的研究生复合型人才培养质量。

（二）“复合性专业式”

“复合性专业式”，是指开设具有专业复合性的专业即复合性专业的研究生复合型人才培养模式。“增设跨专业课程”的研究生复合型人才培养模式，是对已有研究生培养专业进行必要的课程改造而形成的研究生复合型人才培养模式，它是“存量改革”的结果。而开设具有专业复合性的专业的研究生复合型人才培养模式，又可称为“开设复合性专业”的研究生复合型人才培养模式，或简称为“复合性专业式”，是在保持已有研究生培养专业不变情况下，通过增设具有专业复合性的专业，而形成的复合性专业的研究生复合型人才培养模式，这是研究生培养模式“增量改革”的结果。这种研究生复合型人才培养模式是在学科制度背景下，人们为避免学科制度阻力，而作出的研究生复合型人才培养模式选择。

1.“复合性专业式”的培养目标

“复合性专业式”的培养目标，即“开设复合性专业”的研究生复合型人才培养模式的培养目标，是培养具有复合性专业知识、复合性专业能力、复合性专业思维、复合性专业工作潜能的研究生复合型人才。这种人才具有专业复合性的知识、技能、能力、工作潜能。一些研究生层次跨学科人才、横向型复合型人才，就是通过复合性专业培养的研究生复合型人才。一些研究生培养单位也是采取“增量改革”的办法，以规避学科制度阻力，达到研究生复合型人才培养目标的。

2. "复合性专业式"的培养过程

"复合性专业式"的培养过程,即"开设复合性专业"的研究生复合型人才培养模式的培养过程。"开设复合性专业"的研究生复合型人才培养模式,其培养过程跟传统专业式研究生培养过程有相似之处,比如,同样涉及专业设置及相应的课程体系、师资队伍及教学方式等要素。这种依托学科并以开设复合性专业的方式培养社会所需的研究生复合型人才,易于为学科专业师生所认同与接受。但在基于学科环境的大学设置复合性专业培养研究生复合型人才,其培养过程比设置普通学科专业的培养过程更为复杂,体现在设置复合性专业、确定复合性专业的课程体系、建设复合性专业的师资队伍、商定复合性专业的教学方式时,除了要考虑育人、社会需求和研究生个性化发展需求、学科培养条件等多方面影响因素,坚持以育人为目标,以需求为导向,以学科为依托,还将面临来自学科文化、学科组织、学科资源配置制度、学科评价办法等方面的阻力。

(1)设置复合性专业

"设置复合性专业",这使研究生层次复合型人才培养有了复合性专业这样合法的专业平台,如教育经济与管理专业,就是教育学、经济学、管理学等学科课程的结合所形成的复合性专业,或者说教育经济与管理专业是具有教育学学科专业、经济学学科专业和管理学学科专业复合性的专业。又譬如,人工智能的迅速发展将深刻改变人类社会生活、改变世界,为抢抓人工智能发展的重大战略机遇,培育高水平人工智能创新人才和团队,我国国务院印发了《新一代人工智能发展规划》,强调"支持和培养具有发展潜力的人工智能领军人才,加强人工智能基础研究、应用研究、运行维护等方面专业技术人才培养。重视复合型人才培养,重点培养贯通人工智能理论、方法、技术、产品与应用等的纵向复合型人才,以及掌握'人工智能+'经济、社会、管理、标准、法律等的横向复合型人才"。其中,培养横向复合型人才的专业就是"人工智能+"经济、社会、管理、标准、法律等的复合性专业。

"设置复合性专业",首先,需要考虑诸多影响因素,如需求、培养条件等,依据一定时期的社会需求和研究生发展需求并结合研究生培养单位自身条件确定复合性专业类型、性质、培养目标;其次,需要坚持专业设置的相关原则,以育人为目标,以需求为导向,以学科为依托,使研究生培养单位设置颇具特色的复合性专业,更好地发挥育人功能,适应并促进社会发展的需要,适应并促进研究生个性化发展需要;再次,需要建立独立的复合性专业组织,建构自身组织文化、组织人员、组织权力、专业培养制度等,负责复合性专业特色建设和队伍建设,以避免或减少不同专业组织、学科组织之间所存在的本原性的知识冲突、利益冲突,规避学院之间、学系之间、专业组织之间明显存在隔离与分化现象所带来的工作压力或阻力。

(2)确定复合性专业的课程体系

一般来说,专业生成或设置有两种不同路径:一种遵循"学科—课程—专业"的生成路径,这被视为专业的自然生成路径,研究生的专业依据研究生选课和修学课程情况而确定,这是欧美多数国家常用的专业生成路径;另一种为专业的设置路径,遵循"学科—专业—课程"的设置路线,重视专业规划、专业设计或专业谋划的作用,这是我国常用的专业设置路径。通常的专业设置做法是:在专业设置酝酿阶段,研究生院提出要求并进行观念指导或制度支持,院系具体负责提供复合性专业培养方案,主要包括课程体系、门数、学分、课程开设学期、面向对象、师资配置等内容,或者由院系提出复合性专业设置申请和可行性分析报告,研究生院进行鉴定,为认可的专业设置提供制度支持等条件。设置复合性专业和确定复合性专业的课程体系也是这样,与复合性专业相适应的课程体系包括规定不同专业的课程门数、开设学期、学分规定及比例要求等。复合性专业组织为跨学科组织,在学科制度下,跨学科组织往往游离于学科之外而处于弱势地位,存在被学科权力规制的危机,这增加了研究生复合型人才培养过程的复杂性和难度。

(3)建设复合性专业的师资队伍

复合性专业建设、课程建设、课程教学都需要一支能担当使命并相互合作的教师队伍,其中的教师需要认可复合性专业价值,热心复合性专业教育工作,具有复合性专业教育背景、研究经历或经验背景,尊重其他学科专业人员,注重彼此之间的横向沟通交流。这使学科制度中的教师面临多个角色冲突、身份冲突和多学科文化认同中的感情冲突,增加了研究生复合型人才培养过程的复杂性。

复合性专业要求两个或两个以上不同专业课程内容复合、交叉、融通或统整,要求不同专业的教师之间相互合作,这与固守学科疆界、排斥"异己"的学科人员的学科知识性文化和学术部落性文化要求相悖,从而使研究生复合型人才培养面临学科文化的阻力。

(4)商定复合性专业的人才培养方式

复合性专业的人才培养方式由导师群体商定,也可吸收研究生和其他利益相关者共同参与商定。常规的复合性专业培养方式有"跨专业课程式""跨学科研究式""复合性专业理论与实践贯通式"即"产学研联合式"。"跨专业课程式",主要采用跨专业课程的课堂教学、小组研讨和个别指导方法,使研究生发展成为具有专业复合性的理论型研究生复合型人才。"跨学科研究式",主要依靠复合性专业教师在跨学科研究中教学的办法,促使研究生发展成为具有专业复合性的研究型研究生层次复合人才。也有在研究或生产实践中进行专业贯通性教学和指导的培养方式。复合性专业理论与实践贯通式即"产学研联合式",主要通过"产学研联合"的办法,促使研究生成为复合性专业理论与实践相互融通的研究生复合型人才。

3."复合性专业式"的培养制度

"复合性专业式"的培养制度,即"开设复合性专业"的研究生复合型人才培养模式的培养制度。开设复合性专业的研究生复合型人才培养模式,培养目标是培养具有复合性专业知识、专业能力、专业思维、专业工作潜能的研究生复合型人才,培养过程包括设置复合性专业、确定复合性专业的课程体系、建设复合性专业的师资队伍、商定复合性专业的教学方式等培养环节,这反映在培养制度上就必然要求建构相适应的保障制度,如相适应的课程制度、教学制度、日常管理制度等。制度建构,既有制度借鉴或制度模仿,也有制度创新。制度借鉴和制度创新,其目的都是建构适宜的课程制度、教学制度、日常管理制度,以保障复合性专业人才培养质量。

4."复合性专业式"的人才培养质量评价

"复合性专业式"的人才培养质量评价,即"开设复合性专业"的研究生复合型人才培养模式的人才培养质量评价。质量是人才培养的生命线,质量评价是复合性专业研究生培养中的重要工作,它对于高质量研究生复合型人才培养具有重要作用。评价复合性专业研究生培养质量,首先,注重复合性专业研究生培养系统内部问责性评价,建立相对完善的内部问责机制,包括管理人员管理质量问责机制、教师教学质量问责机制、研究生学习质量问责机制等,激发全员的主体自觉性,促使全员在分工协作基础上各司其职、各负其责;加强人才培养各环节的质量监督与保障工作,建立师生及管理人员之间的相互监督机制。其次,重视同行交流与评价,建立学术交流、同行学术评价制度,如研究生论文评审制度、研究生学习评价制度、研究生发展评价制度、课题评审制度等。再次,注意发挥第三方组织的专业评价作用,利用第三方组织或中介组织的专业评价信息,促使复合性专业研究生培养质量提升。最后,收集和了解用人单位关于复合性专业研究生培养质量的反馈信息。通过上述评价工作,实现对复合性专业研究生培养质量的客观评价和科学判断。

(三)"跨学科研究式"

"跨学科研究式"即"依托跨学科研究"的研究生复合型人才培养模式,它是指依托跨学科研究项目或跨学科组织培养研究生复合型人才的模式。这种人才培养模式的核心是跨学科研究,跨学科研究把科研与育人相结合,把教学与科研相结合,把导师集体与导师个人作用相结合,最终使研究生复合型人才培养目标基于跨学科研究而实现。

1. "跨学科研究式"的培养目标

"跨学科研究式"即"依托跨学科研究"的研究生复合型人才培养模式,其培养目标主要是培养具有跨学科研究能力的研究生层次复合型人才。

2. "跨学科研究式"的培养过程

"跨学科研究式"的培养过程,即基于跨学科研究项目或跨学科研究组织的研究生复合型人才培养模式的培养过程。它和"跨学科课程式""复合性专业式"相比,既有专业复合性的共同特征,也有基于跨学科研究进行研究生复合型人才培养的个性特征。

(1)"跨学科研究项目式"的培养过程

"跨学科研究项目式"的培养过程,是基于跨学科研究项目的研究生复合型人才培养过程。基于跨学科研究项目的研究生复合型人才培养过程,其基点与核心是跨学科研究项目,即跨学科研究项目是培养研究生复合型人才的依托和关键。跨学科研究项目问题属于跨学科性质的问题,跨学科性质的问题往往是事关国家发展、社会发展和科学发展的重大问题,是国家战略问题,是人类社会发展重大问题以及科学发展问题。跨学科性质的项目需要跨学科背景的学者共同研究,培养方式为基于跨学科研究的培养方式,在这种培养方式中,跨学科研究连接了科研与育人、教学与科研,也连接了导师集体与导师个人,最终达到实现研究生复合型人才培养目标的目的。

(2)"跨学科研究组织式"的培养过程

"跨学科研究组织式"的培养过程,是基于跨学科研究组织的研究生复合型人才培养过程,是指由跨学科研究组织组织实施的研究生复合型人才培养过程。跨学科组织或交叉学科组织(包括跨学科研究组织),无论是虚拟组织,还是实体组织,都是基于学术自由基础上的合作组织,组织成员具有"貌离神合"的关系特点。这个组织的协调工作往往是由跨学科问题或项目负责人负责组织实施,强调突破学科局限和尊重来自不同学科领域的学者,积极倡导不同学科背景的学者充分发挥自身学科优势,以不同的学科视角分析问题和处理问题,组织成员具有突破学科边界、以跨学科问题为出发点、共同培养研究生复合型人才、促使跨学科发展的共同追求。它与其他培养模式的培养过程的不同在于,它的培养主体是跨学科研究组织,整个培养过程是由跨学科研究组织负责实施的,主要依托跨学科研究,也可能结合"跨学科课程方式""复合性专业方式""产学研结合方式""自我导向发展方式"对研究生进行研究生复合型人才培养。跨学科研究组织方式与跨学科课程方式和跨学科研究项目方式不同,其最大的不同之处在于它有实体性的组织,并且组织内有明确的制度规定,因此相对于前两种非制度化的培养方式,跨学科研究组织方式又可称为制度化培养方式。

3."跨学科研究式"的培养制度

基于跨学科研究的研究生复合型人才培养,反映在培养制度上必然要求建构相适应的人才培养质量保障制度,如"共建工程研究中心"的培养制度、"成立大学研究院"的培养制度、"建立科学园区"的培养制度、"建设产学研联合研究生培养基地"的培养制度等。[①]

4."跨学科研究式"的人才质量评价

"跨学科研究式"的人才质量评价,一是指"跨学科研究式"的人才培养过程质量评价,二是指"跨学科研究式"的人才质量评价,是"跨学科研究式"的人才培养过程质量评价和"跨学科研究式"的人才质量评价的结合。评价是实现目标的手段,其自身不是目的。

三、研究生复合型人才的"产学研联合"培养模式

研究生复合型人才的"产学研联合"培养模式,是指研究生培养单位与企业合作培养研究生复合型人才的模式,简称为"产学研联合式"。大学是培养研究生的主要机构,因此研究生复合型人才的产学研联合培养模式主要是指,由大学的教学、科研与企业生产实践相结合培养研究生复合型人才的模式即"教学—科研—生产"模式。其特点是:培养的人才具有应用性和产品研发性,培养过程具有产学研结合性,即教学、科研、生产在培养研究生过程中的一体化。它和传统的研究生培养模式即"学徒式"和"专业式"相比,更具有专业贯通性,其培养过程体现产学研结合性,从而使培养活动具有多样性,培养场所具有校内与校外结合性,培养主体具有多元性和合作性,培养的研究生层次纵向复合型人才具有专业理论与实践的贯通性和产学研结合性。而研究生层次纵向复合型人才包括研究生层次应用型、研究型、创新型复合人才等;培养的研究生层次领军型复合人才具有专业和跨专业理论与实践的贯通性和产学研结合性,而研究生层次领军型复合人才是具有跨专业特点的研究生层次纵向复合型人才,或者是具有专业的贯通性和产学研结合性的研究生层次横向复合型人才。

(一)"产学研联合式"的培养目标

研究生复合型人才的"产学研联合"培养模式的培养目标,是培养具有专业的贯通性和产学研结合性的研究生层次人才,包括"研究生层次纵向复合型人才"和"研究生层次横向复合型人才"。根据其研究特长、应用特长和创新特长,研究生层次复合型人才又可分

---

① 谢桂华、许放:《研究生教育与国家创新体系》,光明日报出版社 2011 年版,第 153 - 154 页。

为研究生层次研究型复合人才、研究生层次应用型复合人才和研究生层次创新型复合人才。这些人才往往受过"产学研联合"培养训练,拥有研究生层次专业甚至跨专业的理论、方法、技术与应用等知识和能力:首先,具有专业的贯通性,表现在专业的理论学习与问题研究的贯通性、专业知识或技术应用研究与生产实践的贯通性或一体化等方面;其次,具有对专业或跨专业工作的较强适应性;再次,具有产品的研发性和专业理论、专业技术的创新性。

比如,企业中具有研究生层次文化水平的研发人员,他们是研究生层次复合型人才;智库人才,他们也是研究生层次复合型人才,至少在理论上他们都应该是研究生层次复合型人才。一般来说,企业研发人员均需经受"产学研联合"培养训练,具有贯通相关专业理论、方法、技术、产品与应用等知识和能力,即具有专业的贯通性、对专业工作的较强适应性、产品的研发性和专业理论及专业技术的创新性;智库人才也是受过"产学研联合"培养训练,具有跨学科、跨专业、跨领域视界,并具有专业的贯通性和产学研结合性的高端复合型人才。

再譬如,研究生导师,在一般意义上都应该是研究生层次复合型人才,这不仅由于研究生导师一般都拥有硕士学位和博士学位,其专业是研究生层次的学科专业和教育专业相结合的"双专业"[①],实际的研究生培养工作需要研究生导师具有专业的贯通性和产学研结合性,而且由于现实问题研究、国情调研和决策咨询研究需要研究生导师具有专业及跨专业的理论、方法、技术与应用的贯通性,大学以政策研究咨询为主攻方向的智库建设,要求大学及研究生导师把社会责任放在首位,凭借专业的贯通性和产学研结合性,围绕提高国家治理能力和经济社会中的重大现实问题开展国情调研和决策咨询研究,培养能够成为衔接中国和世界的桥梁并为国家及世界发展做出贡献的优秀复合型人才,实施哲学社会科学走出去计划,建设一批全球和区域问题研究基地、海外中国学术研究中心,以科学咨询支撑科学决策,以科学决策引领科学发展,从而为实现中华民族伟大复兴的中国梦提供智力支撑。

(二)"产学研联合式"的培养过程

研究生复合型人才的"产学研联合"培养模式的培养过程,主要回答"产学研怎样联合培养"研究生复合型人才的问题,这是研究生复合型人才的"产学研联合"培养模式的核心。研究生复合型人才的"产学研联合"培养模式的培养过程具有产学研结合性,即教学、科研、生产在培养研究生过程中的一体化。它比传统的研究生培养模式"学徒式"和"专业式"更注重专业贯通性、培养活动的多样性、培养场所的校内与校外结合性、培养主体的多元性和合作性、人才培养的专业理论与实践的贯通性和产学研结合性。研究生复合型人才的"产学研联合"培养模式,其培养过程涉及"产学研联合"培养方式及相应的培养内容、培养主体、培养活动等方面的工作内容。

1. 研究生复合型人才的"产学研联合"培养方式

一般来说,"产学研联合"中的"产",是指产业界及各类产业中依托技术创新的现代企

---

① 冯建军:《现代教育学基础》,南京师范大学出版社 2007 年版,第 30 页。

业和现代企业家;"学",是指学术界,主要指高等院校中有可能占领市场、形成产业的知识、技术、人才和成果;"研",即科研界,主要指应用型科研院所、科技成果和科技人员。"产学研联合"即产学研一体化。"产学研联合"培养研究生复合型人才的方式,主要是指大学与企业联合培养研究生的方式,是大学的教学、科研与企业的生产实践相联系、相结合而培养研究生的方式。"产学研联合"培养研究生复合型人才是产学研合作教育发展的必然结果和最高层次。研究生复合型人才的"产学研联合"培养方式有很多,其基本方式大致有如下几种:

(1)"基于项目研究"的"产学研联合"培养方式

"基于项目研究"的"产学研联合"培养方式,是以科研项目为依托所进行的"产学研联合"培养研究生复合型人才的方式。这种培养方式,以科研项目形式连接了大学和企业。科研问题往往是企业和大学共同关注的问题,企业主要提供项目研究经费,大学具有科研优势,拥有包括研究生在内的庞大研究队伍,主要负责科研工作。大学和企业基于项目研究需要而分工协作,充分发挥各自的优势,研究成果直接用于企业的生产和发展。

比如,我国高校研究生复合型人才培养具有"基于项目研究"的"产学研联合"培养方式,以上海交通大学为例,上海交通大学与西门子电器、宝钢集团、上海汽车工业集团、国内核电企业等进行了一系列项目合作,依托项目的产学研优势,为促进相关专业研究生层次研究型、创新型复合人才的培养提供了平台,为研究生层次应用型复合人才培养提供了便捷、有效的途径。

"基于项目研究"的"产学研联合"培养方式,其常规方式是"企业委托定向培养"方式。这种方式是各国研究生复合型人才培养中较为常见的一种,一般由企业将所需人才标准与大学人才培养目标相结合,并向高校提出研究生复合型人才培养的委托,委托高校进行研究生复合型人才的"委托培养""定向培养",类似于有的学者所言的"订单式培养"。

"基于项目研究"的"产学研联合"培养方式,是产学研联合培养研究生复合型人才的重要途径。这种培养方式在国内外都得到了良好的实践和发展,时至今日,提供项目资助的组织增多,有企业、政府、社会公益组织和学校自身。比如,美国的"国家科学基金"制定了"大学工业合作研究计划"等合作项目,该项目由政府提供资金支持,由企业提出项目要求,由高校主要负责项目研究,以达到三者良好合作,也为研究生提供了参与研究并在实践中习得动态知识的机会。在"产学研联合"培养中起主导作用的组织形式多样,不仅有单一的大学或学院,还有大学、学院、企业等联合组织。从提供项目资助的组织划分,"基于项目研究"的研究生复合型人才"产学研联合"培养方式,有"企业资助式""政府资助式"和"社会公益组织资助式";从在"产学研联合"培养中的主导组织划分,"基于项目研究"的研究生复合型人才"产学研联合"培养方式,有"学院主导方式""高校主导方式"和"多组织协同主导方式"等。

第一,"学院主导方式"。"学院主导方式"主要是指高校中的学院在"产学研联合"培养研究生复合型人才项目中起主导作用的培养方式。"学院主导方式",按照起主导作用的学院的跨度大小,可细化为"单一学院主导方式"和"多学院主导方式"。在"单一学院主导方式"中,单一学院起主导作用,主要利用本学院的教育资源培养理想的研究生层次复合型人才,单一学院对具体的"产学研联合"培养研究生复合型人才项目承担人才培养的组织、协调、活动实施、内部管理与问责等责任,服从"产学研联合"组织的要求和利益相关者的共同利益。例如,基于"产学研联合"培养项目要求,学院为一名研究生配备两名或两名以上的学院内不同专业的指导教师,使其能够接受两个不同专业导师的指导,并具有专业复合性,从而促使研究生发展成为理想的研究生层次复合型人才。"多学院主导式"则是指培养研究生复合型人才的"产学研联合"项目由两个或两个以上的学院联合主导,相关学院的师资、课程、教学等资源共享,培养任务共同承担的培养方式。

第二,"学校主导方式"。"学校主导方式",即学校在"产学研联合"培养研究生复合型人才项目中起主导作用的培养方式。学校为了自身更好地发展,增强学科优势,由学校牵头发起研究生层次复合型人才培养项目,该项目是由高校不同学院不同学科的教师共同实施,校方提供经费,通过跨学科研究或交叉学科研究培养研究生复合型人才。

第三,"多组织协同主导方式"。这种项目培养方式主要包括"大学—企业"合作方式(即"校—企"合作方式)、"政府—大学"合作方式和"政府、企业、大学及学院共同主导方式"等。比如,智库人才培养项目往往需要采用"多组织协同主导方式"。智库是现代社会从事战略和政策研究咨询的专业机构,是国家软实力的重要载体,越来越成为国家竞争力的重要因素,它在国家治理和对外交往中发挥着越来越重要的作用,日益成为国家治理体系中不可或缺的组成部分,是国家治理能力的重要体现。智库建设为实现中华民族伟大复兴的中国梦提供智力支撑。大学是智库人才的摇篮,大学培养智库人才需要深化科研体制改革,一方面,大学需要优化内部学科布局,统筹整合学科资源,开展高端智库试点,使有条件的学院、跨学科组织基于重大现实问题研究,主动寻求校外合作组织,以培养能够研究战略问题和公共政策,为党和政府科学民主依法决策提供服务的智库人才;另一方面,大学需要协同校外学术组织、政府组织、企业组织,重点建设一批全球和区域问题研究机构、海外中国学术研究中心,以培养高端智库人才和提供高质量的研究成果,从而为国家打造有国际影响力和知名度的高质量智库。

(2)"双导师"的"产学研联合"培养方式

"双导师"的"产学研联合"培养方式,简称为"双导师培养方式"。这种研究生复合型人才培养方式是国内外"产学研联合"培养研究中一种频繁讨论的培养方式。"双导师培养方式"是"产学研联合"培养研究生复合型人才的又一个重要方式,也是"产学研联合"培养研究生得以高效进行的基础。"双导师培养方式"是指由高校和企业单位各指派一名教师对研究生进行指导,高校导师负责理论知识的构建,企业导师则负责实践知识、技能和经验的传授,两名导师协同指导,能够促进研究生将理论知识与实践相结合,使研究生在参与项目研究、生产实践的过程中融合不同领域的知识。通过这种培养方式,导师发挥各自的优势从而达到最好的培养效果。另外,来自企业的导师在直接生产中接触到的具有前瞻性的研究课题不仅对研究生培养有重要作用,而且对于高校相关领域研究者确定研究方向也有重大的引领价值或启发作用。在这种培养方式之下,企业与校方形成良好的合作,校方为企业输送优秀的应用型、研究型或创新型复合人才,科研成果能够迅速地投入企业生产并为企业带来效益,企业为高校研究生培养提供研究经费和研究生实习锻炼场所,从而促进高校学科的发展,提升了高校的声望,高校与企业互动发展、良性发展。

2. 研究生复合型人才的"产学研联合"培养计划

研究生复合型人才的"产学研联合"培养计划包括专业的设置、课程的安排与教学、科研等内容,它由大学和企业双方共同制订,既考虑大学对研究生的学术水平要求,也考虑企业对研究生的应用能力水平要求。在以大学为主体的"产学研联合"中,大学负责研究生复合型人才培养计划的制订,企业辅助、参与,强调的是对研究生基础理论知识的教学、科研能力的培养。大学设计课程体系,注重基础理论课程、基础应用学科课程的重要价值和教学意义,基础理论课程、基础应用学科课程占比相对较大,培养计划凸显了理论性。在以企业为主体的"产学研联合"中,企业负责研究生复合型人才培养计划的制订,大学协作、参与,强调的是研究生应用研究能力、技术应用能力和科技开发能力的培养,课程体系中的应用学科课程价值被强调,应用学科课程占比相对较大,培养计划凸显了应用性和实践性。常规的做法是:企业先提出研究生复合型人才的培养规格、要求,然后参照大学的相关专业人才培养目标,再由大学和企业共同商定培养计划;接下来,大学和企业分别指定导师;最后,双方导师依据培养规格和培养要求,共同商定专业、课程设置、教学与科研、管理与考核等事宜。

3. 研究生复合型人才的"产学研联合"培养中的师资和生源

在研究生复合型人才的"产学研联合"培养模式中,研究生的导师多为"双导师",即研究生既有大学中的导师,也有企业中的导师。"双导师"分别引导研究生进行理论课程和应用性课程的选择与学习,指导研究生的科研与实习。研究生一般来源于企业:一是由企业推荐或大学从企业招考进来,这类培养对象基本为"订单式"培养对象;二是由大学从别的企业招来。

4. 研究生复合型人才培养的"产学研一体化"

"产学研一体化"体现了研究生复合型人才的"产学研联合"培养模式的本质特点。研究生复合型人才培养的"产学研一体化",是指大学的教学、科研与企业的生产在研究生复合型人才培养中的结合与统一。它在本质上体现了大学的研究生教育与企业生产、经济发展之间的密切关系:大学的科研与企业生产相结合,有利于培养应用型复合人才和研究型复合人才,大学的教学、科研与企业生产相结合,有利于培养创新型复合人才。

(三)"产学研联合式"的培养制度

"产学研联合"或"产学研一体化",反映在培养制度上必然是大学与企业合作培养制度。如大学与企业共同签订合作培养协议,共同商定培养计划和管理事宜等。通过大学与企业合作培养制度,确定大学与企业联合培养的关系,规定大学与企业各自的培养义务和应承担的研究生培养责任、权利。"双导师"制度规定了大学与企业各自指定导师、"双导师"相互合作,以及导师共同负责研究生的课程学习、科研训练、实习、论文写作与答辩等事宜。大学与企业的联合培养制度,在制度上规定了大学与企业的合作关系,保障了大学与企业联合培养研究生"有章可循",为大学与企业的良性互动、共同发展提供了制度条件。

"产学研联合"培养研究生制度始于美国,美国以建立大学与产业界的合作关系为基础,推动了科研成果转化工作进程,使美国高校综合实力和经济发展处于世界领先地位。如美国科技园"硅谷"就是美国产学研协作成功的例证之一。澳大利亚、英国等国家实行企业与大学联合培养研究生的"合作培养计划",日本实行"受托研究院制度",为研究生复合型人才培养提供制度保障。我国"产学研联合"培养人才的活动启动于 1992 年,当时由原国家经贸委、教育部、中科院共同组织实施。产学研在政府的积极引导下,逐步形成了技术转让、项目合作、联合培养学生等多种合作模式,推动了教育体制的改革,促进了科技成果的转化。

我国研究生委托定向培养制度属于"产学研联合"培养制度。企业需要大学为其"订单式"培养研究生层次人才,大学有研究生委托招生、定向招生类型,一些企业在职工或职工子女希望带薪上学或学成之后回原单位或父母单位工作,我国研究生委托定向培养制度就是在这种情况下产生的。我国大学一般都有委托定向研究生培养类型,面向所有符合招生条件的在职人员或期望委托定向培养的人员招生,符合报考条件的研究生在报考之前,只要有委托定向单位,并在报考前与所在单位签订一份劳动合同,表明自己在学成之后回归合同规定的单位工作,即可报考委托培养或定向培养的研究生。被录取的研究生根据委托培养或定向培养合同,即可享受合同单位所提供的助学条件,包括合同规定的全部学费或部分学费等条件,在职人员考取委托培养或定向培养研究生之后,还可享受在原单位的基本工资待遇以及单位所提供的"资料费""减少工作量"等助学条件。我国每年都会有一定量的在职研究生以委托培养或定向培养形式进入高校学习,他们不仅可以接受系统的研究生教育,习得研究生层次的专业知识、专业技能,提高专业工作能力、研究能力和创新能力,而且加入高校研究生队伍,改变传统的研究生构成状态,使研究生的类型多样化。他们珍惜学习机会、独立思考和刻苦求学的精神等给其他研究生带来积极的影响,他们的工作疑难问题也可能成为高校课题主题问题,从而拓展高校科研方向、激发新的专业增长点。

(四)"产学研联合式"的人才培养质量评价

研究生复合型人才的"产学研联合"培养模式的人才培养质量评价,是研究生复合型人才的"产学研联合"培养模式中较为活跃的要素。它包括研究生复合型人才培养质量的外部评价和研究生复合型人才培养质量的内部评价。外部评价是指政府行政性评价和第三方评价,内部评价是指产学研联合组织的自我评价。无论是外部评价还是内部评价,质量评价都是研究生复合型人才培养质量保障的手段。对"产学研联合"培养的研究生层次复合型人才质量评价,应当采用内部评价和外部评价相结合的方法,以"产学研联合"的各方内部评价为主。"产学研联合"的各方内部评价需要基于研究生培养工作问责而进行,研究生培养工作问责包括契约型研究生培养工作问责、道德型研究生培养工作问责和自律型研究生培养工作问责。质量评价不是目的,而是质量保障的手段。

四、研究生复合型人才的"自我导向发展"培养模式

研究生复合型人才的"自我导向发展"培养模式,是指研究生以研究生复合型人才为发展目标,通过自我导向和有利的培养条件发展成为研究生复合型人才的模式,简称为"自我导向式"。其特点是:凸显了研究生的主体性特点、成人学习和发展的自我导向特点和"以生为本"的研究生培养理念。

（一）"自我导向式"的培养目标

研究生复合型人才的"自我导向发展"培养模式的培养目标，即"自我导向式"的培养目标，是培养具有主体性和自我导向性的研究生复合型人才。

1. "自我导向式"培养目标中的理想人才类型是研究生复合型人才

研究生复合型人才是具有研究生层次两个或两个以上专业的知识、技能、能力和创造性劳动业绩的人才，具有跨专业性、专业贯通性和产学研结合性的研究生层次人才，包括横向型研究生层次复合型人才、纵向型研究生层次复合型人才和兼具横向型研究生层次复合型人才和纵向型研究生层次复合型人才特点的领军型复合型人才。

2. "自我导向式"培养目标中的研究生复合型人才具有主体性

研究生复合型人才是认识和实践的主人之体即主体，研究生复合型人才的主体性主要体现在如下几个主要方面：首先，研究生复合型人才的主体性是指研究生复合型人才"作为活动主体的能动性"，是作为主体的研究生复合型人才对于活动实践的自觉能动性，它包括研究生复合型人才的选择性和创造性，即研究生复合型人才对于生存和发展信息的接受、加工和记忆都是经过自己选择的，经过过滤和筛选的。研究生复合型人才的生存和发展活动虽受到客体的制约和限制，比如，研究生无法选择自己的"出身"、无法选择父母等，但作为主体的研究生及研究生复合型人才从不局限于既定的客体，总是在创造条件、改变环境、改变世界。比如一些研究生复合型人才就是出身贫寒的研究生通过接受研究生教育脱离了父辈所从事的职业与地位，成功实现改弦更张，工作之后的研究生复合型人才根据个人的教育水平、能力表现、对社会的贡献实现了向上的社会地位变动。

其次，研究生复合型人才的主体性是指研究生复合型人才"作为活动主体的自主性"，主要表现为研究生复合型人才的活动权利。研究生复合型人才有活动的选择权利，是否参与活动、凭什么参与活动和怎样参与活动，研究生复合型人才都有选择的自主性；研究生复合型人才还有在活动中的自主创造权利，可以自主创造条件，创造属于自己的文化，自己需要什么学习条件、发展条件，渴求什么学习氛围、崇尚什么发展文化，作为活动主体的研究生复合型人才可以自主创造。当然，研究生复合型人才在自主创造中还要忍受自身作为主体的平凡性，为了主体活动的创造性而需要参加大量的、重复性的、平凡的日常活动。

再次，研究生复合型人才的主体性是指研究生复合型人才"作为活动主体的自为性"。自为性，顾名思义，是指主体为了预期目标而有所作为的特性。马克思主义人学告诉我们，自为性是人类特有的生存方式，是人在现实世界中总是把自己的活动当作一个自明的前提，从主体角度出发去理解它们、去从事活动，把过去的经历、现实的活动及其结果看作为主体而存在，都是主体追求某种预期目的和为了实现预期目的。

3. "自我导向式"培养目标中的研究生复合型人才具有自我导向性

研究生复合型人才具有成人学习和发展的自我导向性。研究生复合型人才是成人，成人的自我导向学习是由加拿大著名成人教育家艾伦·陶（A. Tough）在1966年提出的，他认为成人具有自我导向学习的动力和能力，成人作为学习者能够自行确定学习目标、制定学习规划，并自行引导个人学习活动，这样的学习就是自我导向学习。作为具有主体性的研究生，也应该具有学习和发展的自我导向性。研究生在确定研究生复合型人才发展目标之后,应该以目标为实践活动的出发点、依据和最终归宿,具有围绕研究生复合型人才发展目标的实践活动的自觉能动性、自主性和自为性。

引导研究生把研究生复合型人才作为个人研究生阶段的发展目标,或者说把研究生培养单位的研究生层次复合型人才培养目标转变为个人在研究生阶段的发展目标,这是"自我导向式"中的关键。研究生培养单位做好这项工作的常规做法是:首先,加强宣传教育。通过宣传教育,让导师和研究生对研究生复合型人才及其培养意义具有较为深入的认识,对研究生复合型人才培养价值有认同感。其次,进行典型事例教育。通过研究生层次复合型人才成长的典型事例教育,加强对研究生的引导工作。

(二)"自我导向式"的培养过程

研究生复合型人才的"自我导向发展"培养模式的培养过程,重点在于激发研究生的自觉能动性,使研究生以研究生复合型人才为发展目标,并围绕发展目标设计个人研究生阶段的发展规划,选择和组织不同的课程,主动寻求教师资源和其他有利培养条件,积极参与有利于发展目标实现的课程学习、科研活动、学术交流、论文写作、实习等活动。

1. 为研究生提供"自我导向发展"的培养条件

基本的培养条件有:① 贯彻"以生为本"的研究生教育指导思想,确立研究生作为发展主体的主体地位,这是研究生自我导向发展的基础条件;② 营造研究生层次复合型人才培养的文化氛围,不断提升研究生的跨专业学习、专业贯通性价值;③ 强调研究生应用性、实践性知识学习的重要意义,强化研究生应用性研究或开发性研究的要求,对研究生到生产部门等实践单位实习提出严格要求;④ 对研究生的自我导向发展进行激励。

2. 构建适应研究生个性化发展的弹性课程体系

在研究生各专业培养方案的修订中,一方面,保持学位课程稳定,保持课程学分要求基本不变;另一方面,扩大研究生选修课程和应用性课程模块,逐渐增加更多的跨专业选修课程和应用性课程,以备具有个性化发展要求的研究生根据自己的兴趣爱好和发展需要选修。

3. 组建一支开放性并颇具研究生发展指导经验的师资队伍

这支师资队伍由跨专业教师组成,依托这支师资队伍加强对研究生跨专业学习和专业贯通性发展的常规指导。另外,还可通过特定活动进行指导。

4. 实施研究生自我导向发展、学校支持的培养方式

学校提供支持条件,对具有研究生复合型人才发展意向的研究生提供跨专业选课、产学研相结合的支持条件,对有发展困惑的研究生提供咨询服务。

(三)"自我导向式"的培养制度

研究生复合型人才的"自我导向发展"培养模式的培养制度,是以"以生为本"教育思想为指导,主要通过研究生自我导向发展方式实现研究生复合型人才培养目标的培养制度。这种培养制度,在研究生复合型人才培养初期,相对于"增设跨专业课程"培养制度、"复合性专业"培养制度、"产学研联合"制度而言,只是辅助制度,但在研究生复合型人才成为越来越多研究生的发展目标、大学有条件为研究生提供足够丰富的选修课程之时,它可能成为主要的研究生复合型人才培养制度。

（四）"自我导向式"的人才培养质量评价

研究生复合型人才的"自我导向发展"培养模式的人才培养质量评价,有研究生自我评价,也有研究生导师、用人单位或第三方机构等评价,但以研究生自我评价为主。研究生自我评价,主要包括研究生发展结果的满意度评价和研究生发展的过程性评价。

总之,研究生复合型人才培养注重为研究生开设跨专业课程,注重设置复合性专业,进行专业或跨专业贯通性培养和产—学—研联合培养。而研究生复合型人才的"增设跨专业课程"培养模式、"复合性专业"培养模式、"产学研联合"培养模式以及"自我导向发展"培养模式等模式类型,只是对已有研究生层次复合型人才培养实践经验的揭示和反映,为后来人们开展研究生复合型人才培养活动及相关研究活动提供经验借鉴或模型参照,以提高研究生复合型人才培养行动的理性水平。实际的研究生复合型人才培养过程,既无固定方法,也无固定模式,而且常因学科专业特色条件的不同而迥然有别。比如,有的注重跨学科专业课程培养方式,有的注重复合性专业培养方式,有的注重跨学科研究项目培养方式,还有的注重凸显实践性的产—学—研联合培养方式,有的只采用"自我导向发展"培养模式,实际的研究生复合型人才培养方式灵活多样。梳理和总结研究生复合型人才培养模式类型,分析其中的典型培养方法,关键是为研究生复合型人才培养提供理论资源上的借鉴,使研究生复合型人才培养活动基于已有成功做法而更富有成效。

第三节　研究生复合型人才培养机制

研究生复合型人才培养模式主要解决培养什么规格的研究生复合型人才(培养目标)以及研究生复合型人才培养活动的结构框架和活动程序(培养方案)等问题。而研究生复合型人才培养机制主要解决研究生复合型人才培养质量保障和培养目标的实现问题,即如何使研究生复合型人才培养系统内诸活动要素或工作环节具有秩序而使研究生复合型人才功能正常发挥,从而保障研究生复合型人才培养质量和实现研究生复合型人才培养目标。

一、研究生复合型人才培养机制的内涵

研究生复合型人才培养机制中的基础概念是人才培养机制,因此,理解和把握研究生复合型人才培养机制的内涵,首先要认识人才培养机制的内涵,在此基础上,以不同的理论视角分析研究生复合型人才培养机制的内涵。

（一）人才培养机制的内涵

人才培养机制中的基础概念有"人才培养"和"机制",其中人才培养是人们经常使用并比较熟悉的概念,是指对人才进行教育、培训的过程,人才培养活动需要有动力、约束力和协调力,以保证人才培养活动的正常进行和人才培养目标的实现;机制是指"机器的构造和工作原理","有机体的构造、功能和相互关系","泛指一个复杂的工作系统和某些自

然现象的物理、化学规律"①。人才培养机制,既可指人才培养方式、方法、手段及运动过程的综合体系或总和,也可指人才培养的"动力机制""运行机制"和"约束机制",即人才培养机制是指对人才培养起推动、协调和控制等作用的方法、手段及运动过程的综合体系或总和。

(二)系统论视角中的研究生复合型人才培养机制

以系统论为分析视角,研究生复合型人才培养机制可以被视为一个研究生层次复合型人才培养的方法、手段及其运动过程的综合体系或总和,其中各要素或各环节相互联系、相互作用。缪园认为:"研究生培养机制就是关于研究生培养活动的机制,是让研究生培养活动得以运转而采取的工作方式,主要包括研究生培养要素机制与研究生培养环节机制等,其中要素机制主要由关系机制、选择机制、配置机制、功能机制等构成,环节机制则是由选择培养对象机制、制定培养计划机制、课程教学环节机制、科学研究环节机制、质量保障环节机制等组成。"梁传杰认为:"研究生培养机制是指为实现研究生培养目标,由研究生培养单位和管理部门共同构建的研究生培养系统内研究生与导师、研究生与培养单位、导师与培养单位、培养单位之间、培养单位与两级研究生教育管理部门之间相互联系、相互依存、相互制约、相互作用的关系,以及研究生、导师、培养单位与两级管理部门之间的协调运行方式。"张振刚认为:"研究生培养机制,是指为完成研究生教育的使命,实现高素质拔尖人才培养的目标,学位与研究生教育系统中各种要素,包括研究生导师、研究生、研究生培养单位、公共管理组织、学科专业组织和培养模式(培养目标、培养计划、培养环节、培养方法、培养过程和学位授予标准)之间互动关系的总和。具体表现为在一定组织结构下,研究生培养过程中的相关运行方式、方法、手段、程序和规范。它是由研究生培养机构内部管理和运行机制、研究生教育外部质量保障机制以及研究生教育官产学研合作机制组成的复杂运行机制。"②总之,研究生复合型人才培养机制就是研究生层次复合型人才培养方式(如增设跨学科课程、开设复合性专业、依托跨学科研究、产学研相结合、双导师以及研究生参与课题研究、跨校辅修专业及选修课程等培养方式)、方法、手段及其运动过程的综合体系或总和,其中各培养要素或培养环节相互联系、相互作用。

(三)机制论视角中的"研究生复合型人才培养机制"

机制设计理论首先把机制分为"动力(激励)机制""运行(管理)机制"和"调节(约束)机制"三个部分,认为"动力机制"的激励作用是机制设计的制胜之道;其次认为机制又是一种"运行机制",需要考虑机制运行的成本问题,保障机制目标在技术可行性范围之内;再次认为机制还是一种"调节(约束)机制","调节(约束)机制"与"激励机制"和"运行机制"相配套,对偏离目标或偏离正常轨道的行为进行监督与调节。机制设计理论强调机制均衡。机制均衡是指机制的理想状态,比如机制设计的目标适当、方案可行、结果如意,追求的是利益均衡,即个体利益与公共利益和谐统一的状态。

以机制论为分析视角,研究生复合型人才培养机制应该包括研究生复合型人才培养

① 中国社会科学院语言研究所编辑室:《现代汉语词典》,商务印书馆1984年版,第523页。
② 赵军:《研究生培养机制改革:行动与反思》,清华大学出版社2014年版,第27-28页。

的动力机制、研究生复合型人才培养的运行机制和研究生复合型人才培养的约束机制。研究生复合型人才培养的动力机制主要是指研究生复合型人才培养中的制度激励机制、教育引导、政策支持和资助机制,研究生导师激励机制等;研究生复合型人才培养的运行机制是指研究生复合型人才的用人单位与培养单位之间的协作机制、研究生复合型人才的培养对象选拔机制、教学机制及教学管理机制、学位管理机制和研究生管理机制;研究生复合型人才培养的约束机制是指研究生复合型人才培养中的约束制度建设机制、社会监督机制、淘汰机制和导师责任机制等。

研究生复合型人才培养机制解决的问题是:如何激励、协调和约束研究生复合型人才培养系统诸要素或环节,使其功能正常发挥,以保障研究生复合型人才培养质量和保证研究生复合型人才培养目标的实现。研究生复合型人才培养机制改革是研究生复合型人才培养单位具体实施的改革,这种机制改革在微观层面上,可以被导师和研究生个体所认知,其成效和问题可以被导师和研究生个体所判断,研究生及其导师既是这种机制改革的直接见证者和利益相关者,更是直接参与者。这种机制改革在中观和宏观层面上,不是导师和研究生自发的个体行为,而是政府、培养单位参与的有组织的集体行动。

研究生复合型人才培养机制改革的根本目的,在于优化培养方式、优选培养方法、优化培养条件,以提高人才培养质量,选拔培养研究生复合型人才。而具体研究生培养单位实施的研究生复合型人才培养机制改革的实践目标则被相对简化和缩小,横向上具有多样性特点,纵向上具有历时性特点。比如,一些培养单位可能把以科学研究为主导的"导师责任制"和"导师项目资助制"作为研究生复合型人才培养机制改革的实践目标,一些培养单位则可能把"研究生培养基金制度或招生制度"作为研究生复合型人才培养机制改革的实践目标,加强培养单位与实践部门的联系及培养单位内部培养人才的协作性,凸显研究生培养的"实践性""跨专业性"和"主体的多元性",机制改革的政策指导、政策支持与政策干预相结合。

二、研究生复合型人才培养的"动力机制"

研究生培养单位培养研究生层次复合型人才,既有外在动力,也有内在动力。外在动力是社会需求,即社会对适应性、灵活性、创新性强的研究生层次复合型人才的需求,这种需求既对研究生发展成为复合型人才提出要求,也对研究生培养单位培养研究生层次复合型人才提出要求。内在动力是研究生培养单位把外在要求转化为内在改革需求,对研究生发展需求和社会对研究生层次人才需求进行主动回应,即为适应并促进研究生发展成为研究生复合型人才和满足社会对研究生层次复合型人才的需求,研究生培养单位主动进行研究生培养机制改革,强调:研究生培养既符合研究生专业发展的整体要求,又照顾到研究生个人分类发展需求;既保障研究生层次人才培养的专业质量,满足社会对研究生层次人才整体专业质量的要求,又履行大学分类培养人才的责任,满足社会和研究生个人对研究生分类发展的需求。

(一) 教育引导、政策支持和资助机制

现代意义上的研究生层次人才培养发轫于 19 世纪初德国的柏林大学。当时柏林大学的研究生培养遵循学术自由和教学与科研相结合的原则,采用讲座制和学术讨论的教

学方式,重视研究所、实验室等组织的研究团队对研究生进行科学研究训练的作用,这成为现代意义上的研究生层次人才培养理念和培养机制的最初形式。20世纪以来,西方研究生培养一直坚持以认识论哲学和政治论哲学为指导,"从20世纪以来,整个西方高等教育的发展史,就是一部认识论哲学和政治论哲学的斗争史"[①]。研究生培养主体,以认识论哲学和政治论哲学为指导,变革以往研究生培养机制固守专业培养要求的刻板问题,提高研究生培养机制的灵活性和弹性,使研究生培养不仅要遵循专业要求,而且要反映社会要求和研究生发展要求。在这种研究生培养的国际背景下,培养研究生成为研究生层次复合型人才的教育引导、政策支持和资助机制为研究生发展成为研究生层次复合型人才的动力机制。

1. 教育引导

教育引导既包括教育观念引导、教育活动引导,也包括教育氛围的熏陶、教育制度和课程设置制度的引导,对人才培养起推动作用,是人才培养的动力因素之一。同样地,在研究生复合型人才培养中,培养研究生层次复合型人才的教育观念、教育活动、教育氛围、教育制度等,也是研究生层次复合型人才培养的动力因素之一。

研究生复合型人才作为研究生层次人才分类培养中的一种人才类型,具有哪些素养?研究生成为研究生层次复合型人才的意义有哪些?研究生复合型人才培养是否得到政府、研究生培养机构和研究生的重视?作为研究生培养机构的高校、科研机构、科学院和党校,具有哪些研究生复合型人才培养特征?研究生复合型人才的培养活动、培养制度、培养目标、培养方案、培养方式、学位授予制度和管理制度各是什么?课程设置的价值导向是什么?这些问题的答案,均关系到研究生层次复合型人才培养的动力问题。比如,美国"注重基础教育与跨学科课程的设置。第二次世界大战后,美国逐渐摆脱研究生培养只专一门的做法,强调重视基础理论学习,打好深厚的学科基础。许多研究生院规定研究生第一年不上专业课。加强基础教育的另一特点是设置跨学科课程:一是文理渗透。二是主修和副修结合。三是导师之间或指导委员会的成员之间也是文理交叉、跨学科跨系校的。四是开设跨学科课程,把几门学科拼成一门课程,集中讲授研究某个问题"[②],这些有利于推动研究生复合型人才的培养;美国把研究生培养与科研(包括基础研究、应用研究、开发研究等)相结合,将研究生培养与生产发展建立起最直接的联系,把研究生培养与科技发展紧密联系,从而把大学培养研究生的过程当作大学促进美国科学发展、促进美国科技发展的过程,当作大学为美国地方经济发展提供服务的过程,这也推动了大学培养研究生复合型人才。

2. 政策支持

目前,研究生培养在各国都属于正规教育。正规教育,也即制度化教育,主要是指学校教育,是有组织的教育机构对学生所实施的教育。正规教育不但教育目的明确、教育组织机构完善、有专门的教育场所,是对教育对象实施的有目的、有组织、有计划的培养活动,而且往往都有政策支持,需要遵循制度规范。世界上研究生培养制度产生于德国,发

---

① 赵军:《研究生培养机制改革:行动与反思》,清华大学出版社2014年版,第15页。
② 黄治国:《研究生培养制度研究》,武汉大学出版社2008年版,第182页。

展于美国,即研究生培养制度源于德国 1810 年洪堡创办的柏林大学。当时德国柏林大学的研究生培养实际上是博士研究生培养,"倡导大学开展科学研究",遵循教学与科研相结合的原则,实施的是学徒式培养方法,"任用有科研成果的人在大学任教","鼓励大学教授发展个人研究室、实验室",允许学生自由地寻找导师并给导师当助手,培养科研人才,形成了师徒式博士研究生培养机制。这种博士生培养机制的核心是强调对博士研究生的科研训练和独立工作能力以及创新能力的培养,注重的是教学与科研相结合、理论与实践相结合,但也存在"无入学考试""无课程设置""无管理机构"之不足,博士生教育只被看作大学教育的延伸①。"正规的研究生培养制度形成于美国","美国现代研究生教育的开端可追溯到 1876 年建立的约翰·霍普金斯大学,这是美国第一所以科研和研究生为主的研究性大学,被称为美国的'柏林大学'"②,该大学建立了一种新型的研究生培养制度——"研究生院",这是正规化、形式化、专业化的研究生培养制度,创造性地把德国寻师个人培养研究生机制转变为"导师集体与导师个人作用相结合""教学与科研相结合""科研与育人相结合"的培养机制,"研究生院"具有培养研究生的决策权,并对研究生培养起指导和协调作用。这种研究生培养制度使研究生培养成为大学中人才培养的一个独立层次,满足学生和社会对不同类型、不同水平人才的要求,也使大学与社会、企业、科研机构建立起密切的联系。如今,美国不仅在实行研究生院制度的体制下,形成了层次复杂、类型多样的研究生培养机制,把研究生培养与基础研究和应用研究紧密结合,使研究生毕业之后对研究工作、专门技术工作和组织领导工作具有适应性,而且美国实行高校与工商企业联合培养研究生的制度,并在国家发展的关键时期,注意运用法律、政策、经济和舆论等手段把研究生培养与国防建设和经济发展联系在一起,均有利于发挥大学服务社会的功能。

3. 资助机制

资助机制也是研究生复合型人才培养的动力机制。对研究生复合型人才培养的机构建设、招生及培养活动给予专项经费资助,或经费配置重点转向研究生复合型人才培养,都有利于研究生复合型人才培养。如美国的"工程研究中心"就是学校与工业界合作培养工科研究生的联合体,美国联邦政府拨专项资金,支持大学与工商企业界联合建校、招收并培养研究生③,这是美国大学培养研究生复合型人才的重要动力机制,也被认为是美国成为高等教育强国的重要推动力之一。

(二) 研究生导师激励机制

导师制是研究生培养制度之一,研究生导师激励机制是研究生复合型人才培养的动力机制之一。研究生导师一般来说是拥有研究生学历,并在学术道德、学术底蕴、学术水平、学术影响、个性品质、教育工作能力等方面具有突出表现的大学教师所拥有的工作资格,也是教师专业发展中无与伦比的荣誉,尤其是博士研究生导师资格。拥有研究生导师资格,意味着具有指导研究生的学术水平、精神品质,能够作为研究生的精神导师和学术

---

① 黄治国:《研究生培养制度研究》,武汉大学出版社 2008 年版,第 167 - 169 页。

② 黄治国:《研究生培养制度研究》,武汉大学出版社 2008 年版,第 170 - 171 页。

③ 黄治国:《研究生培养制度研究》,武汉大学出版社 2008 年版,第 174 页。

导师,这种身份认可及对研究生导师教学工作的肯定、对指导研究生工作成绩的奖励等,都是研究生导师激励机制的内容。

比如,美国和德国都重视导师对研究生科研能力的培养。德国研究生导师注重个体指导作用,指导研究生在科研活动过程中学习科研,研究生如学徒,经受科研训练,其实践性较强,这种研究生导师个体指导工作得到认可和肯定。美国研究生导师注重个体指导和团队合作指导的作用,通过专业教学和科研培养研究生,其研究生具有较强的科研性,研究生的学习过程是课程学习与研究过程相结合,研究生的学习成效、科研实力被看作衡量研究生培养质量的最重要指标,根据现代科技发展需要开设研究生课程,导师以强化研究生科研能力为出发点设计教学,安排实习、讨论、实验和指导研究生写作论文,方能得到认可和肯定。

三、研究生复合型人才培养的"运行机制"

研究生复合型人才培养的"运行机制",也即研究生复合型人才培养的管理机制,包括用人单位与培养单位之间的协作培养机制、培养单位关于研究生复合型人才分类培养的机制、跨学科(或跨专业)的教学机制及教学管理机制、学位管理机制和研究生管理机制等内容。

(一) 用人单位与培养单位之间的协作培养机制

研究生复合型人才培养主体具有多元性,不仅有传统的研究生培养单位,如我国的高校、科研机构、科学院、党校,有具有多元化特点和多样性要求的研究生自身,还有作为用人单位的社会各行业各部门,而且多主体之间需要建立协作机制。研究生需要有发展成为研究生复合型人才的理想、愿望、动力、精神和努力,研究生培养单位需要进行研究生复合型人才培养的各项制度建设并提供支持政策,用人单位也要通过经费资助、为研究生提供实习和就业单位等途径积极参与研究生复合型人才培养,使研究生复合型人才培养的多主体形成互动协作机制。

1. 研究生培养单位以学科基地为依托,为研究生复合型人才培养创造宽松的学科条件

学科是大学的基本单元,是大学培养人才的基础组织。大学以学科基地为依托培养研究生复合型人才,易于确定研究生复合型人才的具体培养目标,并依据自身师资、学科、生源条件、培养方式等优势或特色,确定具体的研究生复合型人才培养方案,在此基础之上,配置师资、生源、资金、设备等资源,优选教师,优化课程设置,优选教学内容和教学方式、方法,优化教学评价指标,从而能够发挥自身学科特色与优势,为研究生复合型人才培养创造宽松的学科条件。

在导师制条件下,导师是研究生发展成为研究生复合型人才的责任主体,研究生培养单位要认真做好研究生导师的选聘、使用等工作,一方面严把资格审核关,另一方面又要信任导师,依靠导师,还要认真做好导师的培养、考核和评价等工作,实施导师个人指导和导师团队(包括学科专业团队和跨学科专业团队)合作培养制度,研究生培养与基础研究和应用研究相结合,着力培养研究生的科研能力。研究生课程设置不仅依据学科专业知识发展逻辑,重视研究生基础理论学习,在研究生入学第一学年开设大学科基础课程,在

专业课学习阶段设置跨学科选修课程,而且把研究生课程设置与科技发展和生产发展需要紧密联系,依据科技发展和生产发展需要设置课程。教学评价对导师的"教"与"导"、对研究生的"学"与"研"均具有导向和纠偏作用,应以科研能力为重要衡量指标,学科专业评价也应把科研作为重要衡量指标。

2. 研究生作为自我发展主体,应凸显科研特长,以研究生层次复合型人才作为个体发展导向

研究生与一般学生相比,其特点集中于"研究"二字。研究生作为研究生层次人才的培养对象,应该明确自身角色要求和发展目标,注重研究性学习,自觉习得科研规范并遵循科研规范,增强科研意识,弘扬科研精神,加强科研训练,"课程学习与参加导师课题研究或问题研究相结合"、"校内专业或跨专业理论学习与校外生产实践部门中的实习工作相结合"、"专业学习与跨专业学习相结合",注重实践性和跨专业课程学习,凸显科研特长,以研究生层次复合型人才作为个体发展导向和努力方向。比如,有条件的研究生培养单位可实行本科生"直接攻博"或"硕博连读"的培养方式。

3. 用人单位以资助、提供实习和工作机会等方式,承担培养研究生的主体责任并积极参与研究生复合型人才培养工作

美国研究生培养注重与地方经济发展相联系,美国研究生培养与地方经济发展需要紧密结合,实施为美国地方经济发展服务的研究生培养制度。美国工商企业界、科研机构作为用人单位,与高校构成联合体,以资助、提供实习和工作机会等方式与高校联合培养研究生,比如,美国的"工程研究中心"就是学校与工业界合作培养工科研究生的联合体,这种工业—大学联合体制度,促进大学与工业界联合,密切研究生培养与社会需求之间的关系,有助于大学服务功能的发挥,也有效地推动了经济社会的发展。

(二) 分类培养机制

适应并促进研究生发展、适应并促进社会发展,这是研究生复合型人才培养工作必须遵循的两个规律。研究生培养工作以研究生层次复合型人才为目标导向,适应并促进研究生发展,必须基于研究生知识基础和大学的培养条件,确定研究生的最近发展区,对研究生进行分类培养,形成不同的分类培养机制。研究生培养工作以研究生层次复合型人才为目标导向,适应并促进社会发展,必须基于社会的人才需求和大学的人才培养制度,选拔培养对象并进行分类培养,从而形成多种研究生复合型人才培养机制。比如,跨学科课程机制与教学机制,复合性专业教学与研究相结合机制,凸显应用性、实践性的产—学—研协作培养机制,自我导向型培养机制,等等。

1. 设立有利于研究生复合型人才分类培养的组织机构

研究生院作为管理研究生培养的专门机构,统一负责研究生招生、研究生培养方案的管理、课程设置,统一负责研究生导师培训、研究生导师聘用、研究生导师资格审核、研究生导师评价,统一负责研究生奖学金、助学金、学位标准、学位授予,统一负责研究生教改项目或创新项目申报、结题等事宜,协调、组织整个学校的研究生培养工作,使研究生培养工作程序化、制度化,也推动了研究生培养基地的建设。在研究生院内部设立有利于研究生复合型人才分类培养的组织机构,无疑能够发挥其宏观层面上的人员、资金、设备等资源或工作环节的协调与组织功能,有利于促进跨学科专业培养研究生层次复合型人才,从

而以组织机构的方式推动研究生层次复合型人才的分类培养。

美国大学中的研究生院培养研究生复合型人才,一是能够发挥研究型大学学科齐全、师资雄厚、图书馆条件好的优势,利于研究生学科交叉、跨学科学习与发展,二是能够发挥研究生院经费充足、实验设备好、研究生容易接近学科前沿的优势。美国工程研究中心培养工科研究生复合型人才,具有学校与工业界联合体合作培养的优势。[①]

2. 开设有利于研究生层次复合型人才培养的专业和课程

专业是高校根据社会专业分工的需要设立的学业类别,是学科承担为社会培养专门人才职能而设置的;专业是学科下的一级建制,是以学科为基础的专业。专业建设的目标是人才培养,专业建设以育人为目标,以学科为依托,以社会需求为导向。专业建设以学科建设为基础,并支撑着学科建设,也激发新的学科增长点,学科建设与专业建设二者资源、成果共享,使命、任务共担,建设制度上形成互动发展机制。开设有利于研究生层次复合型人才培养的专业,有利于研究生复合型人才的分类培养。

在已有学科专业基础上分类培养研究生复合型人才,可采取调整课程结构和以研究生复合型人才培养目标为导向的培养方法,并注意收集研究生复合型人才培养的反馈信息,重视教学评价中的科研能力指标。比如,美国研究型大学重视为研究生开设基础理论课程,并加强基础理论的教学,"针对各学科专业的不同情况,在研究生计划中开设了许多基础理论课程,并辅之具体的落实措施,从而为提高研究生质量和科研水平创造了基础性条件。20世纪90年代中期,美国的硕士课程设置中,基础学科的授课时数已达到50%,专业学科占20%—30%。即使是博士生教育,也根据不同的专业设置必需的基础课程"[②]。

再比如,美国研究型大学重视开发新知识和产出贡献重大的科研成果,教授们非常注意把自己的最新研究成果或科技界近期的研究进展及时补充到课程的讲授中,以培养研究生的学术敏锐性和科学探索精神。教师对研究生提出的问题往往不给出答案,而是以进一步深入的问题引导研究生去独立思考或互相展开讨论;重视研究生跨学科课程的学习,"所有的研究型大学都在积极实施研究生跨学科学习计划,并努力在实践中完善。普林斯顿、哈佛、麻省理工等大学通过建立跨学科研究中心来设立和发展跨学科课程,允许学生跨专业、跨学科、跨学院进行学习,也可以跨学院甚至跨学校聘请教师。在这样的研究中心里,研究生可以和教师一起共同进行跨学科课程的学习和跨学科研究"[③]。

(三)跨学科专业的教学机制及教学管理机制

学科制度下的大学以学科为基础,学科是高校承载人才培养、科学研究、社会服务、传承文明等职能的基本单元,是研究生培养的重要依托,但分裂主义的学科教学机制及教学管理机制,容易使复合型人才培养面临学科文化冲突、学科组织冲突以及学科资源配置与学科评价阻力,不利于研究生复合型人才培养。面对学科分裂主义带来的问题,学校若将研究生复合型人才培养列入重要工作内容,可以着手做好下列培养工作。首先,"构建研

---

① 黄治国:《研究生培养制度研究》,武汉大学出版社 2008 年版,第 190 页。
② 黄治国:《研究生培养制度研究》,武汉大学出版社 2008 年版,第 185 页。
③ 黄治国:《研究生培养制度研究》,武汉大学出版社 2008 年版,第 186 页。

究生复合型人才培养的大学科体系"。研究生培养主体在制定或选择研究生复合型人才培养方案时,需要加强研究生课程建设,建立面向全校研究生开放的公共选修课平台,构建跨学科选课体系,允许研究生跨学科辅修专业和选修课程,分步重点建设优秀研究生课程,并为研究生复合型人才培养营造宽广的学科环境。其次,"将研究生融入科技创新团队"。在研究生培养过程中,研究生培养主体需要以产学研结合为途径,将研究生融入科技创新团队,为研究生复合型人才培养创造实践空间。再次,"鼓励研究生参与导师的课题研究和到工商企业部门实习"。培养研究生理论联系实际和独立研究课题的能力。最后,实行"多导师培养机制"和"注重科研能力的教学管理机制和教学评价机制"等。

(四)学位管理机制和研究生管理机制

学位,无论是硕士学位,还是博士学位,都是研究生学术水平的标志,是研究生学习成就的见证,是给予研究生创造性学习活动的荣誉。每位研究生在获得入学资格和学习机会之后,虽不以硕士学位或博士学位为学习的终极追求和最终目标,但都会重视学位的申请条件与颁发学位的程序要求等学位管理内容,授予学位的仪式在绝大多数研究生那里也是一生中最庄严、最神圣的时刻,甚至有的博士研究生把博士学位论文答辩或授予学位的日子选定为个人结婚日。国外许多高水平大学还有邀请学生父母参加孩子毕业典礼或授予学位仪式的惯例,重视毕业典礼或授予学位仪式的深远教育意义——孩子邀请父母参与其毕业典礼或学位授予仪式,家人一起感受孩子学位授予时的那种荣誉获得感,家人一起分享孩子获得学位时的喜悦,一起体验孩子的学习收获给全家人带来的快乐。这是家人对孩子收获和成长的见证,这是孩子感恩父母和作为责任主体的表现——父母和众多人员期望孩子学习努力并取得学习成就,孩子作为责任主体,不负众望,学有所成,而且在毕业典礼或授予学位那个见证其学习收获、学习水平的关键时刻,邀请父母与自己一起分享荣誉和收获的喜悦,是孩子感恩父母和作为责任主体的表现。可见,学位申请资格、学位申请条件、学位申请程序、学位颁发要求、学位授予仪式、学位证书等学位管理内容、学位管理方式、学位管理方法、学位管理手段,对研究生的在校生活、未来发展甚至家庭幸福都具有深远影响。学科制度背景下学位管理工作的正常运行,需要相应的学位管理办法和研究生管理办法来保障;跨学科培养研究生层次复合型人才,也需要有适合的学位管理办法为条件。

四、研究生复合型人才培养的"约束机制"

研究生复合型人才培养,不仅具有"动力机制""运行机制",还有"约束机制","约束机制"与"激励机制"和"运行机制"相配套,对偏离研究生复合型人才培养目标或偏离正常轨道的培养行为进行监督与调节。

(一)教学约束机制

1. 研究生修习课程和积累学分的规定

大多数国家培养硕士研究生都强调一定的课程修习,在课程设置上,普遍加强了基础课程、跨学科课程和选修课程,并注意把本专业最前沿、最活跃的动态的东西引入研究生教学中;而博士生主要是从事科研活动,选修课程主要是服务于科研活动需要,美国博士生培养特别强调课程修习。美国研究型大学为了坚持学科专业内在的培养目标要求并兼顾不同类型研究生的特点和专长,在研究生培养计划中规定了必修课程、修习规则、修习时段和应积累的学分,使研究生必修课程(其中基础课程占较大比例)具有法定性(美国博士生培养为了使博士生适应性强、后劲足,也特别强调课程教学,而且主、副修比例严格,学分要求也很高);同时,为了拓宽研究生的知识面,增强研究生的适应性、灵活性,使其在未来既能从事专业工作,成为合格的专业研究人员或专门工作人员,也能成为视野开阔的管理专家,在研究生培养计划中规定了选修课(包括跨学科、跨专业、跨学院课程)学分,选课具有灵活性。

2. 研究生的实习规定

美国研究型大学"重视研究生的实践训练","将研究生的实习计划列入研究生培养计划"中,明确研究生的实习要求。美国还建立了有利于研究生复合型人才培养的"工程研究中心",并重视研究生实习计划的具体落实工作。美国"工程研究中心"作为高校与工业联合体,以资助、提供实习服务和联络工作等方式发挥了合作培养工科研究生复合型人才的作用。研究生担任研究助理和助教,对提高研究生的实际工作能力有好处。

3. 研究生导师的工作背景要求和博士研究生培养要求

导师是研究生培养的关键因素,导师的学术水平影响甚至在一定程度上决定了学生的学术水平。没有高水平的指导教师,就很难培养出高质量的研究生层次复合型人才。研究生导师分为硕士生导师和博士生导师。人们普遍认为,研究生导师必须拥有博士学位,有精深的专业知识、完善的知识结构,是才智超群的学者,善于从事专业研究探索,掌握学科专业最新信息,不断发表科研成果。从世界研究生导师队伍状况来看,一流大学的研究生导师总有若干名诺贝尔奖获得者、有若干名科学院院士和工程院院士。比如,美国的麻省理工学院"拥有美国国家科学院院士76人,国家工程科学院院士53人,教授中诺贝尔奖获得者5人","斯坦福大学教师中有14名诺贝尔奖获得者,48名美国科学院院士,71名美国国家艺术科学院院士,15名工程院院士,其企业管理、教育、工学院、商学院均在全美研究院排前3名。伯克利加州大学全校有85名科学院院士,39名工程院院士,10名诺贝尔奖获得者"。[①] 德国大学不少教授来自企业、工业界,不仅要求有精深的专业知识、完善的知识结构,而且还要求具有一定的实践经验。硕士生导师一般由教授或副教授担任,博士生导师原则上由教授担任,也有少数博士生导师是由副教授担任的,讲师、助教只能指导本科生。博士生导师又可分为不同等级,如国家级、省级和校级等,国家级的导师实行终身制,其他类型导师实行"条件制"和"名额制",其中"条件制"和"名额制"涉及什么样的教师适合做研究生导师和如何能激发导师的引导、启发、解惑、把关作用等问题。在美国,刚获得博士学位而受聘为助理教授的教师,只要有科研经费来源,就可以招收博士生,成为博士生导师,并且博士生导师要给博士生提供高额学费和奖学金。康奈尔大学的博士生学费与奖学金,每年大约17 000美元与12 000美元。这笔经费一般都是由公司、企业或国家基金会给导师提供的科研课题经费,导师必须按合同要求不断拿出阶段性研究成果和按时完成研究任务。博士生边学习课程,边准备考试,同时参加课程研究。导

① 黄治国:《研究生培养制度研究》,武汉大学出版社2008年版,第191-192页。

师和博士生都有压力。导师拿不出成果没法向提供经费资助者交差,学生的研究工作没有进展,会使导师不满意,甚至会影响到奖学金。而我国博士生导师遴选制度缺乏这种激励、管理和约束机制,博士生从学校和导师课题获得经费资助,却没有感到很大的科研压力。

在博士研究生培养中,多数国家注重导师作用。德国导师通过科研活动进行博士研究生培养,在出成果中出人才,注重应用性科研,研究生的经费主要靠工业部门资助。美国强调"研究生院"、指导小组和导师相结合的作用,坚持教学与科研结合,发挥教学与科研活动的双重作用,研究生的经费也主要靠工业部门资助,大学内的科研和研究生培养引进市场竞争机制,各方参与人员有主动性、积极性,也有一定压力。大学坚持按社会需要培养研究生,发展现代科学和现代生产急需的专业和学科,注重为生产服务而培养研究生,研究生培养与经济发展相互依存、相互作用,研究生培养与生产、科研建立起广泛紧密的联系,研究生培养主体多元化。而我国研究生培养主体比较单一,目前工业部门尚未普遍以资助、提供实习和工作机会等方式参与研究生培养,研究生培养机制仍主要为"供给导向"培养机制而非"需求导向"培养机制。今后,我们需要借鉴发达国家研究生培养与生产部门密切联系的经验,使研究生培养与生产部门建立多层次多类型的合作关系,使学校与工业形成联合体,"产学研联合"培养研究生,凸显实践性和应用性,加强研究生理论学习与实践部门问题研究相结合,校内课程修习注重跨学科课程学习,使真正有科研能力的人能得到深造机会,不断淘汰那些高分低能的"书呆子"。实行导师负责与集体培养相结合的原则,发挥导师个人和专业集体两方面的积极性,既有导师的特定专业特长,又能博采众长,扩展知识面,加强学位质量的检查和评价制度,以评促教,不断提高研究生培养质量。在培养组织形式方面,多数国家注重学术讲座、研讨班的教学形式,这种教学形式在有具体要求(如研究生听过报告写出有自己见解的报告等)、有效组织和引导情况下,收效显著,我国研究生培养中也注意到这种教学形式的作用,但往往缺乏有效组织与引导而流于形式。在课程设置方面,发达国家研究生培养往往比较注意加强学科之间的联系,重视跨学科的教学与研究,大学内具有促进学科交叉渗透的矩阵式组织,我国单一的院校结构和过窄的专业设置,致使以专业为基础的不同学科之间联系较少,各学科在自己学科领域内进行人才培养和科学研究,缺乏学科之间的交叉和渗透,学科之间联系既缺乏内部动力,又缺乏外部压力。[①]

(二) 社会监督机制

如今,大学已走入社会的中心,成为社会发展的动力站,大学内的事务也与其他大学及社会各方面发展密切联系,因而不能完全交由大学内的人来决定。利益相关者理论强调利益相关者需要共同参与大学治理,一些大学在处理大学内部学术事务时也自觉邀请校外人员参与,听取校外人员的意见和建议,如美国大学在博士研究生培养后期的学位论文研究阶段,往往由系里指定或由博士生和导师商定选择3—5位教授组成一个委员会指导其论文写作,而教授指导委员会中必须有一位是外系或外校的教授。

---

① 黄治国:《研究生培养制度研究》,武汉大学出版社2008年版,第192-194页。

美国研究型大学还重视对涉及研究生培养质量的课程设置、教学水平、管理效率、社会适应、学校声誉和贡献等的信息反馈,注重同行评估、社会评估或综合评估、学生对培养过程的评估。伯克利加州大学博士生培养评估的具体做法是:毕业生填写调查表,"调查表包括博士生对院系、学校的意见,对研究生培养的满意程度,对研究生培养总体水平的评估以及毕业生即将从事的职业等内容。意见表采取匿名方式填写,以保证反映情况的客观性、全面性和代表性。对毕业一年以后的博士生进行调查。该项调查的主要内容是毕业生走上社会一年以后的工作进展、取得成绩情况等。对已毕业十年的博士生进行调查。通过调查意在了解社会有关行业对不同专业博士生的需求量、博士生工作岗位上的胜任度、对目前从事工作的满意度、对在学校所受到教育的意见和建议等。普林斯顿大学、哈佛大学和其他许多研究型大学正是通过这些调研和评估,使培养周期和显效期均较长的研究生教育,具有比较全面和灵敏的信息反馈体系,而这一体系所产生的功能是综合性的,可以使大学对研究生教育过程中的某些具体环节及时加以改进和完善;对研究生教育的专业设置和资金投放重点进行有的放矢的调整;可以对研究生教育的社会未来需求作符合实际的预测,有助于做好研究生教育的宏观规划,从而使研究生教育在规模、质量和效益的统一中实现追求卓越的目标"[1]。

(三) 淘汰机制和导师责任机制

在研究生复合型人才培养过程中,"质量把关"和"淘汰机制"(即"退出机制")贯穿或存在于整个研究生复合型人才培养过程。首先,从研究生招生(即研究生复合型人才培养过程的"入口")来看,世界研究生招生制度大致有"审核制"和"考试制"两种,"审核制"下研究生导师是"择优汰劣","考试制"下研究生是"优胜劣汰"。其次,从研究生复合型人才培养过程来看,世界各国都有一系列保障质量的研究生培养制度,如"学分制""导师制""中期汇报和中期考核制度"(包括"中期淘汰制度")、"论文开题制度""论文送审与盲评制度""论文答辩制度"等。这些培养制度既起管理作用,规范着研究生培养行为,保障研究生培养系统正常运行,也起约束和考核作用,监督研究生培养过程,对达不到质量要求的研究生采取"约束措施"或实行"淘汰机制",常规的培养机制有"课程重修"机制、"重新开题"机制、"推迟答辩"机制、"论文重新送审"机制、"中期退出"机制。再次,严把研究生复合型人才质量关,即严把培养过程的"出口"关。常规的机制是"推迟毕业"机制和"学位授予推迟"机制。

美国硕士研究生和博士研究生招生普遍实行"审核制",其保障研究生培养质量的办法是,导师有很大的招生权和学生管理权,在博士研究生培养过程中普遍实施"严格的中期淘汰制度",导师严把质量关,对学子要求甚严,决不放水,决不敝帚自珍,因此,居高不下的博士生淘汰率成为美国博士研究生培养过程的一大特点,不少学院博士研究生的淘汰率在20%—30%,一些著名学院博士研究生的淘汰率甚至高达40%。法国、德国博士研究生培养过程的淘汰率也较高。我国研究生招生普遍实行"严格的招生考试制度",采取"笔试"和"面试"相结合的招生办法,为了精选"培养对象",严把"入口"关,而且导师只

① 黄治国:《研究生培养制度研究》,武汉大学出版社2008年版,第188页。

有不要某个学生的权力,但没有要哪个学生的权力。在研究生培养过程中,"导师制"是一项重要的研究生培养制度,它赋予了导师为研究生培养的第一责任人和执行者的角色责任。导师作为学术导师、精神导师,应该对研究生严格要求,并以自己的学术水平、教学贡献和科研精神引导研究生具有良好的学术品质、道德操守、学术水平、学术贡献。近年来我国也开始普遍实施"博士研究生中期检查制度",要求博士研究生进行中期课程学习和科研汇报,但一直没有普遍实施"严格的中期考核和淘汰制度",博士研究生基本上没有退出机制,这使博士研究生容易有获得感、安全感,很多博士研究生还有成就感,但同时对缺乏自律型教育问责、不能自觉以学术使命为己任而游走于学术活动之外的研究生缺乏约束力,导师对研究生只能进行道德型教育问责。而在研究生跟导师一起做课题、向学校提交阶段性科研进展成果的契约型文化氛围还不浓厚的情况下,对博士研究生进行契约型教育问责,不仅缺乏明确的契约文本为依据,而且缺乏契约型文化支撑,致使游走于学术活动之外的研究生在被通知"推迟答辩""推迟毕业""学位授予推迟"等情况时,还归因于导师没指导或指导无方。因此,未来可能的培养机制是契约型培养机制,即在入学时,研究生需与导师签订一份与导师一起进行科研并提交高质量研究成果的协议,并进行契约型监督与问责。

国际比较篇

GUO JI BI JIAO PIAN

第三章　美国研究生复合型人才培养

美国是当今世界高等教育最为发达、水平最高的高等教育强国。其高水平不仅表现在一批研究型大学拥有世界顶尖的科学家和引领科学发展的研究能力,而且体现在高等学校培养出以诺贝尔奖获得者为代表的大批各类优秀人才。毫无疑问,在科学研究与培养人才两个方面,研究生教育都发挥了重要的作用。一方面,高水平的研究生教育依赖于高水平的科学研究;另一方面,高水平的研究生教育又为高水平的科学研究源源不断地输送着高水平的拔尖人才。美国研究生教育在许多方面为其他国家提供了成功的经验,运用跨学科的模式与方法培养复合型人才是其中重要之一。

第一节　美国研究生复合型人才培养基本情况

一、美国研究生教育的历史演进

"先有哈佛,后有美利坚。"美国的高等教育起源于殖民地时期,主要模仿英国牛津、剑桥大学模式,而美国的研究生教育移植于德国柏林大学模式。事实上,早在南北战争之前,美国就出现了研究生教育的萌芽,1826 年哈佛学院首设研究生课程可以看作美国研究生教育的滥觞,1847 年耶鲁学院第一次授予学生博士学位。

1876 年正式开学的约翰·霍普金斯大学是美国第一所真正意义上的研究型大学,也是世界上最早创立研究生院的大学,开启了新型的研究生教育形式。其首任校长丹尼尔·吉尔曼(Daniel Gilman)基于其在欧洲游学所形成的大学理念和教育理想及其在加利福尼亚大学执掌校务的经验,将研究型大学成长和发展必须具备的核心要素界定为:"一流的师资、课程设置、研究生教育、医学教育、浓厚自由的学术氛围和丰富的学术生活。"[①]这些重要理念和核心要素成为约翰·霍普金斯大学创建工作的重心,并成就了约翰·霍普金斯大学的快速崛起。约翰·霍普金斯大学的建立,标志着美国现代研究生教育的形成,并推动美国研究生教育获得长足的进展。

20 世纪初期,美国社会的工业化和城市化进程加快了对各行业高层次人才的迫切需求,促使美国研究生教育进入第一个发展高潮。1900 年全美大学联合会正式成立[②],标志着美国研究生教育进入了一个新的阶段。此时,美国已有 1 150 所大学设立了研究生课

---

① 刘春华:《吉尔曼与约翰·霍普金斯大学的崛起》,载《高校教育管理》2017 年第 1 期。

② 哈佛等 5 所大学校长倡议成立的全美大学联合会标志着美国研究生教育进入了一个新的阶段即标准化阶段,使得研究生院成为美国高校的正式组成部分。该会的主要任务在于提高研究生院的标准,保证研究生教育的质量。参见王廷芳:《美国高等教育史》,福建教育出版社 1995 年版,第 181 页。

程,其中 1/3 的大学设立了博士学位课程,[1]美国研究生的数量在其后几十年里每十年就翻一番。然而,随着研究生入学人数和授予学位人数的急剧增长,美国研究生教育质量出现诸多问题,引起了普遍关注。比如,1926 年中北地区教育联合会对研究生教育发展过快表示明确的担忧:"研究生教育发展太快了,致使人们不得不提出诸如学习质量和学位价值之类的问题。"[2]如何保障研究生教育质量问题很快被提上议事日程。美国研究生的培养模式也在不断变革。

第二次世界大战既为美国研究生教育的大发展提供了契机,又为其带来了强大的动力。第二次世界大战期间,出于战争的需要,许多军事研究任务被交予大学,这些重大课题特别是重要武器的研制成功使得政府意识到科学活动与军事之间的密切关系以及从事基础研究的重要性,意识到培养高层次的科技后备力量是国家强盛的重要条件,这无疑为美国的研究生教育提供了一次大发展的契机。战后美国经济高速发展,强大的经济实力为美国培养大量的高层次人才奠定了物质基础,这一时期,"人们形成了一种信念即研究生教育和科研应该而且能够为社会科技发展需要服务"[3],这无疑又为美国研究生教育规模的增长带来了强大动力。

由于第二次世界大战后苏联成功发射第一颗人造卫星的极度刺激,1958 年,美国国会通过了《国防教育法》。这一法案对美国教育进行了全面反思,调整了教育发展方向,加大了教育投入。对于美国的研究生教育而言,《国防教育法》同样是一剂强心针和营养液。从 20 世纪 60 年代开始,美国的研究生教育在数量上就位居世界首位,以哈佛大学、麻省理工学院为代表的一批著名大学的研究生教育质量也居于世界领先地位。[4]

20 世纪 80 年代末,美国"教育—科技—生产"相结合的进程加快,到 90 年代,这一发展模式又趋向于"政府—工业界—大学"联合发展,政府加强了对研究生教育的指导,[5]美国研究生教育与经济社会发展的关系也越来越紧密。时至今日,美国研究生教育不仅规模有了进一步的持续发展(如表 3-1 所示),为美国培养了大批能够适应高科技发展需要的高层次科研人才,而且逐步建立起了同经济发展相适应的运行机制,跨学科和理念多元、国际化一并成为美国研究生教育的主要三大特征。[6]

表 3-1　美国研究生录取人数(2001—2015)　　　　　(单位:人)

年份	总计	全日制	非全日制	公立	私立
2001	2 212 377	1 119 862	1 092 515	1 247 285	965 092
2002	2 354 634	1 212 107	1 142 527	1 319 138	1 035 496
2003	2 431 117	1 280 880	1 150 237	1 335 595	1 095 522

① 符娟明、迟恩莲:《国外研究生教育研究》,人民教育出版社 1992 年版,第 7 页。
② 王廷芳:《美国高等教育史》,福建教育出版社 1995 年版,第 187 页。
③ 盖利·罗兹:《世界研究生教育模式之演变》,李盛兵译,载《外国教育研究》1993 年第 3 期。
④ 李帆:《美国研究生教育的历史进程及其特点》,载《高等教育研》1995 年第 4 期。
⑤ 李帆:《美国研究生教育的历史进程及其特点》,载《高等教育研》1995 年第 4 期。
⑥ 汪霞:《世界一流大学研究生培养模式和课程体系研究》,南京大学出版社 2015 年版,第 6 页。

（续表）

年份	总计	全日制	非全日制	公立	私立
2004	2 491 414	1 325 841	1 165 573	1 329 532	1 161 882
2005	2 523 511	1 350 581	1 173 930	1 324 104	1 199 407
2006	2 574 568	1 386 226	1 188 342	1 332 707	1 241 861
2007	2 644 357	1 428 914	1 215 443	1 353 197	1 291 160
2008	2 737 076	1 492 813	1 244 263	1 380 936	1 356 140
2009	2 862 391	1 579 283	1 283 108	1 424 049	1 438 342
2010	2 937 454	1 630 299	1 306 755	1 438 519	1 498 935
2011	2 931 076	1 642 389	1 288 687	1 421 404	1 509 672
2012	2 910 388	1 639 234	1 271 154	1 705 202	1 405 600
2013	2 900 954	1 658 618	1 242 336	1 398 556	1 502 398
2014	2 914 582	1 670 173	1 244 409	1 410 178	1 504 404
2015	2 940 492	1 685 837	1 254 655	1 442 383	1 518 109

数据来源：National Center for Education Statistics. Digest of Education Statistics[EB/OL]. http://nces. ed. gov/programs/digest/d12/tables/d12_241. asp，2017 - 5 - 17.

二、美国研究生教育中的跨学科复合型人才培养模式

跨学科（interdisciplinary）①相对于单一学科而言，意指超越一门已知学科边界，涉及两门或两门以上的学科。有关跨学科的活动主要包括跨学科研究与跨学科教育，前者是以跨学科的理论和方法研究问题，而后者是培养具有跨学科思维的复合型创新人才。② 跨学科教育在高校研究生教育中已形成其特有的人才培养模式。人才培养模式的定义众说纷纭，主要有过程范畴说、方式方法说、结构整合说和系统要素说。系统要素说认为培养模式是若干培养要素组合而成的运作形式，"是培养目标、教育制度、培养方案、教学过程诸要素的组合"③。基于对跨学科和人才培养模式的理解，跨学科人才培养模式指在跨学科教育理论和思想的指导下，为实现多学科复合型人才培养目标而形成的教育教学活动中诸要素构成的组织样式与运行方式。

传统经典学科之间的界限较为分明，学科特征也非常明显，相应的知识体系明确规定

---

① "跨学科"为外来词，译于英语单词 interdisciplinary，交叉学科也译于此单词，而且，学术界常把跨学科和交叉学科这两个概念替换使用。本书无特殊说明，亦为通用。需要说明的是，由于美国高等教育语境中没有"复合型人才"这一概念，而跨学科人才培养在语义上与之最为接近，因此，本书选择美国高校研究生教育中的跨学科人才培养模式作为中国复合型人才培养模式的比较对象。

② 邓嘉瑜：《美国研究型大学跨学科人才培养的模式研究》，华南理工大学 2016 年硕士学位论文，第 3 页。

③ 俞信：《对素质和人才培养模式的基本认识》，载《高等教育工程研究》1997 年第 4 期。李帆：《美国研究生教育的历史进程及其特点》，载《高等教育研究》1995 年第 4 期。

着差异明显的人才培养方案,特别是课程体系。随着科学技术的飞跃发展,知识的累积倍速增长,以知识为基础的学科也随之日益分化,次生学科不断涌现,学科队伍不断壮大,学科的划分亦不再像以往那么明晰,大学开始采用学科门类或学科群进行学科身份的大致区分,相应的"学科裙带"也随之"学科门类化"。在倡导学科交叉的当下,传统大学开始向跨学科大学转型,知识体系之间的相互渗透与重新组合更加频繁,一些交叉学科、新兴学科不断衍生,这又将催生高校人才培养的跨学科新特征。

美国高校研究生教育跨学科人才培养源于 20 世纪 50 年代。1957 年,苏联成功地发射了世界上第一颗人造卫星,美国朝野一片哗然。人们普遍认为美国当时的科技落后于苏联,一个很重要的原因就是美国的研究生教育过去只重视单一学科的基础研究,而许多新的科技成就都源于多学科的交叉和多种科学与技术的综合。1958 年美国国会通过的《国防教育法》促进了研究生教育的全面改革,美国开始了跨学科人才培养。20 世纪 90 年代以后,随着知识经济时代的开启,知识创新越来越重要,高等教育服务经济社会发展的作用愈发凸显,美国政府发布了《为了国家利益发展科学》等政策文件,加大对研究生教育的投入并加强指导,密切政府、产业和大学的关系,鼓励高等教育特别是研究生教育培养跨学科人才。美国大学自身也通过发展"共生技术""创新技术",积极推进交叉学科的建设,培养跨学科人才,为"硅谷"等科技园输送掌握高新技术的高层次复合型人才,从而加速了高科技的转化,推动了美国经济社会的快速发展。

进入 21 世纪以后,跨学科对于知识创新的优势和成效已被普遍认同,跨学科研究和跨学科人才培养发展势头强劲。美国大学的通识教育为研究生跨学科培养提供了一定的学科准备。2004 年,哈佛提出用"哈佛学院课程"替代原有的核心课程,使课程更具综合性、选择性、基础性和灵活性。2006 年,哈佛大学成立了大学科学与工程计划委员会,该委员会提出要建立跨学院、跨学科的专门委员会和教学研究项目,通过招聘跨学科、跨系科的专业人才,促进科学和工程科学的多样化。无独有偶,美国许多大学中适应跨学科研究的研究中心数量甚至超过了传统的院系和学科数。米勒和帝尔曼主持的一项美国国家科学基金会课题对 2001—2008 年获得学位的博士生进行调查研究,成果显示:8 年里,跨学科的学位论文比例达到 27%—30%,且比例相对一致;从学科分布来看,主要学科为生命科学的博士论文跨学科占比最多,为 27%,教育学科占比 13.5%,工程学科占比 13.4%。[1] 当前,美国所有研究型大学都在积极施行研究生跨学科培养项目。比如华盛顿大学的博士研究生跨学科项目"环境问题的多国研究"(Multinational Collaborations on Challenges to the Environment,MCCE)招收来自社会学、教育、工程、生物、森林资源、地质学、人类学等多个学科领域的学生,进行跨学科合作培养。[2]

---

① National Science Foundation. Trends in interdisciplinary dissertation research:An analysis of the Survey of Earned Doctorates, http://www.nsf.gov/statistics/ncses12200/phf/ncses12200.pdf, 2012-12-17.

② 汪霞:《世界一流大学研究生培养模式和课程体系研究》,南京大学出版社 2015 年版,第 37 页。

第二节　美国研究生复合型人才培养个案分析

典型案例可以帮助我们深入考察美国研究生教育跨学科培养模式的内涵,有助于我们准确总结其特点。以下以哈佛大学的化学物理学项目(Chemical Physics)①,加州大学伯克利分校的生物统计学项目(Biostatistics)②,麻省理工学院的地球、大气与行星科学项目(Earth, Atmospheric, and Planetary Sciences)③,杜克大学的计算媒体、艺术与文化项目(Computational Media, Arts & Cultures)④,卡耐基梅隆大学的音乐和技术项目(Music and Technology)⑤等5个跨学科的研究生培养项目为例,详细描述美国研究生教育跨学科培养模式的主要要素。

一、哈佛大学化学物理学项目

实验物理化学和化学物理学的研究是一个有趣并引人入胜的领域。哈佛大学化学与化学生物系(Departments of Chemistry and Chemical Biology,CCB)的化学物理学项目旨在培养能够运用现代物理学的方法和理论进行化学问题研究的高级人才。该学位项目由一个跨学科的教师委员会负责。

1. 招生政策

该学位项目录取有生物、有机化学、无机化学和物理化学课程学习或实验室培训背景的学生。这些学生要有良好的化学基础且在化学 GRE 课程考试中表现良好(其他科目,如物理学或生物化学,在适当的范围可以替代),并且对化学学科有浓厚的兴趣和强烈的读博愿望。申请者必须具备全面的英语口头表达能力和书写能力。刚入学的非英语母语的博士生和英语学院尚未获得本科学位的学生,其英语水平将由英语学院(IEL)确定。英语水平不达标的学生将被要求参加 IEL 课程并通过考核。学生在熟练掌握英语之后才能进入学位课程的学习。

2. 师资队伍

该学位项目的师资来自一个跨学科的教师委员会,其成员来自化学与化学生物学、物理学、天文学和哈佛约翰·保尔森工程与应用科学学院等,他们对化学物理学具有浓厚的兴趣,能够开设这些学科的课程,能够指导学生在其研究方向下对某一问题进行研究。

---

① https://gsas. harvard. edu/programs-of-study/all/chemical-physics, http://handbook. gsas. harvard. edu/chemical-physics.

② http://guide. berkeley. edu/graduate/degree-programs/biostatistics/, http://guide. berkeley. edu/graduate/degree-programs/biostatistics/♯ abouttheprogramtext, http://guide. berkeley. edu/graduate/degree-programs/biostatistics/♯ doctoraldegreerequirementstext.

③ https://eapsweb. mit. edu/research/overview, https://eapsweb. mit. edu/classes/overview, https://eapsweb. mit. edu/classes/cross-registration, https://eapsweb. mit. edu/education/eaps-gracuate-program, https://eapsweb. mit. edu/graduate-program/graduate-degree-programs.

④ https://sites. duke. edu/computationalmedia/.

⑤ http://www. music. cmu. edu/pages/music-technology-gr.

3. 课程设置

该项目提供的课程分为 ABC 三组。A 组课程为：化学 242；物理 251a，251b。B 组课程为：化学 190 或化学 240；或者物理 262 或应用和物理 284。C 组课程为：应用数学 201；化学 158；应用物理 195，282，292，295a，297b，298r；物理 151，153，181（或英语、科学 181），218，232，253a，253b，268r。学生所学课程一般有两种组合。第一种组合为 A 组 1 门课，B 组 1 门课，C 组 3 门课；第二种组合为 A 组 2 门课，B 组 2 门课，C 组 2 门课。

在入学时，每位新生与课程顾问委员会（Curriculum Advising Committee，CAC）的成员讨论磋商，制订课程学习计划。CAC 向学生提供其学术计划建议，批准必修课程，并对博士课程相关的决策提供相关协助。任何对于原学习计划的变更都必须经过 CAC 成员的讨论和批准。在课程咨询委员会的许可下，等价的课程可以被替换。所有新入学的博士生在第一年都需要学习一门课程"Chemistry 301hf. Scientific Teaching and Communication：Practicum"。该课程将教会研究生如何在课堂上表述科学的概念，并帮助他们准备助教工作。

4. 教学方法

（1）实验室轮班

刚入学的研究生需要在不同的实验室参加 3 个 4 周的轮班，或者可以在两个不同的实验室进行为期 8 周和 4 周的轮班，通过接触不同实验室的科学和环境来扩大学科视野。同时，鼓励学生轮换到化学与化学生物系以外的院系，鼓励任何想在其他学院轮换的学生直接与外部教师联系，讨论轮换的可能性。

（2）学业指导

在课程指导方面，每位入学的学生在入学教育期间都会与课程顾问委员会（CAC）的指派成员会面，制订学习计划。CAC 向学生提供其学术计划建议，批准必修课程，并协助与博士课程相关的决策。对原有计划的任何修改都必须经过 CAC 成员的讨论和批准。

在实验室科研工作方面，每个轮换学生在实验室一轮期间将由一名研究生或博士后作为指导老师。这些导师会对轮换学生的实验室实践和策略提供指导和建议。

该项目鼓励所有学生在入学第一年的 6 月 30 日之前进入研究小组。一旦学生加入研究小组，该小组的教师将成为学生的导师。如果学生随后发现另一个研究领域更符合自己的兴趣，学生应与导师进行商榷是否转到新的研究小组。

在第一年年底，学生与研究生导师协商，组成研究生咨询委员会（GAC）。GAC 由学生的导师和其他两名教师组成，其中一名必须是 CCB 学院成员。从第二年开始，学生每年至少向 GAC 报告一次学业进度。在论文答辩前的一段时间，GAC 可根据学生的论文进度召开多次会议进行研讨，其目的是督促学生按时完成学业。GAC 鼓励学生就任何影响研究生学业的问题与研究生导师进行磋商。同时，生涯咨询老师（非导师）为研究生提供职业咨询。

（3）研究计划答辩

学生需要在第二年的第一学期到第四年结束（6 月 30 日）之间，随时准备参加独立的研究计划答辩，时间一般为 30 至 60 分钟。在答辩过程中，学生们要回答关于研究主题以及相关领域的问题，也可能是一些特别的问题。学生完成独立的研究计划答辩可以增长学科知识,探寻自己感兴趣的且有发展空间的研究领域和研究项目。同时,答辩活动可以帮助学生从教师那里获得具有建设性和批判性的反馈意见。此外,答辩过程可以提高学生的写作能力和口头表达能力。需要说明的是,这个研究计划必须不同于博士论文的选题,而博士论文的最终选题须与导师协商达成。

5. 学业评价

该项目的学生必须通过 5 门 4 学分的课程,课程必须以平均分 B 或者更高的成绩通过,课程得分为 C+ 或者更低则无法通过课程考核。

完成博士学位论文通常需要至少 4 年的全日制研究,最终手稿必须符合"博士论文"的官方要求。所有学生都被要求进行博士期间研究的公开答辩。论文答辩将由预答辩和正式答辩两部分组成。论文评阅人之一必须是化学与化学生物学系的教师(通常是导师)。答辩委员会两名成员必须是艺术和科学学院的教师。哈佛大学其他学院任职于 GSAS 学位委员会的老师和 FAS 荣休老师及教授均可担任答辩委员会成员。两位论文评阅人(一名是 CCB 学院的老师,一般是导师)要求的校外老师也可以担任答辩委员会成员。

二、加州大学伯克利分校生物统计学项目

健康、医疗和生物科学方面的诸多问题可以通过收集和分析相关数据来解决。加州大学伯克利分校生物统计学关注于开发并应用这些技术,以更好地理解相关数据。该学科的研究生培养项目始于 1955 年,提供统计学和生物统计学的理论、计算机的统计分析方法,并提供机会让学生在生物/医学研究领域使用这些知识。该项目包括硕士培养和博士培养。以下简要介绍博士培养相关内容。

1. 招生政策

该项目招收对生物医学感兴趣并具有较好的数学和统计学背景的学生,或具有生物医学学位并擅长数学和统计学的学生。申请生物统计学博士课程的学生都必须具有生物统计学或相关领域的硕士学位,那些尚未获得硕士学位的申请学生将被考虑进入生物统计学硕士学位培养项目。这种做法不会延长攻读博士学位的时间,因为硕士和博士的前两年课程是相同的。

2. 培养目标

获得生物统计博士学位的研究生必须具备熟练掌握研究设计、理论、方法和操作的能力,有效交流和呈现研究成果的能力,成为专业领域的专家能手。毕业生将胜任大学教学和科研工作,在制药/生物技术行业、医疗保健服务组织、医学院校和公共卫生学院担任生物统计学家。

3. 师资队伍

师资队伍主要由公共卫生学院生物统计学系和文理学院统计系的专业教师组成。

4. 课程设置

博士培养项目没有硬性的学分或课程要求,因此可以开发适合于学生背景和兴趣的课程体系。一般而言,生物统计学、统计学和获批的其他学科方向(例如,生物学,环境健康,流行病学)的选修课程根据学生的研究兴趣和学科背景进行设定,这些课程要获得批

准进入课表,课程学习的时间通常为 4—6 个学期。课程涵盖传统议题以及生物统计学和统计学方面的最新研究进展。完成博士学位课程的研究生能够熟知这些主要研究领域。此外,还建议学生学习生物统计方法课程(PUB HLTH 240 系列)和高级概率与统计概论(STAT 200 系列)。

5. 教学方式

除了课程以外,生物统计学博士生可以申请在"设定的重点领域"(Designated Emphasis,DE)进行跨学科的研究,称之为辅修专业(Associated Programs)。在加州大学伯克利分校,申请到一个 DE,就像获得一个"小博士学位"。DE 的申请全年都可以,然而学生必须在参加考试之前申请,学校非常鼓励他们在第三学期研究生课程之初开始申请。要获得 DE,学生必须是一个联合项目(例如生物统计)的博士生。生物统计学提供的两个 DE 项目分别是:计算和基因组生物学(Designated Emphasis in Computational and Genomic Biology,DE-CGB)和计算科学与工程(Designated Emphasis in Computational Science and Engineering,DE-CSE)。

计算和基因组生物学(DE-CGB)的培养目标是通过一个超越传统学院界限的、富有弹性且相互综合的研究和教学环境,通过增强和促进教师、博士后、博士研究生之间的互动,来培养新一代的计算生物学研究人员。完成所有要求和论文后,学生将被授予"计算和基因组生物学设定重点领域生物统计学博士学位"(PhD in Biostatistics with a Designated Emphasis in Computational & Genomic Biology)。

计算科学与工程(DE-CSE)成为跨学科研究和教育的新范式。基于团队为主的指导方式为学生提供了基因组研究诸多方面的坚实基础,并为学生在学术界和企业中获得理想工作提供了竞争优势,这些职位越来越需要跨学科的学术背景,主要涉及高端计算、数学建模、科学和工程理论、大数据分析。完成所有要求和论文后,学生将被授予"计算科学与工程设定重点领域生物统计学博士"(PhD in Biostatistics with a Designated Emphasis in Computational Science and Engineering)。

6. 学业评价

(1)博士候选人资格考试

博士候选人资格口试时间为 3 小时。候选人用 30 分钟汇报一个完整的研究设计,并回答考试委员会成员提出的问题,包括超出论文研究领域的问题。考试的主要目的是测试候选人在生物统计学领域的基本能力以及将生物统计方法应用于广泛研究领域的能力,了解博士候选人的知识广度,确定候选人进入研究阶段的准备情况。鼓励学生在确定毕业论文导师和研究课题后参加资格考试。在准备考试时,候选人应与资格考试委员会主席会面商谈考试形式和其他相关问题。

(2)博士论文

完成课程工作和口头综合考试后,博士生升为博士候选人。在这之前,学生必须确定论文题目、论文导师、答辩委员会。导师和委员会成员将对具有创新能力的候选人特别感兴趣,并鼓励博士生在课程早期探索论文研究课题。研究主题选自生物统计学和统计学、公共卫生、生物学、计算和其他领域。

三、麻省理工学院地球、大气与行星科学项目

麻省理工学院的地球、大气与行星科学（Earth，Atmospheric，and Planetary Sciences，EAPS）是硬科学、定量科学，强调学术严谨性、实践培训、协作和交流。领域包括大气、气候、地球生物学、地球化学、地质学、地球物理学、海洋和行星科学。在 EAPS 这个充满活力的学习社区，研究和教育携手并进，使麻省理工学院和广大公众更深入地了解我们的世界。毕业生获得地球科学终身教职的人数在全美排名第二。

1. 培养目标

地球、大气与行星科学系致力于培养学术界、政府和工业界的未来领导者。研究生教育（主要在博士学位项目）旨在为学术界、政府部门和私营部门培养杰出的年轻科学家。硕士研究生教育主要培养在环境、自然资源和技术咨询行业就职的专门人才。

2. 课程设置

地球、大气与行星科学系开发了各种各样的课程，包括地球、大气与行星科学的所有领域。从"火星陨石杀死狗：行星内部的故事"到"地球物理学研讨会：地震高级方法"，广泛的 EAPS 课程使学生能够集中精力专注于一个领域，或对地球物理科学的两个或多个领域进行跨学科研究。EAPS 的所有成员都可以自由参加本学年学院教师和访问学者提供的丰富的专题研讨会。另外，学校参与了跨校注册项目，意味着学生可以选修其他学校的课程。

3. 教学方法

地球、大气与行星科学系的人才培养通过实地考察、理论学习、实验和建模，加深学生对自然世界的认识。研究生必须参与地质学、地球化学和地球生物学，地球物理学，气候、海洋和气候，行星科学与麻省理工学院/伍兹霍尔海洋学研究所（WHOI）海洋学联合项目，以获取学位。每个学生根据自己的背景、需求和目标以及研究兴趣，通过与学院委员会和导师协商，制定专门的学习和研究方案。

学院的研究生有一个充满活力的专业组织——EAPS 研究生咨询委员会（the EAPS Graduate Student Advisory Committee，EGSAC），协调社交活动，指导研究计划，完善整个研究生学习阶段的就读经历。EGSAC 还促使研究生和博士后之间的关系更加紧密。

博士学位项目：在学术导师的帮助下，每个学生都按照个性化课程进行学习，包括核心课程、基础科学和数学以及与学生感兴趣领域相关的课程。学生通常在 5 年内获得博士学位，前 2 年进行课程学习和科研工作，必须在第二年年底前进行全面考试。考试之后立刻开题，论文开题由指导委员会主持完成，而指导委员会的组成教师由学生选择，这些教师对学生的研究领域感兴趣并有所了解。导师可能是 EAPS 或麻省理工学院其他学院的成员。每一篇博士学位论文都要求达到较高的专业水平并对学生选定的科学领域作出重大贡献。

硕士学位项目：硕士学位课程在 2 年内完成，适用于已经具有地球科学、物理、化学、数学或工程本科学位的学生。学生在第一年上课，第二年进行研究和论文工作。

四、杜克大学计算媒体、艺术与文化

杜克大学计算媒体、艺术与文化专业（Computational Media，Arts & Cultures，CMAC）起源于艺术系、艺术史与视觉研究系和梅隆支持创建的视觉研究，现包括各种研究生培养项目和跨领域合作研究项目。CMAC所在地有许多与之相关的跨学科实验室。这些实验室是媒体艺术与科学协会的一部分，其中包括长期关注CMAC的国际合作伙伴。规模扩大后的CMAC领域包括来自校内外的教职员工和学生。CMAC与富兰克林人文学院数字人文科学与数字知识博士实验室、信息计划、低音连接以及校园其他创新项目密切相关。CMAC为学生提供参与各种活动的机会，活动参与成为他们课程学习和论文项目的一部分。

1. 招生政策

录取的学生必须有优异的本科成绩，有独立工作和跨学科学习的能力。学校强烈建议学生自己选择导师，并思考如何充分利用在杜克大学学习期间的各种机会和资源，包括那些他们可能联系上的外部相关的教师和项目。

学生在开始研究生学业之前，要具备必要的语言能力和计算机操作技能，导师在选择学生时需要学生展示这些能力。学生必须提交GRE分数，外国留学生的托福成绩不低于90分。

2. 师资队伍

师资队伍由核心教师、相关教师或职员和技术顾问或研究顾问三部分人员组成。计算媒体、艺术与文化学院的核心教师，需要指导论文写作，教授导论课程，并为研究生提供实验室或基于实践的实习机会；相关教师或职员一般是研究生指导委员会成员或者是副导师，以及教授与相关课程教师；技术顾问或研究顾问参与理论和实践相结合的课程模块、实验室和研讨会的合作。CMAC欢迎来自校内外的教职员工加盟。

3. 课程设置

CMAC课程包括艺术系、艺术史与视觉研究系、信息科学系开设的计算媒体硕士课程，以及它们联合发起的跨学科博士课程。

4. 教学方法

CMAC研究生教学主管（DGS）与相关部门的本科生教学主管进行合作，负责安排教学工作。他们尽可能地将学生的兴趣与现有的教学资源相匹配。有特殊教学需求的学生要尽早咨询研究生教学主管。

（1）初级专题研讨（所有入学博士生要求）

初级专题研讨是一门理论与实践联系的概论性课程，通常由一个团队进行教学，课程之初由两位核心教师授课，一位讲理论，另一位讲实践。这门课程是CMAC所有新生的必修课。随后，该课程将由核心教师团队成员轮流授课，包括邀请其他教员举办讲座（经过两年的审查，指导委员会将评估团队授课的成效，并将考虑其他授课方式，比如一名教师主讲课程，配套该项目教师的系列讲座）。

初级专题研讨会包括有关计算媒体理论、设计及其评论的理论阅读，并重点关注这些理论阅读如何为"基于实践的学习和制作模式"提供信息和批判性的环境。研讨会涉及计

算媒体理论和文化的各个领域,包括媒体考古、数据和可视化、计算与文化、数据库和叙事、数据挖掘和大数据,其目的是探讨媒体的理论方法如何能够指导和挑战媒体设计中的实际工作。

该研讨会会介绍校园里有哪些可以利用的媒体实验室和其他基于计算机的项目资源,在此基础上,CMAC 的学生可以在各种媒体实验室完成实习。初级专题研讨会对杜克大学的所有研究生开放,期待越来越多的跨人文学科的学生能对媒体产生兴趣。

（2）实习

这个项目的一个关键特征在于它所提供的实习经历——大量的有关计算机的社会参与和媒体实践,这对理论性和批判性课程是一个有益的补充。CMAC 培养项目的目标是通过新的学术研究和生产形式将跨学科的理论与实践结合起来,最终完成跨学科的学位论文。每一次实习都应该有明确的成效。实习的目标如下:

- 了解应用于当前教师研究项目的计算媒体、艺术和文化相互交叉的各种方式;
- 通过课程、工作坊、导师指导和自学,加强和提升计算媒体技术技能;
- 通过参与一个小组项目来提高项目管理、指导和协作的技能;
- 能够在更大的跨学科框架内制定和研究个别问题及解决的方法路径。

这些实习经历注重学生的个体差异,并且基于学生个人兴趣和项目需求,更强调科学研究、动手操作和户外活动等。一些学生只能参加一次实习,另外一些学生可以参加几个（4 个或更多）。除了通过参与实验室项目获得的具体技能外,学校期望这些实习经历能使 CMAC 学生与其他项目中有共同兴趣的研究生相互了解,加强交流,形成合作关系。

学校期望大多数实习生积极参与跨学科的实验室项目。这些实习还可能包括与外部实体（如当地历史组织、技术创业公司、博物馆或社会正义组织）的合作。这些实习也会给学位论文提供思路和素材。

（3）助教或助研

学生在第一年通常被任命为研究生助理或研究助理。一年以后,学生被指定为助教、研究生助理或者 CMAC 及其附属机构和项目中的研究助理。CMAC 要求学生每学年有一个学期担任助教或者助研等工作。

5. 学业评价

（1）分级和评估

研究生院的学生成绩通常分为 A（优秀）、B（良好）、C（符合要求）三个等级。在此基础上,根据学业实际情况,可以进一步细化,如非常突出可以为"A$^+$",特别差可以为"F"。通常,A 表示学业表现优秀,B 或以下级别则强烈要求改进,F（失败）的学生通常在下一个学期结束时从学位课程中退出。

博士研究生的平均成绩必须保持在 B（绩点为 3）才能继续留在这个项目中。要获得奖学金,成绩必须至少保持在 A－（绩点为 3.7）。学生如果有 2 门或 2 门以上未完成的学业,那么在下一学期开始之前将被清退。

（2）资格考试

资格考试包括笔试和面试 2 个部分。笔试通常是回答学生委员会提出的问题,完成 2 篇论文,每篇论文大概 6 小时工作量,课后 2 天内完成。口试部分包括考试答辩和论文开题。考试的口头答辩必须在笔试完成后的 2 周内安排,特殊情况除外。论文开题的答辩通常安排在同一时间,但偶尔也会分开。初试至少提前 3 个月进行,以确保考核委员会成员能够出席。学生如果考试成绩不合格,可以根据研究生院的规定重新申请参加初试。

每年春季学期开始时,每名新生都必须选定一名主要导师,并选出博士生指导委员会主席。主席与学生将于第三年秋季学期联合向研究生教学主管和研究生院提交博士生指导委员会的名单。根据研究生院的要求,委员会至少由 4 名教师组成,其中至少有 2 名来自 CMAC 培养项目,至少有 3 名熟悉学生的主要研究领域。该委员会的批准表必须在初级考试之前 30 天内经研究生院批准。原则上,委员会成员必须出席考试,当然主席也不例外。

五、卡耐基梅隆大学音乐与科技

卡耐基梅隆大学的音乐与技术(Music and Technology)跨学科硕士学位项目给予学生扩展自身专业广度的自由。研究生阶段的学生可以在跨学科领域提升他们的技能,专注于已选的研究领域,例如录音技术、音频工程、计算机音乐、音乐合成、音乐表现和音乐理论。参加此项目的学生作品优秀,在音乐与科技领域表现优异,呈现出他们的聪明才智及深层探索的兴趣。

1. 培养目标

音乐与技术跨学科硕士学位项目要求合格的学位候选人必须具备以下有关能力:

电气工程方面着重要求:音乐历史、键盘乐器、音乐理论方面的基础知识或能力;全面的电子设备和模拟电路知识;全面的数字系统结构和设计的知识;软件记录、编辑和控制的操作知识与技能(Pro-tools 系统);专业录音棚的操作知识。

计算机科学与技术方面着重要求:音乐历史、键盘乐器、音乐理论方面的基础知识或能力;并行数据和序列数据结构和算法的知识;计算机音乐系统的知识;软件记录、编辑和控制的操作知识与技能(Pro-tools 系统)。

音乐方面着重要求:表演能力和创作水平;全面的关于音乐历史、键盘音乐、和声、艺术体操理论和唱名法的知识或能力;电子设备和模拟电路的基础知识;一级计算机编程课程的基础知识;软件记录、编辑和控制的操作知识与技能(Pro-tools 系统);专业录音棚的操作知识。

2. 课程设置

项目内有各种课程可供选择,学生在锻炼才智的同时可以探索新领域,并且有望通过公开表演和现有文献创造出新的原创性作品。由于各学生学科背景和需求的迥然不同,个性化课程选择由学生导师负责监督,并由音乐学院、电子科技学院、电信工程学院各代表组成的咨询委员会合作完成。在与专家教师的紧密合作下,学生们可以在表现出色的同时进行技术性学习,同时学习计算机音乐系统与技术、音乐信号处理、视觉声音记录、乐器设计以及音乐认知与感知。

该项目包括一组跨学科音乐和科学课程,以及一个综合性毕业设计项目。由于各学生学科背景和需求的迥然不同,具体选课由学生与音乐学院、计算机科学学院、电子与计算机工程系各代表组成的咨询委员会共同完成。潜在的研究领域包括技术辅助创作,技术增强表演,计算机音乐系统与技术,音乐信号处理,音乐信息检索,音响、录音和音乐仪器设计,音乐认知和感知。

该项目总学分为 144 个学分,其中核心课程 60 个学分,辅修课程 36 个学分,表演/课程理论 18 个学分,选修课程 26 个学分。核心课程由研究生咨询委员会根据各学生学科背景和经验与其协商确定。音乐学院开设至少 24 个学分的课程,计算机科学学院和电子与计算机工程系也将开设至少 24 个学分的课程。辅修课程由学生自己选择。研究生不重复此前在卡耐基梅隆大学或其他地方读过的课程。学校鼓励硕士研究生选修音乐与科技硕士课程没有的那些课,例如音乐、计算机科学、电子工程等。卡耐基梅隆大学的几个学院提供了几门关于机器学习的优秀研究生课程。虽然并没有被列入课表,但这些课程都可供学生选择。咨询委员将会帮助学生选择课程。此外,许多研究生为了学习不熟悉领域的知识会选修本科课程。核心课程和辅修可能包括论文研究学分。

3. 教学方法

该培养项目的专业教师相互协作,为学生提供专业知识和广泛的技能,从而促进学生在音乐领域的发展。

音乐和应用科学硕士学位课程的学制时间为 21 个月即 4 个学期,从每年的 8 月下旬开始,到第三年的 5 月份。根据卡耐基梅隆大学的学术安排表即可找到准确的日期。比如,第一学期的 8 月初,选择和注册课程;第二学期的 4 月 30 日,确定论文主题、为论文主题写一页纸的描述说明、选择论文委员会;第三学期的 8 月初,选择和注册课程、报名参加阅读和研究;暑假及 9 月初,准备 2 页的论文计划书,包括研究简介、文献准备、将做些什么、如何评价自己的作品、完成作品的标准是什么等等;9 月 30 日,开题答辩。若未通过,学生必须修改问题并提交另一份研究计划。

4. 学业评价

学生必须完成答辩。答辩包括学生的口头陈述和作品发表。口头陈述与会议陈述类似,学生之前应充分准备,并通过适当的图表和公式支撑论据。陈述过程中应尽可能包括声音和/或视频。作品发表可能是一场音乐会或独奏会,可能是一个联合独奏会甚至一个时间更长的节目。口头陈述和作品发表也可以结合起来。音乐在质量上应该是专业的,并要求适用于论文。如果论文成果被用于音乐创作或表演,申请学位者不需是表演者或作曲家。

一篇专业的论文可能不会生产出音乐会上的音乐。虽然在演奏会上进行音乐表演只是一个理想,但论文委员会可以批准将音乐表演作为口头陈述的一部分,以此满足学生音乐演奏的需求。委员会可以通过或不通过论文的口头陈述和作品发表,也可要求进一步修改论文。

第三节 美国研究生复合型人才培养机制与特点

崇尚个性、凸显特色一直是美国高等教育发展的鲜明特征之一,研究生人才培养也不例外。即便如此,通过对以上案例中人才培养模式要素的考察和分析,我们还是可以归纳出美国研究生教育跨学科人才培养的一些机制与特点。

一、鼓励学科交叉培养跨学科人才

进入现代社会后,社会分工越来越精细,美国大学设置的专业也随之剧增。根据美国教育部国家教育统计中心(NCES)2010 年修订的第 4 版学科专业编码目录(Classification of Instructional Programs, CIP),第三层六位数编码的学科专业新增 300 多个。但是,我们可以看到,美国 2010 版学科专业编码目录新设了交叉学科专业门类,其目的就在于试图打破强调专业性而造成的学科间的分离及学科知识的分割,而美国大学,特别是一流大学的跨学科人才培养已成为美国研究生教育的主要特点之一。美国鼓励传统大学向跨学科大学转型,搭建跨学科平台,拓宽专业跨度,促进不同知识体系之间的相互渗透与重新组合,孵化交叉学科、新兴学科,为跨学科研究生人才培养提供新的学科基础;鼓励学科之间互通有无、精诚合作,在专业教师、实验室、仪器设备、图书资料等方面相互融合,为跨学科人才培养创造良好的环境和条件,携手培养跨学科的复合型研究生。

二、招生政策要求生源具备多学科背景

跨学科人才培养项目的招生政策保证了生源的多学科背景和多学科训练基础。从生源的筛选开始,就强调了多学科的交叉与复合,生源的交叉学科背景意味着其更容易参与到交叉学科的研究和学习中去。

三、人才培养理念以多个学科知识与能力的优势为核心

虽然人才培养目标离不开具体的情境背景,而且在不同的学校、学科、专业、课程等背景中呈现明显的情境差异,但是,从美国跨学科研究生培养的目标阐述中,我们可以看到一些共同的特点:跨学科复合型研究生人才培养目标为通过跨学科教育模式培养具有宽厚理论基础和广博的知识面,基本掌握两门或两门以上学科的理论、知识和技能,富有跨学科意识和创新精神的复合型人才。具体而言,既要注重培养学生知识的广博和认识的深邃,又要注重学生的观察能力和动手能力;既要注重学生的数理逻辑能力和推理能力,又要注重学生的实践能力和应变能力。这些培养目标反映出跨学科研究生培养以多个学科知识与能力为优势和核心的培养理念,从而帮助学生获得多学科的知识,发展多学科技能,体现出跨越不同学科后的差异和特质,而不只是将不同的传统单一学科进行简单的拼凑。

四、组建跨学科师资团队

要想培养出跨学科的复合型人才,首先要有跨学科专业素养的教师,哈佛大学用自身的实践证明了跨学科人才培养师资的可能性。一个新学科产生后,其师资往往具有滞后性。跨学科人才的培养需要两个甚至更多其他专业教师的合力,教师的多样性和质量是保证跨学科专业培养质量的基石。对于交叉学科项目,其师资队伍组成复杂,涉及学科广泛,其对人才的培养不再是一个院系的任务,而是打破了院系之间的壁垒,成为多院系之间的合作,这种合作无疑可以充分利用各种师资,可以最快速地整合跨学科的教师团队。而学生的导师不再是单独的个人,而是在一个主要导师的基础上,根据学生的兴趣和研究

方向,组合起来的导师团队。组成团队的师资来自不同的研究领域,将在学生的学习和撰写论文上提供指导和帮助。学生做出学业上的决定要同导师团队商议咨询。这种针对单个学生的多学科背景导师团队,无疑为学生营造出一种跨学科的学术氛围,提供跨学科的知识和研究方法。

五、设置跨学科综合性课程体系

跨学科研究生培养的课程体系更应多元化、综合性,以便使学生求得对世界的综合与多维的理解,真正地了解现实世界。课程设置则更加灵活,学生可以通过自己的研究需求选择不同的课程组合,课程咨询委员会也会给学生相应的帮助,满足学生个人的研究兴趣,但同时提供监督和指导,以确保他们得到严格的、全面的培训。此外,跨学科研究生培养项目的课程内容注重实践能力的培养。

六、教学方式关切跨学科特性

美国大学享有高度的自治权,教学活动是大学分内的事情,教学管理主要为教学秩序提供基本的制度准备和详尽周到的服务,而教什么、如何教由教师自己决定。在跨学科研究生教学活动中,教学方法多种多样,教学评估自主选择,这在跨学科人才培养方面保证了高校追求卓越的同时彰显自身的办学特色。通观以上案例,美国跨学科研究生教学方式有以下特点:其一,培养方案预留空间,不过早限定学生的研究领域,鼓励学生积极尝试、大胆探索。其二,在跨学科教学方式上注重探究、尝试与体验,发展学生多维的、灵活的、创造性的思维能力,而不是要求学生掌握固化的知识,忽视学生创新能力的培养。其三,教学中将不同学科的某些观点、概念、方法联系起来。在教学实施中,强调不同学科的教师之间、师生之间、学生之间进行广泛而充分的交流、对话、互动、合作,探索未来的研究课题。其四,轮换实验室是美国跨学科研究生培养的常见方式。相比开设跨学科的课程,这种跨学科的实验室实践使学生置身于不同的科研环境中,使学生更容易掌握跨学科的研究方法,更迅速地参与到跨学科的研究当中去。

第四章 英国研究生复合型人才培养

英国是现代高等教育的发源地之一,拥有诸多历史悠久、举世闻名的大学,在高等教育排行榜上的表现非常突出。英国高等教育质量素来为国际认可,不仅仅因为英国是本科生导师制人才培养模式的发源地,也因其研究生教育源远流长、富有特色,吸引了大批的国际学生入读,成为诸多学生留学的首选之地。近 20 年来,在多个组织和机构的共同努力下,英国对研究生培养模式进行了诸多改革,尤为重视综合素质的培养;建立了统一的国家研究人员质量标准,并使之在研究生培养过程中发挥重要作用;增加了新的学位类型,加强研究生培养与产业界的联系,尤为重视创新和创业能力培养,等等。通过这些新的举措,英国研究生教育将复合型人才作为重要培养目标,大力加强了研究生综合能力的培养,取得了良好的成效。

第一节 英国研究生复合型人才培养的基本情况

一、英国研究生学位类型及要求

(一) 英国的研究生资格框架

在英国,"研究生"一词并非单一定义,通常用于描述已经获得一级学位的进一步学习的人,经常用于指硕士或博士研究生,但也包括获得比本科证书和文凭更符合学术要求标准的证书和文凭的人。

英格兰、威尔士和北爱尔兰的高等教育质量保证机构(QAA)的高等教育资格框架按照八个级别定义资格类型(如表 4-1),其中最基本的层次是中等职业资格,接下来是本科生,后两级对应研究生学习。QAA 对研究生的定义是基于"成果和成就的实现,而不是学习的年数"。这意味着通常需要至少一整年学习的硕士学位与较短的研究生课程(如专业证书)的要求保持在同一水平,这些课程需要相当的智力成就水平,但时间较短。

表 4-1 高等教育资格框架

典型的高等教育资格	高等教育资格框架 2008	高等教育资格框架 2001
博士学位(包括哲学博士、专业博士、新制博士、教育博士、工商管理博士、心理学博士等等)	8	博士

（续表）

典型的高等教育资格	高等教育资格 框架 2008	高等教育资格 框架 2001
硕士学位(包括哲学硕士、文学硕士、研究硕士、理科硕士等) 综合硕士学位(工程硕士、化学硕士、物理硕士、化学硕士) 研究生文凭 教育专业毕业证书(PGCE)4 级 研究生证书	7	硕士
荣誉学士 学士学位 教育专业毕业证书(PGCE)荣誉级 研究生文凭 研究生证书	6	荣誉学位
基础学位 高等教育文凭 高等国家文凭	5	中间
高等国家证书 高等教育证书	4	证书

来源：Higher Education Policy Institute and The British Library：Postgraduate Education in the United Kingdom, Ginevra House，January 2010，4.

（二）研究生教育的主要模式

1. 研究型与教学型研究生

硕士学位通常需要至少一年的全日制学习（或等同），期望学生在知识应用和解决问题上具有独创性，并且了解知识的界限如何通过研究活动加以推进。硕士学位通常与其他研究生资格（如文凭或证书）不同，其复杂程度和学习深度也在不断增加。研究生学习涉及完成教学课程模块、研究模块或者两个模块都有涉及。许多课程的目的是加深学生在特定领域的知识深度，建立在本科阶段获得的专业知识的基础上，因而对招生对象的本科专业有对口的要求，其他课程基本上是转换课程或中间课程，对那些很少或根本没有这方面知识的学生开放，提供类似于最后一年本科课程的知识教育，但其目的是提高学生的学术能力和参与研究的能力。

硕士学位主要分为研究型硕士学位和教学型硕士学位。前者以专题的深入研究为主，论文的科研水平要求较高；后者主要通过课程为主的学习方式而获得学位，是针对本科毕业或有一定工作经验的申请人的研究生课程，重视让学生习得与职业或就业相关的专业知识。其中有一些教学研究生课程比较特殊，比如牛津大学的文学硕士，虽然是教学型研究生学位，与研究学位的要求也不同，但比正常的一年制全日制教学型硕士学位需要更长的学习期。①

作为英国教师教育重要培养模式的教育研究生学位的研究生教育证书（Postgraduate Certificate in Education，PGCE），本质上是一个转换课程，学生毕业后将被赋予与教育学士学位获得者相同的专业地位，由专门的政府机构提供大量的奖学金，对需求予以刺激和控制。PGCE 的学生绝大多数是全职，而且绝大多数是女性。②

研究型硕士主要招收已获得本科一级荣誉学位或二级荣誉学位中排名靠前的学生，也招收大量本科成绩优秀的海外留学生。而教学型硕士招收学生的条件要宽泛很多，而且各院校的招生标准也多样化，要求不一。有些院校还招收没有本科学位但具有相关经验和较高能力的学生攻读教学型硕士学位。除此之外，教学型硕士学位还招收大量海外留学人员和社会在职人员，海外留学人员已占教学型硕士的很大比重。

2. 博士学位的变革

博士学位通常授予那些做了原创研究、扩展了特定学科内的知识或实践的界限的研究生。它是全球公认的资格，被认为是大多数国家最高水平的学位。它通常至少需要相当于 3 年的全日制学习，而在职学习的年限长得多。博士学位传统上专注于研究，虽然对博士生进行原创研究的基本要求仍然存在，但近年来，课程要素显著增长，纳入了大量的教学内容。例如，专业博士学位旨在发展个人的专业实践，并支持他们对专业知识的原创性贡献。这些学位通常有其名称，例如教育博士或临床心理学博士。教学博士学位的典型代表是新路线博士，这是一个为期 4 年的课程，为博士生提供了教学课程和包括了实践经验的前沿研究训练。

英国的博士教育在国际上享有良好的声誉，博士生学位获得率与竞争对手美国相当。它吸引了大量的国际留学生，留学生数量目前占全球市场的 15%，已经非常成功。在 2000—2006 年，英国博士研究生人数增加了 12%。英国籍的博士研究生人数相当稳定，不过来自欧盟其他国家和欧盟以外的研究人员数量则大大增加，分别占 27% 和 30%。在 2005—2006 年度，英国 40% 的博士研究生来自英国以外。然而，英国的博士教育也面临着巨大的压力。一方面是英国经济社会发展的需要。英国的博士毕业生就业于大学的比例不足一半，而超过半数分布在产业界、公益组织等社会部门，因而，传统上旨在为大学培养学术人员的哲学博士不足以满足社会对高层次人才综合素质的要求。2002 年，加雷斯·罗伯茨爵士指出，长期来看，有必要在内容上进行博士课程的混合，以吸引更多类型的潜在人才进入博士生培养过程；应该为高等教育机构提供资金和鼓励，以开发多种多样的博士学位。

另一方面是国际研究生教育市场的竞争。国际研究人员的竞争越来越激烈，许多欧洲国家的大学提供结构化的英语教学博士课程，费用较低或不收费，特别是北欧国家，这对英国留学生市场形成了有力的竞争。美国也依然是强大的竞争对手。这使得英国借鉴

① Higher Education Policy Institute and The British Library：Postgraduate Education in the United Kingdom，Ginevra House，January 2010，6.

② Higher Education Policy Institute and The British Library：Postgraduate Education in the United Kingdom，Ginevra House，January 2010，6.

国际流行模式并面向国内需要,对博士培养模式和学位制度进行大力改革,使其不仅能符合英国社会对高层次人才的期待和要求,也能够增强国际吸引力,从而在全球留学生市场竞争中占据主动地位。

英国的博士学位有传统的哲学博士、专业博士和新制博士几种类型。最古老、最传统的博士学位类型为哲学博士,主要集中在几所学术水平很高的老的研究型大学。20世纪80年代以后,为应对知识经济、市场竞争等方面的压力,弥补传统哲学博士职业技能培训的缺失,并借鉴美国博士学位设置的种种创新做法,英国相继设置了涵盖教育博士、工程博士、建筑博士、工商管理博士等多个专业的专业博士学位类型,并融合哲学博士、专业博士的特点,新开发了新制博士项目。从博士学位的变革来看,英国博士培养的目的,正在从传统的学术人员扩展到兼顾造就研究型的实践工作者。这些新的博士学位的发展旨在缩小通过博士研究获得的技能和知识与其在非学术工作环境中的应用之间的差距。

哲学博士是在扩展研究项目的基础上获得的博士学位类型。它的主要目的是为大学培养学术人员,在20世纪80年代之前是英国博士学位的主要模式。专业博士是发展最快的博士学位类型。首次出现是在20世纪80年代后期,是对来自产业界和公共部门等社会需求的积极回应。最早的专业博士学位是临床心理学博士(Doctor of Clinical Psychology)。20世纪90年代初期,专业博士学位开始在英国大学广泛开设,当时主要集中在教育、工程和工商管理领域。与传统的博士学位不同,其学习领域是专业学科,学习的目的不是为了学术探究和成为学者。它包括一个重要的"教学"元素,因此大多数要求有特定的"学习成果"。2004年,英国大学开设有200多个专业博士课程,新课程仍在不断推出。到2005年,英国已经设立了51种专业博士。[1] 最能够证明专业博士学位受欢迎程度的是,临床医学已超越传统的化学学科成为英国籍博士毕业生中最受欢迎的学科。专业博士项目大约四分之三的时间是以参与公司的工业研究项目的形式进行的,该计划的其余部分涉及技术、商业、管理和个人技能方面的教学课程。比如,工程博士作为专业博士学位的一种,它是为促进传统博士与工业界的密切联系与合作而开发的。工程博士除了要开展相当于博士学位的研究项目外,还提供了重要的教学要素,包括专业知识、研究技能和可迁移技能的培训。导师小组中通常包括来自产业界的导师,他们必须符合伦敦大学教育学院关于副导师的要求。[2]

2001年,英国经济与社会研究委员会推出了一种"1+3"博士培养模式:在任何被认可的3年博士培养之前增加1年的全日制硕士课程学习,其中硕士学习必须具有实质性的通用以及专题研究训练诸要素。"1+3"模式不仅明确了博士四年学制的规定,而且还为英国哲学博士培养注入了教学成分,强调博士研究生不仅是一名研究者,而且还是一名学习者。在专业博士学位基础上,结合"1+3"博士培养模式创新,英国研发了新制博士项目(New Route PhD)。新制博士也称综合博士,该类博士学位也包含重要的教学内容。2001年,在英国政府、英格兰高等教育基金管理委员会和英国文化协会的全力支持下,英国10所著名研究型大学发起了一种名为新制博士的新型研究生教育。2004年,由34个

---

① 栾锦红等:《英国专业学位研究生教育的特色化发展及启示》,载《职业技术教育》2013年第14期。

② UCL. RESEARCH DEGREES-PROGRAMME-SPECIFIC INFORMATION, www. ucl. ac. uk/docschool.

大学组成的联盟提供的综合博士教育,在英国研究评估活动中 4 级以上的高等教育机构提供超过 120 个项目。

英国斯特莱德大学的埃金斯通过绘制新制博士的形成路线,清晰地说明了专业博士、新制博士的产生背景,以及哲学博士、专业博士、新制博士的相互关系。[①] 将强调高深学问的传统哲学博士与强调职业技能相结合,产生出专业博士学位;将强调高深学问的传统哲学博士与强调研究方法的教学成分相结合,产生出"1+3"博士培养模式;将传统哲学博士、专业博士以及"1+3"博士培养相结合,产生出新制博士学位(如图 4-1)。因此,新制博士学位在英国许多大学又被称为"综合博士学位"。

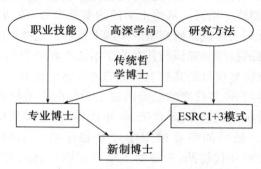

图 4-1 英国几种博士学位之间的关系

由于融合了职业技能、高深学问、研究方法等诸多元素,新制博士学位受到普遍欢迎,自产生后发展迅速。第一,它保留了哲学博士中强调学术研究的哲学成分;第二,它保留了专业博士学位中强调技能培训的成分,且这些技能往往是可供学生选择的通用技能;第三,它避免了哲学博士和专业博士就业的单一指向性,博士毕业后可以胜任大学教学、工商管理以及政府和公共服务等工作。[②]

第二节 英国研究生复合型人才培养的个案分析

一、英国国家研究人员发展框架

在英国,对研究生素质的要求主要在研究人员发展框架(the Researcher Development Framework,RDF)中提出。研究人员发展框架由英国生涯发展组织于 2009 年开发,它是英国研究者发展的主要新方法。从社会角度而言,它的主旨是提高英国劳动力的能力,培养世界一流的研究人员,并建立世界一流的研究基地;对研究者个人而言,作为一个专业的框架,它的目的是支持高等教育领域研究人员提升个人发展、专业发展和事业发展的规划能力,清楚地表达了成功的研究者需要具备的知识、行为和特质,并鼓励他们实现自己的潜能。它还有益于研究人员的管理者或导师扮演支持研究者发展

---

① Heather Eggins. Professional Doctorates, http://web. abo. fi/fa/ie/coimbra2007/Professional Doctoratesfinal%20Eggins. ppt, 2010-9-3.

② 胡钦晓:《英国新制博士学位的特色与启示》,载《教育研究》2013 年第 8 期。

的角色,有益于培训师、开发人员、人力资源专家和职业顾问规划及为研究人员提供支持。同时,它帮助雇主了解研究人员独有的技能组合;那些有兴趣成为研究人员的人员以及寻求从其他部门进入高等教育的研究人员也将从中获益;政治制定者、研究人员资助者和其他利益相关者也将从该框架中发现有价值的信息。

RDF 根据经验数据创建,通过调查研究人员收集信息,将卓越的研究人员的特征通过"描述符"表达出来。描述符分为 4 个领域和 12 个子领域,包括研究所需的知识、智力能力、技术和专业标准,以及与他人合作的个人素质,知识和技能,并确保研究的更广泛的影响。

表 4-2 所示发展框架中的 63 个三级描述中,每一个维度都包含 3 到 5 个阶段,代表描述符中不同的发展阶段或级别。随着阶段的提升,研究人员素质的要求水涨船高。比如,维度 C"研究治理与组织"—C1"专业行为"—6."归属与共同作者",研究人员发展框架提出了发展的五个阶段:第一阶段,研究者应理解归属概念,并且一贯和公正地应用于承认贡献和共同作者身份;征求关于地方行为准则的建议;第五阶段则应形成关于高等教育部门和专业协会、专业组织的政策与程序的知识。维度 C"研究治理与组织"—C3"财务、资金和资源"—3."基础设施和资源",第一阶段要求研究者能够有效利用可用资源,了解当下的学术制度和工作环境,了解院系和教师;第五阶段则要求驱动、指导和影响基础设施和资源的内部使用,对机构管理和治理做出贡献,担任机构高级委员会的主席,在资源分配中努力争取更多资源和适当的基础设施。维度 D"参与、影响和冲击"—D3"参与和影响"—1."教学",第一阶段要求研究人员对本科生教学有所助益,协助本科生督导,参加本科教学研究会议(研讨会等),形成研究如何影响教学的发展意识;在第四/五阶段则要求研究人员能够引导教学计划及其评估/质量保证,开发研究型教学的机会,培育促进研究与教学相结合的文化,担任研究生指导教师。

表 4-2　英国研究人员发展框架

描述维度	二级描述	三级描述
A 知识、智力和能力	知识、智力能力和研究技术	**A1 知识基础** 1. 专业知识 2. 研究方法—理论知识 3. 研究方法—实际应用 4. 信息寻求 5. 信息素养与管理 6. 语言 7. 学术素养与数学 **A2 认知能力** 1. 分析 2. 合成 3. 批判性思维 4. 评估 5. 解决问题

（续表）

描述维度	二级描述	三级描述
		A3 创造力 1. 探究思维 2. 知识分析 3. 创新 4. 构建论证 5. 知识产权风险
B 个人有效性	个人素质和成为高效研究者的方法	**B1 个人素质** 1. 热情 2. 坚持不懈 3. 诚信 4. 自信 5. 自我反省 6. 责任 **B2 自我管理** 1. 准备和优先排序 2. 对研究的承诺 3. 时间管理 4. 对变化的反应 5. 工作与生活平衡 **B3 专业和职业发展** 1. 职业管理 2. 持续专业发展 3. 对机会的反应 4. 网络 5. 声誉和尊重
C 研究治理与组织	了解关于研究的标准、要求和专业知识	**C1 专业行为** 1. 健康和安全 2. 伦理,原则和可持续性 3. 法律要求 4. 知识产权和版权 5. 尊重和保密 6. 归属与共同作者 7. 适当的实践 **C2 研究管理** 1. 研究策略 2. 项目规划和提交 3. 风险管理 **C3 财务、资金和资源** 1. 收入和资金的产生 2. 财务管理 3. 基础设施和资源

（续表）

描述维度	二级描述	三级描述
D 参与、影响和冲击	与他人合作、并确保研究产生更广泛影响的知识和技能	**D1 与他人合作** 1. 共治 2. 团队合作 3. 人事管理 4. 监督 5. 指导 6. 影响和领导 7. 合作 8. 平等和多样化 **D2 沟通与传播** 1. 沟通方式 2. 通讯媒体 3. 出版 **D3 参与和影响** 1. 教学 2. 公共参与 3. 创业 4. 政策 5. 社会和文化 6. 全球公民身份

资料来源：Vitae. The Researcher Development Framework［EB/OL］. Http://www. vitae. ac. uk/ rdfconditionsofuse，ISBN：978 - 1 - 906774 - 18 - 9 Version 2 April 2011.

　　传统的哲学博士主要目的是为了培养到大学中任职的学术人员，然而，伴随着经济社会发展和流动性的增强、职业资格要求和志趣的变化，博士学位获得者的就业范围不断加宽。《创新国家白皮书》（2008 年）指出，英国必须比以往在其知识基础上投入更多的力量，将这种知识更有效地转化为商业和公共服务创新。"博士课程在培训下一代研究人员方面具有明显的作用。现有有关就业能力的数据显示，博士毕业生在一系列行业中的就业影响很大。"2006 年发布的"研究委员会经济影响"小组报告指出，具有"国际前沿研究经验"的博士毕业生流向其他部门，是"最有效的知识转移机制"。在 2003—2005 年，博士生作为研究人员就业仅占所有博士生就业比例的三分之一；2006 年约有 50％的英国籍博士生毕业生进入教育或学术研究岗位，健康和社会工作是次受欢迎的部门。[①]

　　对学术研究人员来说，许多事务和问题变得比以往社会更为复杂，"问题解决"的方式成为研究者要面临的重要工作方式，它常常是跨学科的，需要高度复合的才能和能力。博士学位获得者成为各行各业的佼佼者，跨行业就业或就业后转行的情况并不罕见，在高等教育部门以外就业的博士学位获得者也面临着同样的问题。这也正是研制研究人员发展框架的目的，发展框架的四个维度又可分为专业维度、个人维度和事业维度。维度 A"知

---

　　① Universities UK. Research report：Promoting the UK doctorate：challenges and opportunities，http:// www. universitiesuk. ac. uk/policy-and-analysis/reports/Pages/promoting-the-uk-doctorate-challenges-and-opportunities. aspx，2009.

识、智力和能力"以及维度 D"参与、影响和冲击"与传统的对学术人员的能力要求较为一致,维度 B"个人有效性"、维度 C"研究治理与组织"则更多着眼于研究人员的个人发展和事业发展所需的素质和技能。

英国将研究生视为研究人员,国家统一的研究人员发展框架在各大学的研究生教育和培养过程中发挥作用。从上述研究人员发展框架中对研究人员能力的划分和界定来看,这是一个具有高度复合特征的能力和素养体系:该框架要求研究生不仅有学术研究的能力,还有参与职业实践的能力;不仅有职业发展的能力,还有人生规划的能力;不仅有参与职业发展的能力,还有参与公共活动的意识与能力。它不仅仅关照作为学术人员的研究者,还将研究者个人置于整个社会之中,提倡研究的社会化和研究人员的公共服务。此外,它还重视研究人员的个人发展和个人需要,而不仅将研究工作视为社会需要的应声虫和满足者。正如加雷斯·罗伯茨爵士所言,博士研究人员创造的产品不是产出学位论文,即通过创造原创知识,推进学科领域的发展和学科界限,他们学习的产物是自己的发展。[①] 因而,英国的研究生培养不仅仅是学术技能的养成,更是具有浓厚复合特征的人才培养模式。

研究人员发展框架为英国大学的研究生培养提供了统一的框架,对研究人员的个人发展、专业发展和参与社会实践提出要求,并在研究人员培养过程中予以关照,为研究人员的个人发展提供了巨大的心理支持和技能训练,使之成为复合型人才,是英国研究生培养的重要特点。据此框架,各大学可以按照自己的理解进行规划和实践,并形成富有特色的课程体系和培养方式。约克大学的研究生教育在维度 A 中就进行了创新,以 A1 知识基础为例,主要进行学科知识、研究方法的训练,包括理论知识、研究方法:实际应用、信息寻求、信息素养与管理、语言、学术素养与计算。具体来看,教学训练的主要内容包括尾注/参考文献管理、学术写作的语言、管理数据、文件管理、制作海报、使用微软词写论文、PowerPoint 等;其他活动包括语言课程、学科领域相关的工作坊;反思训练包括信息搜寻和管理战略反思。在 A2 认知能力维度,训练的主要内容包括分析、综合、批判性思维,评估和解决问题。训练课程包括期刊论文的批判性阅读、数据分析和评估相关的课程、六个思维帽子解决和平行思考、快速阅读、创造力和解决问题;其他活动有 Vitae 或 YALISS 课程;反思活动有反思学科领域内或领域外特别重要的问题解决案例。在 A3 创造力维度,训练的主要内容包括探究精神、智慧洞察、创新、论证、知识产权风险。训练课程包括运用六个思维帽子法创造性解决问题、创造力和解决问题、研究创新的商业模式;其他活动包括 Vitae 或 YALISS 课程、创业 GradSeed、生物科学 YES 比赛;反思内容包括关于建构和批判性评论的反思、对研究问题或其他问题的创新性解决方案的反思。[②]

---

① Universities UK. Research report: Promoting the UK doctorate: challenges and opportunities, http://www. universitiesuk. ac. uk/policy-and-analysis/reports/Pages/promoting-the-uk-doctorate-challenges-and-opportunities. aspx, 2009.

② Department of Biology. Researcher Development Framework, https://www. york. ac. uk/biology/intranet/careers/phd-careers/rdf/.

二、伦敦大学教育学院的复合型研究生培养课程体系

伦敦大学教育学院在世界排名中名列前茅，它是一个非常有活力的研究社区，其研究生培养富有特色。尤其是在博士生培养方面，伦敦大学教育学院成立了博士研究生院，营造了高质量的学术环境，坚持国际最高水平的研究生培养和培训，目标是为世界各地的学术和非学术发展培育创新的研究人员，它也提供了大量的奖学金吸引研究生攻读学位。伦敦大学教育学院为研究生开设了大量的学科课程和跨学科课程，鼓励研究生超越他们所选择学科的界限，通过参与社会活动和参加比赛，分享和学习学科知识，突破学科界限；伦敦大学教育学院也注意在研究网络中突破学科界限，营造学科融合和一体化的研究网络，激发研究生在最高标准中进行学习和研究。

结合国家研究人员发展框架，伦敦大学教育学院开发了博士生技能发展课程（the Doctoral Skills Development Programme）（表4-3），它也是伦敦大学教育学院2034战略的重要组成部分。该计划面向所有类型、所有层次的研究生开放。其目的是为研究生提供提升研究技能和可迁移技能的机会，以支持研究生的个人发展、专业发展和职业发展。为此，伦敦大学教育学院开发了一套发展相应技能的课程体系，并且全部是免费课程。研究生应使用研究生日志中的评估工具进行自我评估，与他们的导师讨论参加哪些技能发展计划课程，以及任何院系的培训课程，选择并定制自己的一系列课程组合来促进和完成他们的学位学习和研究。伦敦大学教育学院要求所有的研究生都应充分利用培训课程，其中一些课程受到普遍欢迎，但因为场地的限制，不一定有学位，需要学生及早进行注册，一旦注册成功，就要求学生必须修习这些课程。所有受研究委员会资助的研究型研究生（3年的哲学硕士和哲学博士，4年的4年制博士、工程博士等）都需要参加技能培训，每学年有时长约两周的技能学习经历。[①]

在2016—2017学年，伦敦大学教育学院提供了广泛的活动计划供学生选择，有半天讲习班和密集的一周课程，也有长期的培训计划，以及由导师领导的研讨会，一对一专家会议，住宅课程，实习和在线学习课程。课程的设计和教学动用了整个大学的专家和专业知识，辅以行业、雇主和外部顾问人员。伦敦大学研究生也有机会参与其所在的布卢姆斯伯里地区的其他机构的技能开发课程。[②]

依据国家研究人员发展框架的多样化主题，课程也分为多个主题，包括教学/研究技能课程、IT技能、在线培训、研究员基础发展计划、图书馆/电子和档案资源、语言、统计/数学包和技术、研究展示/发表、研究环境、写作/阅读/论文准备、分析/研究技术、个人和专业发展、教学技巧、创业与创新管理、职业管理和就业能力等16个主题。这些课程也可按照学生所处的学习阶段，被分别推荐给第一学年研究生、第二学年研究生、第三学年研究生和第四学年研究生，还有专门推荐给国际留学生的课程。[③]

---

① UCL. Doctoral School Doctoral Skills Development Programme, http://www. grad. ucl. ac. uk/codes/DoctoralSchool-Handbook - 1617. pdf.

② UCL. Doctoral School Doctoral Skills Development Programme, http://www. grad. ucl. ac. uk/codes/DoctoralSchool-Handbook - 1617. pdf.

③ UCL. Doctoral Skills Development Programme, https://courses. grad. ucl. ac. uk/.

表 4 – 3　伦敦大学教育学院博士生技能发展课程

对应的国家研究人员发展框架		课程
A 知识、智力和能力	A1 知识基础	• 学术写作 • 使用生物医学数据库,生命和医学科学学生进行高级和系统的文献检索 • MATLAB 入门 • 半结构访谈入门 • 动物研究:批判性、挑战性和创造性思维 • 研究基础统计:电子学习课程 • 参考书目(EndNote X7) • 人文学科访谈:口述历史 • 计数引文以及为什么进行引用计数,生命和医学科学学生 • 随机对照试验的批判性评估,生命和医学科学学生 • 系统评价的批判性评估,生命和医学科学学生 • 数字身份和奖学金 • 新的数字技能发展 • EndNote:生命与医学科学学生 • EndNote:人文社会科学学生电子书目技术基本训练 • 格式化论文 • 博士生新的好散文写作 • 如何撰写拟发表的论文 • IMLR 星期六研究培训工作坊:博士前、博士中、博士后 • IMLR 星期六研究培训工作坊:现代语言项目 • 知识产权协议 • 采访和口述历史 • 生物医学数据库入门和文献搜索,生命和医学科学学生 • 社会科学中的数据管理入门 • 机器学习入门 • MATLAB 介绍 • 定性研究介绍:深入访谈 • 新的定性专题分析 • Python 中的科学编程介绍 • 新的统计资料介绍 • NVIVO 使用简介 • 语言技能培训 • 图书馆技能培训:文献检索和数据库 • 使用 PubMed 进行文献搜索 • 纵向数据分析 • 充分发挥会议的作用 • 在职博士生面临的新挑战 • 参考文献鉴别,生命和医学科学学生 • 横向和纵向数据的数据和多元插补 • 社会科学中的混合方法 • 图书馆资源概览 • 科学哲学工作坊 • 剽窃和引用,生命和医学科学学生 • 为获取学位准备的数据管理计划 • Python:研究人员的瑞士军刀

(续表)

对应的国家研究人员发展框架		课程
		• 多级数据研究方法 • 定量数据研究方法 • 寻找专利文献 • 搜索医疗数据库 • 自学 IT 资源 • SPM:统计参数映射课程 • 研究人员统计 • 高等教育中的新型教学 • 思考写作:论文规划和写作 • 思考统计 • UCL 竞技场:入门训练工作坊(UCL 教学强制训练) • UCL 竞技场:一个教学助理计划 • 了解研究中的统计概念 • 档案工作 • 撰写引人注目的摘要 • 写作技巧 1 和 2 • 新入学博士研究人员写作技能 • 写作论文 • 博士第一步:阅读 • 博士第二步:研究人员的管理技能 • 博士第三步:管理和写作论文和报告 • 文献管理
	A2 认知能力	• 使用生物医学数据库,生命和医学科学学生进行高级和系统的文献检索 • 为繁忙的学生介绍 MATLAB • 半结构访谈简介 • 研究基础统计:电子学习课程 • 在人文学科进行面试:口述历史 • 创造性与批判性思维 • 随机对照试验的批判性评估,生命和医学科学学生 • 批判性思维与研究者:探索 • 海报展示基础 • 人文社会科学研究发表 • IMLR 星期六研究培训研讨会:现代语言项目 • 生物医学数据库介绍和文献搜索,生命和医学科学学生 • 社会科学数据管理导论 • 定性分析导论 • 使用 PubMed 进行文献搜索 • 克服写作阻碍 • 科学哲学工作坊 • 搜索医疗数据库 • 研究统计 • 了解研究中的统计概念 • 档案工作 • 撰写研究成果 • 论文写作

（英里）

对应的国家研究人员发展框架		课程
	A3 创造力	• 使用生物医学数据库进行高级和系统的文献检索,生命和医学科学学生 • 毫无压力的沟通与展示 • 创造性与批判性思维 • 创新论文:探索博士论文参数 • 创新、自发和自信 • 海报展示的基础 • 人文社会科学研究发表 • 博士生新的好散文写作 • IMLR 星期六研究训练工作坊:多语研究,可能性和复杂性 • 生物医学数据库介绍和文献搜索,生命和医学科学学生 • 科学和技术研究的重点概念 • 使用 PubMed 进行文献搜索 • 克服写作阻碍 • 科学哲学工作坊 • 博士生教学技巧 • 思考写作:质量论文 • 写作技巧 1 和 2
B 个人有效性	B1 个人素质	• 调整生活:博士生活的开始 • 建立作为研究员的情感力量 • 信心建设 • 创新、自发和自信 • 发展心理韧性和弹力进行博士学位学习 • 保持强劲发展动力 • 情感智力 • 充分利用指导关系 • 博士生不加修饰写作 • IMLR 星期六研究技能训练工作坊:博士,之前和之后 • IMLR 星期六研究技能训练工作坊:现代语言项目 • 学术工作的面试技巧 • 正念入门 • 管理 • 管理焦虑 • 完美主义和博士生 • 问题解决与决策 • 学术界之外的专业职业:研究人员的职业生涯 • 项目组织与管理 • 公开演讲 • 解决研究环境中的冲突 • 解决冲突的技巧 • 教师与演讲者的讲故事技巧 • 研究人员的压力管理 • 在职博士 1:优先考虑和工作与生活平衡 • 在职博士 2:规划博士学习和维持动机 • 良好指导视频（BPSN）

对应的国家研究人员发展框架		课程
		• 良好的口头测试视频（BPSN） • 人文社会科学博士学位口头测试 • UCL GRADschool 住宿计划 • 英国和全球卫生部门：博士和研究人员雇主论坛 • 更有效地利用时间 • 博士第二步：研究人员的管理技能 • 博士课程：研究生的一对一对话
	B2 自我管理	• 调整生活：博士生活的开始 • 自信 • 超越博士学位 • 在人文或社会科学领域举办研讨会或会议文件 • 休·凯恩斯工作坊 • 休·凯恩斯：控制研究时间 • IMLR 星期六研究训练工作坊：现代语言项目 • 博士生技能训练项目和研究生日志介绍 • 正念入门 • MBTI 基金会：自我意识和个性发展 • 完美主义和博士生 • 在线研究培训：现代语言 • 问题解决与决策 • 项目组织与管理 • 韧性和负担症候群 • 解决研究环境中的冲突 • 团队协作技能 • 研究人员的压力管理 • 兼职博士 1：优先考虑和工作与生活平衡 • 兼职博士 2：规划博士学习和维持动机 • 口试及之后 • 论文思路：项目管理 • UCL GRADschool 住宅计划 • 更有效地利用时间 • 博士第二步：研究人员的管理技能 • 博士第三步：管理和制作论文与报告 • 博士课程：研究生的一对一对话
	B3 专业和 职业发展	• 政府和政策的未来：博士和雇主论坛 • 学术申请和简历 • 学术职业规划 • 申请程序检查和就业咨询 • 申请人文社会科学研究经费 • 超越学术界 • 超越博士学位 • 生物新闻计划：科学新闻报道技巧 • BISR 研究生涯：博士后研究员 • 技术职业：博士和研究人员雇主论坛 • 咨询导向的职业技能工作坊

(续表)

对应的国家研究人员发展框架		课程
		• 跨目的:网络 • 有效的非学术申请和简历 • 雇主领导技能工作坊 • 学术领导精要 • 完成您的博士学位:发展新步骤的技能 • 人文社会科学研究发表 • 论文发表:生命和医学科学学生的初学者指南 • 人文或社会科学领域准备研讨会或会议论文 • 博士生不加修饰写作 • 艺术与人文学科如何申请博士后 • 如何申请博士后科学项目 • 个人公关:智能网络和社交 • IMLR 星期六研究技能训练工作坊:博士,之前和之后 • 洞察金融职业:博士和研究人员雇主论坛 • 知识产权约定 • 学术工作的面试技巧 • 非学术性工作的面试技巧 • 期刊要求和出版前景:与主要科学出版社 Elsevier 的对话 • 领导行动 • 充分发挥会议的作用 • MBTI 基金会:自我意识和个性发展 • 海报演示技巧 • 在线研究培训:现代语言 • 为学位准备数据管理计划 • 学术界之外的专业职业:研究人员的生命科学职业生涯 • 项目管理 • 研究手段和目的 • 解决研究环境中的冲突 • 口头测试之后 • 博士生教学技巧 • 良好指导视频(BPSN) • UCL GRADschool 住宅计划 • 创新与创业课程 • 英国和全球卫生部门:博士和研究人员雇主论坛 • 使用社交媒体 • 产业界、非营利和政府部门的女性经理
C 研究治理与组织	C1 专业行为	• 人文学科访谈:口述历史 • 版权与知识产权 • 数据保护与研究数据 • 伦理学良好的研究实践 1:研究技能模块 • 伦理与人类学科合作 2:研究技能模块 • 涉及人类科目研究的伦理委员会应用 • 大学研究人员伦理:平等和多样性 • 知识产权 • 社会科学数据管理导论

（续表）

对应的国家研究人员发展框架		课程
		• MRC 良好的研究实践 • 牛顿的苹果:科学政策研讨会介绍 • 为您的口头测试做准备 • 项目组织与管理 • 出版工作坊 2:出版伦理 • 研究诚信工作坊 • Moodle 新的研究技能模块 • 负责任的研究与创新研讨会 • 搜索专利文献 • 口头测试之后 • 好博士视频 • 好的升级视频 • 好的口头测试视频(UCL) • 人文社会科学博士学习中的口头测试 • 英国博士生视频 • 研究伦理是什么? • WISE(Web 信息技能环境) • 作为研究者以尊重儿童和青少年的道德行事
	C2 研究管理	• 数据保护与研究数据 • 数字技能发展 • 生命与医学科学学生的 EndNote • 完成博士学位:发展新步骤的技能 • 休·凯恩斯工作坊 • 休·凯恩斯工作坊:控制研究时间 • IMLR 星期六研究技能训练工作坊:博士,之前和之后 • IMLR 星期六研究技能训练工作坊:现代语言项目 • 英国纵向资源介绍 • 使用 NVIVO 10 简介 • 期刊要求和出版前景:与主要科学出版社 Elsevier 的对话 • 使论文发表合法化:在线呈现 • 参考文献:生命和医学科学学生 • 博士生存 • 在线研究培训:现代语言 • 问题解决与决策 • 专业博士学位 • 项目管理 • 项目组织与管理 • 研究手段和目的 • 搜索专利文献 • 好博士视频 • 良好演讲视频 • 良好指导录影带(UCL) • 良好升级视频 • 论文的新思路:项目管理

对应的国家研究人员发展框架		课程
		• 创新与创业课程 • 英国博士生视频 • 更有效地利用时间 • WISE(Web 信息技能环境) • 研究写作 • 博士第一步:阅读 • 博士第二步:研究人员的管理技能 • 博士第三步:管理和写作论文与报告 • 博士课程:研究生的一对一对话
	C3 财务、资金和资源	• 人文社会科学申请研究经费 • BISR 发展您的研究生涯:博士后研究员 • 申请拨款资金 • 论文发表:生命和医学科学学生的初学者指南 • 如何申请博士后科学科目 • 英国纵向资源介绍 • 组织成功的学术活动 • 研究生资助:替代方案 • 研究生资助:研究型研究生的替代方案 • 项目组织与管理 • 撰写资金申请书
D 参与、影响和冲击	D1 与他人合作	• 调整生活:为博士学习做准备 • 自信沟通:与导师和同事交流 • 自信 • 在会议和网络活动中自信地交流并发挥影响 • 人文学科访谈:口述历史 • 情感智力 • 学术领导力精要 • 充分利用指导关系 • 如何成为幸运领袖:循证方法 • 跨学科证据研究 • 领导行动 • 充分发挥会议的作用 • 思想冥想 • 组织成功的学术活动 • 解决研究环境中的冲突 • 解决冲突的技巧 • 团队协作技能 • 博士生教学技巧 • 良好指导视频(BPSN) • UCL 竞技场:One Gateway 教学强制训练 • UCL 竞技场:教学助理计划 • 使用 LaTeX 进行科学写作

（续表）

对应的国家研究人员发展框架		课程
	D2 沟通与传播	• 3MT 演讲技巧 • 学术报告 • 学术写作 • 自信沟通：与导师和同事交流 • 生物新闻计划：科学新闻报道技巧 • 在会议和网络活动中自信地交流并发挥影响 • 毫无压力的沟通与呈现 • 公众联系：研究交流、公众参与和外联 • 创新论文：探索博士论文参数 • 创新、自发和自信 • 有效地编辑论文 • 公众参与和公开演讲培训 • 格式化论文 • 提供海报展示的基础 • 人文社会科学研究发表 • 论文发表：生命和医学科学学生的初学者指南 • 人文或社会科学领域准备工作坊或会议论文 • 博士生不加修饰写作 • 创建令人兴奋的播客：讲故事，演示和摄像头的技巧 • 组织和协商研究合作 • 论文同行评审 • 撰写供出版的论文 • IMLR 星期六研究技能训练工作坊：博士，之前和之后 • IMLR 星期六研究技能训练工作坊：多语言研究，可能性和复杂性 • 研究的交流和影响技巧工作坊 • 跨学科证据研究 • 非学术性工作的面试技巧 • 新公共参与导论 • 语言技能培训 • 充分发挥会议的作用 • 专著出版讲座 • 牛顿苹果：科学政策工作坊入门 • 口头演讲 • 组织成功的学术活动 • 海报展示技巧 • 有效的演讲 • 为非母语人士准备的口头测试 • 演讲技巧 I（理论） • 演讲技巧 II（练习） • 英语学习者的发音和学术演讲 • 公众参与 1：公众参与导论 • 公开演讲 • 出版工作坊 1：论文撰写、著作权问题和出版 • 出版工作坊 2：出版伦理 • 比热容：语音训练

对应的国家研究人员发展框架		课程
		• 站立与传达：进行有效的演讲 • 教师与演讲者的讲故事技巧 • 高等教育新型教学 • 博士生教学技巧 • 告诉世界：媒体技能课程 • 良好演讲视频 • 良好指导视频（BPSN） • 好的口头测试视频（BPSN） • 好视频（UCL） • 人文社会科学博士学位 • 思考写作：规划和写作论文 • 思考写作：高质量论文 • Web 开发 Bootcamp • 使用 LaTeX 进行科学写作 • 使用海报展示研究 • 使用社交媒体 • 产业界、非营利和政府的女性经理 • 跨体裁写作：科学和医学博士 • 科学研究论文写作和出版 • 撰写资金申请书 • 撰写引人注目的摘要 • 撰写学位论文 • 博士第三步：管理和写作论文和报告
	D3 参与和影响	• 与公众联系：研究交流、公众参与和外联 • 跨目的：网络 • 数字身份和奖学金 • 大学研究人员伦理：平等和多样性 • 公众参与和公开演讲培训 • 人文社会科学研究发表 • 人文或社会科学领域准备研讨会或会议论文 • 博士生不加修饰写作 • 合作研究组织和协商 • 研究的交流和影响技巧工作坊 • 公共参与导论 • 口头报告 • 组织成功的学术活动 • 海报展示技巧 • 公众参与 1：公众参与简介 • 站立并演讲：进行有效的展示 • 博士生教学技巧 • 教学艺术：戏剧技巧课堂 • 训练和参与 • UCL 竞技场：One Gateway 教学强制训练 • UCL 竞技场：教学助理计划（导致 AFHEA） • 使用 LaTeX 进行科学写作

（续表）

对应的国家研究人员发展框架		课程
		• 使用海报展示研究 • 使用社交媒体 • 研究生志愿服务项目 • 跨体裁写作：科学和医学博士

资料来源：UCL. Doctoral Skills Development Programme[EB/OL]. https://courses. grad. ucl. ac. uk/.

以课程"政府和政策的未来：博士和雇主论坛"为例，它属于 B3 专业和职业发展课程模块，其目的是帮助博士生和其他研究生进行职业规划，为来听课的博士生提供听取具有博士学位的雇主和政策部门的博士意见并与之建立联系的机会。演讲者将为科研人员如何利用他们的资格和经验进入这一相关领域提供建议并提供其行业的有关信息。在 2016—2017 学年，课程演讲人员有 5 人。其中包括雅各布·帕拉基拉斯博士，他是查塔姆研究所（英国皇家国际事务研究所）美国和美洲计划助理主管，在加入查塔姆研究所之前，他曾在伦敦的非政府组织"武装暴力行动"工作，他的研究主要集中在美国的外交政策和国际安全问题上。他拥有汉普郡学院国际关系学士学位、圣安德鲁斯大学中东和中亚安全研究学士学位及伦敦经济学院国际关系博士学位，他还曾在世界安全研究所、武器控制协会和美国国土安全部工作。萨基布·苏丹博士，他在公务员快流（Civil Service Fast Stream）工作，获得伦敦帝国理工学院的化学工程学士学位、剑桥大学的化学工程博士学位，他的博士论文是《用于捕获二氧化碳的钙基固体的合成、实验室测试和建模》。博士毕业后，他曾担任战略顾问两年，在医疗保健、工业、金融服务、媒体等多领域开展工作。自从 2015 年加入公务员队伍以来，他曾在文化部、媒体和体育部的数字经济部、司法部的国家罪犯管理处、HM 税务和海关首席数字信息官员小组工作。凯瑟琳·德雷森博士，她是大伦敦管理局高级政策和计划官员。凯瑟琳于 2006 年毕业于牛津大学，获得生物科学学士学位。在从事生态顾问工作后，她于 2012 年在牛津布鲁克斯大学获得英语规划系统生态学博士学位，这使她对立法和政策感兴趣，并加入了英国领先智囊团之一策略交换所。在此，凯瑟琳致力于多项环境政策报告，重点是城市绿地、风能发电、开放数据和规划政策。她现在在大伦敦管理局的环境团队工作，专门从事城市绿化和可持续排水工作。凯瑟琳正深度参与伦敦环境战略，并为新的伦敦环境政策作出贡献。[①] 这些人的演讲将提供丰富的经验和有价值的建议。

在博士生技能发展课程中，在线课程也非常有特色。伦敦大学教育学院与其他 7 个领先的研究密集型大学联盟进行合作，开发了一系列在线的入门级技能培训模块，供伦敦大学教育学院研究生注册学习。这些课程主要是介绍性视频，如博士生技能培训的重要性，还有艺术、人文和社会科学的职业规划，科学职业规划等。涉及的主题有与人类学科合作，艺术发表，科学发表，研究背景下的知识产权，研究指导或首席导师管理，研究背景下的项目管理，文献综述研究方法，艺术与人文学研究方法，科学研究方法，社会科学研究

---

① UCL. A Future in Government and Policy：Employer Forum for PhDs and Researchers, https://courses. grad. ucl. ac. uk/course-details. pht? course_ID=2214.

方法,选择会议、提交论文和建立联络,等等。这些在线课程主要采用对研究界的知名成员进行高质量采访的形式,提供涵盖良好演讲、良好升级、好博士、良好指导、好的口头测试、英国博士生、专业博士学位、博士学习等的视频。这些视频是在米森登高等教育发展中心主任约翰·韦克福德教授的建议下,由天使的作品与开放大学和伦敦大学伯贝克学院合作开发的,可以在博士生技能发展计划网站进行浏览观看①。

第三节　英国研究生复合型人才培养机制与特点

一、确立统一质量标准,允许大学培养创新

英国高等教育治理具有很强的中央政府特色。20世纪70年代末以来,英国开始在公共领域引入新公共管理理念,开展公共部门改革,削弱地方政府的力量,加强中央政府对于高等教育的控制,中央集权成为高等教育改革的重要特征之一。中央政府对于高等教育的改造,不仅仅是在高等教育部门建立了高等教育治理模式,使政府掌舵成为可能,还创立了许多代理机构即高等教育中介组织,比如高等教育资助委员会、高等教育质量保障署、公平入学办公室、高等教育统计局等等。这些机构从整体上对相关政策进行解读并引领政策发展方向,与此同时,它们相互协作,组成了外部治理的网络,传统上作为一个整体的高等教育部门碎片化为一个个个体,它们的活动受到规制之网的限制。除了高等教育中介组织,政府部门及其分支以及产业界作为整体,都对高等教育的发展产生了巨大的影响。正如伯顿·克拉克敏锐地感觉到的那样,大学总是处于一个三角框架之中,它要应对来自政府的压力,也要满足产业界的需要。基于这种机遇,英国大学普遍发展出创业型大学模式,大学中的创业教育也如火如荼,目前来看,收到了良好的效果。

英国研究生教育正是在高等教育框架和格局发生巨大变化的同时而快速地发展的。传统的研究生培养模式目的简单,就是为大学培养学术人员,而当前需要响应更广阔的社会的召唤。因而,研究生毕业后,面对的工作岗位将会非常多样化。为此,研究生教育需要做好准备,必须考虑个人发展、职业发展这两个教育要素,并需要提供智力和技能方面的支撑。目前,在校内进行跨学科教学已经成为普遍现象,就业能力培养被提上了各大学研究生培养的日程。在英国,有专业的组织服务于此,作为研究人员的研究生可获取相当丰富的资源。比如,研究委员会的联合技能声明阐述了研究人员在博士学位期间将发展7个方面的技能和特点:研究技能和技术,研究环境,研究管理,个人成效,沟通技巧,网络和团队合作,职业管理。基于此,隶属于生涯发展组织的研究人员专业发展项目,通过调查访问,与产业界和政府部门一起开发了研究人员发展框架,包括研究所需的知识、智力能力、技术和专业标准,以及与他人合作的个人素质、知识和技能,并确保研究的更广泛的影响。发展框架分为4个一级维度,每一个维度又包含3个二级指标,共63个三级指标。这是对研究生综合素质要求进行说明的一个非常重要的文件,也提供了一个全国统一性的要求和规定,促进了研究生课程的模块化和结构化,是各大学研究生培养必须遵从的纲

领性文件,对促进研究生复合能力的培养起到了重要的作用。

大学通过使用研究人员专业发展项目提供的资源以及设置更广泛的研究学位课程,越来越多地参与研究者发展的合作活动。该项目由 8 个区域中心共同实施,提供促进研究者发展、支持区域网络建设、鼓励讨论和分享实践技能发展的手段。依据全国统一的研究人员发展框架,英国各大学都借鉴这一框架调整自己的研究生培养,结合自己的资源和传统开发了各具特色的课程体系,增加了实践技能训练,并对学分安排进行了调整。比如,伦敦大学教育学院和约克大学的研究生课程有很多相似之处,然而,约克大学的课程种类较少,课程类别的划分也相对宽泛,而伦敦大学教育学院的课程针对性非常强。

值得一提的是,英国研究人员发展计划的实施工程中,在实践技能培养上,线上资源很丰富,课程也非常多。现代传媒技术是课程体系的基本要素,因而在技能培养上也扮演着重要的作用。线上教学是当今课程改革的趋势,也是研究人员发展计划的重要特征之一。

二、构建多机构、多主体协作网络

在英国,研究生培养由各个大学来进行,只有大学才具有学位授予权。然而,研究生培养不仅仅是单个大学的事情,它可以被视为一项国家行为。中央政府在高等教育治理方面拥有很强的话语权,这种话语权也体现在科学研究之中,并与研究生培养相结合。卓越的科学、研究和创新被英国政府认为是未来竞争优势的重要来源。英国政府高度重视高等教育,并将高等教育作为一项国家基础设施来建设。科学研究不仅仅是高等教育的重要职能,而且它还与经济活跃程度和国家竞争力密切相关,因而,打造世界级的研究平台也是政府的重点政策之一。英国已建成 G7 国家中最有活力的研究基础,这与政府的作用密不可分,尤其是 2010 年以来,政府一直在加大科学尤其是基础科学研究的公共经费投入,通过发挥"创新英国"等机构的作用,加强对大学研究商业化的支持,表彰其在创造新知识和突破性发现方面的核心作用。"创新英国"平台由商业、能源和产业战略部领衔打造,这一平台属于非政府组织,但有 25 个部委、21 个非政府机构、75 家引人注目的集团、10 个公营企业、3 个地方政府参与其中。[①] 此外,还支持高等教育资助委员会开发高等教育创新基金(HEIF),该基金支持在英国大学进行广泛的知识交流和企业活动,每 1 英镑的支出为经济和社会提供约 9.70 英镑的福利。[②] 该基金的主要目的是为研究的商业化提供稳定和灵活的支持,帮助大学保持与企业、慈善机构、地方企业和当地社区的合作并构建伙伴关系,同时帮助大学生和大学教师的创业能力和企业家精神。

作为技能投资的主要贡献者,政府可以扮演重要角色,但不是唯一的推手。行业需要参与提供技术教育,帮助塑造资格和课程,特别是技术资格,确保年轻人能满足未来工作需要。许多公司正在投入更多的经费支持科学研究和人才发展,公司不仅为自己的员工投资技能和培训,在某些情况下,还为博士研究生提供资助。可以说,产业界和政府正在

---

① Innovate UK. What we do, https://www.gov.uk/government/organisations/innovate-uk.

② Universities UK. Higher Education Innovation Fund, http://www.universitiesuk.ac.uk/Pages/home.aspx.

共同为技能教育和技能发展提供投资。[①]

　　与英国研究生培养工作密切相关的机构还有七大研究理事会。七大研究理事会包括艺术与人文科学研究理事会、生物技术与生物科学研究理事会、工程与自然科学研究理事会、经济与社会科学研究理事会、医学研究理事会、自然环境研究理事会、科学与技术设施理事会,通过项目的形式为英国大学和科研机构提供资金。7个理事会涵盖了英国的所有研究领域,每一个理事会都是由皇家宪章建立的独立法人,被列为"非政府部门的公共机构",研究理事会拥有独立的政策制定、经费使用和管理权,政府只负责为研究理事会制定宏观发展战略。2009年,英国政府科学预算约为35.5亿英镑,研究理事会从中获得约31.1亿英镑(约占政府总预算的88%)的公共基金用于为英国的学术研究以及研究生培养提供资助,涉及学术研究的各个领域和全世界范围的重大前沿课题。[②] 2018年,研究理事会作为新的研究资助中央管理机构,负责监管的年度预算研究经费达到60亿英镑。[③]英国研究和创新组织(UKRI)的创建是为了确保英国的研究和创新系统能够完全地、敏捷地、具有战略高度地集中国家力量,为未来的发现和增长提供驱动力。UKRI将成立强大的董事会,负责整体战略方向的制定、跨学科决策,以及提供建议来平衡各学科的资助资金,董事会还将负责管理跨学科研究基金和新成立的共同研究基金,以促进跨学科的研究。它负责为博士生提供资助,这是博士生培养的最重要资金来源之一。它要负责监管和确保研究基础的健康和活力,确保英国在发展新知识和解决现实问题方面保持领先的国际地位。

　　新成立的英国研究和创新组织将与学生办公室(the Office for Students,OfS)共享对于技能的理解,在各自的职权范围内积极合作,以支持政府政策,为学生资助提供对接的接口,并与其他合作伙伴机构一起,为劳动力市场和研究基地提供高质量的技术人才,以支持英国经济及其公共服务的发展。学生办公室成立于2016年,将高等教育资助委员会的一些部门和公平入学办公室进行合并,其职责不仅涵盖学生入学,还保护所有的教学型和研究型研究生利益。依据质量保障机构发布的研究生培养规格,它负责为教学型研究生提供资助,包括高等教育资助委员会用于此目的的资金。它也负责审核学位授予权,在这方面也尊重UKRI的意见。学生办公室要负责了解经济和市场所需的技术和学术技能,运用规制和资助杠杆,确保大学提供的研究生教育能够满足这些需要。[④]

　　除了研究理事会和学生办公室,高等教育质量保障署(Quality Assurance Agency,QAA)在研究生培养的质量标准制定和保障方面也发挥着重要的作用。它在研究型学位报告中,对研究生培养的质量标准、期望、良好实践、高等教育提供者、研究环境、选择与入学、导师指导、研究和其他技能发展、评估等问题进行了详尽的规定。在给高等教育机构

　　① HM government. Building our industry strategy, https://www.gov.uk/government/consultations/building-our-industrial-strategy, 2017.
　　② 360百科.英国研究理事会,http://baike.so.com/doc/7165849-7389870.html.
　　③ 晋楠.英国政府首席科学顾问Mark Walport将在2018年带领英国研究和创新机构,http://news.sciencenet.cn/htmlnews/2017/2/367870.shtm.
　　④ Innovate UK. Joint working between OfS and UKRI, https://www.gov.uk/government/publications/higher-education-and-research-bill-ofs-and-ukri-joint-working.

的创新与创业教育（Enterprise and Entrepreneurship Education）指导中，它对什么是创业和创业教育进行了详细说明，并提出了如何发展学生的创业能力、提高创业效能、创业教育方法等建议。在《锻造未来：通过大学与雇主合作打造更高的技能》（"Forging futures：building higher level skills through university and employer collaboration"）报告中，对雇主的需求和要求、高等教育与产业的联系、如何发展学生的就业能力等进行了指导。高等教育质量保障署为研究生培养提供了重要的机制保障。

生涯发展组织（Career Development Organization，CDO）成立于 1964 年，是一个慈善机构，负责支持所有年龄层级的职业发展者的研究和创新。它的目标是帮助人们做出事业决策，了解职业发展途径选择和结果决策的最新信息；支持雇主了解国家教育和技能政策以及发展与职业有关的学习计划；支持特定部门、行业、年龄或教育团体的职业发展。它下属的非营利的研究人员专业发展项目（Vitae），是一个全球领先的专门支持研究人员专业发展的组织，在促进研究人员技能和事业发展方面有着 45 年的发展历史，与大学或研究机构一起为研究人员追求研究卓越、创新并产生影响提供支持。其目的是影响与研究者发展有关的有效政策的制定和实施，助力高等教育培养和发展研究人员，帮助研究人员发展有影响的职业生涯。2002 年之前，它负责运行"研究理事会博士生院项目"，为由其资助的博士生提供前沿训练课程，旨在培养博士生的可迁移能力和职业影响力，为他们扩大就业面。在 2009 年，Vitae 与高等教育部门和其他利益相关者合作，为研究人员开发了英国研究人员发展框架，指导了英国各大学的研究生培养工作。[①]

英国大学联盟（UKUP）也是影响研究生教育的主要组织之一，它是大学界自己的组织，由各大学校长组成，与政府机构、专业组织、工商业界、其他教育部门联系密切，其目的是为了发出大学的声音，帮助形成政策日程，为会员单位的蓬勃发展营造良好的环境，在影响研究政策发展，促进学生体验，驱动创新、技能和增长等方面发挥了重要作用。在促进学生技能发展方面，支持发展大学和雇主之间的紧密联系，提高毕业生的就业能力并重视毕业生技能的价值；在研究方面，支持研究人员的专业和职业技能的发展，重视学生的体验，帮助学生达到雇主的标准。它发布了诸多研究报告，引领了高等教育政策和研究政策的发展。比如，在学生体验方面，它发布的报告涉及研究生教育的有三个，分别是《教学研究生：市场和机会》（2009）、《推动英国博士生教育：挑战和机会》（2009）、《有目的的硕士教育：教学硕士就业能力和雇主参与》（2014），对硕士研究生和博士研究生的就读体验、技能发展提供了分析和指导。

此外，最为重要的高等教育中介组织——高等教育资助委员会从政策和资助角度全面规制着研究生教育的发展，因而，它也是影响研究生人才培养的非常重要的组织和机构。它与上述政府部门、高等教育中介组织、大学联盟以及生涯发展组织共同规制并支持研究生教育的发展。此外，产业界通过提出技能要求、参与高等教育政策制定、提供资金等方式大力支持了研究生教育的发展，围绕研究生培养，这些组织、机构形成了合作伙伴

---

① Vitae. The Vitae Researcher Development Framework，https://www.vitae.ac.uk/researchers-professional-development/about-the-vitae-researcher-development-framework/developing-the-vitae-researcher-development-framework.

关系,共同构建了复合型研究生协同发展支持机制。

作为研究生培养机构,大学是复合型研究培养的重地。英国培养研究生实行单轨制,即只有大学才有学位授予权。研究理事会直属的科研机构的研究生培养,也都是与大学合作。虽然从招生宣传、录取、学习过程管理到论文的写作评审等所有环节都是科研机构独立负责的,但入学的注册和最后学位的获得要由有学位授予权的大学赋予。[①] 也就是说,科研机构虽然有能力培养研究生,却没有授予学位的权利——它们必须与大学联合培养。所有能培养研究生的科研机构都必须和大学合作,这样一方面保证了科研院所与大学培养的研究生质量统一,另一方面大学和科研机构互相利用了科技和教育资源,其合作关系符合高等教育质量保障署实施细则(Code of Practice)中"合作条例"的要求,其培养不仅符合 QAA 的规定,还符合研究理事会更详细的学生手册上的要求。大学与上述支持研究生培养的组织一起,为培养复合型人才而共同努力。

三、强调综合素质,尤其重视创业和创新能力培养

高等教育质量保障署指出,在研究型学位课程中获得研究和其他技能的重要性得到研究生、学术人员、资助机构、雇主和博士生毕业生的认可。这些技能提高了研究生成功完成研究学位的能力。这种技能的发展和应用是研究生在其职业生涯中维持学习能力的重要因素,无论是在学术角色还是在其他类型的工作中均是如此。高等教育提供者利用他们的结构化培训和教育经验,为研究生提供个人和职业发展机会。

从学位变革来看,无论对硕士学位还是博士学位,教学的要求和专业学位的发展都是研究生培养目的和培养方式多样化的表现,也是素质综合化的要求的体现,更是就业能力要求不断提升的结果。英国大学联盟认为,硕士学位不应仅仅是本科学习的延伸,更应当是具有目的的学位。对教学型硕士的就业能力的研究表明,得益于雇主参与研究生课程,其就业前景总体良好,并鼓励雇主参与探讨研究生课程合作的机会,鼓励发展"三明治大师"课程。

研究生的创新和创业教育受到极大的重视。除了国家研究人员发展框架中对研究人员通过企业活动获得的关键知识、行为和属性进行说明和规定,高等教育质量保障署还特地发布《创业和企业家精神指导》报告,指导研究生的创新和创业教育。这一报告是由来自企业界的代表制定的,旨在为高等教育合作方提供实际帮助,培养研究生在企业和企业家精神方面的技能。它将创业教育定义为为学生提供在建立新的企业或业务方面应用这些能力所需的额外知识、特质和能力;它认为企业与企业家精神是跨学科的,与就业能力、创新、知识转移、商业化和知识产权等问题有很强的联系。

该报告认为,目前各大学提供的创业和创业教育的结构不同,一些大学在该主题领域提供独立的学位课程,另一些提供一定的奖励,还有些将其作为进行就业准备的职业教育的一部分。可能的形式有由中央部门统一管理、由主题专家教育者嵌入课程、以其他名称嵌入课程,如"专业研究"或"个人营销技巧"、通过职业生涯提供服务、通过孵化器、启动计

---

① Outline of the Babraham Institute PhD Programme, http://www.babraham.ac.uk/graduate/graduate.html, 2009.

划、课外俱乐部和社团等渠道。它还指出,尽管学生可以通过参加课外计划(如学生社团成员或参与"启动"计划)获得实践技能和经验,然而,《创业和企业家精神指导》的关注重点是相关课程。《创业和企业家精神指导》报告还提供了该领域的最佳实践,以引导、增强和促进英国高等教育机构创新和创业教育的发展。同时它也指出,这些指导并不仅限于学位课程或专业,而是旨在帮助正在寻求在整个课程中嵌入企业和创业精神的学者、教育工作者和从业者。

《创业和企业家精神指导》提供了一个发展和评估企业和企业家精神行为、态度和技能的框架,该框架通过创新和创业教育,使学生应该能够表现出以下多种能力:采取创造和创新的方法,通过多种解决方案和反思过程解决问题(创造和创新);通过舆论劝说他人,协商获得支持(劝说和谈判);适当管理一系列企业项目和情况,例如提出替代方案或采取整体方法(管理方法);评估问题并在存在歧义、不确定性和风险的情况下作出决定(决策);有效地使用网络技能,例如构建或验证想法,为潜在的同事或利益相关者提供支持(网络);识别复杂情况和环境中的模式和机会(机会识别);商业机会建模和提议,考虑到资金、法律影响和知识产权问题的(财务和商业素养)。[①]

综上所述,近年来,英国研究生培养模式和学位制度经历了巨大的改革和变化,研究生学位呈现多层次、多类别发展态势,研究生的素质成为研究生培养的重要问题,培养什么样的研究生,对他们有什么期待,对于未来研究生教育的发展具有重要意义。英国出台了研究人员发展框架,将研究生素质的要求结构化,并突出学术研究以外的个人技能和社会技能,使之贯穿于研究生培养的全过程并实现课程化。英国尽管有多种层次、多个种类的研究生学位,但对攻读这些学位的研究生素养的要求有着共同的特征,即对加强与社会和产业界的联系,使创新创业能力成为个人素养当中非常重要的组成部分。可以认为,研究生教育的发展趋势是趋向复合型的,在综合型、复合型素质框架中,研究生不仅仅应掌握在大学中从事学术研究的能力,还应掌握实践问题研究能力以及创新创业的能力,以及更高层次的自我发展能力。通过研究生阶段的学习,英国期待其在国家经济社会发展过程中发挥更积极的作用。

---

① QAA. Enterprise and entrepreneurship guidance: Guidance for UK higher education providers, http://www.qaa.ac.uk/publications/information-and-guidance/publication? PubID=70#.WSgjuOyEDdI.

第五章　德国研究生复合型人才培养

　　德国的高等教育发轫于14世纪,至今已有600多年历史。19世纪初,时任普鲁士王国内政部教育大臣的威廉·冯·洪堡(Wilhelm von Humboldt)发起了一系列教育教学改革。在大学自治、学术自由、科研与教学相统一的洪堡理念的指引下,德意志土地上不仅诞生出世界范围内最早的现代大学,德国在19世纪中叶至20世纪20年代更是稳居世界学术中心。[①]

　　虽然两次世界大战的冲击使德国失去了世界高等教育引领者的地位,但加盟签署《博洛尼亚宣言》、加入旨在推动欧洲高等教育一体化的"博洛尼亚进程"、有序推进与国际接轨的学制改革,以及联邦和地方两级政府积极支持实施"卓越倡议"计划[②]等举措,不仅主导着近年来德国高等教育的发展轨迹,而且昭示着德国高等教育向世界领先的高教体制与精英制度转型,此外,亦彰显出德国谋求重返世界高等教育引领者地位的决心。[③]

　　在历史上,因"洪堡改革",德国的高等教育曾辉煌一时,对世界其他国家的高等教育理念和发展模式起到了至关重要的影响,例如美国在大力借鉴德国经验的基础上成功建立起自己的研究生教育制度。[④] 另外,德国历年来获得诺贝尔奖的人数[⑤]遥遥领先于世界其他国家。就近年而言,2008年世界金融危机爆发后,德国经济迅速摆脱危机,表现亮眼。上述事实表明,德国高等教育的人才培养模式仍不失为一种具有独特优越性的培养模式。再者,与我国高等教育界情况相似,德国高校也以公立学校为主,其享有国际声望的综合性大学和研究型大学无一不是公立大学。

　　鉴于此,在我国加快世界一流大学和世界一流学科建设的时代背景下,在《教育部、国家发展改革委、财政部关于深化研究生教育改革的意见》(教研〔2013〕1号)的指导下,聚焦享有世界声誉的德国精英大学[⑥]在研究生复合型人才培养方面的政策与举措,能够给我国的研究生教育改革以重要启迪,并为我国探索和建立研究生复合型人才培养模式提供切实的范例参考。

[①] 孙进、宁海芹:《德国作为留学目的地国之魅力溯源——兼析德国吸引留学生的国际化政策》,载《比较教育研究》2015年第12期。郑春荣、欧阳凤:《德国大学精英倡议计划之未来构想分析——以慕尼黑工业大学为例》,载《外国教育研究》2013年第11期。

[②] 启动于2005年。可视为德国版的"双一流"建设。也有学者将其译作"精英倡议计划"。

[③] 史秋衡、陈志伟:《发达国家顶尖人才培养体系特征研究》,载《教育研究》2016年第6期。牛凤蕊、沈红:《德国研究型大学学术职位制度的历史、特点及变革趋势》,载《外国教育研究》2015年第10期。

[④] 陈洪捷:《德国研究生教育的新发展》,载《比较教育研究》1993年第5期。

[⑤] 含德裔移民。

[⑥] 在"卓越倡议"计划实施之后,德国才出现"精英大学"(Elite-Universitäten)。

第一节　德国研究生复合型人才培养的基本情况

一、"博洛尼亚进程"实施之前

20 世纪中后期,由于高等教育传统和学位体制设置方面的不同,中、德两国语境下的"研究生"概念差异显著:在我国,研究生所指清晰,包括硕士研究生和博士研究生;而德国高等教育界在传统上并无明确的研究生概念。[①]

因彼时德国高等教育体系不区分本科阶段和研究生阶段,且不设学士学位,一般而言,中学毕业生在德国高校注册后,经过 10 至 14 个学期的学习,即完成大学学业之后,人文、艺术学科的学生获得的文凭叫作 Magister Artium[②],心理学、经济学、工商类、理工类等学科的学生获得的文凭叫作 Diplom。这两种文凭相当于英美等国的硕士学位。此外,攻读法律、医学、师范等专业的学生需要通过国家考试(Staats Examen),国家考试与 Magister Artium 和 Diplom 这两种文凭等值。

换言之,德国高校的学生取得 Magister Artium 和 Diplom 等文凭,代表着完成了大学学业。之后,学生可以申请攻读博士学位。因此,"博洛尼亚进程"实施之前的德国研究生教育仅包括博士生教育。

然而,从严格意义上讲,德国的博士生阶段并不是一个培养和教育过程。因为,博士生的录取没有统一的入学考试,培养阶段没有明确的课程设置,也不存在类似我国的研究生院和学位委员会这样的管理与监督机构,博士生的中心任务就是撰写博士论文。[③] 德国的博士生导师对博士生进行师徒式的个别指导,在知识传授、师生讨论与合作研究的过程中,培养博士生独立从事科学研究的能力。[④]

二、"博洛尼亚进程"背景下的德国研究生复合型人才培养

自 20 世纪 90 年代末开始,无论是就广度还是就深度而言,德国高等教育正在经历自 19 世纪初"洪堡改革"以来的最大一次变革。为了能够较为全面地审视近年来德国高校对研究生复合型人才培养的基本情况,我们有必要在欧洲高等教育一体化建设即"博洛尼亚进程"这一大背景下对其进行考察。

(一) 改革的酝酿阶段

在"博洛尼亚进程"正式实施前不久,为积极推进欧洲高等教育一体化建设,促进欧洲高校间的学生交流和其他各类人员交流、方便学分转换、提升学位可比性、实现学位相互认可,1998 年 5 月 25 日,英国、德国、法国和意大利四国在法国巴黎共同发表了《索尔邦

---

① 解茂昭:《从传统走向未来——德国研究生教育的特点、动向及其启示》,载《学位与研究生教育》1996 年第 6 期。

② 简称"Magister",缩写为"M. A."。

③ 陈洪捷:《德国研究生教育的新发展》,载《比较教育研究》1993 年第 5 期。解茂昭:《从传统走向未来——德国研究生教育的特点、动向及其启示》,载《学位与研究生教育》1996 年第 6 期。

④ 傅凰:《德国研究生教育模式对我国研究生教育发展的启示》,载《福建高教研究》2005 年第 2 期。

宣言》。该宣言指出，有必要建立便于国际比较和认可的，包括本科教育和研究生教育两个层次的高等教育体系。①

同年 8 月，德国修订了《高等学校框架法》（das Hochschulrahmengesetz），其中的第 19 条规定德国高校在保留传统学位体系的同时，可以试行与国际接轨的学士（Bachelor）和硕士（Master）两级制学位制度。需要指出的是，在新旧相糅的改革中，相当一部分德国教授认为 Master 的含金量比不上德国传统的 Magister Artium 和 Diplom。

(二)《博洛尼亚宣言》和"学士—硕士"两级制学制与学位体系的确立

1999 年 6 月 19 日，包括德国在内的欧洲 29 个国家主管高等教育的部长在欧洲文化名城、意大利著名的大学城博洛尼亚签署了《博洛尼亚宣言》②，标志着"博洛尼亚进程"正式启动。这一改革进程的主要目标是"到 2010 年建成欧洲高等教育区"③。为此，《博洛尼亚宣言》明确了 6 个方面的任务：

第一，引入更加便于国家间理解和比较的学位体系以及"文凭补充文件"④；

第二，引入由本科阶段和（硕士）研究生阶段为主要依托的两级学制体系（das zweistufige Studiensystem）；

第三，引入类似"欧洲学分转化系统"（European Credit Transfer System，简称 ECTS）的学分绩系统，以最大限度地方便学生交换、交流；

第四，清除障碍，促进学生和高校各类人员的交换、交流；

第五，制定具有可比性的标准和方法，保证欧洲范围内合作的质量；

第六，推进欧洲高校在课程设置、校际合作、交换和交流项目、联合培养等方面的事宜。

为保证"博洛尼亚进程"的有效实施，受各签约国委托而专门成立的跟踪调查组持续追踪改革的推进情况。另外，各签约国约定每两年举行一次会议，总结上一阶段改革的进展，并布置下一阶段的主要任务。

(三)"学士—硕士—博士"三级制学制与学位体系的确立

就学制和学位体系改革而言，值得注意的是，2003 年 9 月 19 日，《博洛尼亚宣言》的 40 个签约国在德国柏林召开会议，其间发表的《柏林公报》⑤提出，欧洲高等教育区和欧洲科研区（Europäischer Forschungsraum）是建设知识型社会及"知识欧洲"（Europa des Wissens）的两大支柱，未来有必要进一步加强这两区之间的联系。鉴于此，除继续推进

---

① 孙进：《德国的博洛尼亚改革与高等教育学制与学位结构变迁》，载《复旦教育论坛》2010 年第 5 期。

② Der Europäische Hochschulraum. Gemeinsame Erklärung der Europäischen Bildungsminister, https://www. bmbf. de/files/bologna_deu. pdf，2017 - 3 - 30.

③ 即"die Schaffung des Europäischen Hochschulraumes bis 2010"。发表于 2010 年 3 月 12 日的《布达佩斯和维也纳宣言》指出，该目标尚未完全实现，未来十年将继续推进"博洛尼亚进程"。

④ 除德语的学位证书外，德国高校还免费向毕业生开具英语的"文凭补充文件"（das Diploma Supplement），方便学生求职。

⑤ Den Europäischen Hochschulraum verwirklichen. Kommunniqué der Konferenz der europäischen Hochschulministerinnen und-minister am 19. September 2003 in Berlin, https://www. bmbf. de/files/berlin_ communique. pdf，2017 - 3 - 30.

"学士—硕士"两级制学制和学位体系外,还应"将博士生教育作为第三个培养阶段纳入'博洛尼亚进程'"(die Doktorandenausbildung als dritten Zyklus in den Bologna-Prozess einzubeziehen);同时,应加大博士生的交换和交流力度,相关高校也应进一步加强在培养博士生和学术后备力量方面的合作。

2005 年 5 月,《博洛尼亚宣言》的 45 个签约国在挪威文化重镇卑尔根发表的《卑尔根公报》[①]明确指出:欧洲高等教育区包括三个阶段,第三阶段(即博士生阶段)一般为 3 至 4 年的全日制学习;博士生培养的核心要素是通过原创性研究来增进知识;博士生阶段应注重跨学科培养(die interdisziplinäre Ausbildung),注重学生专业之外的能力的发展(die Entwicklung überfachlicher Fertigkeiten)。《卑尔根公报》还要求,正在制定中的欧洲高等教育区资质框架(der Qualifikationsrahmen des Europäischen Hochschulraumes)应当包括对博士生阶段的描述。

自此,"博洛尼亚进程"有关学制与学位结构的改革已经由启动之初的"学士—硕士"两级制体系转变为"学士—硕士—博士"三级制体系。在 2007 年发表的《伦敦公报》[②]和 2009 年发表的《鲁汶公报》[③]中,这种三级制体系被反复强调。对于英国等国而言,这种学制与学位结构改革带来的影响并不大,但对于德国和西班牙等国来说,这是高等教育界的一项大规模改革。

(四)德国实施"博洛尼亚进程"的阶段性成果

为了更好地应对高等教育国际化要求、提升本国高等教育的国际竞争力,德国在"博洛尼亚进程"中主动寻求向以英美为代表的世界领先的高教体制转型,对本国高等教育体制进行了大刀阔斧的改革。

就近 20 年来的改革成果而言,德国高等教育的学制与学位结构已发生根本性改变,基本实现了与国际接轨。整体而言,德国本科阶段的学制为 3 年,硕士阶段的学制为 2 年,博士阶段的学制为 3 至 4 年。[④] 根据德国高校校长联席会议(die Hochschulrektorenkonferenz,简称 HRK)开办的高校指南针网站[⑤]发布的信息,截至 2014—2015 学年冬季学期,德国高校 88.2% 的专业都实行了新学制,而应用科技大学(Fachhochschulen)中的学制改革已全面完成。[⑥]

---

① Der Europäische Hochschulraum-die Ziele verwirklichen, https://www.hrk.de/fileadmin/redaktion/hrk/02-Dokumente/02 - 03-Studium/02 - 03 - 01-Studium-Studienreform/Bologna_Dokumente/Bergen_kommunique_2005.pdf, 2017 - 3 - 30.

② Londonder Kommuniqué. Auf dem Wege zum Europäischen Hochschulraum: Antworten auf die Herausforderungen der Globalisierung, https://www.bmbf.de/files/Londoner_Kommunique_Bologna_d.pdf, 2017 - 3 - 30.

③ Bologna-Prozess 2020-der Europäische Hochschulraum im kommenden Jahrzehnt. Kommuniqué der Konferenz der für die Hochschulen zuständigen europäischen Ministerinnen und Minister, Leuven/Louvain-la-Neuve, 28. und 29. April 2009, https://www.hrk.de/fileadmin/redaktion/hrk/02-Dokumente/02 - 03-Studium/02 - 03 - 01-Studium-Studienreform/Bologna_Dokumente/Leuven_communique_2009.pdf, 2017 - 3 - 30.

④ 姜爱红:《德国高等教育学位制度历史演变探析》,载《学位与研究生教育》2015 年第 12 期。

⑤ www.hochschulkompass.de.

⑥ Zahlen und Fakten zur Europäischen Studienreform in Deutschland, https://www.bmbf.de/de/zahlen-und-fakten-zur-europaeischen-studienreform-in-deutschland - 1041.html, 2017 - 3 - 30.

另据德国联邦统计局的统计,2013—2014 学年冬季学期就读于德国高校的学生总数约为 260 万人,其中本科生和硕士生的占比超过四分之三。此外,与"博洛尼亚进程"实施之前相比,学生攻读学位所需的时间明显减少:1998 年,德国高校学生完成大学学业、取得 Diplom 等学位的平均时长为 13.4 个学期;到 2012 年,学生获取 Master 的平均时长(含本科阶段在内)缩短至 10.8 个学期。另外,2012 年,学生攻读学士学位平均需时 7 个学期。[①]

与新的学制和学位体系相配套,德国高校普遍采用了"欧洲学分转化系统"(ECTS)。具体而言,本科阶段的学生大都需要修满 180 个 ECTS 学分,硕士阶段的学生大都需要修满 120 个 ECTS 学分。每个学年大致需要修完 60 个 ECTS 学分。1 个 ECTS 学分对应 30 个学时,这些学时包含课前准备、上课、课后复习、考前准备和考试等与课程相关的时间。

虽然目前德国部分高校的部分专业开始逐步引入美国模式的博士生培养方式,但与本科阶段和硕士阶段相比,博士阶段通常没有硬性的学分和课程要求,这一点与"博洛尼亚进程"改革之前差别不大。因此,下文将主要介绍德国硕士研究生阶段的复合型人才培养情况。

(五) 现阶段德国硕士研究生复合型人才培养

由于中、德两国国情不同,德语里包括德国各类政策性文件中没有与"复合型人才"和"复合型人才培养"完全对应或相近的表达。尽管如此,从德国高校的专业设置、课程设置、交换和交流项目以及联合培养项目等方面,我们仍然能够发掘出其在研究生复合型人才培养方面的典型做法。

1. 专业设置——复合专业

为了顺应和应对科技进步与社会发展对高等教育的要求,具有天然复合性的专业越来越多地出现在德国高等教育的研究生阶段。一般从名称上便可辨识出这些专业的复合特征,例如,运用计算机技术、数学模型等信息学手段研究生物学和生命科学领域问题的生物信息学专业(Bioinformatik),涉及数学、经济学和统计学等多个学科领域的金融数学与保险数学专业(Finanz-und Versicherungsmathematik),以及理论物理与数学物理专业(Theoretische und Mathematische Physik)、经济工程专业(Wirtschaftsingenieurwesen),等等。

我国所称的复合专业,其"复合"二字的意思在德国高等教育语境中多由 inter-/transdisziplinär[②] 和 fach-/fächerübergreifend[③] 等形容词来体现。例如,德国高校中复合类硕士专业一般被称作 inter-/transdisziplinärer Masterstudiengang。这类专业培养的研究生具有两个或两个以上学科领域的常识与知识复合性、具备多角度分析问题和解决问题的能力,故而是典型的复合型人才。

---

① Zahlen und Fakten zur Europäischen Studienreform in Deutschland,https://www.bmbf.de/de/zahlen-und-fakten-zur-europaeischen-studienreform-in-deutschland – 1041.html,2017 – 3 – 30.
② 可译作"跨学科"。
③ 可译作"学科交叉"。

2. 课程设置——跨专业的选修模块

在普遍实施新的学制后,就专业数量而言,德国高等教育硕士研究生阶段的专业以单一专业①为主。虽曰单一专业,但通过模块化的课程设置和各专业具体的学分修习规定,德国高校对研究生的培养仍然能够体现出复合型人才培养的特征。

一般而言,德国高校的硕士研究生可以选择在冬季学期或夏季学期入学,少数专业仅限或建议学生在冬季学期入学。在学制所要求的 4 个学期时间里,学生共需修满 120 个 ECTS 学分。其中,在前 3 个学期,学生需要完成 90 个课程学分(含实习学分在内);在最后一个学期,学生需要完成 30 个学分的硕士论文。

有关课程学分和硕士论文学分的要求大致如此,各高校、各专业的具体要求会有所区别。例如,慕尼黑大学物理学专业的硕士阶段学制为 4 个学期,硕士生需要修满 120 个学分,其中硕士论文占 30 个学分;而该校德语文学专业的硕士生虽然也需要修满 120 个总学分,但硕士论文占 27 个学分,学生在第四学期还需修习一门 3 学分的高级研讨课。又如,亚琛工业大学经济工程专业的硕士阶段学制较短,为 3 个学期,学生共需修满 90 个学分;而该校文学和语言学专业的硕士阶段学制为 4 个学期,学生共需修满 120 个学分。

就课程类型而言,德国高校研究生阶段常见的课程有讲授课(die Vorlesung)、研讨课(das Seminar)、习题课(die Übung)和学术讨论课(das Kolloquium)②等。课程基本是模块化设置,由必修模块(das Pflichtmodul)和选修模块(das Wahlpflichtmodul)共同组成,不同的专业对必修模块和选修模块的称呼会略有不同。一个模块通常由若干门讲授课、研讨课或实习等共同组成,修习时间一般为一至两个学期。必修模块与选修模块的占比没有统一规定,由各高校、各专业方向具体决定。选修模块中的课程一般是跨专业甚或跨学院选修。虽曰"选修模块",却是必须修习的。这类模块的设置有助于高校对研究生复合型人才的培养,同时亦能够唤起学习主体的自觉性,促使其有意识地去培养自身的知识复合性、能力复合性与思维复合性。

以慕尼黑大学语言与文学学院英国语言文学系的硕士专业英国学研究为例。该专业包括英语语言学、英国文学和专业教学法 3 个分支方向,每个方向的课程都由基本模块和特色模块(Basis-und Profilmodule)③共同构成。在前 3 个学期中,学生每学期都必须修完一个基本模块和一个特色模块。他们可以根据自己的兴趣,决定是仅从某一个分支方向中选择基本模块和特色模块,抑或是从 3 个分支方向提供的所有基本模块和特色模块中自行组合选择。而后一种做法即一条典型的培养复合型人才的途径。因为,采用这种模块组合的学生不再局限于英国文学或英语语言学单一的分支领域里,而是既能够学习

---

①　德语表达为"Ein-Fach-Masterstudiengang"或"disziplinärer Masterstudiengang"。

②　也可被称作学术讨论会。这是一种重要的学术训练形式,多见于德国高校的硕士阶段和博士阶段,一般是导师和学生共同参加。他们可能来自同一个专业、同一个研究方向、同一个研究团队,也可能来自相关的若干个专业和研究方向。在课上,一名学生主讲自己的论文或研究进展,其他参加者从各自的角度评论发言者的研究,并提出自己的疑问、意见和建议,而这些疑问和意见往往十分尖锐。当然,这也会促使发言者在课前做好充分的准备,以回答课上他人提出的各种问题。虽然德国高校对于博士生培养阶段的学分和课程设置没有统一的硬性规定,但博士生一般都需要参加由导师或相关专业方向共同组织的学术讨论课。

③　等同于前文提及的必修模块和选修模块。

到单个分支领域里的专业内容，又能够学习到与之相关的其他分支领域中的专业内容，从而具备较全面的有关英国学研究的各个专业方向的基本知识和素养。

值得注意的是，除了本专业提供的课程模块以外，在硕士阶段的第二和第三学期，英国学研究专业的学生在选择特色模块时还可以根据自身兴趣以及未来的职业发展需要，从慕尼黑大学多个学院联合开设的"人文—社会科学共同特色领域"（Gemeinsamer Geistes-und Sozialwissenschaftlicher Profilbereich）中选择模块进行修习。

目前，慕尼黑大学的"人文—社会科学共同特色领域"提供 34 个专业类别的模块供人文和社会科学院系的学生选择，这些大类包括文学、语言学、教育学、历史、国别研究、性别研究、宗教学、音乐学、戏剧学、出版等等。[①] 就培养机制而言，这一课程运行机制——丰富的模块化课程设置和较为灵活的修习规定——能够在更大程度上实现对研究生复合型人才的培养。它有助于学习主体突破学科的界限，去涉足更多的专业领域，从而使自己拥有多学科的专业知识以及多角度看待问题和解决问题的能力。当然，学校的这一做法也能更好地促进人文、社会科学专业学生的就业。

此外，德国综合性大学，如柏林洪堡大学、哥廷根大学、斯图加特大学等大都成立了语言中心以及核心能力或曰核心素养[②]培训中心，面向全校所有专业的学生开放语言[③]、报告技能（Präsentationsfertigkeiten）、时间管理、自我管理、沟通与交际、声音训练等种类丰富的课程。有些课程需要付费，有些课程是免费修习。这一学校层面的复合型人才培养举措为培养学生专业之外的能力与素养、帮助学生日后更好地步入职场提供了必要保障。

3. 交换和交流项目及联合培养项目

在全球化进程不断加速的时代背景下，与欧洲高等教育一体化建设即"博洛尼亚进程"的目标相契合，经过多年的改革，"国际性"（die Internationalität）、"国际化"（die Internationalisierung）、"流动性"（die Mobilität）和"灵活性"（die Flexibilität）业已成为描述现阶段德国高等教育的关键词。

就交换和交流而言，在读期间，德国高校的研究生根据学校的有关规定，可以去伙伴学校（Partnerhochschulen/-universitäten）以及有合作关系的学校与机构进行交流、学习、开展研究，在学分认可与学分互换方面几无障碍。学校的有关部门还会对学生的出国实习给予指导和帮助。除学生层面外，外籍教师与科研人员也可以通过各种项目和奖学金的资助到德国讲学[④]，或从事科学研究。他们以不同的视角丰富着德国高校中的教学与科研活动。

德国一流大学与全球各类高校和科研机构建立了非常广泛的交流合作关系。例如，就学生和教师层面的交换与交流而言，慕尼黑大学与欧盟和瑞士等地的 300 所大学签署了 1 000 个合作交流协议，与北美和亚洲等地的高校及科研院所签署了 150 个校级和院

---

① 模块列表详见 http://www. profilbereich-gs. uni-muenchen. de/modulliste/index. html，2017 - 4 - 2.

② 德语表达为"Schlüsselkompetenzen"或"Schlüsselqualifikationen"。

③ 有大量的语种供选择。

④ 客座教授或客座讲师的这种讲学可能历时较长，并被安排进课表，例如为时一个学期，在每周固定的时间授课；也可能历时较短，以 Blockseminar 的形式集中在几个周末进行。

系级的交换与交流协议。① 又如,哥廷根大学目前与世界 117 个国家的 875 所高校开展了 744 项合作。②

这些校际和国际的交换与交流项目不仅有助于提升学生从多个文化角度以及从文化差异的角度看待问题、解决问题的思维能力与专业能力,而且有助于培养学生专业之外的能力与素养,尤其是在全球化语境中显得日益重要的"国际素养"(Internationale Qualifizierung)。另外,德国高校还面向日后以国际化的职业生涯为目标的外国学生和本国学生开设了大量用英语授课的硕士专业,不仅增加了学校对于外国留学生的吸引力,而且令学校在专业设置、课程设置和人员构成等方面更加多元化。

就双学位和多学位联合培养专业(Studiengänge mit Mehrfachabschluss)而言,这类项目一般由德国和德国境外的高校合办,学生在相关学校均需修满一定的课程学分,达到毕业要求后,被授予双学位或者三个学位(Doppel-oder Dreifachabschluss)。此类联合培养专业的授课语言一般为德语和联合办学高校所在国语言,也有些专业是全英文授课。

例如,哥廷根大学与南京大学和北京外国语大学合办的跨文化日耳曼学(Interkulturelle Germanistik Deutschland-China)③双学位项目是在中、德两国交往日趋频繁的现实背景下而设立的跨文化和跨学科的硕士专业。在 4 至 5 个学期的时间里④,德方学生和中方学生同堂上课,在德国高校和中国高校里修习跨文化理论、翻译、文学、企业管理等涉及多个学科领域的课程。达到毕业要求后,学生可获得哥廷根大学与南京大学或哥廷根大学与北京外国语大学颁发的双学位。该专业培养出的研究生复合型人才有助于推进中、德两国在文化、经济和教育等各个领域的交往。

又如,慕尼黑大学管理学院与法国里昂商学院及英国兰卡斯特大学管理学院合办的"管理—欧洲"三学位项目(Management-European Triple Degree)⑤。该硕士专业方向学制 2 年,全英文授课。在第一年里,学生在法国或者英国学习管理学的基础课程。值得注意的是,每门基础课程均采用多元文化视角下的授课方式,即该联合办学项目为每门基础课都配备了一个三人授课教师小组,由三所高校分别委派一名教师共同组成。在第二年里,学生根据自身的发展需要选择专攻方向。例如,选择"策略与改变"方向的学生集中到慕尼黑大学学习,选择"企业金融"或"市场营销"方向的学生在法国里昂商学院学习,选择"企业发展"方向的学生在英国兰卡斯特大学学习。达到毕业要求后,学生能够获得三所高校颁发的硕士学位。

① 详见 http://www.uni-muenchen.de/kooperationen/intern_kooperationen/austausch/index.html,2017-4-2.
② 详见 http://www.uni-goettingen.de/de/60545.html,2017-4-2.
③ 详见 http://www.uni-goettingen.de/de/79164.html,2017-4-2.
④ 德方学生的学制为两年,即 4 个学期。中方学生的学制为两年半,即 5 个学期。
⑤ 详见 http://www.en.uni-muenchen.de/students/degree/master_programs/europ_master_management/index.html,2017-4-2.

三、"卓越倡议"计划背景下的德国研究生复合型人才培养

(一)"卓越倡议"计划

1. "卓越倡议"计划的缘起

受历史因素影响,在较长一段时间里,德国奉行高等教育机会均等的政策,高校之间不搞排名和等级。这使得各所大学在课程设置和学术研究水平等方面较为均衡、统一。[①]整体而言,20 世纪 60 年代至 80 年代末,多种类型高校的均衡发展是德国高等教育的主要特色。[②]

大学的世界排名能在一定程度上反映出国家在全球化浪潮中的竞争力。在经济全球化和高等教育国际化趋势日益明显的背景下,德国大学的世界排名情况不容乐观。例如,在 2004 年发布的《泰晤士高等教育——QS 世界大学排名》中,海德堡大学虽然在上榜的德国高校中名列第一,但其世界排名仅为第 47 位。出于对德国高校办学水平在国际上排名滑坡的担忧,同时也为了更好地顺应和利用全球化发展进程,以使德国在国际高等教育的竞争与合作中占据有利地位,几番酝酿后,由施罗德政府提出的"卓越倡议"计划于2005 年 6 月正式获批。

这一基于学术自治原则的政府行为标志着德国政府打破了大锅饭式的均衡办学观念,开始调整高等教育的发展战略,以期早日建立一个高效率、差别化的高等教育体系,保持并提升德国在全球化竞争中的实力。此外,"卓越倡议"计划的提出与实施也昭示着德国高等教育改革向以美国为代表的精英制度迈出了重要一步。[③]

2. "卓越倡议"计划的组成部分[④]

作为一项旨在加强德国尖端研究(die Spitzenforschung)实力、提升德国尖端研究国际竞争力的直接举措,"卓越倡议"计划由德国联邦政府和入选项目所在的联邦州政府按照 75% 和 25% 的出资比例共同资助,具体的实施工作由德意志研究联合会(Deutsche Forschungsgemeinschaft,简称 DFG)与科学委员会(der Wissenschaftsrat)协同负责,其评选和建设主要沿着三条资助主线(drei Förderlinien)展开,分别是精英研究生院(Graduiertenschulen)、精英研究集群(Exzellenzcluster)和未来构想(Zukunftskonzepte)[⑤]。

(1)精英研究生院

需要强调的是,德国高校的研究生院更像是博士生导师带领下的研究团队,其在机构设置、人员构成、规模和功能等诸多方面与我国的研究生院迥然不同。

① 王庆林、毛宇峰、赵清华:《德国研究生教育国际化进程》,载《学位与研究生教育》2008 年第 2 期。李威:《"双一流"动态建设机制研究——德国"卓越倡议"计划的启示》,载《现代教育管理》2016 年第 6 期。
② 郑春荣、欧阳凤:《精英倡议计划对德国高等教育差异化的影响分析》,载《外国教育研究》2014 年第 2 期。
③ 王庆林、毛宇峰、赵清华:《德国研究生教育国际化进程》,载《学位与研究生教育》2008 年第 2 期。陈洪捷:《德国精英大学计划:特点与特色》,载《华东师范大学学报(教育科学版)》2016 年第 3 期。
④ Exzellenzinitiative auf einen Blick,http://www. dfg. de/download/pdf/dfg _ im _ profil/geschaeftsstelle/publikationen/exin_broschuere_de.pdf,2017 - 4 - 2.
⑤ 最后一条资助主线资助精英大学的建设。

　　若想获得"卓越倡议"计划的资助,研究生院需注重培养科学后备力量[1],并注重打造研究的特色化(Profilierung der Forschung),同时还应加强这两者之间的联系。入选的精英研究生院能够为高素质的博士生提供理想的攻博条件;博士生能在某个特色鲜明的精英研究团队中接受培养与训练;博士生和研究生院能够共同致力于德国国际竞争力的提升。

　　(2) 精英研究集群

　　精英研究集群的评选与建设意在整合德国大学与其所在地的研究潜力,提高它们在国际上的知名度与竞争力。精英研究集群一般由大学、大学以外的其他研究机构以及工业企业等联合组成,其核心宗旨是加强高校、科研院所和企业在颇具前景的研究领域里的联系与合作[2]。

　　对于那些拥有精英研究集群的德国大学而言,精英研究集群不仅是高校自身发展战略规划的重要组成部分,而且有助于高校对自身特色的认识与定义。

　　(3) 未来构想

　　在"卓越倡议"计划诞生之前,德国高校中不存在精英大学。"卓越倡议"计划的第三条资助主线——有关未来构想的遴选实为精英大学的评选。这一资助主线旨在提高大学作为一个机构的整体实力,以使其能在国际高等教育竞争中始终跻身顶尖梯队之内。

　　申请"卓越倡议"计划资助的高校须拟定一份本校的长期发展规划,阐明学校在未来将如何持续性地拓展和提升尖端研究,如何持续性地改进对科学后备力量的培养;此外,还需要明确学校在各个领域中业已具备的优势,并确定未来优先发展之处。

　　若想当选精英大学,除了递交一份高质量的《未来构想》外,学校至少还须有一个研究生院和一个研究集群入选"卓越倡议"计划。

　　3.　"卓越倡议"计划的评选与建设

　　自 2005 年启动以来,"卓越倡议"计划共经历了三轮评选和两阶段建设。[3] 三轮评选时间分别为 2005—2006 年、2006—2007 年、2010—2011 年。第一个建设阶段为 2006—2007 至 2011—2012 年,第二个建设阶段为 2012—2017 年。

　　在 2005—2006 年的首轮评选中,共有 74 所高校提交了 319 项参选申请。经过初评,有 90 项申请进入了最后的角逐,这其中包括 39 个研究生院、41 个精英集群和 10 个未来构想。

　　2006 年 10 月 13 日,终选结果公布,共有 22 所高校提交的 38 项申请中选,包括 18 个精英研究生院、17 个精英研究集群和 3 个未来构想(即精英大学)。至 2011 年 11 月,德国各级政府为其提供的总资助额为 8.73 亿欧元。

　　在 2006—2007 年的第二轮评选中,共有 70 所高校提交了 305 项参选申请。经过初评,有 92 项申请进入决选阶段,这其中包括 44 个研究生院、40 个精英集群和 8 个未来

---

　　① 这里的"科学后备力量"(wissenschaftlicher Nachwuchs)指博士生。在其他语境下,该词还可能包括博士后研究人员等科研人员。

　　② 类似于我国的加强"产—学—研"之间的合作。

　　③ 郑春荣、欧阳凤:《德国大学精英倡议计划之未来构想分析——以慕尼黑工业大学为例》,载《外国教育研究》2013 年第 11 期。

构想。

2007年10月19日,终选结果公布,共有28所高校提交的47项申请中选,包括21个精英研究生院、20个精英研究集群和6个未来构想(即精英大学)。至2012年11月,入选项目获得的资助经费超过10亿欧元。

综上所述,在"卓越倡议"计划实施的第一阶段里,德国联邦政府与地方政府共投入了近19亿欧元的经费,资助了39个精英研究生院、37个精英研究集群和9所精英大学①的建设。

在2010—2011年的第三轮评选中,共有64所大学提交了227项参选申请,其中包括98个研究生院、107个精英集群和22个未来构想。2012年6月15日,评选结果公布,共有45个精英研究生院、43个精英研究集群和11所精英大学成功入选。至2017年11月,德国联邦政府与州政府为第二阶段的"卓越倡议"计划投入的总经费累计超过27亿欧元。

在45个精英研究生院中,新入选的研究生院有12个,其余33个为再次入选;每个研究生院每年获得的资助为120万—180万欧元。在43个精英研究集群中,新入选的数量为12个,其余31个为再次入选;每个精英研究集群每年获得的资助为420万—1080万欧元。在11所精英大学中,亚琛工业大学、柏林自由大学、海德堡大学、康斯坦茨大学、慕尼黑大学和慕尼黑工业大学等6所高校蝉联了这一头衔,柏林洪堡大学、不来梅大学、德累斯顿工业大学、科隆大学和蒂宾根大学等5所高校首次跻身精英大学之列②;每所大学每年获得的资助为960万—1340万欧元。

(二)"卓越倡议"计划实施下的德国博士研究生复合型人才培养

如果说在"博洛尼亚进程"改革中我们看到的更多是有关硕士阶段的复合型人才培养情况,那么"卓越倡议"计划的实施则更多地涉及博士阶段的复合型人才培养。因为,获得"卓越倡议"计划资助的精英研究生院其培养对象便是博士研究生,而且与传统的大多数院系专业不同,这些优秀的研究生院均由多个学科合作而建,大都致力于跨学科、交叉学科的前沿性研究。

以2012年11月1日—2017年10月31日第二阶段的"卓越倡议"计划为例,共有45个来自社会科学、自然科学、医学等大类的研究生院成功入选。从导师队伍的构成来看,这些精英研究生院的导师来自不同的国家,有着不同的受教育经历和差异化的学术背景,且往往有在世界顶尖名校工作和学习的经历。他们不仅能够给予博士生高水平的专业指导,而且也是提升德国尖端研究国际竞争力的有效保障。

例如,位于德国北莱茵-威斯特法伦州的亚琛工业大学计算机技术支持下的自然科学与工程学研究生院(Aachener Graduiertenschule für computergestützte Natur-und

---

① 9所精英大学为亚琛工业大学、柏林自由大学、弗莱堡大学、哥廷根大学、海德堡大学、卡尔斯鲁厄理工学院、康斯坦茨大学、慕尼黑大学和慕尼黑工业大学。

② 第一批精英大学中的弗莱堡大学、哥廷根大学和卡尔斯鲁厄理工学院被淘汰出局。

Ingenieurwissenschaften)①集结了数学、信息学、机械制造、材料科学、地球资源、建筑学、电子学和医学等 8 个学科的研究人员,与超过 25 家高校研究机构存在合作,并与尤里希研究中心(Forschungszentrum Jülich)以及位于杜塞尔多夫的马克斯-普朗克铁研究所(Max-Planck-Institut für Eisenforschung)拓展了合作关系。该研究生院的办学重点是技术系统的分析与合成,由三大研究领域组成,分别是应用与模型化、数学与数字方法、计算机技术支持下的车辆与基础设施。研究成果可被广泛应用于材料科学、程序技术、运输系统、电子技术、生物医学技术和地球科学等领域。

就人才培养而言,该研究生院以"跨学科的指导团队"(Interdisziplinäre Betreuungsteams)为主要特色。在这里,科研与教学紧密交融,博士生接受跨学科的训练,并主要从事交叉领域的尖端研究。为了使每位博士生都能获得深入的指导,帮助他们缩短获得博士学位的时间,该院为每一名博士生都配备了一个导师小组,由一名导师②、一名协同导师③、一名高年级博士生和一名该院服务小组的成员共同组成。倘若遇到问题,博士生和科学后备力量团队的负责人可以向有固定职位的教授咨询、请教。

从办学方式来看,入选"卓越倡议"计划的研究生院通常由本校相关强势学科组建而成,并致力于解决科技领域以及国内外政治、经济、文化等领域中的热点和难点问题,因此,它们对外不仅与德国其他高校和科研机构保持着紧密合作,而且往往与世界其他国家的高水平大学联合办学。部分研究生院的授课语言和工作语言为英语。有些研究生院还在《博士毕业规定》(Promotionsordnung)中设定了海外学期的要求。

例如,位于德国巴伐利亚州的拜洛伊特大学非洲研究国际研究生院(Bayreuther Internationale Graduiertenschule für Afrikastudien)④由该校与来自摩洛哥、肯尼亚、南非、埃塞俄比亚等国的多所高校合办,旨在解决非洲人才流失问题(Gegen den Braindrain in Afrika)。柏林自由大学东亚研究研究生院(Graduiertenschule für Ostasienstudien)⑤由该校与中国内地、中国香港、韩国、日本以及美国的多所名校合办,授课语言为英语。

通过梳理 45 个精英研究生院在各自网站上的自我介绍与《博士毕业规定》,可以看到,这些研究生院对博士生的培养方式在整体上呈现出"跨专业、多学科联合指导"(inter- und multidisziplinäre Betreuung)、"深入指导"(intensive Betreuung)、"个性化培养方案"(individuelle Gestaltung des Programms)、"科研与教学紧密啮合"(die enge Verzahnung von Forschung und Lehre)以及"国际化"等特点。与传统的师徒式个别指导不同,精英研究生院中的博士生是在团队中接受培养和训练,研究生院对他们有着清楚的毕业学分规定和修习课程模块的要求,并注重培养他们专业之外的核心能力。

---

① http://www. rwth-aachen. de/cms/root/Forschung/Projekte/Graduiertenschulen-und-kollegs/Graduiertenschulen/ ~qcc/Graduiertenschule-AICES/,2017-4-9.

② 由科学后备力量团队的负责人担任。该研究生院的科学后备力量团队负责人通常都是"青年教授" (Juniorprofessoren),几乎都毕业于斯坦福大学、麻省理工学院和伯克利大学等世界一流名校。

③ 由有固定职位的教授担任。

④ http://www. bigsas. uni-bayreuth. de/de/,2017-4-9.

⑤ http://www. fu-berlin. de/sites/inu/early-career/graduate-schools/ostasienstudien/index. html,2017-4-9.

第二节　德国研究生复合型人才培养个案分析

本节将首先以德国精英大学为例,介绍与硕士研究生复合型人才培养相关的具体做法。然后,以入选"卓越倡议"计划的精英研究生院为例,介绍其在博士研究生复合型人才培养方面的有关做法。

一、硕士研究生复合型人才培养

亚琛工业大学(Rheinisch-Westfälische Technische Hochschule Aachen,简称RWTH Aachen)始建于 1870 年,是德国最负盛名的理工类大学,素被誉为"欧洲的麻省理工"。在"卓越倡议"计划的评比中,该校连续两次入选"精英大学";另有一个精英研究生院和两个精英研究集群获得"卓越倡议"计划的资助。

该校下设九大学院,按从 1 到 10 的顺序编号:第一学院为数学、信息学和自然科学学院,第二学院为建筑学院,第三学院为建造工程学院,第四学院为机械工程学院,第五学院为地球资源和材料学院,第六学院为电气工程和计算机学院,第七学院为哲学学院(包括人文、社会科学类专业),第八学院为经济学院,第十学院为医学院。[①]

从院系设置可以看出,亚琛工业大学是一所理工科优势突出、学科门类齐全的综合性大学。受"博洛尼亚进程"改革的影响,从 2012—2013 学年冬季学期起,除医学和牙医学外,该校其他专业均已实行新的学制和学位体系。2016—2017 学年冬季学期,全校注册学生人数为 44 517 名。截至 2016 年 12 月 31 日,该校的教授数量为 540 名。[②]

(一) 理工类专业

亚琛工业大学的机械制造专业在德国高校各类专业排名中始终居于前三位,是该校的名牌专业,开设在机械工程学院(Fakultät für Maschinenwesen)内。

以普通机械制造(Allgemeiner Maschinenbau)[③]方向为例,该硕士专业学制 3 个学期,学生共需修满 90 个学分。授课语言以德语为主,个别课程用英语授课。在整个硕士阶段里,连同硕士论文这一模块在内,学生共要修习 8 到 16 个模块。其中,硕士论文占30 个学分,各类课程占 60 个学分。

具体而言,技术—自然科学领域(Technisch-Naturwissenschaftlicher Bereich)为必修模块,占 18 至 22 个学分;普通机械制造领域(Bereich Allgemeiner Maschinenbau)为必须修习的选修模块,占 13 至 18 个学分;专攻领域(Spezialisierungen)占 18 至 29 个学分,学生从医学技术、微系统技术、模拟技术、材料技术和流体技术等 5 个类别中选择一到两类进行修习;另有学术性参观[④]占 0 至 2 个学分。

---

① 没有编号为 9 的学院。
② 详见 https://www.rwth-aachen.de/cms/root/Die-RWTH/Profil/~enw/Daten-Fakten/,2017-4-9.
③ 详见 http://www.rwth-aachen.de/go/id/bkwg,2017-4-9.
④ 学术性参观(Exkursionen)不是必选内容。学生如果将其纳入修习计划,则要根据所选的专攻领域,到与之相关的一家工业企业考察、学习,并参加一门与学术性参观相关的学术讨论课,在课上做报告,课程结束后提交一份课程论文作业(Seminararbeit)。

该硕士专业注重对学生进行个性化培养,主要表现为:在硕士阶段正式开始之前,学生根据自己的兴趣和未来职业发展规划,从上述各大领域提供的课程模块中自行选择、组合,拟定修习内容,而后将这份个性化的学习计划书递交给学院导师组和考核委员会进行审核。

在人才培养过程中,除了注重加深和拓展学生在自然科学领域、工程技术领域以及专攻领域的专业知识与专业能力外,该硕士专业还注重培养学生的跨学科能力、核心能力与跨文化交际能力。

跨学科能力的培养主要体现在:学生必须修习的选修模块包含 3 个分支,而这些分支的内容侧重各不相同。学生的核心能力主要通过团队合作的方式来训练:来自相邻学科的学生逐渐了解和熟悉彼此研究领域中的思维方式、研究方法与专业表达,最终能够越过各自专业的界限,完成跨专业、跨学科的合作。学生的跨文化交际能力主要通过海外学术交流与海外学习来培养。

综上所述,作为一个品牌专业,亚琛工业大学的普通机械制造硕士专业在培养研究生的过程中,除了注重培养学生的专业能力外,还突显出对跨学科性(Inter-/Transdisziplinarität)、核心能力与国际性的重视。因此,其人才培养理念与具体实践都属于复合型人才培养的范畴。

(二)人文社科类专业

哲学学院是亚琛工业大学这所著名的理工类大学中唯一以文科为主的学院,在读学生超过 5000 人。在学院的网站主页[①]上可以看到,与传统的文科院系不同,跨学科/跨专业性是该院的办学特色。鉴于自然科学、工程科学、人文学科与社会科学必须紧密协作才能应对 21 世纪中的全球性挑战,该院与其他理工院系在气候保护、互联网时代的健康(eHealth)以及性别、代际和民族分布的公正性(Verteilungsgerechtigkeit zwischen Geschlechtern,Generationen und Nationen)等研究领域里始终保持着密切的合作关系。

哲学学院下含三大内容分支:一是"语言学、文学、哲学",二是"社会科学",三是"教育、认知、交际"。与一般的文科院系不同,该学院开设的专业方向都深受学校理工科优秀传统的影响,渗透着跨学科、跨专业培养人才的理念;颁发的硕士学位类型不仅有 Master of Arts,也有 Master of Science。[②]

1. 文学与语言学硕士专业

颁发 Master of Arts 的文学与语言学硕士专业由日耳曼语言文学、英美研究、法语和西班牙语等 4 个专业方向共同组成。

需要指出的是,中、德两国高校在语言文学类专业的院系设置方面存在较大的区别。德国高校里的日耳曼语言文学专业相当于我国的文学院或汉语言文学专业。我国高校一般都将英语、法语和西班牙语等专业设在外国语学院之内,但德国高校没有所谓的外国语学院,这些语种与德语一起通常都被纳入文学与语言学这个大类之中。

---

① http://www.philosophische-fakultaet.rwth-aachen.de/cms/～hqc/Philosophie/,2017-4-9.
② 专业方向与所授学位类型的列表详见 http://www.philosophische-fakultaet.rwth-aachen.de/cms/Philosophie/Studium/Studienangelegenheiten/～bgni/Studienangebot/,2017-4-9.

亚琛工业大学哲学学院文学与语言学硕士专业的学制为 4 个学期，学生需要修满 120 个学分。具体要求为：

（1）核心领域的课程占 40 个学分，学生从"世界上的欧洲""认知与数字化人文"和"理论与方法"等 3 个主题模块中选取 2 个模块进行修习。此外，还必须参加与之相关的科研研讨课和项目研讨课（Forschungs-und Projektkolloquien）。这部分课程的授课语言为德语。

（2）专攻领域的课程占 40 个学分，学生从日耳曼语言文学、英美研究、法语和西班牙语等 4 个专业方向中选择一个进行修习。授课语言视专业语种而定。

（3）跨学科领域的课程占 12 个学分，学生从历史、个体（Individuum）、信息学、哲学、社会学等 5 类中选择 2 类进行修习。授课语言为德语。

（4）硕士论文占 28 个学分，既可以围绕核心领域里的主题来写，也可以在专攻领域的研究范围内写作。[①]

就人才培养而言，该硕士专业除教授传统的专业知识外，尤其注重教授跨专业的内容。所设的课程模块中既包含人文、社会科学领域的课程，也包含信息的数字化处理等内容。在基于跨学科和学科交叉的考虑而设置的"世界上的欧洲""认知与数字化人文"以及"理论与方法"等课程模块中，学生能够学习和了解：在跨越了语言和文化边界的全球化时代，人类的合作与共存如何进行；个体如何从认知上应对语言与文化的挑战；如何使用信息技术与传媒技术为后代留存语言珍品和文化珍品。

2. 技术—交际硕士专业

哲学学院的技术—交际专业（Technik-Kommunikation）[②]颁发的学位是 Master of Science。该专业由哲学学院与机械工程学院，电气工程和计算机学院，地球资源和材料学院以及数学、信息学和自然科学学院等 4 个理工科学院合作设立。在德国境内，仅亚琛工业大学开设了这一颇具特色的硕士专业。从该专业的名称可以看出，它属于我们在前文中提到的复合专业。

技术—交际专业将人文学科与工科相复合，对申请者的数学知识、语言能力和德语口笔头交际能力等均有着相当高的要求。它旨在培养能够借助恰当的媒介，将高度复杂的技术内容以清晰明了的方式呈现给目标人群的人才。除了政府和企业的对外联络部与公共关系部以外，毕业生的去向还主要包括媒体管理与知识管理、软件开发、人类工程学、可用性测试、技术文档、专业新闻和科学新闻等领域。

在 4 个学期的时间里，学生需要修满 120 个学分。除了学习交际学（Kommunikationswissenschaft）的课程内容，学生还需从机械工程基础、电气工程基础、材料技术基础和信息学基础这 4 个专业领域中选择一个进行修习。作为一个研究导向型的（forschungsorientiert）专业，技术—交际专业着重培养学生思考复杂的科学难题、提出专业问题、纵览学科间联系、快速熟悉新问题、设计问题解决方案等多方面的能力。这种研究导向性有时会隐藏在应用导向型的（anwendungsorientiert）学习内容之中。换言之，

---

① http://www.rwth-aachen.de/go/id/hmzr/? # aaaaaaaaaaahmzs, 2017－4－9.

② http://www.rwth-aachen.de/go/id/biik/? # aaaaaaaaaaabiil, 2017－4－9.

在培养学生的过程中,该专业注重将理论与实践相结合。

(三) 英文授课的国际化硕士专业

为了吸引留学生,亚琛工业大学开设了一批用英文授课的国际化硕士专业(Internationale Masterstudiengänge)①,其中包括国际联合办学项目,例如与荷兰代尔夫特理工大学和苏黎世联邦理工学院合办的应用地球物理学(Applied Geophysics)硕士项目。这类硕士专业的学制一般为4个学期,学生通常需要修满120个学分。

下面以生物医学工程(Biomedical Engineering)②专业为例。该专业由亚琛工业大学医学院主管,与数学、信息学和自然科学学院,机械工程学院,电气工程和计算机学院等合办,属于复合类专业。从其网站上可以看到,跨学科教学活动(Interdisziplinäre Lehrveranstaltungen)是该专业培养人才的主要特色。

在毕业所要求的120个总学分中,除了30个学分的硕士论文和10个学分的实习③外,各类课程占80个学分,包括70个学分的必修模块和10个学分的必须修习的选修模块。连同硕士论文模块在内,学生在整个硕士阶段一共要修习18个模块。

在第一个学期里,学生修习必修模块的课程,为后面的学习奠定理想的基础。必修模块由"医学""工程"和"自然科学"等模块共同组成。在第二和第三个学期里,学生修习的重点模块主要有"组织工程学"(Tissue Engineering)、"医学影像学"(Medical Imaging/Guided Therapy)、"人造器官/人工装置"(Artificial Organs/Devices)等,这些模块能够凸显亚琛工业大学生物医学工程专业不同于其他学校开设的生物医学工程专业的特色。在最后一个学期,学生需要参加与毕业论文相关的学术讨论课(Masterarbeitkolloquium),并完成毕业论文的写作。

从以上举例可以看出,虽然德国高等教育界不存在与"复合型人才"和"复合型人才培养"相对应的语言表达,但作为欧洲理工类大学中的名校,有着德国精英大学头衔的亚琛工业大学在解决当下问题、应对未来挑战等目标的驱动下,基于自身的理工科办学传统与专业优势,将跨学科/跨专业的办学理念落实在了专业设置、课程设置、联合办学等多个方面。该校对于硕士研究生采取的复合型人才培养路径值得我国高校借鉴。

二、博士研究生复合型人才培养

(一) 社会科学

位于德国南部巴伐利亚州的班贝格大学社会科学研究生院(Bamberger Graduiertenschule für Sozialwissenschaften)④创建于2010年,2012年获得"卓越倡议"计划的资助。该研究生院依托本校强势学科而建,并与国内外多家一流高校和研究机构建立了广泛的合作,其导师队伍由来自社会学、心理学、教育学、政治学、经济学、人口学和统

---

① 专业列表详见 http://www.rwth-aachen.de/go/id/csei,2017-4-9。
② 详见 http://www.rwth-aachen.de/go/id/bokx,2017-4-9。
③ 实习在第二学期结束后的假期里进行,至少要为期8周。
④ https://www.uni-bamberg.de/bamberg-graduate-schools-promotionsprogramme/bamberg-graduate-school-of-social-sciences-deu/,2017-4-9。

计学等多个学科领域的国内外专家共同组成。

班贝格大学社会科学研究生院的宗旨是加强社会科学后备力量的培养,为高素质的博士生创造一个具有创新性、结构化和国际化特点的工作与受教育环境。为了保证学生都能获得深入的指导,导师会与每位博士生协商讨论,而后制订并签署一份量身打造的学习计划书。在培养博士生的过程中,将严格执行这一个性化的培养方案。学生在这所研究生院学习的目的是应对今后知识型社会所带来的巨大挑战,因为,未来的知识型社会将以"现代化、结网式、难以掌控"(modern,vernetzt und schwer steuerbar)为特点。

该研究生院的重点研究领域分为四大块:第一分支主要研究个人从孩童到成年期间的受教育情况、人格发展情况以及学习情况对成年之后的社会生活、经济和政治活动的影响;第二分支专注于家庭所属的社会阶层和经济收入的差异给个人成长过程中的受教育机会带来的影响;第三分支着眼于在围绕市场份额、投资和教育资本而展开的全球竞争中,上述差异以及人口流动情况对人力资本、劳动力市场和经济生活造成的影响;第四分支关注在面对上述问题、应对上述挑战时政府的决策与管理行为以及国内外机构如何携手解决问题,等等。

不难看出,以上四个分支研究领域彼此之间存在着复杂而又紧密的联系,研究生院对博士生进行的是复合型人才培养。在多学科导师团队的带领下,博士生开展以实证为基础并且在理论上能够指引未来的跨学科研究。

(二) 人文学科

在入选第一阶段和第二阶段"卓越倡议"计划的众多研究生院中,柏林自由大学的弗里德里希·施莱格尔文学研究研究生院(Friedrich Schlegel Graduiertenschule für literaturwissenschaftliche Studien)①是唯一以文学为研究对象的精英研究生院,主要聚焦于"世界文化中的文学"(Literatur in den Kulturen der Welt)。自 2008 年起,该院每年招收 10 名优秀的博士生。2012 年以来,柏林洪堡大学成为该院重要的合作伙伴之一。

虽然文学研究在德国高校中一般属于传统的人文学科,但施莱格尔文学研究研究生院是一个跨学科的研究团队。它由柏林自由大学哲学与人文科学学院主办,历史与文化学院、北美研究研究生院、拉美研究中心以及一些校外研究机构等协办,如马克斯-普朗克科学史研究所、马克斯-普朗克教育研究所。

在这个研究生院里,博士生钻研来自欧洲、美洲、亚洲以及阿拉伯文化圈中的文本,将文本比较、媒介比较、文化比较等研究方法与理论问题相结合,深入挖掘文学文本与文化进程之间的联系。研究内容主要涉及:文学文本之间的关系、文学文本与语言内省过程之间的关系、修辞与诗歌、文学与其他美学媒介之间的相互关系以及文学与知识话语之间的相互依赖性。

前文曾提到,在德国高校读博的核心任务是撰写博士论文,一般没有修习学分的要求。但研究生院对其培养的博士生通常有着硬性的学分和课程要求,施莱格尔文学研究

---

① 详见 http://www. fu-berlin. de/sites/inu/early-career/graduate-schools/friedrich-schlegel/index. html, 2017 - 4 - 9.

研究生院也不例外,在此就读的博士生需要完成 180 个学分,具体为①:

(1) 博士论文和海外学期模块占 151 个学分;

(2) 研究方法与文学理论研讨课模块占 15 个学分,学生从"作为文本实践的文学"(5 个学分)、"文学与知识"(5 个学分)、"艺术、媒体与媒体间性理论"(5 个学分)以及"跨国视角下的文学"(5 个学分)等 4 个模块中任选 3 个进行修习;

(3) 实践与可迁移性技能(transferable skills)模块占 8 个学分,博士生作为授课人员主持一门研讨课可获得 5 个学分,参加一天可迁移性技能工作坊(workshops)可获得 0.5 个学分,其他通过组织学术活动而获得的学分具体经协商而定;

(4) 学术研究讨论课(Forschungscolloquien)模块占 6 个学分,由 3 门各占 2 个学分的讨论课组成。

通过课程修习和组织学术活动等方式,博士生的专业能力得到了多视角、跨学科的培养,其专业之外的能力也得到了锻炼②。以课程内容为例,2012 年之前,该院在"跨国视角下的文学"这一分支领域内设立了英国学的教席,重点从事和讲授"后殖民研究"。2012 年,新增的日本学教席以欧洲之外的视角丰富了跨国视角下的文学研究。

施莱格尔文学研究研究生院对博士生的培养是量身打造的个性化培养。博士生与教授一起制订自己的课程修习计划,并商谈邀请国外相关人员来此参加会议和工作坊等事宜。这里每年冬季学期举办的跨学科年度学术研讨会(interdisziplinäre Jahrgangscolloquien)是博士生亲自组织且必须参加的重要学术活动。他们借此机会介绍自己的研究和论文进展,聆听来自本学科和其他学科研究人员的疑问、意见和建议,并与之展开讨论和辩论。在每周举行的午间论坛(Mittagsforum)上,受邀而来的嘉宾与该院师生一起讨论自己的研究。另外,出国去伙伴学校交流一个学期也是在此读博的必选项目。③

简言之,就读于施莱格尔文学研究研究生院的博士生能够切身体会到科研与教学的国际性和跨学科性。

(三) 自然科学

达姆施达特工业大学的能源与能源技术精英研究生院(Darmstädter Exzellenz-Graduiertenschule für Energiewissenschaft und Energietechnik)致力于"未来能源供给"(Energieversorgung für die Zukunft)问题的研究。其人才培养目标为:在跨学科的环境中传授多学科的能力,培养未来的能源工程师。④

该研究生院下设 4 个相互交叉的分支研究领域,分别是太阳能燃烧物质、楼群整合与能源自给式社区、智能能源网络、低碳灵活的能源转换器。在这里攻博的研究生具有不同的工科和自然科学的学科背景,他们加入由多学科成员组成的博士论文项目小组

① Promotionsstudiengang der Friedrich-Schlegel-Graduiertenschule, http://www. geisteswissenschaften. fu-berlin. de/friedrichschlegel/PDF/Promotionsstudium-Schema. pdf, 2017 - 4 - 9.
② 主要通过亲自组织较大规模的学术讨论会(Kolloquium)、参加可迁移性技能工作坊而得到培养和锻炼。
③ http://www. geisteswissenschaften. fu-berlin. de/friedrichschlegel/fsgs/index. html, 2017 - 4 - 9.
④ http://www. ese. tu-darmstadt. de/graduate_school_ese/gsc_welcome/willkommen_1. de. jsp, 2017 - 4 - 9.

（multidisziplinäre Dissertations-Projektteams），在跨学科的合作中，深入认识并设法应对与能源问题相关的科学、技术、经济和社会等方面的挑战。

在第一阶段和第二阶段的"卓越倡议"计划中均获得资助的康斯坦茨大学化学生物研究生院（Konstanzer Graduiertenschule Chemische Biologie）[①]旨在培养能够对生命过程做出化学解释的新一代研究人员。这一目标只有在各相关学科突破自身传统边界、开展跨学科合作的前提下才能实现。该研究生院为每名博士生都配备了一个三人组成的导师小组，其中至少有 2 位导师来自不同的学科。

根据课程修习规定，在此攻博的学生必须修习 4 门课程。学生应结合自己的学术背景，在与导师小组认真商讨后，制订具体的修习计划。4 门必修课中，至少要有 2 门课程从"科学课程"模块中选择，另有一门课程要从"可迁移性技能和管理课程"模块中选择，最后一门必修课可从所有模块中自主选择。除必修课程外，在读博的前 6 个月时间里，学生还须参加"良好的科学实践"（Good Scientific Practice）。

除了化学生物研究生院提供的课程外，学生还可以根据需要，从学校的学术人员发展中心（Academic Staff Development）以及其他研究生院开设的课程中选取课程进行修习，通常不需要缴纳费用。

简言之，这个精英研究生院里的博士生既能通过课程接受跨学科的专业训练，从事跨学科的研究，同时又能在一些课程和工作坊上接受可迁移性技能和管理技能的培训。这些专业能力与专业之外能力的训练贯穿他们在此学习的 3 年。

第三节　德国研究生复合型人才培养机制与特点

进入 21 世纪以来，"博洛尼亚进程"改革和"卓越倡议"计划成为指引德国高等教育事业发展的两条主线：前者彻底改变了德国高等教育的学制与学位体系，并使德国最终确立了以英美等国为范例的、与国际接轨的"学士—硕士—博士"三级制学制与学位结构；后者引领德国高等教育向以美国为代表的精英制度迈出了重要一步，对保持和提升德国大学及科研机构的国际竞争力助益良多。受这两大举措的影响，近年来，德国高校对于研究生的培养较之以前可谓变化显著。

一、硕士研究生复合型人才培养的机制与特点

在欧洲高等教育一体化建设即"博洛尼亚进程"有序实施的过程中，德国高等教育人才培养模式自上而下地受到欧盟、联邦政府、联邦州以及高校、学院、专业等多个不同层面的影响。在这场历时已近 20 年的改革中，"国际性""流动性"和"灵活性"是德国高等教育改革的主要着眼点。在此背景下，除医学、师范等少部分专业外，德国高等教育的学制与学位结构基本实行了"学士—硕士—博士"三级制体系。德国高校的学生以及其他教学和科研人员在欧洲乃至世界范围内的交换与交流均受到框架保障，获得大力支持。

就现阶段德国一流大学对硕士研究生复合型人才的培养而言，其培养机制与特点主

---

① 详见 www. chembiol. uni-konstanz. de，2017 - 4 - 9.

要表现为：

（一）清晰的学制结构，统一的学制与学分要求

根据德国高校校长联席会议发布的统计[①]，在 2015—2016 学年的冬季学期里，德国各类高校即综合性大学、应用科技大学和艺术与音乐类高校所开设的专业总数达 18 044 个。其中，本科专业（Bachelorstudiengänge）8 298 个，硕士专业（Masterstudiengänge）8 099 个，二者之和约占专业总数的 90.9%。授予德国传统的 Magister 和 Diplom 等学位的专业数为 361 个，约占总专业数的 2%。

就授予 Master 学位的硕士专业而言，64.6% 的专业对于招生人数不设限制。77.1% 的专业（6 247 个）学制为 4 个学期，毕业学分要求为 120 个 ECTS 学分。具体而言，在综合性大学所开设的 5 430 个硕士专业中，仅有 5.2% 的专业（285 个）学制为 3 个学期。而在应用科技大学所开设的 2141 个硕士专业中，学制为 3 个学期的专业占比高达 38.4%（823 个）。

整体而言，在"博洛尼亚进程"实施之前，德国高等教育没有区分本科阶段和研究生阶段，其学制与学位结构较为特殊。而"博洛尼亚进程"改革不仅对各个签约国的高等教育学制和学位体系做出了清晰的划分与描述，而且在加入这一改革进程的签约国范围内实现了统一的学制与学分要求。就硕士研究生教育而言，学制一般为 4 个学期，学生通常需要修满 120 个 ECTS 学分才能毕业。这种统一的要求实现了德国高校颁发的学位在国际上的可比性，同时也促进了德国高校学生的校际交流与国际交流，有助于开阔学生的国际视野，培养其跨文化交际能力与复合性思维方式。

（二）复合型硕士专业与跨学科特色课程选修模块的设置

一方面，为了满足政治、经济、社会、文化和科技的发展对人才的需求，德国高校中的复合类硕士专业不断增加，越来越多的学生就读于这类专业，接受跨学科、跨专业的培养。

另一方面，大部分就读于单一硕士专业的学生在面对种类丰富的课程模块时有着较大的自主选择权。他们通过修习其他学科领域的课程，掌握两个甚或多个学科的专业知识与专业技能，而在知识与技能习得过程中培养起来的跨学科和多学科的思维能力也有助于他们分析和解决各类复杂问题。此外，综合性大学和研究型大学中普遍设立的语言培训中心与核心能力（或核心素养）培训中心对培养学生专业之外的能力发挥了重要作用。

在全球化进程中，跨文化交际能力等国际化素养也在人才培养过程中获得了重视，并经由海外学期、海外实习和联合办学项目等形式得到了落实。对此，《博洛尼亚宣言》等欧洲层面协约的签署以及高校间各个级别的交流与合作协议无疑起到了保障与推动作用。

（三）国际联合办学

面对高等教育国际化趋势的日益明显，德国众多高校在欧洲高等教育一体化建设过程中开设了本科和硕士研究生培养层面的国际双学位、多学位以及联合学位专业

---

① Statistische Daten zu Studienangeboten an Hochschulen in Deutschland，https://www.hrk.de/uploads/media/HRK_Statistik_WiSe_2015_16_webseite.pdf，2017 - 4 - 12.

(Double，Multiple，Joint Degree)。在 2015—2016 学年的冬季学期里,德国各类高校开设的 18 044 个专业中有 3.2% 的专业属于国际联合办学专业。其中,授予 Master 学位的国际联合办学硕士专业数为 347 个。尽管从绝对数量上来说这类专业仍不为多,但这种办学趋势还将持续发展,特别是在应用科技大学中,这类专业占比较高。

二、博士研究生复合型人才培养的机制与特点

在"博洛尼亚进程"的推进过程中,虽然"学士—硕士—博士"这一国际通行的三级制学制与学位结构在德国得到确立,但与此项改革实施之前相比,德国高校对于博士研究生的培养并没有因此而出现根本性改观。大部分专业对于博士生的培养仍采用传统的"师徒制",没有严密的录取与培养程序,也没有制度性规约;德国高校在读博士生人数、博士生的专业分布、攻博年限等统计数据长期缺乏。[①]

自 20 世纪 80 年代起,德国高校逐渐成立了一些研究生院,对博士生实施结构化的培养(strukturierte Promotion)。这些研究生院并非制度化的实体机构,而往往是获得资金支持的短期项目团队,需要定期接受第三方的考核评估。

随着 2005 年"卓越倡议"计划的启动,其中有关精英研究生院的评选与建设令这种结构化的博士培养方式获得了更为广泛的关注与推广。精英研究生院以跨学科、多学科、国际化的团队从事尖端研究为主要特色,其对博士生复合型人才培养的机制和特点主要表现为:

(1)招生透明化、规范化。有意向在某个研究生院读博的学生先提交申请,而后由招生委员会统一审核、选拔,确定人选。

(2)博士生在学制时间内有全额奖学金资助,能够专心从事自己的研究,无须参与其他的研究,也无须承担额外的教学工作。这一措施能够有效缩短学生攻博所需的时间。

(3)鼓励多名具有不同学科背景的导师组成导师小组,对博士生进行联合指导。博士生与导师深入商讨,共同参与制订个性化的培养计划。

(4)博士生在读期间需要修习一定的课程模块,并接受可迁移性技能等方面的培训;还可通过组织较大规模的学术讨论会培养自己专业之外的能力。

(5)博士生与其他不同学科的团队成员一起开展跨学科、交叉领域的研究。

(6)研究生院的国际化程度较高,部分研究生院以英语为工作语言,还有一些研究生院对海外学期做出了明确规定。

三、德国高校研究生复合型人才培养对中国的启示

启动于 1999 年的"博洛尼亚进程"改革推动了德国高等教育事业的国际化;而启动于 2005 年的"卓越倡议"计划引领着德国高等教育向精英化方向发展,带领着德国的一流大学与一流研究团队向世界顶尖梯队迈进。

对于我国的高等教育特别是研究生教育改革而言,德国精英大学以及精英研究生院

---

① 秦琳:《从师徒制到研究生院——德国博士研究生培养的结构化改革》,载《学位与研究生教育》2012 年第 1 期。

在硕士研究生和博士研究生复合型人才培养方面的种种举措能够给予我们如下的启示：

（一）对研究生课程进行模块化设置，丰富课程的种类与内容，实行较灵活的选课制度，建立跨校修习的学分转换制度

一般而言，德国高校的课程均为模块化设置，每个模块中的课程门数与课程内容十分丰富。硕士生需在 4 个学期的时间里修满 120 个学分，其中 90 个学分（课程学分、实习学分）需在前 3 个学期完成。他们不仅要学习本专业方向的必修课程，而且须根据自身情况进行跨专业或者跨学科选修，广泛涉猎其他专业领域的内容。此外，语言培训中心与核心能力（或核心素养）培训中心的开设帮助学生发展专业之外的能力。简言之，德国高校从学校规定以及调动学习主体自觉性两方面推进对人才的复合型培养。

与之相比，我国高校硕士研究生毕业一般需要修满 32 个学分。除去思想政治类必修课，一级学科和二级学科的必修课与选修课的门类及内容远不如德国高校那么丰富。学校普遍没有设立能够提供大量语种供全校学生修习的语言培训中心，也没有开设培养自我管理、沟通与交际、报告技能等专业之外能力的核心能力培训中心。

在"博洛尼亚进程"中，德国高校统一采用了"欧洲学分转换系统"，这既提高了专业学习的透明度，也大大方便了学分与学位的相互认可和比较，有助于学生开展校际与国际交流。

由于地缘和发展的差异，将德国高校学生的国际交流模式移植入我国是不现实的。但我国高校可以探索开展地区内和全国范围内的校际交换与交流项目，制定统一的学分转换标准，增强专业学习的透明度与可比性，促进学生在相关高校间的交换、交流，提升我国研究生教育的灵活性与人员流动性。

（二）合理设置复合型专业和国际联合办学专业，提高专业的吸引力，推进我国高等教育的国际化

虽然德国各类政策性文件中并没有出现"复合型人才"和"复合型人才培养"等表达，但德国高校开设的复合型专业与国际联合培养项目能够体现学校对研究生复合型人才的培养。尽管复合型专业和国际联合办学专业的绝对数量占比尚低，但其向上发展的趋势是显而易见的。

复合型专业的设置和开设国际联合办学专业与我国提倡的复合型人才培养以及高等教育国际化直接相关。如何将其有益地置入研究生培养的框架内，尚需我们进一步探索。

（三）积极建设跨学科、多学科的尖端研究团队，培养优秀的复合型博士生人才，提升我国科学研究的国际竞争力

2005 年以来，德国政府积极实施"卓越倡议"计划，其根本目的在于通过提高大学和科研机构的国际竞争力来巩固和提高德国作为一个优秀的科学大国与人文大国的国际地位。[1] 过去十年间，精英研究生院的评选与建设使得德国的博士生培养情况发生了有益的改变。与大部分专业的"师徒制"培养方式不同，研究生院对博士生的培养是以结构化、跨学科、多学科、多导师联合指导、个性化培养、团队合作式等特点为关键词的复合型培

---

[1] 李威：《"双一流"动态建设机制研究——德国"卓越倡议"计划的启示》，载《现代教育管理》2016 年第 6 期。

养。这种培养模式有助于作为科学后备力量的博士生养成良好的科学素养与创新精神，有助于提高德国高校培养博士生的透明度与国际可比性，更有助于提高德国尖端研究在国际上的竞争力。

虽然在德国高校研究生院中攻博的学生总数不多，在精英研究生院中接受培养的博士生数量更少，但是，在我国大力建设世界一流大学和世界一流学科的时代背景下，这种精英化的复合型人才培养模式对于我国高等教育最高阶段的人才培养极具借鉴意义。

概而观之，自中世纪以来，德国高等教育改革的步伐从未停止。"在全球化进程加速、知识经济勃兴的今天，科技创新以及科研人才竞争被提升到关乎国家战略的重要地位。"①为了顺应全球化进程以及应对高等教育的国际竞争，德国高等教育做出的调整与改革目前仍在继续。对于德国高校在研究生复合型人才培养方面的相关理念与具体实践，我们应进行持续而深入的发掘；对于其研究生人才培养的质量，我们也应长期跟踪关注。

---

① 陈洪捷：《德国精英大学计划：特点与特色》，载《华东师范大学学报（教育科学版）》2016年第3期。

第六章　国外研究生复合型人才培养的总体分析

第一节　国外研究生复合型人才培养的基本情况

在研究生复合型人才培养上，高等教育发达的国家率先进行了实践探索，并形成了行之有效的人才培养模式。这一过程首先发端于"跨学科研究生教育"的发展，并主要通过"跨学科研究生教育"实现复合型人才培养目标。伴随跨学科学术活动的开展，跨学科研究生教育也由此获得重视。美国国家科学基金会于 1997 年启动了一项研究生教育与研究培训一体化的资助项目，该项目旨在为美国培养具有博士学位且具备跨学科背景的科学家、工程师、教师，旨在创新研究生培养模式以及在超越学科界限的合作研究氛围中提供科研训练。由此可见，美国政府在 20 世纪末便已着手凸显跨学科研究生培养的重要性。

国外高校践行跨学科教育的历史较早，且已累积了相对丰富的经验，其跨学科研究生教育的组织形式也较为丰富。综合考察高等教育发达国家的高校研究生教育情况，主要存在下列三种跨学科研究生教育形式。

一、学院内部开展的跨学科研究生教育项目

即在单个学院内部开展跨学科研究生培养活动。一般而言，学院是以学科为载体的，根据美国最新的高校学科分类（Classification of Instructional Programs，CIP 2010），其学科划分为 3 级，即学科群、学科、专业，其中学科群共有 60 个。国外高校多基于学科群设置学院，我国高校则多按照一级学科设置学院，且国外高校学院设置注重学科的交叉与融合。因此，国外高校即使在单一学院内部亦可开展跨学科研究生教育项目。美国密歇根大学在工程学院内部开设了应用物理学、环境可持续性硕士、高分子科学与工程、创业硕士等跨学科研究生项目。应用物理学是跨学科博士学位项目，聚焦于物理学在工程与技术上的现实应用；环境可持续性硕士项目提供环境法规、政策和实践方面的综合课程，并将其应用到工程创新中；创业硕士项目旨在使研究生发现科学与创新如何在市场中创造价值。此外，美国范德堡大学医学院以及阿肯色大学医学院均设有生物医学跨学科研究生项目。[①]

学院内部的跨学科研究生教育项目以整合学院内部已有的跨学科资源为基础，学院内部的跨学科师资与课程为跨学科研究生项目的开设提供了保障。这种跨学科研究生项目通常规定研究生到本学院的其他系修读课程，且对跨学科知识有明确的学分要求。此

---

① 伯顿·R.克拉克：《研究生教育的科学研究基础》，浙江教育出版社 2006 年版，第 256－265 页。

类跨学科学术组织形式借助学院的管理架构,实现系与系之间的联动,从而催生跨学科研究生教育项目。

由于跨学科资源集中在一个学院内部,跨学科研究生教育项目更易于统筹管理,并能有效规避跨学院协同难、教师学科归属感低等问题。[①]

二、由研究生院主导的跨学科研究生教育项目

研究生院主导的跨学科研究生教育是国外首要的跨学科研究生教育组织形式。国外研究生院是跨学科研究生教育组织形式的主要根基。与我国作为管理机构的研究生院不同,国外研究生院属于一种教育组织形式。研究生院承担研究生的培养与科研训练,成为有别于本科教育的一个特殊层次,它通常与本科学院使用同一批教师。由于研究生院制度源于美国,美国高校研究生院主导的跨学科研究生教育组织形式尤为明显。美国华盛顿大学、爱荷华州立大学,加拿大不列颠哥伦比亚大学等都采用此种形式。研究生院致力于推进与支持跨学科研究生教育项目与活动。

跨学科研究生教育的师资由各个系、学院的教师组成,并由研究生院负责管理。以华盛顿大学为例,研究生院提供生物教学硕士,健康服务管理硕士,特殊博士项目,分子细胞生物学项目,博物馆学硕士,近东与中东研究博士,神经生物学与行为博士,病理生物学博士,定量生态与资源管理硕博士,城市规划设计博士,以及生物物理、机构与设计等跨学科研究生教育项目。

跨学科研究生教育项目的课程通常由几个学院或系联合提供,学生需要分别修读各个学院、学系的课程。跨学科研究生教育项目由研究生院下设的跨学科小组专责管理。研究生院根据变化世界的现实需求,通过整合全校的教师及课程资源以创设新的研究领域,提供跨学科研究生教育,涵盖跨学科硕士及博士学位项目。[②]

三、由跨学科研究机构提供的跨学科研究生教育项目

科研训练是研究生教育的重要内容。在国外跨学科教育发展的进程中,跨学科研究与跨学科研究生教育是相伴而生的,跨学科研究是跨学科研究生培养不可或缺的环节。国外一流高校通常设置具有独立建制的研究机构,如跨学科研究所。这类跨学科组织机构除进行跨学科研究外,还从事跨学科研究生教育活动。这类跨学科学术组织与仅从事跨学科研究活动的组织机构不同,它借助跨学科研究平台从事跨学科研究生培养。通过对国外案例的搜寻可以发现,美国的纽约大学以及田纳西大学诺克斯维尔分校皆设有"独立建制式"跨学科研究生教育学术组织。

田纳西大学的布莱德森跨学科研究与研究生教育中心通过整合田纳西大学诺克斯维尔分校与橡树岭国家实验室的资源,开展与能源有关的科技、工程、数学研究。布莱德森中心提供能源科学与工程方面的博士研究项目。能源科学与工程博士项目为研究生提供一系列跨学科课程,并使学生参与到跨学科研究中。博士生需要加入橡树岭国家实验室

---

① 焦磊、谢安邦:《国外跨学科研究生教育组织形式探究》,载《中国高教研究》2014 年第 11 期。
② 焦磊、谢安邦:《国外跨学科研究生教育组织形式探究》,载《中国高教研究》2014 年第 11 期。

或田纳西大学的研究团队,通过问题导向的研究提升其协作解决问题的能力。其师资来源于能源相关科学的国际一流学者,教师多是著名专业协会的成员,且科研成果颇丰。研究生课程学习需要达到规定的学分要求,其课程包括核心课程、广度知识课程、专业知识课程及专题研讨。核心课程相当于专业基础课,广度知识课程则是拓展知识视域的跨学科课程,专业知识课是精深的专业课,研讨会系列是就关注领域所开展的主题研讨会。"独立建制式"跨学科研究生教育组织形式有着独立的建制,其在一定意义上更容易突破传统学科组织制度的界限。[①]

纵观国外高等教育发达国家的跨学科研究生培养的成效,是非常显著的。以诺贝尔奖为例,越来越多的获奖成果呈现跨学科之势,获奖者的知识背景亦呈现跨学科性。有研究者对诺贝尔自然科学奖中的跨学科成果进行了统计分析。在各阶段的获奖成果中,跨学科成果占总颁奖项数的比例呈明显的上升趋势。除自然科学外,社会科学的诺贝尔经济学奖同样表现出学科交互的趋势。获奖者的知识储备呈多学科性,他们一般兴趣广泛、学识渊博,颇多学者曾获得过不同学科的学位,即受过多个学科的"规训"。如 2002 年诺贝尔经济学奖获得者丹尼尔·卡尼曼曾获得心理学博士学位,其后将心理学研究方法应用到经济学研究中。此外,诺贝尔奖项由多位合作研究者共同获得的趋势增多,不少合作者来自不同学科领域。无论是获奖者的教育经历(知识背景),抑或是合作者的学科范畴,皆表现出跨学科性。[②]

第二节　国外研究生复合型人才培养共性特点

从美、英、德、日等国研究生复合型人才培养的实践和经验来看,具有的共性特点主要为:

一、大力发展跨学科教育模式,形成跨学科复合的人才培养理念

在培养理念上,强调通过跨学科教育模式培养具有宽厚理论基础和广博的知识面,基本掌握两门或两门以上学科的理论、知识和技能,富有跨学科意识和创新精神的复合型人才。

具体而言,既要注重培养学生知识的广博和认识的深邃,又要注重学生的观察能力和动手能力;既要注重学生的数理逻辑能力和推理能力,又要注重学生的实践能力和应变能力。美国高校从招生开始就注重对学生的多学科背景和多学科训练基础的要求。英国则出台了研究人员发展框架,将研究生素质的要求结构化,并突出跨学科学术研究能力以及其他的个人技能和社会技能,使之贯穿于研究生培养的全过程并实现课程化。德国 45 所高校研究生院在《博士毕业规定》中明确要求,博士生的培养方式采用"跨专业、多学科联合指导"、实施"个性化培养方案"以及"科研与教学紧密啮合"等。在日本,复合型人才培养已成为大学教育的关键词。这些都表明,国外高等教育发达国家在研究生复合型人才

①　李福华:《研究型大学院系设置的比较分析与理论思考》,载《清华大学教育研究》2005 年第 6 期。
②　焦磊、谢安邦:《国外跨学科研究生教育组织形式探究》,载《中国高教研究》2014 年第 11 期。

培养上都具有同样的理念，突出强调研究生培养的多学科交叉与复合，通过参与交叉学科、跨学科的学习和研究，培养适应社会需求的高层次人才。

二、突出跨学科组织的机制体制建设，为复合型人才培养提供支撑

跨学科组织可以有效汇聚多学科教师参与有关科技与经济社会发展最新问题的讨论，是产生创新性思维火花的重要平台。在研究生复合型人才培养中，跨学科组织也起到优化人才培养类型和结构的引领作用。例如，美国哈佛大学的分子与细胞生物学项目专门成立了"跨学科的教师委员会"。麻省理工学院除了基于学科设置的传统学院外，还有66个跨学科组织，其中许多成熟的跨学科组织已经涉及博士生教育。英国伦敦大学教育学院也是有代表性的一个跨学科教育组织。德国则通过精英研究生院、精英研究集群的方式来保证研究生复合型人才培养方案的实施。德国高校的研究生院更像是博士生导师带领下的研究团队，其在机构设置、人员构成、规模和功能等诸多方面与我国的研究生院迥然不同。精英研究集群一般由大学、大学以外的其他研究机构以及工业企业等联合组成，其核心宗旨是加强高校、科研院所和企业在颇具前景的研究领域里的联系与合作，其目的在于整合德国大学与其所在地的研究潜力，为跨学科拔尖人才培养提供支撑。在日本，基础理论研究主力在研究生院，应用研究的主力在日本一流企业。为了解决两者的分隔，在日本文部科学省的倡导下，日本大学群、科研院所和产业界进行联合，开展产—学—研跨领域研究和培养复合型人才。

三、构建综合性课程体系，丰富复合型人才培养资源

综合考察国外高等教育发达国家跨学科研究生课程体系，可以看出，一般具有多元化、综合性的特点。

在美国，哈佛大学分子与细胞生物学专业的课程设置分为主修课程和选修课程，根据不同的研究方向，学生可以跟自己的导师商量确定选修课程。选修课程主要来自参加培养项目的学院所开设的课程以及相关部门的其他课程。学生还可以注册选修外校提供的课程。麻省理工学院计算机和系统生物学博士课程包括核心课程和高级选修课程。核心课程提供生物学和计算生物学的基础知识，高级选修课程是在核心课程的基础之上开设的，学生可以自行组合，其目的是使学生能够自由选择个人的研究兴趣，但同时提供监督和指导，以确保他们得到严格的、全面的培训。此外，跨学科研究生培养项目的课程内容注重实践能力的培养。

在英国，伦敦大学教育学院为研究生开设了大量的学科课程和跨学科课程，鼓励研究生超越他们所选择的学科的界限，通过参与社会活动和参加比赛分享和拓宽学科知识，突破学科界限。

在德国，就课程类型而言，德国高校研究生阶段常见的课程有讲授课、研讨课、习题课和学术讨论课等。课程基本是模块化设置，由必修模块和选修模块共同组成。一个模块通常由若干门讲授课、研讨课或实习等共同组成。选修模块中的课程一般是跨专业甚或跨学院选修。这类模块的设置有助于高校对研究生复合型人才的培养，同时亦能够唤起学习主体的自觉性，促使其有意识地去培养自身的知识复合性、能力复合性与思维复

合性。

　　日本主要通过产学研合作的形式,完善复合型人才培养的课程体系。以京都大学研究生院"思修馆"为例,其"博士课程教育创新项目"是"全能型"项目,它打破了研究室、专业方向的壁垒,采用文理科交叉的多人导师制,运用与产业界合作研究、联合培养等方式激励研究生开展创新性研究,在外一年的"修行"则通过加强与国外科研单位的合作来训练研究生的国际视野与协调能力。它是国际产官学联合培养国际通用型领袖人才的博士项目,代表了当前日本博士生培养的最新模式,其课程体系极具综合性。"思修馆"的培养模式主要是通过实践性学习培养实践性创新人才,具有典型的跨学科培养复合型人才的特征。

第三节　国外研究生复合型人才培养差异分析

　　外国高校都极其重视研究生复合型人才培养,并具有上述的共性特征。但由于各个国家大学体制、学位制度的不同,以及经济社会发展对人才需求的重点有所差异,各国在研究生复合型人才培养的具体做法和侧重点上也存在不同的特点。

　　美国是目前世界上研究生教育最为发达的国家,也是创新人才培养成效最为显著的国家,在研究生复合型人才培养模式和质量方面走在了世界高校的前列。与其他国家相比,美国研究生复合型人才培养的特色或侧重点主要体现在跨学科人才培养。1958年美国国会通过的《国防教育法》促进了研究生教育的全面改革,开始了跨学科人才培养。20世纪90年代以后,随着知识经济时代的开启,知识创新越来越重要,高等教育服务经济社会发展的作用愈发凸显,美国政府发布了《为了国家利益发展科学》等政策文件,鼓励高等教育特别是研究生教育培养跨学科人才。美国大学自身也通过发展"共生技术""创新技术",积极推进交叉学科的建设,培养跨学科人才,为"硅谷"等"科技园"输送掌握高新技术的高层次复合型人才。进入21世纪以后,跨学科在知识创新方面的优势和成效已被普遍认同,跨学科研究和跨学科人才培养发展势头强劲。美国大学的通识教育为研究生跨学科培养提供了一定的学科准备。2004年,哈佛提出用"哈佛学院课程"替代原有的核心课程,使课程更具综合性、选择性、基础性和灵活性。2006年,哈佛大学成立了大学科学与工程计划委员会,该委员会提出要建立跨学院、跨学科的专门委员会和教学、研究项目,通过招聘跨学科、跨系科的专业人才,促进科学和工程科学的多样化。无独有偶,美国许多大学中适应跨学科研究的研究中心数量甚至超过了传统的院系和学科数。当前,美国所有研究型大学都在积极施行研究生跨学科培养项目。比如华盛顿大学的博士研究生跨学科项目"环境问题的多国研究"招收来自社会学、教育、工程、生物、森林资源、地质学、人类学等多个学科领域的学生,进行跨学科合作培养。

　　另外,与其他国家相比,美国大学享有高度的自治权,教学活动是大学分内的事情,教学管理主要为教学秩序提供基本的制度准备和详尽周到的服务,而教什么、如何教由教师自己决定。在跨学科研究生教学活动中,教学方法多种多样,教学评估自主选择,这在跨学科人才培养方面保证了高校追求卓越的同时彰显自身的办学特色。如,培养方案预留空间,不过早限定学生的研究领域,鼓励学生积极尝试、大胆探索。同时,跨学科使得知识系统本身不像单一学科那么规整,增加了许多不确定性、开放性,学生在不同学科的交叉融合的动态过程中不断发展与创新,不断丰富和提升自己的科学素养,因此,在跨学科教学方式上注重探究、尝试与体验,发展学生多维的、灵活的、创造性的思维能力,而不是要求学生掌握固化的知识,忽视学生创新能力的培养。

英国在研究生教育上具有很强的中央政府特色。中央政府不仅仅是在高等教育部门建立了高等教育治理模式,使政府掌舵成为可能,还创立了大量的代理机构即高等教育中介组织,比如高等教育资助委员会、高等教育质量保障署、公平入学办公室、高等教育统计局等等。在英国,研究生培养不仅仅是单个大学的事情,它可以被视为一项国家行为。中央政府在高等教育治理方面拥有很强的话语权,这种话语权也体现在科学研究之中,并与研究生培养相结合。这一特点推动了英国研究生教育的改革。传统的研究生培养模式目的简单,就是为大学培养学术人员,而当前需要响应更广阔的社会的召唤,因而,研究生毕业后,可选择的工作岗位将会非常多样化。研究生教育需要考虑并做好准备,必须考虑个人发展、职业发展这两个教育要素,并需要提供智力和技能的支撑。这就促进了跨学科教学成为高校的普遍现象。与美国不同,对于研究生复合型人才培养,英国有着相对统一的质量要求和标准。比如,研究委员会的联合技能声明阐述了研究人员在博士学位期间将发展7个方面的技能和特点:研究技能和技术,研究环境,研究管理,个人成效,沟通技巧,网络和团队合作,职业管理。基于此,隶属于生涯发展组织的研究人员专业发展项目在经过调查访问之后,与产业界和政府部门一起开发了研究人员发展框架,包括研究所需的知识、智力能力、技术和专业标准,以及与他人合作的个人素质,知识和技能,并确保研究的更广泛的影响。发展框架分为4个一级维度,每一个维度又包含3个二级指标,共63个三级维度。这是对研究生综合素质要求进行说明的一个非常重要的文件,也提供了一个全国统一性的要求和规定,促进了研究生课程的模块化和结构化,是各大学研究生培养必须遵从的纲领性文件,对促进研究生复合能力的培养起到了重要的作用。

而德国把研究生教育视为国家行为的色彩更为浓厚。德国高校研究生复合型人才培养主要通过一系列计划与工程加以实施。与我国高等教育界情况相似,德国高校也以公立学校为主,其享有国际声望的综合性大学和研究型大学无一不是公立大学。因此,德国高校许多重要的改革都是通过国家计划加以推进的,这也是德国高校研究生复合型人才培养的一大重要特色。以最有代表性的"卓越倡议"计划为例,这是一项旨在增强德国尖端研究实力、提升德国尖端研究国际竞争力的直接举措。"卓越倡议"计划具体的实施工作由德意志研究联合会与科学委员会协同负责,其评选和建设主要沿着三条资助主线展开,分别是精英研究生院、精英研究集群和未来构想。获得"卓越倡议"计划资助的精英研究生院,其培养对象便是博士研究生,而且与传统的大多数院系专业不同,这些优秀的研究生院均由多个学科合作而建,大都致力于跨学科、交叉学科的前沿性研究。以2012年11月1日至2017年10月31日第二阶段的"卓越倡议"计划为例,共有45个来自社会科学、自然科学、医学等大类的研究生院成功入选。从导师队伍的构成来看,这些精英研究生院的导师来自不同的国家,有着不同的受教育经历和差异化的学术背景,且往往在世界顶尖名校中有过工作和学习经历。他们不仅能够给予博士生高水平的专业指导,而且也是提升德国尖端研究国际竞争力的有效保障。过去10年间,精英研究生院的评选与建设使得德国的博士生培养情况发生了有益的改变。与大部分专业的"师徒制"培养方式不同,研究生院对博士生的培养是以结构化、跨学科、多学科、多导师联合指导、个性化培养、团队合作式等特点为关键词的复合型培养。这种培养模式有助于作为科学后备力量的博士生养成良好的科学素养与创新精神,有助于提高德国高校培养博士生的透明度与国际可比性,更有助于提高德国尖端研究在国际上的竞争力。

日本在研究生复合型人才培养上的特点在于以产学研合作为抓手,推进研究生培养体系改革。首先,政府部门非常注重通过法律规范保障研究生复合型人才培养项目的推进。2005 年 4 月,中央教育审议会发表了题为《新时代的研究生教育——面向构建具有国际魅力的研究生教育》的咨询报告,对研究生院的人才培养机能情况进行概括,明确跨领域的复合型人才由硕士课程的各种研究生院培养。同时,各个高校通过产学研合作的形式,完善复合型人才培养的课程体系。研究生院聘请不同领域企业、政府部门、国内外一流大学的各类专家,到一线课堂为研究生授课,与研究生开展小组研讨;针对企业面临的难题,让研究生在一定时间内提出解决问题的办法,并请研究生在企业内部,面向企业人士发表自己的解决方案,培养学生从广阔的视野、跨专业的角度思考问题的能力。通过这类活动,缩短研究生与实际社会、产业界和国内外其他高校的距离,提高学生的跨专业解决问题能力、实践能力和交际能力。另外,日本政府还通过政府拨款或竞争性资金、改善博士研究生待遇等激励手段,保障日本高层次年轻学者的规模和研究生复合型人才的培养。在研究生教育资助政策方面,改过去由国家按照大学的讲座数平均分配经费的办法为实行竞争性教育研究经费,推进"研究基地重点化",以求激励先进,追求卓越之功。此举有效地加快了日本建设世界一流大学特别是卓越科研基地的步伐,提高了日本大学的国际影响力。

第四节　国外研究生复合型人才培养的启示

美、英、德等高等教育发达国家在研究生复合型人才培养方面起步较早,且已累积了相对丰富的经验,其经验对于研究生复合型人才培养尚处于"探寻期"的我国不乏重要的借鉴和启发意义。

一、研究生复合型人才培养的基本理念和目标在于培养具有创新能力的卓越人才

国外高校将跨学科复合型研究生教育视为培养卓越人才的重要路径之一,在跨学科研究生教育方面,尤其注重招收天资聪颖、具备超群潜力的学生。华盛顿大学的特殊博士学位项目即为才华出众、学术水平高的研究生所提供,他们的学习目标是跨学科的,在大学内单一学术机构中通常是难以达到的。前述田纳西大学诺克斯维尔分校的布莱德森跨学科研究与研究生教育中心亦旨在为优异学生创造参与跨学科研究与学习的机会。从这个角度看,国外跨学科复合型研究生教育在招生对象要求及培养目标上均高于传统的学科研究生教育,这同时也反映出研究生复合型人才的基本目标在于培养具有创新能力的卓越人才。

二、跨学科组织的体制机制是研究生复合型人才培养的关键

创新跨学科学术组织形式是研究生复合型人才培养的关键。国外高校的学院建制有跨学科的倾向,其学院建制不局限于某一学科,而是关联学科的交互,以学科群为建制基础。在学科群之上建制的学院为学院内部开展跨学科研究生教育提供了可能,且便于统筹管理。相较而言,我国高校的学院建制仍以单一学科为主,其以学科专业为基础划分和设置系科是我国高校教学组织的主要方式;专业是一个实体组织,由学生、专业教师,以及与教师组织相连的经费、教室、实验室、仪器设备、图书资料以及实习基地等组成。目前许多专业学院的组建也大多基于一级学科,因此专业人才培养囿于既有的专业壁垒,学科之间难以沟通和融合,教学资源互相分割,人才培养的专业性过强。如何打破学科专业壁垒,消除学科专业界限,淡化专业色彩,是推进跨学科复合型人才培养所必须解决的一个问题。高等学校可通过校内管理体制改革,出台政策,促进跨学院、跨系科间的合作,鼓励院系为跨学科人才培养提供良好的环境和条件,条件成熟的甚至可以成立跨学科研究合作部门。麻省理工学院为推动跨学科间的合作,成立了 58 个跨学科研究与学习部门。如成立于 1990 年的全球变化科学中心,就是由来自地球、大气和行星科学系,土木和环境工程系,电气工程和计算机科学系,化学系,生物学系,化学工程系和伍兹霍尔海洋学研究所的人员组成的,努力促进气象学、海洋学、水文学、大气科学、气候物理、化学、生物学、生态学和卫星遥感等学科间的合作,更好地了解地球的基本物理和生物地球化学过程和机制,解决阻碍准确地预测全球环境变化的能力的基本科学问题。麻省理工学院的学生和老师经常在众多的跨学科中心、实验室和项目组中携手合作,大多数跨学科部门通过论文写作和研究生项目,为复合型人才培养提供条件。

在跨学科组织的体制机制建设上,国外高校的经验表明,研究生院往往是跨学科研究生教育的载体。研究生院既作为跨学科研究生培养单位,又作为一个管理机构,其在跨学科研究生培养中发挥着重要作用。我国研究生院作为一个管理机构,其作为教育组织形式的职能尚待开发、强化。研究生院可在其统筹管理职能提供便利的基础上整合各学院的资源,创设跨学科研究生教育项目,在研究生院内部设立类似于"跨学科研究生教育办公室"的部门组织实施。[①]

三、跨学科师资队伍是研究生复合型人才培养的主导

借鉴世界一流大学的复合型人才培养经验,必须打造形成跨学科人才的组织机制和运行机制,做到跨学科师资资源共享,实现优势互补。针对我国高校学科专业架构体系,我国高校需要在现有框架下建立新型的教师人事制度,从对教师的"身份"管理向"岗位"管理转变,使教师跳出原有的隶属关系,积极为开展跨学科教学和科研储备知识和能力。鼓励教师跨学科指导学生,大力倡导教师开设跨学科课程。学校也可尝试建立校级跨学科复合型人才培养机构,根据人才培养模式成立虚拟项目小组或团队,学校提供相应的经费和设施保障,对这些教师采取单独考核。教师应处理好学科团队与教学团队的关系,既

---

① 焦磊、谢安邦:《国外跨学科研究生教育组织形式探究》,载《中国高教研究》2014 年第 11 期。

积极承担跨学科教学任务,又融入学科专业的研究中,以科研水平促进教学质量提高,培养学生的理论联系实际能力和创新能力。[①]

四、跨学科课程资源建设是研究生复合型人才培养的核心和落脚点

在研究生复合型人才培养中,多元化的课程资源无疑是跨学科复合型人才培养模式的核心和落脚点。培养跨学科的复合型人才,必须根据人才培养目标制订合理的学科交叉培养计划,形成相互联系、互相衔接的知识结构与体系。常见的有两种方式,一是在课程体系中的基础课和专业课中设置模块课程,规定人文社科类和理工科类专业学生交叉选择某一模块,并对选修学分有明确要求。如麻省理工学院规定,为保证 MIT 学生能获得真正有意义的自由科学教育,主修工科的学生必须学习人文、艺术和社会科学方面的部分课程,主修文科的学生必须学习化学、物理、数学和生物方面部分课程。二是围绕课程目标重新整合课程内容,开设跨学科综合性课程,为学生提供一个自由选择的空间。高校应鼓励教师在学科专业基础课中开拓新领域,以精品课程为重点,抓好课程知识的整合和优化。积极编写跨学科课程教材,探索跨学科教育的内容与方法。课程类型可灵活多样,讨论课、活动课和实践课更能开发和锻炼学生的思维能力。在课程设置和学时分配上,防止"拼盘式"的课程叠加。课程内容与层次应该有利于学生的选择,使学生的专业兴趣、志向与人才培养目标相适应。加强教师对学生的选课指导,引导学生主动学习,独立思考,培养研究生自主搭建知识结构的能力和探索精神。在开设跨学科课程中,特别要注意将教师科研成果引入教学内容中,形成科研反哺教学,带动跨学科知识间的交叉、融合与吸收。

从以上总结可以看出,研究生复合型人才培养已经成为世界各国高校的共识,是培养厚基础、宽口径、强能力、高素质研究生的一条重要途径。国外一流大学的探索和经验充分表明,跨学科研究以及跨学科复合型人才培养成为高校应对复杂社会问题的策略,推动了研究生教育质量的提高。为开展相关领域的跨学科研究活动,国外高校通常设立跨学科研究中心(所),诸多跨学科研究所同时承担跨学科研究生培养的功能,跨学科研究中心可以为研究生群体提供科研训练。有研究者在美国科学促进会的一份报告中指出:"跨学科研究的普遍化必定会使研究生教育更加趋向于跨学科化。"因此,我国高校应鼓励教师开展跨学科学术研究,同时,针对相关复杂性项目可设立独立的跨学科研究中心(所),开展跨学科研究,兼具跨学科研究生培养的职能,从而在组织形式上超越学科制度的限制。

---

① 吴向明、余红娜、陈春根:《跨学科复合型人才培养模式的比较及其启示》,载《浙江工业大学学报(社会科学版)》2008 年第 4 期。

实践探索篇

SHI JIAN TAN SUO PIAN

第七章　南京医科大学研究生复合型人才培养

第一节　南京医科大学研究生复合型人才培养的基本情况

一、研究生教育总体情况

南京医科大学是全国首批博士、硕士学位授予单位。2015年9月,获准成为首批教育部、国家卫生计生委与省政府共建医学院校。秉承"医学与人文融通、教学与科研并重、基础与应用结合"的办学理念,贯彻"以学生为中心,以探究为基础,以素质为导向"的教育教学思想,培养适应我国经济社会发展需要的,具有宽厚的人文社会科学和自然科学知识基础、扎实的医学理论知识基础、较强的临床能力、良好的沟通能力、较高综合素质的医学人才,是学校研究生培养的重要目标。

目前,全日制在校研究生有3 400余名,其中博士生400余名。培养研究生类型多样,能够招收和培养学历教育和学位教育研究生,学位类别包括学术型研究生及专业型研究生。学校是全国首批开展临床医学及口腔医学硕士、博士专业学位授权单位,且具有公共卫生硕士、护理硕士、药学硕士、应用心理学硕士和公共管理硕士等医学相关的专业学位授予权。学校经过30余年的艰苦奋斗,奠定了坚实的基础和良好的声誉。

学校现有1个国家重点实验室、4个部级重点实验室、16个省级重点实验室(工程中心)。"十二五"以来,学校的科研水平不断跃升,承担了国家多项"863""973"项目,获得国家自然科学基金项目数量不断实现新突破,发表的SCI论文数量及论文影响因子迅猛增长。2016年,获得265项国家自然科学基金项目,项目数位居独立设置医科大学第一位。学校连续多年被评为"江苏省科技工作先进高校"。

学校拥有一批国内外具有重要学术影响的资深学者,集中了一批优秀的中青年学术骨干活跃在指导研究生的第一线。学校是江苏省高层次人才培养计划——"333工程"培训基地。在岗博士生导师406名,硕士生导师1 680名,他们以严谨的治学态度、活跃的学术思想把南京医科大学的研究生引向科学研究的前沿。

二、研究生复合型人才培养情况

医学研究生教育的特殊性在于不仅要求学生掌握扎实的基础理论和专业知识,即知识复合型人才;还要求学生掌握扎实的科研实验技能,对于临床医学研究生而言,要对某一专科能够做出精确的诊断和治疗,即技能复合型人才。

根据国务院学位委员会《硕士、博士专业学位研究生教育发展总体方案》精神和教育部《关于开展研究生专业学位教育综合改革试点工作的通知》要求,2009年,江苏省教育厅和卫生厅启动了临床医学和口腔医学专业学位研究生教育与住院医师规范化培训双向接轨改革试点工作。南京医科大学成为江苏省，也是全国首批实施试点单位，率先开展复合型医学研究生培养改革试点工作。

为保障试点工作的顺利实施，学校制定配套政策和保障条件；营造有利于临床（口腔）医学研究生专业学位教育科学发展的良好环境，构建和完善与经济社会发展需要相适应的临床医学专业学位研究生教育体系；建立以临床能力训练为主的培养模式，建立健全"临床能力"考核标准和体系；对于开展研究生专业学位教育综合改革试点工作的附属医院，学校在招生计划、培养管理等方面给予重点支持。除了临床、口腔医学，还在公共卫生、护理、药学、应用心理和公共管理专业招收专业型硕士，2016 年专业型硕士达 1 300 余人。

与此同时，加强研究生综合素质教育，在转化医学理念指导下，设立大批产学研培训基地、发展跨学科研究平台，通过基础与临床协同、医工结合等方式，推动"临床型"向"复合型"、"精英型"向"应用型"的转变，培养一批高素质复合型医学人才。

三、研究生复合型人才培养保障体系

（一）改革招生模式，提高生源质量

改革研究生招生模式，通过举行优秀本科生夏令营、设立研究生新生奖学金、扩大复试比例、加强复试流程，吸引更多优秀人才报考。2014 年推免生新政出台后，接收推免生人数每年升幅近 30%，导师对生源满意度也有所提高。考虑到面向理工科和基础医学专业招生有可能招收到综合素质比较高的优秀学生，学校扩大招生专业范围，学术型临床医学研究生生源的选择不局限于临床医学毕业的本科生。复合型医学人才的培养对象面向生物工程、化工、医疗器械、生命科学、药学等多学科领域。在复试阶段重点考核学生的综合分析能力。试题的设计上，针对性挑选学科交叉的热点问题，考察学生的分析思路、动手能力及表达能力。鼓励硕博连读，全面推行"申请—考核"制招收博士生；博士指标分配向重点学科、重点实验室倾斜。严格实行导师与学生双向选择，不仅让导师充分考察学生，还让学生充分了解导师和即将从事的专业研究方向。

（二）加强学科建设，打造复合型人才培养平台

要建设复合型研究生教育体系，必须从高水平的培养平台入手。随着医学渗透到生物工程、医疗器械、生命科学、药学、化工、信息学、统计学等领域，社会对跨学科复合型医学人才的需求逐年增加。南京医科大学鼓励学科交叉融合，支持新兴学科、边缘交叉学科的成长，加强多学科的国内外交流与合作，瞄准国际前沿，开展前瞻性的研究。狠抓学科建设，加强学科建设的顶层设计，制定南京医科大学的学科发展规划和建设方案，确定学科建设目标和评估体系，并做好学科优化布局和动态调整。整合资源、重点投入，建立临床与基础合作机制，采用多种形式，打破院校、学科和专业限制，以学校为平台，围绕社会重大疾病需求和医院的特色优势，集中人力、物力和财力，提升学科建设水平。

在建设优势平台学科的理念指导下，学校不断完善授权学科体系，提高导师遴选标准，努力探索多学科协同创新培养的路径，创建开放、创新、融合的人才培养新模式，学科

结构不断优化,整体实力不断提升,促进了研究生培养质量的飞速提升。学校现有一级学科博士学位授权点 8 个(基础医学、临床医学、口腔医学、公共卫生与预防医学、药学、特种医学、护理学、人文医学)、二级学科博士学位授权点 50 个;一级学科硕士学位授权点 11 个、二级学科硕士学位授权点 73 个;博士后科研流动站 7 个,学位授权点已覆盖医学、理学、工学、管理学、法学、教育学和文学等 7 个学科门类;拥有 3 个国家重点学科、1 个国家重点培育学科、28 个国家临床重点专科、2 个江苏省一级学科国家重点学科培育建设点、3 个江苏省一级学科重点学科。临床医学、分子生物学与遗传学、生物学与生物化学、神经科学与行为学、药理学和毒理学 5 个学科进入 ESI 全球排名前 1%。基础医学、公共卫生与预防医学、临床医学、口腔医学是江苏省高校优势学科。

(三) 加强导师队伍建设,提高复合型研究生的导师指导水平

培养高素质复合型创新性人才,离不开一支品德高尚、专业过硬、造诣深厚、具有国际化视野的研究生导师队伍。学校注重导师队伍建设:加强导师培训,尤其是新上岗的导师,让导师对学校研究生培养有关政策和流程有个全面的了解,包括如何做好一个导师、学术规范等,对于资深导师,学校会及时将研究生教育的重要事项、政策通过电子邮件等途径告知他们;实行导师责任制,强化导师在研究生招生、培养、教育质量控制中"第一责任人"的主导地位;博士生导师实行评聘分开,在每年招生开始之前,根据在岗博士生导师近几年来科研项目、产出和经费的实际情况决定是否允许其当年度招生及招生名额;通过基础和临床导师联合培养研究生来推动前后期导师的合作和交流;牵线国外专家与本校研究方向相近的导师间的交流,提高导师的国际化水平。学校现有中国工程院院士 1 名,美国国家医学院外籍院士 1 名,"长江学者"特聘教授 3 名,国家"千人计划"7 人,国家杰出青年科学基金获得者 7 名,国家级教学名师 1 人,入选"教育部新世纪优秀人才支持计划"7 人,"江苏特聘教授"16 人,"国家级教学团队"3 个,教育部"创新团队"1 个。

(四) 加强课程建设,营造创新教育环境

完善研究生创新课程体系。建立由基础理论、科研训练、实验技能及人文素质组成的四大课程模块。在博士必修课程中,设置了"读书报告与学术交流",旨在促进博士生了解学术前沿动态,提高文献阅读与提出科学问题的能力,培养博士生组织和参与学术交流的能力及科学思维能力。强化医学和非医学类基础课程,培养构建合理的知识结构。联合独立设置医科院校联盟各成员学校的力量来共同推进研究生的课程建设,举各校之优势,共建一批高质量的研究生 MOOC,共建共享;并引进一些国外、境外高水平大学的优秀课程来为我所用,使专业型研究生通过集中、MOOC 课程学习基础和专业知识。

加强研究生思想教育,培养目标既重视专业能力,又兼顾自身发展。积极开设人文课程,将素质教育贯穿在整个学校的教学中。通过开展特色活动,培养研究生的医德医风、树立"全心全意为病人服务"的理念,培养研究生的团队协作的精神、医师的法律意识、助人助己的心理技巧。培养既满足社会需求,服务医疗卫生事业的人才,还具有较强实践能力和创新能力的高素质的人才。

(五) 拓展国际交流与合作,推进复合型人才联合培养

医学复合型高级人才应当具有国际视野,具备较强的国际竞争能力。在研究生培养过程中,学校通过开展国际科研合作,与国际知名大学联合培养,派学生出国短期培训、出席国际性学术会议等方式,为学生提供参与国际交流与合作的机会,使其学习和研究工作始终瞄准本学科的前沿,跟踪最新进展,提高探索、开拓和创新能力。学校先后与美国、英国、法国、澳大利亚等国家的医学院校或科研机构建立了双边合作、学术交流关系,并聘请了一批知名专家、学者担任学校的名誉教授、客座教授,同时,学校还定期派遣教师出国交流访问、留学进修。学校出台了《南京医科大学国内外联合培养研究生项目管理办法》,设立专项经费,以国家及江苏省重点建设的学科为重点,选拔优秀的研究生,特别是学术型博士研究生参加国际会议、学术交流、短期研修和联合培养,搭建拔尖创新型研究生培养平台,优化人才培养模式,促进国际教学和科研合作与交流;邀请国内外知名学者来校讲学、授课,以充分活跃学校研究生学术氛围。至"十三五"末,80%的博士生要有境外访学、参加国际会议、短期研修经历,30%的博士生要有一年以上的境外研修经历。

(六) 促进学科交叉融合,培养复合型人才

学科交叉融合是复合型人才培养的重要方式。学校打破传统学科发展格局,破除院系与学科壁垒,以重大科学问题和国家重大需求为导向,促进医学与药学、工学、理学、信息学、管理学等交叉融合,组建跨学科研究中心,开辟新的交叉研究领域。在确保医学主体地位的基础上,逐步构建了理学、工学、文学、管理学、法学、经济学、教育学等7大学科门类,形成了较为完整的以医学为主、多学科协调发展的学科体系;大力推进人文医学博士学位授权点、卫生政策研究中心等建设,促进医学与人文社会科学的交叉。目前,南京医科大学有3个自主设置交叉学科,分别是人文医学、临床医学工程及健康政策与管理学科。

1. 人文医学

人文医学是用人文思想来审视医学研究、实践和发展的交叉学科。在知识结构方面,首先,该学科培养的研究生要掌握哲学、医学、教育学、法学、伦理学、人文社会科学研究方法等方面的相关知识。其次,不同研究方向的学生要相应掌握医学教育学、医学法学、医学哲学、医学伦理学、医患沟通学等不同的专业知识;同时,要对国际和国内有关政策法规和医学教育学、科技哲学、医学研究方法学等知识及发展趋势有一定的了解。在能力结构方面,该学科培养的研究生主要对人文思想具有较强的敏感性和思考能力,要具有进行原创性研究,发现和解决实际人文医学问题,指导他人从人文角度化解医学困惑以及为医疗卫生决策和管理提供建议的能力。该学科主要有以下几个研究方向:医学教育学、医学法学、医学哲学、医学伦理学和医患沟通学。

2. 临床医学工程

临床医学工程是运用现代自然科学和工程技术的原理与方法,结合临床实际需求,研究和开发用于防治疾病、人体功能辅助及卫生保健等临床应用的人工材料、制品、装置、系统、器械和医学工程新技术的交叉学科。医学与工学融通是学校的办学理念之一,临床医学工程学科是学校具有鲜明特色的交叉学科。在知识结构方面,该学科培养的研究生首先要掌握工学和医学研究方法等方面的相关知识。不同研究方向的学生要相应掌握电子技术、计算机技术、生命科学及信息科学有关的专业知识和基本技能,成为以临床医学应用为特色,从事医学电子工程技术及医学仪器领域科学研究、系统设计、质量管理的高级

工程技术人才。在能力结构方面,本学科培养的研究生对临床应用有着较强的敏感性和思考能力,还具有进行原创性研究,发现和解决临床医学实际工程问题的能力,能进一步参与临床,积极为临床医学服务。根据研究的内容不同,临床医学工程学科下设"医学生物材料与技术""新型医疗器械与装备"和"医学信息技术"三个研究方向。

3. 健康政策与管理学科

健康政策与管理学科是研究人的健康与影响健康的因素,以及以健康为核心如何有效地组织、管理、提供医疗卫生服务和有关健康服务的相应理论、方法和技术的新兴学科,既是医学与公共卫生学的组成部分,又是管理学的一个分支,是医学、公共卫生学和公共管理学之间的交叉学科。健康政策与管理主要培养从事健康政策与管理理论与应用研究的高层次人才,要求掌握健康服务、管理学、公共卫生、医学、统计学、法学和社会学相关理论、技术与方法。

第二节　南京医科大学研究生复合型人才培养个案分析

一、基础与临床结合协同培养复合型研究生

基础医学是南京医科大学重点建设学科,综合实力在全国排名第七位。基础研究与临床实践相结合是医学发展的必然趋势,该学科着重拓展基础医学研究生跨学科广度的知识结构,提高人文素质,开发评判性思维和创新思维,培养创新能力。近年来,该学科在扩大生源、导师选拔、学位论文课题等方面注重基础与临床的有机结合,积极探索基础医学研究生培养模式的理论创新和实践改革,并取得了初步成效,进一步推动和加强了基础医学教师与临床一线医技人员的交流和融合,提高了基础医学研究生的培养质量。

(一)基础医学研究生复合型人才培养模式

1. 扩大研究生招生时的生源类型

基础医学院除招收基础医学、医学检验、临床医学、药学、公共卫生学、护理学等专业毕业的本科生外,还招收本科背景为理学、农学甚至工学等学科类别的学生,营造多元化学术氛围。目前,基础医学院的在校研究生既有来自医学院校或综合性大学的医学院的,也有来自综合性大学生物系、化学系、物理系生化与分子生物学、生物工程专业,工科大学的生物工程和信息专业的。

2. 加强基础医学研究与临床实践的融合交流

为了保证基础医学研究生解决临床实际问题的学术视野和科研技能,基础医学院在师资力量配备上注重基础医学教师和临床医技人员的交叉与融合。利用学校附属医院的资源,组建了临床与基础相结合的师资队伍,根据研究方向,由基础医学教师和相关临床医技人员组建联合导师组。导师组根据学生入学前的专业基础、研究方向及学生的研究兴趣,制定基于临床实践与基础研究相结合的个性化培养方案,使研究生在基础导师和临床导师的共同指导下,完成学位论文选题、课题设计及实施,并且保证每个研究生可以在与研究方向相关的临床科室调研、实习或实践,充分依托临床医学专业资源为基础医学人才培养服务。学校定期组织基础医学教学和研究人员、临床医技人员、研究生进行学术交

流,就肝炎、肿瘤、心血管疾病、代谢性疾病、神经退行性疾病、糖尿病、衰老、感染与免疫等重大疾病及基础与临床研究专题展开经验交流并探讨相关问题。在这些交流中,基础医学教学和研究人员以及研究生可以敏锐地从临床中发现自己所要研究的问题,且可以得到临床实践人员的积极反馈,真正做到基础研究与临床实践的协同发展,并促进医学研究逐渐深入,最终实现以发现和解决临床问题为导向的有效沟通和共同攻关。

3. 建立研究生社会实践基地,提高社会实践的效能

对于基础医学研究生而言,社会实践就是要把所学的基础理论结合临床实际,建立转化医学的理念。由高校、政府牵头的孵化机构、高新科技企业三方联手,共同建立研究生社会实践基地,其中参与的江苏省产学研联合培养研究生示范基地(南京医科大学新药创制与研究中心)、江苏省妇女伤情鉴定中心、南京医科大学司法鉴定所、南京医科大学康本医学检测所等,可容纳广大研究生更深入地了解社会及学科发展,为培养研究生的产学研结合和转化医学理念方面进行诸多尝试并取得明显成效打下基础。

4. 成立交叉学科的独立研究机构,打造高水准复合型人才孵化器

基础医学院的生殖医学是一门综合学科,涉及细胞生物学、遗传学、生理学、病理学、毒理学、妇产科学、男性科学等多个学科。长期以来,由于研究内容和研究人员的不集中,我国生殖医学发展始终落后于国际社会的发展潮流。1996 年,南京医科大学以"生殖医学"作为特色方向,通过多学科交叉组合,组建了生殖医学中心,融合多学科研究优势,加速医学创新研究及成果转化,并培养具有转化医学理念的高素质人才。生殖医学国家重点实验室的建立,使生殖医学成为一个独立的学科,在科学研究上,围绕生殖系统疾病,在基础、临床和预防三方面开展合作性研究,取得了一系列科研成果,特别是建立了蛋白质组学研究技术、辅助生殖技术、环境内分泌干扰物检测技术和转基因技术等,为生殖医学的研究搭建了良好的技术平台;在人才培养上,建立了我国第一个"生殖医学"博士学位授权点;在学术交流上,主办了多次国内和国际学术研讨会,为国内外从事生殖医学研究的人员搭建学术交流的平台,提升了我国在生殖医学研究领域的国际影响,也推动了我国生殖医学学科的发展。其培养的研究生的毕业论文大多发表于国外高水平杂志,部分获得发明专利或科技成果奖,大部分毕业生就业于国内外高校或科研院所,部分已成为所在单位的学术骨干。

基础研究与临床实践相结合的协同培养模式改革的实践表明:尽管基础医学研究生的生源类别和质量有各种差异,但通过基础医学与临床医学在师资建设、课程设置、学科建设、学术交流等方面的交流和合作,使研究生在学习期间能够得到基础医学研究人员和临床医技人员的联合指导,并通过所掌握的基础医学理论知识和研究方法敏锐发现和解决临床实际问题,充分提高了研究生的学习积极性和主动性,很好地促进了基础学科与临床学科的有机结合和学生医学科研素质的提高,为适应医疗卫生单位及医学研究等部门的相关工作奠定了职业技能基础,从而培养出一批符合社会经济发展需要的基础医学人才,为复合型人才培养提供了新的途径。[①]

---

① 李小波:《基础与临床结合协同培养基础医学研究生的探索》,载《基础医学教育》2015 年第 10 期。

二、医工结合,培养复合型人才

南京医科大学生物医学工程专业于 2006 年获得硕士学位授予权,2007 年招收首届硕士研究生。作为南京医科大学的首个工学学科,生物医学工程专业充分发挥医科院校的优势,瞄准医疗卫生相关行业的工程技术需求,确立了特色鲜明的"医用导向型"生物医学工程复合型人才培养目标,形成了"医工结合、贴近临床、注重创新"的发展思路。近两年来,该学科又将"医用导向型"培养目标向临床进行延伸,从原来的服务于临床、主要进行技术保障的"医用导向型",转变为参与临床、技术引领的"临床导向型"生物医学工程,发展新型医疗器械与仪器、微纳生物材料与技术、医学信息技术三个主要研究方向。

(一) 生物医学工程学科方向

1. 新型医疗器械与仪器

以生物医学电子工程技术研究医学仪器,包括新型可穿戴监护系统的研究和智能化医学器械与仪器的研究。在可穿戴式的生物信号检测方面进行深入的研究,可为数字化医疗和数据挖掘提供保障。

2. 微纳生物材料与技术

主要研究多功能微纳米材料的制备及其在临床诊疗中的应用,以及基于高分子复合材料和 3D 打印的临床齿科、骨科材料的研究。

3. 医学信息技术

主要研究物联网技术在远程医疗、数字医疗中的应用,冠心病专家移动远程医疗系统,重大心血管疾病防治的移动诊疗平台等,对相关生物信息进行获取、加工、储存、分配、分析和解释。包括两层含义:一是对海量数据的收集、整理与服务,也就是管好这些数据;另一个是从中发现新的规律,也就是用好这些数据。

(二) 生物医学工程复合型人才培养模式

1. 延伸培养目标,突出临床导向

从原来的服务于临床、主要进行技术保障的"医用导向型",转变为参与临床、技术引领的"临床导向型"临床医学工程。专业方向从单一的临床医疗仪器,逐步增加人才需求迫切的医学物理、3D 打印技术等。根据学科发展趋势和用人单位实际需求不断进行课程结构改进,聘请附属医院相关教师开设更多贴近临床应用的课程,并邀请企业高层次人才以讲座等形式走进课堂。

2. 强化内涵建设,优化师资队伍

充分利用学校优秀的医学师资,联合附属医院资深的医生与工程技术人员,结合本专业理工背景的教师,并聘请"长江学者"等高层次人才作为兼职教授,组成了一支理工医知识融会贯通、具有复合型知识结构的优秀学术队伍。坚持引进和培养相结合,一方面,加快临床医学工程相关研究领域的高层次人才引进。对于其他院校和企业的高层次人才,采用聘请为特聘教授或客座教授的形式,充实师资队伍。另一方面,大力推进该学科青年教师培养,健全人才评价与激励机制。另外,充分利用校内其他专业及附属医院的师资力量(如公共卫生学院、第一附属医院、眼科医院等)进行教学和科研合作。校内外师资联合,共同推动学科的快速发展。

3. 凝炼科研方向,彰显优势特色

自该专业创办以来,确立了特色鲜明的"医用导向型"复合型人才培养目标,完善了"医工融合"式的教学体系,探索了三阶段递进式创新能力培养体系,形成了生物医学工程人才的"医用导向型"培养模式。此模式是需求导向型培养模式在生物医学工程人才培养方面的独创性应用,获 2011 年南京医科大学教学成果一等奖和 2013 年江苏省教学成果奖(高等教育类)二等奖。2015 年,该专业成为南京医科大学品牌专业。对已有的"新型医疗器械与仪器""微纳生物材料与技术""医学信息技术"三个研究方向进一步进行凝炼,选准研究方向,发挥各自优势,不断交叉融合。深化交叉学科的视角优势,巩固并推进已经具有较好研究基础的新型仪器和材料向临床转化;引进、消化更多新技术应用于临床,围绕临床诊疗需求开展多学科交叉研究。在此过程中造就一批具有较强创新能力和学术造诣、在国内外具有较高影响力的学术带头人,培养年轻骨干教师和研究生。

4. 完善共享平台,提高管理水平

该学科搭建了"医工融合"式的课程教学平台,构建了 e-learning 网络教学平台,构建了 20 多门专业核心课程,编写的专业课程"医学影像物理学"多媒体课件获得了省级优秀多媒体课件一等奖。在大力强化医学背景的同时,加强工学实验室建设,搭建了基础训练、综合提高和拓展创新三个实践教学平台,创建了生物医学工程实验教学中心,该教学中心于 2011 年获得江苏省实验教学示范中心称号,夯实了工学基础,有利于学生将医学与工学知识进行融合实践。

5. 加强合作交流,提升国际地位

目前,该学科已与国外的生物医学工程研究和教育水平较高的院校建立了长期稳定的合作交流关系,包括与韦恩州立大学、邓迪大学等有关院校和研究机构在有关临床医学工程的教学、人才培养、课题研究等多方面加强了联系、交流与合作。通过与国外大学或研究机构科研合作,创建联合研究实验室,提升科研的整体水平和竞争力;通过聘请海外兼职教授、联合培养等手段,提高培养研究生、青年教师的能力;积极主办和参加国内外学术会议,拓宽视野,提升学科整体的影响力。

6. 深化校企联合,强化实践能力

不仅聘请企业骨干担任兼职教师,参与专业教学、实验(实训)指导工作,而且让一线教师长期进驻医疗仪器相关企业,充实实践教学经验。同时,选择适当的企业作为研究生的课外实习实践基地,加快从课本知识到工作技能的转化。

7. 人才培养成果斐然

近 5 年共培养硕士研究生 50 人,博士研究生 19 人。获江苏省教学成果一等奖 1 项,二等奖 1 项。学生科研创新成果丰硕:该专业 60% 的学生参加了各类课外实践锻炼,获得省级以上科技竞赛奖共计 50 项,获省级大学生创新项目 24 项;获省优秀团队毕业设计 5 项、优秀个人毕业设计三等奖 1 项;获国家奖学金 6 项;学生以第一作者发表论文 101 篇,申请国家发明专利 12 项。就业率高针对性强:近 3 年研究生一次就业率 100%,位于全省同类学科前列,专业对口率为 100%,就业方向与人才培养目标一致,就业情况良好。这说明该学科培养的学生质量高,已成为具有一定特色和有一定影响的学科。

（三）医工结合培养的优势与特色

1."医用导向"培养目标紧扣医疗卫生行业的需求

目前,我国设置有生物医学工程专业的高校多数为理工科或综合性院校,少数为医科院校。前者工程力量雄厚,毕业生就业方向主要为电子、通信、医疗行业公司,而后者有较深的医学知识背景,与临床紧密联系,培养的学生可迅速、深入地发现和解决临床中的实际问题,更适应于医疗卫生相关行业对工程技术人才的需求。南京医科大学生物医学工程专业充分发挥医科院校优势,针对医疗卫生相关行业对工程技术人才日益增长的需求,确立了"医用导向型"创新人才培养目标,培养的毕业生能更好地从医学和工学两个视角观察思考临床工程中的问题,更好地将工程技术手段应用于临床医学,真正做到了"工为医用"。区别于国内工科院校的生物医学工程,南京医科大学生物医学工程专业毕业生就业去向主要是各大医院的设备科和临床工程处、放疗科,历届研究生毕业生一次就业率一直稳定在96%以上,研究生就业率保持在100%。

2."临床导向"充分发挥交叉学科优势

作为医学技术进步主要推动力的生物医学工程学科目前仅围绕用工程技术解决医学中的科学与技术问题,而与临床应用联系较少;国内开设生物医学工程的工科院校也普遍缺乏与医学相关的交叉学科所需的科研平台,科研团队中缺乏临床经验丰富的应用导向型人才。以临床为导向发展的生物医学工程学科,可以从理、工、医多个视角看待临床医学发展中的关键问题,共同探讨所需的关键技术并开展研究,能推动临床医学与先进的工程技术的迅速结合,加快临床医学技术的发展;生物医学工程这个交叉学科的建设,可以促进临床医学工程技术的成果转化,加强高校、企业与医院的合作,并整合医疗系统与高校的资源,推进临床医学工程科研与创新人才的培养;除此之外,该学科三个研究方向微纳生物材料与技术、新型医疗器械与仪器、医学信息技术之间也是相互交叉、相互启发、相互促进、协同发展。

第三节　南京医科大学研究生复合型人才培养机制与特点

南京医科大学为卫生事业输送了大批医药人才,在复合型人才培养上也形成了一定的有效机制,以适应社会发展对人才需求的变化。

一、研究生复合型人才培养机制

（一）深化博士研究生培养模式改革

改革博士研究生招生选拔方式,逐步推广博士研究生招生"申请—审核"制。深化博士研究生培养模式改革,通过加大经费投入、寓教于研、国际联合培养、导师轮转招生、强化考核淘汰机制等方式,形成严进严出的培养机制,着力提升博士研究生培养质量。积极稳妥地推进研究生课程改革和全英文教学方式改革,努力培养具有国际视野和跨文化交流能力的高层次后备人才。鼓励具有创新能力的研究生从事新兴学科、交叉学科课题研究。推进研究生海外研修计划,每年选拔一批优秀博士研究生到世界一流大学交流学习。

(二)加强过程管理与监督,确保培训到位

狠抓落实研究生培养的各个环节,包括课程建设、开题报告、中期考核、论文评阅和答辩。搭建研究生科研日记平台,实现科研记录电子化,方便导师对研究生管理和指导的同时,也强化学校对导师指导研究生工作的管理。学校修订了符合住院医师规范化培训要求的《临床和口腔医学硕士专业学位研究生各科培养方案》与《临床技能训练记录及考核手册》,并据此研发了"南京医科大学临床医学研究生规范化培训过程管理系统"。管理系统分设研究生院、学院、科室、导师和学生等角色,可以全程记录临床医学专业学位硕士临床培训工作,并予以审核、考核、跟踪、监督和评价,最终将每个学生的临床记录数据进行量化统计和分析,使研究生在医院的培训工作能够更加规范化、具体化、标准化。在附属医院内部及学校之间充分实现信息共享,加强信息实效性,方便医院内部与学校之间的沟通与交流,从而确保临床和口腔医学专业学位硕士研究生整体的培训工作达到科学、高效、规范的效果,高效率地达到住院医师规范化培训的要求。

(三)高素质师资队伍保障机制

大力培养领军人才和青年学术骨干。坚持实施"名师名医"工程,完善特聘教授制度,培育学术领军人才及其后备力量。实施"创新团队培育计划",注重学科交叉,打造人才集群,建设一批具有国际竞争力的科技创新团队。加大海外高层次人才引进力度。以国家"千人计划"、教育部"长江学者奖励计划"、"江苏特聘教授"、江苏省"高层次创新创业人才引进计划"等重点人才工程为依托,根据学校创建一流学科的需求,组织实施"海外英才汇聚计划",重点引进学术造诣高、有战略眼光的学术大师和领军人才。完善高水平师资队伍建设配套制度。探索教师分类考核评价机制,把师德、知识、能力、业绩作为考核的主要标准,引导教师潜心教学、科研、医疗。深化教师职务聘任制改革,增强教师队伍内在活力。大力加强师德建设,实施教师职务评聘、评奖评优等师德"一票否决"制。

二、研究生复合型人才培养的特点

(一)形成"双导师制"与导师组复合型培养模式

研究生指导教师是决定研究生培养质量的关键因素,传统的导师与学生一对一的指导模式已不能完全适应转化医学的发展要求。南京医科大学研究生指导方式采取导师指导为主,导师与导师指导小组集体培养相结合的方式。导师指导小组成员可聘请副教授或相当职称以上的专家3—5名。要求研究生的培养方式灵活多样,充分发挥指导教师、指导小组及学生的积极性,不断加强对研究生的自学能力、动手能力、表达能力、分析能力和写作能力的培养,更适应新形势下对复合型人才的需求。临床(口腔)医学专业的研究生导师一般为临床医生,往往缺乏对于研究生科研过程的监督和指导,更无暇顾及在实验室开展的基础性课题,因此,学校成立基础与临床(口腔)、公卫与临床、药学与临床、医政与临床相结合的导师组。导师组的成员至少包括本专业的临床导师和相关专业的基础导师。研究生培养以导师组为单位,选题时充分考虑基础与临床的前沿进展,鼓励开展结合临床需求的基础研究或应用基础成果的临床研究课题。每一个导师组都将成为一个转化的平台,既能全方位训练研究生的科研实践能力,也能促进基础与临床之间的良性循环。

对于公共卫生、药学、公共管理专业学位硕士研究生,实行校内导师与现场导师共同指导研究生的"双导师制"培养方式。学校导师具备专业学位研究生导师资格。现场导师由从事具体实际工作,具有较高的理论水平和实际经验的副教授或相当职称以上者担任。现场导师由联合培养基地根据条件提出候选人,经学院和研究生院审核后正式聘任。专业学位博士研究生可申请导师联合培养,培养方式主要包括:(1)临床与基础医学研究生互聘对方导师为副导师,共同指导研究生的课题。(2)共享研究资源。如临床研究生到基础医学实验室从事研究工作,基础医学研究生利用临床标本进行课题研究。(3)定期组织联合学术活动等。

(二)产学研合作,提高研究生转化医学的复合理念

由高校、政府牵头的孵化机构、高新科技企业三方联手,共同建立研究生社会实践基地,并拓展实践基地功能。基础实验室与临床医院合作,成立联合研究中心,容纳更多的研究生更深入地了解社会及学科发展,把所学的基础理论结合临床实际,建立转化医学的理念。学校成立转化医学研究院,打破基础医学与临床医学间的屏障,在基础医学研究者和临床医生之间建立起有效的联系,在实验室到病房之间架起一条快速通道,将实验室研究成果迅速有效地转化为临床诊疗理论、技术和方法。在人才培养过程中,一方面增强基础医学研究生对临床知识的重视和尊重;另一方面也提供临床研究生进入实验室探索基础研究的机会,使双方均能不断熟悉对方的领域,最终将人才培养变成双向通道,即从实验台培养到病床旁,再从病床旁培养到实验台,以此形成良性循环。在课题设置上培养研究生的转化医学理念,研究生导师坚持基础研究与临床工作相结合,从临床反馈中发现问题、提炼课题,并根据课题需要,聘请相关的临床医生和其他相关学科的学者组成导师组,参照临床疑难病例的专家会诊机制,吸取 PBL 教学法的精髓,就同一课题展开广泛讨论,制定研究生培养的系统方案,并根据课题进度组织阶段论证,促使研究生在实践过程中获得灵感,在课题研究中创新,并在毕业后到基地进一步孵化,转化其科研成果。

(三)依托全国独立设置医科院校研究生院联盟,促进复合型研究生培养

2015 年,由南京医科大学等 7 校研究生院共同发起、全国 38 家独立设置的医科院校研究生院联盟在南医大宣告成立,联盟成员高校之间将开展研究生交流培养、学分互认、论文互评、联合考试、共建慕课平台等方面的合作。联盟打破原有区域内医学教育研究生培养的横向壁垒,促进教育资源共享,激发各校研究生院的活力,有助于推动各医科院校乃至全国医学教育研究生培养质量的提高。

(四)校校合作签署战略合作实施协议

南京医科大学与东南大学经过 10 年的联合办学实践,在培养工医复合型科技人才方面取得了可喜的成绩,两校联合创办七年制生物学工程与临床医学双学位班或本硕贯通班,已招收了十几届学生,培养了许多医学科学与理工学科交叉渗透、融合的医工复合型人才。一种人才是以医学知识和技能为功底作为工程技术的后盾,创造性地从事相关的教学工作;另一种人才是以培养工程知识和技能的功底,作为医学应用的后盾,具有多角度思维能力和新思路,从而能在医学临床和科研领域内从事高水平的工作。这一别具特色的教学改革成果,培养出来的复合型人才深受用人单位的欢迎,并在工作实践中充分体现出医工结合的优势和特长。

　　在人才培养方面，双方发挥各自优势，联合培养研究生，建立课程开放共享平台，实施课程共享、学分互认和学生交换。在科学研究方面，双方将围绕国际科技前沿和国家、地方、行业重大科技需求，联合组织专家开展项目申报和重点课题攻关，搭建各级各类科研平台，构建科技合作新机制。建立科技人才交流机制，定期合作开展学术活动，促进双方专家、教授的交流互动。在资源共享方面，双方在精品课程、国际课程、实验设备、科技平台、实验动物、图书资料等方面建立共享机制。促进双方所在科技平台的深度交流和高效利用。鼓励双方有需求的优势学科互聘兼职教授，互聘教师承担教学任务。试行国际交流合作方面组团式出访交流、组团式学生访学和组团式合作开发。

第八章 南京师范大学研究生复合型人才培养

第一节 南京师范大学研究生复合型人才培养的基本情况

一、研究生教育总体情况

南京师范大学坐落于六朝古都南京,是国家"211 工程"重点建设、江苏省与教育部共建的江苏省属重点大学。

学校研究生教育主源可追溯到 1938 年的国立中央大学教育学院更名为师范学院,至 1945 年,共 4 届毕业生,研究生人才 10 名;1946 年,中央大学招收共计 4 000 多人,其中师范学院含研究生在内招收 377 人,成为全国学生人数最多的大学,为我国教育事业作出了贡献。学校研究生教育的另一源头为金陵大学。在 1951 年 6 月中国科学院和教育部联合公布的《1951 年暑假招收实习员、研究生办法》中,金陵大学被指定为全国招收研究生的 15 所高校之一。根据现存学生历年成绩记录表统计,金陵大学共招收研究生 79 人。1952 年全国高校院系调整,在原南京大学、金陵大学等有关院系的基础上组建了南京师范学院,1963 年南京师范学院生物系著名苔藓专家陈邦杰教授开始招收研究生;1978 年我国恢复研究生招生后,南京师范大学先后在 6 个系科扩招研究生,成为全国首批恢复招收培养研究生的高校之一;1981 年,南京师范大学被国务院学位委员会批准为全国首批具有博士、硕士学位授予权的单位之一。

经过几十年的砥砺奋进,南京师范大学的学位与研究生教育事业得到了较快的发展,学科门类不断拓宽,教育规模不断扩大,培养质量不断提升,培养成效显著,为国家输送了大批高层次人才。目前拥有博士学位授权一级学科 23 个,硕士学位授权一级学科 37 个,博士专业学位类别 1 个,硕士专业学位类别 18 个;拥有国家重点学科 6 个,国家重点(培育)学科 3 个,江苏高校优势学科 10 个,江苏省一级学科国家重点学科培育建设点 5 个,江苏省一级学科重点学科 23 个。7 个学科在全国第三轮学科评估中进入全国前十,5 个学科跻身 ESI 全球前 1‰。截至 2017 年 4 月,共授予博士学位 2 573 人,硕士学位 36 518 人;在校研究生共 10 499 人,其中博士研究生 1 186 人,硕士研究生 9 313 人。至 2016 年 10 月,获国家级研究生教学成果奖二等奖 3 项,学位与研究生教育学会研究生教育成果奖一等奖 1 项、二等奖 1 项,江苏省研究生教学成果奖 8 项;全国百篇优秀博士学位论文 4 篇,全国百篇优秀博士学位论文提名论文 7 篇,学位与研究生教育优秀博士学位论文 1 篇,江苏省优秀博士学位论文 66 篇,江苏省优秀硕士学位论文 171 篇,全国教育硕士优秀学位论文 21 篇;江苏省优秀研究生课程 20 门,江苏省研究生双语教学改革试点课程 4 门;江苏省研究生教改重点项目 8 项、一般项目 49 项。在全国大学生挑战杯、研究生数学建模等大赛中共获得全国一等奖 12 人次、二等奖 47 人次、三等奖及赛区奖 81 人次；暑期社会实践调研报告获省级以上奖励 18 项。研究生就业率也一直保持在 90% 以上。

二、研究生复合型人才培养情况

南京师范大学研究生复合型人才培养的目标是培养以具有研究生层次两个或两个以上专业的知识和能力为根本要求，同时具备较高的学术素养和学术道德，具备多个专业的知识获取能力、学术鉴别能力、科学研究能力和学术交流能力等，能够在两个或两个以上学科专业文化领域中工作，并且在某一个或几个学科专业文化领域中有新的创造性工作表现的人才。在知识结构上，研究生复合型人才以本科阶段所学学科专业的知识为基础，进入研究生阶段后，与其他专业中相近的、有较大相互作用的知识作网状连接，形如蜘蛛网。这种知识结构，是以自己的专业知识作为一个"中心点"，其他相近的、作用较大的知识作为网络的"纽带"，进而相互联结，形成一个适应性较大的、能够在较大范围内左右驰骋的知识网；而知识广度与深度的统一、能力与综合素养的强化，就使得所培养研究生的知识结构和能力呈复合型状态。

具体到博士生培养目标，就是定位于培养具有高层次学术研究能力的复合型人才，硕士生培养目标就是定位于培养高层次学术研究与应用并重的复合型人才，专业学位研究生培养目标就是定位于培养具有高层次应用能力的复合型人才。

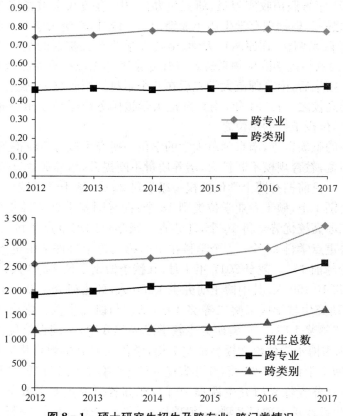

图 8-1　硕士研究生招生及跨专业、跨门类情况

南京师范大学长期以来有研究生复合型人才培养的良好基础、条件、平台以及多样的培养方式,培养了大量的研究生复合型人才。2012年以来,南京师范大学硕士研究生在生源结构方面,跨专业招收人数一直保持在77%左右,跨门类招生人数一直保持在46%左右(图8-1)。博士研究生在生源结构方面,跨专业招收人数比例在36%—50%、跨门类招生人数比例在27%—38%,分别于40%和30%左右逐渐趋于稳定(图8-2)。这些跨专业、跨门类的生源为研究生复合型人才的培养奠定了基础。南京师范大学从招生、培养、教育管理等多方面为研究生复合型人才培养提供条件与平台,在培养形式方面包括了复合的专业培养人才、专业的复合培养人才、研究方向的复合培养人才等等。

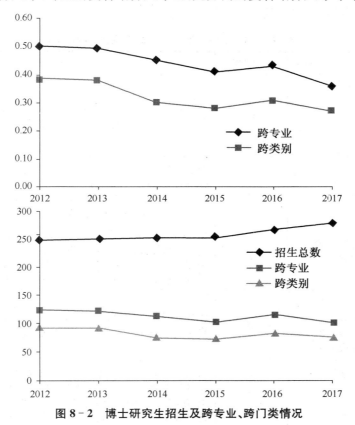

图8-2　博士研究生招生及跨专业、跨门类情况

三、研究生复合型人才培养保障

为了保障研究生复合型人才培养,南京师范大学从招生选拔、人才培养、教育管理以及条件保障等方面实施了一系列措施。

(一)招生选拔

为适应学科发展和复合型人才培养的需要,南京师范大学在符合国家招生政策基础上,采取相关的措施与举措,促进复合型人才培养的生源选拔。

1. 突破学科方向①界限，推进一级学科招生

通过一级学科招生，淡化学科方向，促进学科内部交流。一级学科下既可不设置学科方向，也可设置若干学科方向；可以是原来的二级学科，也可以在某一级学科内打破原二级学科界限，重新凝练形成新的学科方向，成为新的学科生长点或交叉学科的研究范围，提供复合型人才培养的生态环境。

（1）实施学位授权学科方向按一级学科设置考试科目。在不具有学位授权一级学科的学科方向中，鼓励与支持按一级学科设置考试科目，如表8-1中数学一级学科下的学科方向基础数学、计算数学和运筹学与控制论统一设置了业务课1、业务课2的考试科目，分别是数学分析、高等代数。

表 8-1　2001 年硕士招生专业目录（数学、地理学）

专业代码、名称及研究方向	招生人数	考试科目
070101★▲基础数学 01 函数论 02 数论 03 微分方程 04 拓扑动力系统	10	① 101 英语② 202 政（理）③ 350 数学分析④ 450 高等代数⑤ 551 实函或 552 近世代数或 553 微分方程
070102 计算数学 01 数值代数与最优化 02 微分方程数值解 03 计算机软件及应用	10	01、02 方向：① 101 英语② 202 政（理）③ 350 数学分析④ 450 高等代数⑤ 554 计算方法 03 方向：① 101 英语② 202 政（理）③ 351 高等数学④ 451数据结构⑤ 555 操作系统或 556 微机原理
070105 运筹学与控制论 01 图论与组合优化 02 智能控制	7	01 方向：① 101 英语② 202 政（理）③ 350 数学分析④ 450高等代数⑤ 552 近世代数 02 方向：① 101 英语② 202 政（理）③ 351 高等数学④ 451数据结构⑤ 557 线性代数或558C 语言程序设计
070501★▲自然地理学 01 环境变迁与全球变化 02 海岸过程与资源开发 03 环境教育与环境规划	8	① 101 英语② 202 政（理）③ 380 高等数学④ 480自然地理学⑤ 580 地貌学或581 第四纪环境学
070502▲人文地理学 01 土地管理 02 人文地理与区域规划 03 旅游管理与规划	10	01、02 方向：① 101 英语② 202 政（理）③ 380 高等数学④ 480 自然地理学⑤ 582 人文地理学 03 方向：① 101 英语② 202 政（理）③ 380 高等数学④ 481 旅游管理学概论⑤ 583 旅游地理
070503★地图学与地理信息系统 01 遥感与资源环境研究 02 地理信息系统及其应用	15	A 组：① 101 英语② 202 政（理）③ 380 高等数学④ 482 地理信息系统概论⑤ 584 程序设计（C 语言、PASCAL、FORTRAN 任选一） B 组：① 101 英语② 202 政（理）③ 380 高等数学④ 480 自然地理学⑤ 585 遥感概论 C 组：① 101 英语② 202 政（理）③ 380 高等数学④ 483 数据库⑤ 584 程序设计（C 语言、PASCAL、FORTRAN 任选一） 注：任选一组

---

① 2016 年后的国家相关文件中，"二级学科"已经不再使用，代之的是"学科方向"。

（2）逐步推进学位授权一级学科按一级学科招生。南京师范大学在国家对硕士考试科目进行改革之机，逐步实现了由一级学科设置考试科目到一级学科招生。2003年硕士招生专业目录（表8-2）中将法学一级学科下的学科方向统一按一级学科设置考试科目，2016年数学一级学科实现了按一级学科招生（表8-3），2017年化学一级学科实现了按一级学科招生（表8-4）。

表8-2　2003年硕士招生专业目录（法学）

专业代码、名称及研究方向	招生人数	考试科目
030101★▲法学理论 01 马克思主义法哲学研究 02 中国法制现代化研究 03 法律社会学研究 04 现代市场经济法制研究	16	① 101 政治② 201 英语或 202 俄语或 203 日语③ 327 法理学④ 427 民法与刑法（民法 50%、刑法 50%）
030103 宪法学与行政法学 01 宪法、行政法基本理论研究 02 宪法制度研究 03 行政法律制度研究 04 经济行政法研究	12	① 101 政治② 201 英语或 202 俄语或 203 日语③ 328法理学④ 428 民法与刑法（民法 50%、刑法 50%）
030106 诉讼法学 01 诉讼法制现代化研究 02 刑事诉讼程序研究 03 经济司法研究	21	① 101 政治② 201 英语或 202 俄语或 203 日语③ 329法理学④ 429 民法与刑法（民法 50%、刑法 50%）

表8-3　2016年数学一级学科招生目录

专业代码、名称及研究方向	招生人数	考试科目
070100 数学	62	① 101 思想政治理论② 201 英语一③ 602 数学分析④ 846 高等代数

表8-4　2017年化学一级学科招生目录

专业代码、名称及研究方向	招生人数	考试科目
070300 化学 01 (全日制)无机化学 02 (全日制)分析化学 03 (全日制)有机化学 04 (全日制)物理化学 05 (全日制)高分子化学与物理	65	① 101 思想政治理论② 201 英语一③ 630 无机化学④ 843 物理化学

2. 主动适应需求，推进跨学科招生

推进跨学科招生，使得学科和导师可以在更广的范围内选拔适合培养的考生，促进交叉学科发展，培养复合型人才。

（1）设置不同学科选考科目、科目组。在总体推进一级学科招生中，允许某些有学科交叉需求的专业或导师在初试科目中设置其他学科的选考科目或科目组。如表 8-1 中的计算数学，可招收数学和计算机专业的考生，03 方向为计算机软件及应用，单独设置一组考试科目，同时也设置了选考科目；再如表 8-1 中的地图学与地理信息系统，针对不同的考生对象设置了 3 组考试科目。

（2）鼓励跨学科接收推免生和调剂生。跨学科研究生能为学科带来不同的科研方式和思维视角，碰撞出新的火花。在推免生接收中，欢迎考生跨学科申请，也鼓励一些学科接收调剂生时倾向于接收跨学科考生，克服了研究生局限于所学学科的思维定式，同时也满足了学科和导师跨学科招生、培养复合型人才的需求。

（3）鼓励跨学科组建导师或导师组招生。鼓励有学科交叉需求的专业跨学院组建导师或导师组进行招生和培养，强调复试的综合考核，选拔复合型人才生源，使不同学科之间在人才培养和知识创新方面取长补短、动态融合，充分发挥学科交叉的指导力量，为探索复合型人才培养积累经验。

3. 遴选优质生源，推进招生制度改革

南京师范大学形成了以提高生源质量为目标的改革思路：探索试行、形成氛围、统一思想、研究分析、建立机制、深入执行。明确了改革任务：一是通过存量调控和增量安排，积极支持优势学科、基础学科、科技前沿学科和服务国家重大需求的学科发展，并以科研经费为主导，建立与研究生教育规模、结构、布局与经济社会发展相适应的研究生招生计划动态调整机制；二是通过优化初试科目、强化复试，以及优秀本科生夏令营、本硕贯通培养、硕博贯通培养、"申请—考核"等考核方式的改革，发挥和规范导师或导师组作用，强化对科研创新能力和专业学术潜质的考察，建立与培养目标相适应、有利于复合型拔尖人才脱颖而出的多元化研究生招生机制。

（二）人才培养

南京师范大学通过修订研究生培养方案，改革研究生培养模式，推进海外实践和交流活动，加强研究生教育质量监控等一系列举措的实施，保障了研究生复合型人才的培养。

1. 修订培养方案，优化培养环节与课程设置

复合型人才的培养，必须有知识复合的基础。南京师范大学通过培养方案的修订，对课程设置以及培养环节进行了进一步优化。

制定了一级学科框架下的学术型研究生培养方案，建立硕博衔接和开放合作培养模式；以创新能力培养为重点，突出人才培养的个性、开放性和复合性；课程设置方面，包括公共课程、一级学科课程以及学科方向课程；研究方向层面课程设置均为选修课程；一级学科范围内，设置的课程必须保证硕博培养阶段的顺利衔接。

准确定位专业学位研究生复合型人才培养规格和发展愿景；以职业需求为导向，以实践能力培养为目标，以产学研结合为途径，采取理论与实践相结合的课程学习方式、集中与分段相结合的专业实践、与行业实践相结合的学位论文研究与写作、双导师制和导师组集体指导相结合的指导方式，突出专业学位研究生创新实践能力的培养；充分发挥行业专家在理论教学、实践教学，以及研究生选题、开题、研究、答辩等环节中的作用，构建产学结合、理论教学和实践教学融合的专业学位研究生培养体系。

实现所有开设课程全校范围内的通修通选,以奠定复合型人才培养的知识基础,研究生可以在全校范围内进行跨学科/类别、跨层次选修课程。

2. 改革培养模式,适应社会对复合型人才培养的需要

复合型人才的培养,必须以社会需求为导向。南京师范大学通过培养模式改革,强化与地方经济、社会发展密切相关的研究生教育,尤其注重教育硕士、法律硕士、艺术硕士等专业学位研究生的培养水平。学校以实践创新平台、联合培养、双导师队伍等建设为重点,将实践创新能力培养贯穿于专业学位培养全过程中,形成了以突出职业导向为特征的、复合型专业学位研究生人才培养。

教育硕士在确立"高层次、高规格、高技能、高品位"为特征的高水平实践能力质量标准基础上,紧紧围绕培养符合江苏省教育现代化发展需要的高素质基础教育师资这一目标,从教育硕士职场能力体系建设出发,充分发挥学科优势,以高水平的导师队伍为关键,以先进的课程理念为核心,以健全的管理制度建设为保障,改革教育硕士"3+3"培养模式,制定本硕课程衔接方案,实现本硕贯通培养,培养教育领域急需的,能满足基础教育多层面、多种类、多岗位需要的高技能复合型应用人才。

法律硕士在"培养专业化、职业化的复合型、实践型法律人才"基本思路与目标基础上,借助法学学科在省内的学科和人才优势,将法律硕士人才培养、科学研究与新课程开发相结合,积极与省内多家司法机关及法务机构合作,共同培养法律实务急需的专业化、职业化人才。在与江苏省公安厅、警官学院的合作中,实行"定制式模式"培养警务方向法律硕士,取得了令人满意的成效和良好的社会效果。

艺术硕士形成了"艺术硕士'项目驱动式'"新型培养模式,采用了"三结合"方案,即将课程学习与项目研究有机结合、项目与论文写作相结合、项目与艺术创作实践成果相结合,通过以"项目"为抓手,结合项目内容和需求,充分利用社会资源,边用边学,以用带学,坚持"淡化专业、学科交叉、突出能力"的原则,重点构建艺术创造知识、能力、素质的培养结构,培养了一批既懂艺术创造、艺术推广,又懂管理的复合型艺术人才。

以创新创业为导向,采用高校与海内外研究生工作站协同育人的模式培养地理复合型人才。学校以学生的成长与发展为根本目标,通过分别建立海外名校研究生工作站和国内企业研究生工作站,摸索出学校与研究生工作站的协同育人机制,开拓了"创新"及"创业"型研究生分类培养途径,解决了高校与研究生工作站如何完善良性互动机制亟待解决的两大问题,形成了新的创新教育模式。实施中,首先基于学科,在海外国际一流学府创建海外研究生工作站,在国内与知名上市公司打造企业研究生工作站,然后通过三种学业导师(学校与工作站构建"1+1+N"导师组)、四类特色课程(开设科研思维与创新能力培养类、多学科交叉融合与国际化能力培养类、行业应用与技术集成创新能力类、工程管理与组织领导能力类四种创新、创业人才分类培养需求的特色课程)、五种保障机制(组织领导保障、管理制度保障、导师队伍保障、平台建设保障、资金投入保障)、六大协同举措(学校与研究生工作站共同选拔优秀人才、共同制定培养方案、共同组织教学管理、共同进行课堂教学、共同指导学位论文和共同评价培养质量),最后形成具有品牌效应、反哺效应、溢出效应、衍生效应和示范效应的"创新创业导向的地理信息系统学科研究生工作站协同育人模式"。

3. 推进海外实践和交流,提高国际化培养能力

随着社会的进步、科技的发展,国际化的进程不断推进,复合型人才的培养也要提高其国际化的能力。南京师范大学是改革开放以后全国首批对外开放大学,是国家设立的来华留学示范基地、对外汉语教学基地、首批华文教育基地和港澳台地区幼儿教育培训基地,设有联合国教科文组织国际农村教育研究与培训中心南京基地、法国文化研究中心及南京法语培训中心、意大利文化研究中心等国际性研究和教学组织。至 2016 年年末,南京师范大学在美国北卡罗来纳州立大学、佩斯大学和法国阿尔萨斯大区建有 3 所孔子学院;与 13 所海外大学举办中外合作办学项目,学生海外学习计划学校 49 所;与世界上 33 个国家和地区的 192 所大学建立了校际交流关系,聘请外国专家 400 余人,其中长期专家 56 人;有来自 133 个国家和地区的留学生 1 600 余人:为培养具有国际视野的复合型人才提供了优异的环境。

为加快推进学校研究生教育的国际化进程,加强与境外高水平大学和科研机构之间的学术交流,借助高水平的师资指导博士研究生,南京师范大学设立专项资金用于资助研究生参加本专业领域国际一流的学术年会,或其他高水平的国际学术会议,资助博士研究生赴境外一流高校或拥有一流学科的科研机构进行深造。

突出公共英语教学对人才培养、科学研究、国际交流的桥梁作用,以提高研究生运用英语进行专业学习、科研和参与国际交流的能力为目的,启用助教辅助教学制度,切实推行公共英语教学改革:从基础英语教学为主向交流英语教学为主转型,实行分类分层教学,控制班级规模,合理安排教学课时,优化课程设置,实行模块化教学,丰富教学内容,更新教学方法,加强辅助性网络教学资源建设,改革考核评价方式,提高研究生在专业知识获取、国际学术前沿成果借鉴、国际学术交流能力提升、科研创新能力培养等方面的能力。

(三) 教育管理

复合型人才的培养离不开良好的氛围和开放的平台,南京师范大学通过教育管理环节营造优良的学术氛围,搭建高端开放的实践平台,以开放、自由、民主、注重实践性为宗旨,构建了以复合型研究生成长成才为中心的培养与教育管理机制,形成了适宜复合型研究生人才培养的整体氛围。

1. 加强培养软环境建设,形成以生为本的文化氛围

形成了以社会主义核心价值体系建设为目标、以精品学术活动为载体、与学校发展目标及研究生复合型人才培养相适应的学术软环境。

(1) 以精品学术活动加强学术引领,丰富文化育人的载体。以"科技文化月"为抓手,通过开展学术论坛、学术沙龙、创新论坛等活动,打造常态化、师生全员参与的精品学术活动,搭建学术互动交流平台,着力推动不同专业领域研究生的交流沟通,拓宽研究生的学术视野。研究生在感受专家、学者的科学思想、造诣和人格魅力的同时,更能充分发挥自身在学术方面的优势,发挥优秀研究生文化素养的良好示范作用,带动更多学生参与学术科技文化活动,促进复合型研究生人才的内涵式培养。

"我的学术之路""名师开讲·对话杰青"活动、"南师开讲啦"、海外交流政策宣讲会、"国际视野中国情怀"——海外留学教师学术分享会、"博学于文鉴往知来"——文科学术之路交流会、"理智理性理想"——理科学术之路交流会等活动已成为广大研究生学术生

活中不可或缺的部分。通过系列活动,学校建立了学术报告会制度 组织研究生定期主讲学术报告,培养研究生的学术思维。

(2) 以品牌文化活动营造氛围,提升人文素养。南京师范大学品牌文化活动贴近研究生日常生活,传统校园文化活动如"世界青年汇——丝路青年",荟领全校研究生感受泰国文化,走进神秘土耳其;"舞动青春,'音'为有你"毕业晚会上,精彩纷呈的表演全方位展示了新时期学子的靓丽风采;"羽林争锋""扬青春激情,展数模风采""破茧而出,职在等你"以及"正德杯"研究生辩论赛、"厚生杯"篮球赛、十佳歌手大赛等,引导研究生走出实验室,放松心情,陶冶情操,提高身体素质。创新传统文化活动如"i·search"文献检索大赛系列活动,面向全体研究生,既有灵活趣味的线上答题、线上汇编竞赛,也有专家学者关于图书馆资源与服务的系列讲座活动,更重要的是进一步提高了研究生掌握文献检索方法和技巧以及专业信息获取和文献检索的运用能力;结合"3·20咱爱您"和"5·25"开展研究生心理教育活动,促进身心健康。

品牌文化活动以具有丰富性、多元性、愉悦性的人文情怀激发研究生的兴趣和热情,营造了浓郁的文化氛围和宽松的心理氛围。

(3) 以"立德树人"建设融入日常生活,加强思想保障。南京师范大学一方面深入开展坚持中国共产党领导的教育,切实加强中国特色社会主义理论体系教育和社会主义核心价值观体系教育,着力增强研究生服务国家、服务人民的社会责任感;举办研究生党支部书记培训班,切实发挥党支部的核心作用,推动研究生基层党团组织建设,全面提升研究生党建工作科学化水平;召开思想政治工作会议,积极推进"课程思政",引导广大研究生坚持正确的政治方向,坚定中国特色社会主义道路自信、理论自信、制度自信、文化自信;在导师中深入推进树人工作法,把研究生立德树人进一步落到实处;重点打造研究生兼职辅导员队伍,为研究生党建与思想政治教育工作注入新鲜血液。

另一方面注重加强科研道德教育,整合全校学术优势及各种资源,坚持把学术道德、学术规范教育渗透于研究生思想政治教育工作中,帮助研究生树立起良好的学术风气。在党建活动、思想政治工作及校园活动中注重培养研究生的学术道德,积极开展具有感染力和说服力的学术道德系列实践活动,让研究生在耳濡目染中感受学术道德的重要性,追求卓越、加强自律,树立崇尚科学、追求真理的科学精神,自觉抵制学术不端行为。

(4) 以新媒体搭建平台,打造身份名片。南京师范大学依托先进的信息传播手段和丰富的信息资源,通过研究生微信公众号,搭建跨越地域的信息载体和广阔的学术文化平台,促进交叉学科学术交流。公众号每周发布文章30篇左右,每周平均点击量11 000多次,最高单篇点击量超过10 000次。开展多个贴近研究生生活的项目,包括"感恩节·感恩树洞""春节·年味儿集锦""情人节·南小航,你是我最想留住的小幸运"等节日专题以及"研代会·我向主席提提案""两学一做之优秀毕业生风采展""毕业季""开学季"、"国家奖学金"获得者成果展等校园热点专题,切实通过传播现代科学文化知识和生活经验等信息,营造良好的校园学术文化氛围,帮助研究生在一个比以往更加广泛的校园环境中学习和积累社会知识,发展和形成自己的个性,实现自我教育。

2. 创新实践平台,构建实践育人的培养体系

(1) 以暑期社会实践发挥学科优势。南京师范大学每年都积极组织研究生暑期社会

实践活动,充分发挥研究生的学术优势,以研究生小分队、助理团等形式深入边远山区、农村、工厂和城市社区等,开展科技、文化和教育等方面的实践活动;为研究生提供受教育、长才干、做贡献的实践条件,促进社会实践成果的开发、利用、转化;让研究生在走进中小学校、农村社区以及企业中了解社会现状,并把所学知识和现实结合起来,真正做到学以致用,促进研究生复合型人才的培养。

(2)以挂职锻炼丰富岗位体验。挂职锻炼是指研究生在学习期间,结合自身的专业特长,到县乡一级政府或者企业担任地方政府或企业单位负责人的助手或科技顾问,在规定期限内完成一定工作任务的一种实践形式。挂职锻炼有利于研究生将所学知识和能力应用于实践,提高创新意识和创新能力,增强就业竞争力。

南京师范大学非常重视研究生的挂职锻炼,先后与多家党群团体、政府部门积极联系,建立长期合作关系,每年输送一定数量的研究生进行挂职锻炼。与南京市级机关团工委协商,联合开展"启航计划"优秀大学生赴南京市级机关挂职锻炼活动,遴选政治和思想素质高,具备一定的吃苦耐劳精神和较好的组织纪律性、工作责任感,以及具有较强的人际沟通能力和语言文字表达能力的研究生参加挂职锻炼,使研究生在岗位上经受洗礼,充分了解自身优势和不足。挂职锻炼取得了良好的经济效益和社会效益,有力地促进了研究生复合型人才的培养。

(3)以行业实践提升专业素养。南京师范大学通过与地方政府合作,或与行业企业合作,或与基层社区合作,积极探索社会广泛参与的实践育人长效机制建设,有效整合资源,发挥集聚效应,推进深度融合,形成高校着力实施、政府积极推动、社会广泛参与的实践育人新格局,积极推动实践育人工作常态化、科学化。企业、社区根据各自的工作需求,确定一定数量的工作岗位或科研任务,接收高校根据岗位、任务选派的相关专业的研究生参加科研和实习,将研究生的培养与企业、社区的生产实践结合起来。在社会实践结束后,由社会实践部门对研究生从思想品德、工作表现和实际能力等各方面做出综合评价。

学校在企业和社区需求的基础上结合研究生就业的趋势,为研究生推荐合适的实习基地,在为实践单位解决问题的同时经受锻炼和考验,提高自身分析问题和解决问题的能力。

(4)以实务培训提升综合能力。学校积极以校内实务培训、培养为导向,以"三助一辅"为实践平台,促进研究生复合型人才的培养。召开兼职辅导员工作会议,为兼职辅导员提供交流互动的平台。兼辅工作聚焦"立德树人",以兼职辅导员队伍建设为重点,全面开展聚焦"立德树人"的有益探索和实践,加强研究生的自我教育、自我管理和自我服务,实现全方位育人。

发挥研究生党支部的战斗堡垒作用和研究生党员的先锋模范作用,增强基层党组织的战斗力。学校每年组织党支部书记培训,进一步明确研究生党支部书记的责任与使命,以及在新时期如何创新基层党建工作、夯实党执政的组织基础,强调研究生党支部书记需要以身作则,不仅需对学业精益求精,更需全方面地用更高的道德标准要求自己,坚守共产党员信仰。

举办培训班,促进研究生各方面能力的提升。在每学年开学之初举办研究生新生骨干培训班,邀请团省委、复旦大学、东南大学、南京航空航天大学、南京艺术学院和南京师范大学等相关领域的专家对研究生新生中的优秀成员进行专题辅导,使优秀新生骨干能够从一进校就立即融入自身角色,迅速成长为研究生群体学术研究、管理团队中的榜样人物。举办研究生会干部培训班,为研究生干部提供一个学习专业知识、提高业务水平以及交流沟通的平台,统一培训、集中学习,培养和挖掘研究生干部的素质和潜能,提高学校及各学院研究生会的工作效率,以便为全校研究生同学提供更优质的服务。

(5) 以支教服务发扬志愿精神。组织研究生参加中国青年志愿者研究生支教团,到贵州省独山县、四川省绵竹市、重庆市大足区开展为期一年的支教工作和力所能及的社会扶贫、志愿服务、各类公益活动,组织部分研究生到新疆伊宁二中支教等,打造具有实践能力、经得起考验的骨干"先锋队"。通过多种途径,强化支教团在广大同学中的影响力、号召力,用支教团先进事迹引领志愿服务风尚,使支教团成为南师学子自觉培育和践行社会主义核心价值观的一面旗帜。

(四) 条件保障

1. 建设高水平师资队伍,保障研究生复合型人才培养

南京师范大学着力提高教师特别是青年教师的教学能力,为研究生复合型人才培养提供师资保障,先后设立名师培养工程、成立教师教学发展中心等,通过新教师研习营、教学沙龙、名师工作坊、教学咨询室等活动形式,帮助教师增强教学能力、提升教学水平。学校还增设教学为主型教授岗和教学关键岗,引导广大教师投身于教书育人工作。

南京师范大学积极贯彻落实国家教育规划纲要,真正做到以人为本,将师资队伍建设提升至前所未有的战略高度,把师资队伍建设作为提高办学质量的重中之重。学校始终坚持"服务发展、人才优先、以用为本、创新机制、高端引领、整体开发"的人才理念,积极推进"人才强校"战略;深化实施"人才强校"战略,将师资队伍纳入"211 工程"长期建设项目;加大人才引进和培养力度,完善人才工作机制,形成人才成长与学校事业发展良性互动的态势。学校坚持以学术领军人才队伍、青年师资队伍和创新团队建设为重点,健全有利于优秀人才脱颖而出的管理体制和运行机制,不断完善人才工作制度。在队伍建设中创设了"学科特区"制度、特聘教授制度、讲座教授制度、人才待遇校内培养与校外引进配套政策、突出成果奖励政策、外籍教师协议工资政策等,坚持"引进"与"培养"并重,成效显著。在引进方面,抓住国家、省和市大力促进人才发展的重大历史机遇,加大高端人才引进力度。截至 2016 年年底,先后共引进高层次人才 195 名,其中"海归"22 名、"长江学者"特聘教授 1 名、"国家杰出青年科学基金"获得者 1 名、江苏省"双创计划"人选 2 名、江苏省特聘教授 5 名、江苏省产业教授 5 名以及"校杰出人才项目资助人选"2 名、"校杰出人才培养计划人选"3 名,实现了学校人才引进的重要突破。设立"鸿国讲座教授计划",首批引进 7 名国内外著名讲座教授,其中中科院院士 1 名、"千人计划"学者 1 名、国务院学科评议组成员 3 名、国外著名专家 2 名。截至目前,该校在岗特聘教授 38 名、讲座教授人数 32 名。一大批高端人才为学校的事业发展注入了新的活力。

在师资培养方面,学校积极利用国家、省、市和学校各类人才培养工程和计划项目,培养了一批名师和领军人才。先后有 7 位教师入选国家百千万人才工程培养对象,5 位教师获国家教学名师奖,11 位教师入选教育部新世纪优秀人才支持计划,9 位教师获江苏省教学名师奖,先后有 41 位教师入选江苏省"333 工程"第二层次人选;16 位教师入选江苏省六大人才高峰,40 位教师入选江苏省"青蓝工程"学术带头人,1 个团队入选教育部"长江学者与创新团队发展计划",4 个团队入选国家级教学团队。通过加强校内培养,学校实现了教师人才队伍建设的均衡可持续发展。

学校将青年教师培养作为队伍建设的重中之重。通过制定青年教师发展规划、完善青年教师岗位培训体系、实施青年教师导师制度、实施百名青年领军人才培养计划、健全青年教师社会实践制度、拓展青年骨干教师海外研修项目等举措,加大对青年教师的培养和扶持力度,促进了大批中青年领军人才脱颖而出。

强有力的人才政策带来了学校核心竞争力的显著提高,为学校培养复合型人才的战略保驾护航。汪永进教授发表在 Nature 上的论文入选 2008 年"中国高等学校十大科技进展"和"中国基础研究十大新闻"。以沈冠军教授为首的科研团队在 Nature 上发表的封面文章,将北京猿人的生存时间向前推进了 27 万年,在国际上引起高度关注。5 年来,该校教师有 4 部著作入选"国家社科基金优秀成果文库";在国际权威学术期刊 Science 和 Nature 上发表论文 5 篇。在 ESI 评价体系中,学校 2 个学科进入全球科研机构前 1%;在全国高校一级学科评估中,4 个学科进入全国前 10 名。获得国家社会科学基金重大项目 5 项、教育部哲学社会科学研究重大课题攻关项目 4 项、国家科技支撑计划项目 1 项,实现了在这些高层次项目上的"零突破"。一个个的突破和飞跃接踵而至,学校人才队伍科研实力显著提高,为综合性教学研究型大学目标夯实了坚实基础,为研究生复合型人才的培养提供了根本保障。

2. 立足于复合型人才培养,优化课程建设

课程学习是保障研究生培养质量的必备环节,在研究生成长成才中具有全面、综合和基础性作用。复合型人才的培养离不开课程学习,设置合理、有效的课程资源对复合型人才培养发挥着至关重要的作用。南京师范大学课程资源建设强化学术学位研究生的科学方法和学术素养,推进自然科学和社会科学研究范式在不同学科、专业中的运用,开设研究生方法类系列讲座课程;强化案例教学意识理念,促进教学与实践有机融合,推进案例库和案例课程建设;开拓研究生视野,掌握社会发展与行业动态,开展了紧跟时代发展脉搏的行业前沿讲座课程建设;推进学位课程教学团队建设,提升研究生学位课程的教学质量,建设了一批研究生精品学位课程。

南京师范大学于 2015 年在全校范围内正式启动研究生研究方法类课程。研究方法类课程是面向全校博硕士研究生开放的通识性研究方法课程,以系列讲座形式开设,分为"社会科学研究方法"和"自然科学研究方法"两类,每类开设 12—15 讲,每讲 2—3 课时,讲座主讲人均是在相关领域具有深厚造诣的校内外知名专家学者。该课程具有如下特点:研究方法类课程覆盖面广,课程内容涉及文、史、哲、理、工、艺、管理等数个学科,领域众多,基本涵盖了学校博硕士研究生培养的主要方向。研究生方法类课程受众面广,课程受众不仅有各学院、各类型博硕士研究生,还包括校内众多青年教师及广大本科生,受众面广、受益面大。研究生方法类课程信息量大,课程主讲人紧跟学术研究前沿,结合自身研究专长,围绕各自学科研究特点,深入浅出,旁征博引,阐述共性的研究方法、研究思路和研究心得。研究生方法类课程实用性强,课程既有研究"学问之道"的"哲学社会科学学术研究基本路数""科学研究的思路与方法"等,也有探讨"实用之法"的"实验数据深度开

发""SCI论文写作方法与技巧"等,完全适用于研究生学习、科研的全过程。研究方法类课程的开设对复合型人才培养起到了积极的推动作用。名师主讲、面向全校,内容丰富、突出方法,讲座形式、机动灵活,服务科研、夯实基础的人才培养方法类系列讲座课程的开设,有助于学校研究生复合型人才的培养。

南京师范大学于2015年修订专业学位研究生培养方案时,将"行业发展前沿讲座"课程纳入学校全日制专业学位研究生培养方案的课程设置计划。全日制专业学位研究生在校期间参加4—8次行业发展前沿讲座,并撰写学习报告,经导师审查通过者,视为完成"行业发展前沿讲座"课程学习(计1—2学分)。刚性要求、学科主动、学校支持,开拓研究生视野、掌握社会发展与行业动态、紧跟时代发展脉搏的"行业发展前沿讲座"课程的开设,有助于促使专业学位研究生尽早接触行业,了解行业需求、行业发展、行业前沿,增进专业学位研究生和学校教师与行业高级管理专家和高级技术专家的密切接触和交流,帮助他们开阔视野,培养人才,有力地推动了专业学位研究生复合型人才的培养。

南京师范大学从2013年起即开始了专业学位教学案例和案例库建设工作,先后共立项建设了案例库建设项目82项、资助出版案例教材4本。2015年10月开始筹建案例教学中心,利用先进设备与网络技术,建设符合案例教学要求、能够辐射全国、切实实施案例教学的案例教学中心。强化案例教学意识理念,以案例/案例库建设为载体,实现理论与实践紧密结合,以案例教学为途径,促进教学与实践有机融合、逐步推进,提高研究生创新实践能力,有助于研究生复合型人才的培养。

南京师范大学从2013年起即开始建设研究生精品学位课程,通过建设合理的教师队伍、合适的教学内容、完善的教学方法来优化教学资源,提高教学质量。教师队伍建设强调课程建设的支持人一般为教授,且师德良好,学术造诣高,教学能力强,教学经验丰富,并且拥有相对应的教学团队。教学内容应在保证本一级学科或本专业学位类别/领域的广度和深度的前提下,以教育创新思想为指导,以研究生为根本,及时反映本学科领域前沿和最新科技成果,吸收先进的教学经验,积极整合优秀教改成果,为研究生打好坚实的专业基础。教学方法鼓励积极创新教学方式方法,采取研讨式教学、案例教学等多种教学方式激发学生创新思维,引导学生主动探索,促进学生自主性学习、研究性学习和个性发展,培养学生严谨的学习态度和扎实的科研、实践能力。积极使用现代化教学手段,实现优质教学资源共享,充分调动研究生学习积极性,如:引入翻转课堂,采用MOOC等课程形式,整合多种形式的数字化课程资源,突破传统课程时空限制。

3. 实施全过程实践创新能力培养,建设创新平台体系

实践教学是培养复合型人才极其重要的组成部分,实践性教学训练才能促使研究生理论联系实际,学以致用,其创新精神和实践能力得以提升。

南京师范大学充分利用自有资源的同时,积极组织企事业单位、科研机构充分发挥各自的优势与特色,联合培养应用型研究生,形成产学研密切合作的研究生培养模式与机制,做到合作各方优势互补、资源共享、共同发展,从而保障研究生复合型人才的培养质量。

(1)与理论课堂教学相呼应——"南京师范大学研究生实践创新中心"。学校根据专业学位培养的需要,在充分论证的基础上,投入专项资金,较为系统地构建了28个实践创

新中心,如模拟法庭、同声翻译、管理模拟(MBA)、金融分析、司法鉴定、多媒体调查分析、数字影像采编等。

(2) 以实习、实践为主体,"理论与实践深度融合"培养为目标——南京师范大学研究生实践(实习)基地。学校不断拓宽专业学位研究生实践渠道,先后建立了各类专业学位研究生校外实践基地 147 个,并将专业学位研究生实践活动与研究生毕业后的就业相关联,为专业学位研究生顺利走上工作岗位打下坚实的基础。

(3)"产学研"相结合,以"实践+创新"培养为目标——"研究生工作站"。研究生工作站是学校与各类企事业单位联合建立的重要实践平台,是专业学位研究生培养的重要创新实践基地。学校建有省级研究生工作站 103 个,江苏省优秀研究生工作站 3 个,获批"全国教育硕士专业学位研究生联合培养示范基地"2 个。学校于 2008 年探索将研究生工作站拓展到人文社科领域,并于 2012 年开始在法律硕士、教育硕士、汉语国际教育硕士、应用心理硕士等多个专业学位类别中正式立项建设校级人文社科研究生工作站,至 2016 年年底,在学校教育、文化产业、公共组织、政府部门等领域建立了 20 余个校级人文社科研究生工作站。

4. 加大培养经费投入,缓解研究生后顾之忧

制定实施《南京师范大学研究生教育经费投入与管理办法》,进一步提高博士研究生培养经费投入标准,使每位学生每年获得的奖助总额平均达到 5 万元或更高。

(1) 在继续执行研究生国家助学金和学业奖学金现有文件基础上,设立博士研究生学校助学金(每生每年 10 000 元,不包含定向生和有固定工资收入者)。

(2) 非定向博士研究生 100% 参与助管、助教或担任辅导员(班主任)工作,每个岗位津贴每月在 1 000—2 000 元(根据工作时间和岗位性质核定)。

(3) 实行博士研究生助研制度,助研津贴理工科不低于每月 1 000 元、人文社科不低于每月 300 元。

(4) 学校每年设立 800 万元博士生国际联合培养资助专项项目。

5. 加强教育管理制度建设,提供管理育人保障

研究生教育管理制度一方面保障了复合型人才培养方案与措施的具体实施,另一方面也促进了研究生培养的能力复合。

(1) 规范"三助一辅"制度。"三助一辅"包括研究生助研、助教、助管和兼职辅导员,该项制度保障了研究生校内的实践平台,促使研究生跨学院、跨部门参与高校教育与管理,培养了研究生的多方面技能。"三助一辅"工作制度是研究生复合型培养的有机组成部分,对于复合型人才的培养具有重要意义。

第一,组织管理制度。党委研究生工作部负责全校研究生助研、助教、助管和学生兼职辅导员工作的总体实施,对设岗部门和学院的助研、助教、助管和学生兼职辅导员工作的实施过程进行指导及监督;党委研究生工作部汇总并公布岗位设置,协助设岗学院具体实施聘任工作,发放"三助一辅"人员津贴,指导"三助一辅"人员考评工作。管理细则的出台,特别是组织制度的不断完善,是学校站在复合型人才培养的高点上,综合学校各部门实际需要,打造研究生交叉型技能构建的重要保障。学校鼓励研究生走出本专业、本学院,在"三助一辅"岗位上培养沟通协调和组织管理的基本技能,在不同的岗位上学习和积

累相应的技能。

第二,岗位设置原则。党委研究生工作部综合考虑全校经费投入和各部门、学院工作任务,师资力量,合理设定各部门、各学院的"三助一辅"岗位;在岗位设置过程中,党委研究生工作部结合各学院、各部门和各机关的具体工作要求,要求必须对其工作职责进行明确的规定,综合统筹学生复合型技能的培养目标,同时便于研究生根据自己的特点和需要选择合适的岗位。例如,按照工作环境,助管岗位就分为学校行政机关部门和学院两类,按照工作类型又大致细分为一般性助管和统筹性助管;根据岗位需要,除了一般性的沟通协调和文字表达能力锻炼外,还锻炼研究生的细致管理和条块管理能力;兼职辅导员岗位同样由各学院根据自身实际情况,将学生工作细分为年级工作和条块工作,培养研究生的沟通能力和组织管理能力;助教岗位,除了协助任课教师做好课程辅助工作之外,还需要日常与学生保持互动,对专业某些课程作业进行批改,这样,辅助性教师角色潜移默化地影响着研究生的思想品德和为人处世方式。以上管理细则的导向与学校"一专多才"的全面发展的人才培养方案高度契合,实现了岗位与人才培养机制互通互利的长效机制。

第三,选聘制度。总体上,选聘原则也是基于研究生复合型人才的培养要求,比如要求研究生具有较强的责任意识,大局意识,以及团队、奉献精神,身心健康,道德高尚,品行端正,作风严谨务实等,能较好地处理好兼职工作与专业学习和科研任务的关系,这些都会正向引导研究生注重综合素养的提升。另外,根据研究生助教、助管、助研和研究生兼职辅导员岗位的不同特点及要求进行选聘制度的差异化制定,坚持"因岗选才,因才定岗"的原则,结合岗位需求、学生诉求、人才培养要求等多方面的因素,进行"三助一辅"人员的选择和聘请,做到满足岗位工作需要、满足学生发展需要,进行双向选择,同时契合复合型人才的培养需要。研究生如果遇到各类特殊情况,也可以提出申请,离开或者接替其他岗位,人性化管理也是对学生的一种尊重和理解,反过来也会间接影响研究生未来处理突发事情的能力和素养。

第四,培训和考核制度。所有参与"三助一辅"的研究生均实行"岗前培训—岗前试用—岗中考核—年终考评"的立体培训和考核过程。培训工作除了利于研究生更好更早地适应岗位外、最重要的是模拟企业用人制度,对研究生进行高仿型强化训练,提早培养研究生职业人的角色意识。同样,每个学期均进行考评工作,每位研究生均需提交工作内容和总结,对本学期工作进行梳理和评价,通过此项工作帮助研究生认识到该工作的正规和严谨,也为他们以后进入职场及早适应岗位、尽职尽责地完成工作内容做铺垫。职场迟早都会进入,但是工作角色意识和态度不是一天形成的,模拟职场的培训和考核制度可以帮助学生提升综合能力,以达到不断强化责任心、不断提高业务能力、不断加强引领的目的,提前适应岗位需求。

"三助一辅"制度为南京师范大学研究生复合型人才的培养创造了良好的平台,并将复合型人才培养与研究生教育管理进行深切结合,形成互动机制,是学校在研究生复合型人才培养机制探索过程中的有效举措。

(2)健全评奖评优制度。研究生奖学金评优制度的宗旨是客观、公正地评价学校研究生在校期间的表现,引导学生以学为主、全面发展,努力将其培养成具有较高专业素养和较强社会责任感的、全方面发展的复合型人才。

至 2016 年年底,学校研究生奖学金主要有学业奖学金、校长奖学金和朱敬文奖学金等。

第一,学业奖学金。南京师范大学研究生学业奖学金制度综合考虑研究生的思想品德、社会实践、课程成绩、学术成果等方面要求,部分学院又将综合测评内容细分为思想品德测评成绩、专业学习测评成绩、科学研究测评成绩、导师评价测评成绩及社会服务测评成绩等五项。博士研究生和硕士研究生具体评比的比例不一致,前者在科研能力和专业学习方面比重更高。各学院根据学院实际情况细化落实,引导研究生注重多方面技能培养。

研究生学业奖学金主要用于奖励支持研究生更好地完成学业,覆盖全校非定向全日制研究生(有固定工资收入的除外)。遵循研究生教育成长规律和复合型人才培养要求,博士和硕士分开进行,各有侧重,但是均包含了学术成果、思想品德和实践能力等多方面;坚持公平、公正、公开原则,每个学年各学院自行完成,按照一定比例,奖学金设定三个等级,打破以往"大锅饭"类型的奖学金设置,引导和激励研究生朝着奖学金设置的复合型人才培养导向不断进步。

学校统筹把握方向、学院自主制定细节原则。南京师范大学是一所高水平的综合性大学,学科齐全,学院众多,因不同学科、不同学院和不同专业的差异性,在研究生人才培养方面也会存在差别。在这样的背景下,学校研究生学业奖学金设置充分结合学院特色,以学院风格、专业导向为着眼点,以学院为单位,在学业奖学金考评细节上发挥学院自主权,立足于学生,服务学生,以多元化的学业奖学金制度引领学生走上复合型人才的道路。

综合测评的成绩是评价研究生综合表现的重要依据,同时又可将其作为国家奖学金、其他专项奖学金以及优秀研究生、优秀研究生干部、优秀研究生标兵和优秀党团员、优秀党支部书记等评优、推优的重要依据或参考,这样,复合型人才的培养导向逐渐融入各类涉及研究生教育和管理的环节中去。

第二,研究生校长奖学金。南京师范大学研究生校长奖学金设立的宗旨是激励研究生品学兼修、奋发进取,促进研究生全面发展、成才成长,这与复合型人才培养目标相一致。

在申报条件和评比内容上,要求研究生学习勤奋,学风严谨,学习成绩特别优秀,学业综合测评名列前茅。而学业综合测评考虑研究生的思想品德、社会实践、课程成绩、学术成果等方面要求,这样就将校长奖学金设置导向与复合型人才培养导向融为一体。

同时,对于除科研成果突出的情况外,还将申请范围作了进一步拓展,在其他方面做出重大贡献者亦可以申报。

第三,研究生朱敬文奖学金。南京师范大学研究生朱敬文奖学金分为朱敬文特别奖学金、朱敬文普通奖学金和朱敬文助学金。

在评选条件上,注重学业科研外,也注重其他专业技能、社会实践等方面的考量。如在校期间学习勤奋、学风严谨、成绩优良,普通奖学金申报者应有科研论文发表或其他科研成果产生,特别奖学金申报者至少应有 1 篇论文在权威期刊上发表,或出版学术专著,或获得发明专利,或有研究报告被省级以上党政部门采纳,或有艺术、体育类成果获国家级奖励。助学金申报者要求团结同学,关心时事,积极参加社会实践活动。三类要求各有侧重,有利于研究生根据自身特点,发挥自身特长,这些均与学校复合型人才培养目标和导向相一致。

第四,研究生评优制度。南京师范大学在当前研究生评优制度的制定方面,不是一味地看成绩和科研成果,而是综合学生的专业技能、实践能力、业务水平以及必要的社会交际能力等多方面的要求来制定参评条件,以此引导研究生在 2 年或者 3 年的学习过程中培养自身的综合能力,从而达到全方位发展的要求。如文件中明确指出,校研究生评优意在促进研究生德、智、体全面发展,鼓励研究生刻苦学习、奋发向上,成为"四有"的社会主义接班人和建设者。

从类型上看,南京师范大学研究生评优制度种类多样,包括优秀研究生、优秀研究生干部、优秀研究生标兵、优秀毕业研究生,还有各类单项奖,包括文明风尚先进个人、科技活动先进个人、文体活动先进个人、社会工作先进个人等。设置上注重研究生综合素养的培养和提升,同时也注重研究生发挥自身优势,以学校复合型人才培养的"一专多能"为方向而不断努力。

随着社会对一专多能人才需求的扩大,南京师范大学积极调整学生培养的重点方向。研究生复合型人才的培养离不开必要的激励措施,学校根据在校研究生的实际情况,结合复合型人才的实际需要,制定了完善的评奖评优制度,以此引导、激励研究生朝着复合型人才方向发展。

6. 构建教育质量监督与评价体系,加强研究生教育质量监控

南京师范大学建立了研究生教育质量报告制度。研究生教育质量报告包含学校研究生教育培养的理念与目标,反映研究生招生与管理、培养过程与学位授予管理、研究生毕业及就业、研究生管理与服务、导师队伍建设等情况,突出研究生教育综合改革成果等内容;强化过程管理,建立学院研究生教育工作绩效考核机制,从学位点建设、招生、培养过程、资源建设、培养质量、交流与合作和教育管理等 7 个方面对学院进行考核。

第二节　南京师范大学研究生复合型人才培养个案分析

南京师范大学依托学院、学科、导师/导师组,主要采用了复合的专业、专业的复合、研究方向的复合等形式培养研究生复合型人才。

一、复合的专业培养研究生复合型人才

(一)教育经济与管理

1. 培养目标

教育经济与管理专业是公共管理一级学科下的学科方向,主要研究教育发展与经济发展、社会发展之间的关系,教育系统的运行机制,教育资源的合理配置方式及教育资源的使用效率,研究解决教育系统、教育制度、教育行政、学校制度、学校组织管理、教育评价等问题。该方向注重对教育管理学、教育经济学的基础理论研究,注重对国外教育管理学和教育经济学理论的批判吸收和运用,在研究方法上倡导实地研究和实证研究。

该学科方向培养具备管理学、政治学、法学、经济学、社会学和教育学等方面知识,掌

握相关研究方法,能够胜任教育行政机关、各级各类学校、教育机构管理工作、企事业人力资源管理和研究工作的复合型人才。

2. 培养方案

教育经济与管理专业培养研究生复合型人才,在培养方案中设置了集教育、经济和管理于一体的课程。

表 8-5　教育经济与管理专业培养方案中主要课程设置

基础学位课	公共管理学理论与方法
	组织理论
	公共经济学
专业学位课	教育管理学
	教育经济学
必修环节	实践环节
方向选修课	学校管理专题研究
	教育经济与财政专题研究
	教育管理研究方法论
	教育政策与法规
	教育督导与评价专题研究
	比较教育经济与管理
	会计学与学校财务管理

3. 培养过程

(1) 该专业研究生可以选修行政管理、土地资源管理和社会保障等专业课程,施行跨学科、跨专业共同培养,保障了复合型人才培养的知识复合。

(2) 该专业研究生课程教学普遍实行讨论课形式,学生课外自主学习、课堂展示分享,教师点评,培养学生的文字表达、口头表达、分析实际问题等方面素养,保障复合型人才培养的综合能力。

(3) 该专业研究生培养坚持以学科组教师主持的国家级、省部级项目为引领,组织安排学生参与各种调查研究,深入中小学教育现场及高校行政部门,到教育实务部门进行实习锻炼,参加研究生工作站工作等,推动学生了解实践、熟悉实践、培养实践能力,保障了复合型人才培养的能力复合。

(4) 该专业研究生培养过程中坚持教育管理实践领域专家全程参与,在研究生课程建设、专家报告、学位论文开题和答辩等环节,坚持邀请中小学名校长、教育行政部门专家参加,并通过建立互助双赢的长效机制进行协同培养,保障复合型人才培养的质量。

4. 培养成效

(1) 学生学习的主观能动性得到提高。复合型人才培养目标的确立和复合型人才培养过程,改变了学生过去过分依赖书本与课内学习的方式,学生学习知识的主动性和协作性大幅增强。学生自主学习,自主构建合理的知识结构和能力结构,主动地去获取知识、锻炼能力,激发了学生的学习主观能动性,培养了学生的创新精神。

(2)学生的实践技能和创新能力得到提高。学生的实践分析能力、实践活动组织能力、人际交往能力、合作协调能力、信息获取能力、组织管理能力不同程度得到提高。同时,毕业论文选题应用创新性得到提高,近几年来,毕业论文选题绝大多数来自一线实践性应用问题,并得到教育实务与管理部门的高度认可。

(3)毕业生就业能力与发展潜力得到提高。复合型人才培养使得毕业生就业能力得到提高,就业适应面得到拓展。多年来,该专业毕业生100%高质量就业,涵盖教育行政部门、高校、中小学教育管理部门、出版社、银行等企业人力资源部门、报社,绝大多数在北京、上海、南京、苏州等地就业,部分已经成为单位骨干;也有部分毕业生到厦门大学、复旦大学等高校继续攻读博士学位。

(二)环境地理学

1. 培养目标

环境地理学是综合运用地理学、化学、生态学、农业科学、微生物学等学科的基本原理和方法,研究地理环境复合系统结构、功能、动态变化与协调平衡机制,并深入研究该复合系统的理论和方法,揭示其自然规律,为人类生存和发展服务的学科。环境地理学的研究重点在于人类活动与地理环境间的相互作用和影响(包括环境质量的区域差异、环境的历史发展、演化与预测),生源要素(碳、氮、磷),生物地球化学循环过程及其机理,自然资源的合理利用和保护,退化土壤修复等。

多学科基础理论的学习让学生的理论知识更为广博;在此基础上,引导学生熟练掌握地学、化学、生态学、农学、微生物学研究领域主要的试验方法和技术,具备复合型人才基准,即在基础理论知识和研究技能均具有多学科交叉的复合型特征,满足城乡景观规划建设与生态环境保护、水环境安全与农业面源污染控制、土壤生物地球化学过程与侵蚀治理、海洋产业与生态发展、气候变化与生物多样性保护等地理环境方面综合应用的现实需求。

2. 培养方案

为实现环境地理学复合型人才培养目标,根据学科设置研究方向,制定课程设置,安排师资力量。

(1)学科设置与研究方向。环境地理学设置了硕士研究生培养三个方向:土壤环境与生态修复、土壤与环境微生物、湿地与景观生态。博士研究生培养方向包括:土壤环境与沉积环境、土壤碳氮循环与环境效应、土壤与环境微生物、湿地与景观生态。

(2)课程设置。环境地理学研究生培养在课程设置方面包括公共学位课、基础学位课、专业学位课和选修课及补修课,注重对学生基础理论及科学研究能力的培养。

其中,专业学位课设置有环境地理学理论与方法、现代环境科学问题、现代地球化学、土壤环境化学、高级环境微生物技术、环境污染与修复、统计软件应用、自然地理学基本问题等,要求学习者能够系统掌握环境地理学的理论知识,能够熟练分析典型环境科学问题的产生原因机制、影响及对策。选修课程根据环境地理学硕士、博士兰的研究方向,生源受教育背景等,开设有生态学方向的课程,如景观生态学、湿地生态学、恢复生态学、生态工程原理与应用等，环境生物地球化学循环方向的课程，如环境化学、环境修复技术、高级环境微生物技术、土壤生物地球化学循环等，环境规划与管理方向的课程，如环境规划方法与实践、空间数据分析等。

必修环节包括教学实习或专业实习以及学术活动等内容。

（3）师资力量与研究生人数。以地理学一级学科为依托，江苏省物质循环与污染控制重点实验室、江苏省环境演变与生态建设重点实验室、南京师范大学土壤环境与污染控制研究所、南京师范大学农业发展研究院等重点研究机构为平台，以高标准的环境监测实验室、环境微生物实验室、环境化学实验室、环境生物学实验室、生物化学实验室、环境生态学实验室、水处理实验室等专业实验室为基地，联合生态学、环境科学、土壤学等学科师资力量，已拥有一支年龄结构、知识结构、专业技术结构等各方面结构合理，具有较强学术创新能力的师资队伍，扎实的学科基础和良好的人才培养条件。2016 年年底，有教授 5人，其中 1 人为国家杰出青年基金获得者、1 人获得国家级人才项目国家基金委优秀青年基金的资助、1 人入选江苏省"333"工程第二层次培养对象；副教授 3 人，均获得国家自然科学基金项目资助。该学科点主持或承担完成国家及省部级项目 50 余项，各类横向项目 20 余项，经费超过 3 000 万。

3. 培养过程与培养方式

（1）培养过程。由于环境地理学的学科交叉性质和复合型人才培养目标，研究生培养过程主要包括基础理论学习、学术活动和实践环节三个方面。

第一，基础理论学习。设置了多学科交叉的课程，包括环境地理学理论与方法、现代环境科学问题、现代地球化学、自然地理学基本问题、景观生态学、湿地生态学、恢复生态学、生态工程原理与应用、环境化学、环境修复技术、土壤微生物、土壤生物地球化学循环、环境规划方法与实践、空间数据分析等。

第二，学术活动。在读期间，研究生应参加不少于 10 场由学校、学院、实验室、学位点组织的高水平学术讲座，参加国内外学术会议 1—2 次。通过这些学术活动熏陶，培养学生对知识与思想创新、技术与方法创新的思考；让学生围绕一个科学问题，学会从交叉学科视角，应用相关基础理论与专业知识，从创新角度认识问题和解决问题的基本思路与方法。

第三，实践环节。根据环境地理学专业交叉学科特点和复合型人才培养目标要求，实践环节培养过程非常重要。包括以下几个方面：

研究生选题：研究生入学前或一年级上半年，导师必须根据学生自身知识基础和技能基础，依托导师承担的项目，确定研究生选题内容和基本研究方案。

研究生实验室技能培养实践：研究生一年级学习期间的主要实践环节是针对研究生复合型人才培养目标，进行技能培养训练。尤其是硕士研究生，必须进入实验室学习土壤、水、植物、微生物等相关实验的测试分析技能，学习地统计学与模型方法、遥感与 GIS技术相关软件使用技能等。通过这些环节，使学生具备基本科研技能。

研究生野外实践：结合自身研究论文选题和课题任务，研究生在一、二年级期间进行野外实地调查实践。实践内容包括植被调查、土壤水文采样、沉积采样，要求学生熟练使用专业采样仪器设备和 GPS 定位，并写调查报告。

研究生文献阅读与开题报告撰写:硕士研究生在二年级、博士研究生在一年级下半年期间,导师通过组织小组讨论会,明确每个学生的选题和开题报告撰写工作。为此,导师需要指导学生如何阅读专业文献,明确开题报告的基本结构与撰写方式,完成开题报告撰写工作。

研究生研究论文撰写:要求研究生在二年级期间,围绕一主题内容,通过查阅文献、实验数据整理、遥感与 GIS 数据制图与分析,撰写 1—2 篇学术论文。其间,导师多次组织讨论交流会,指导学生如何围绕主题内容系统组织与分析数据,同时跟踪学生论文写作进展,指导学生规范性完成研究论文撰写工作。

研究生毕业论文撰写:研究生必须在二、三年级,根据开题报告和小论文训练,明确毕业论文研究内容与方案,于三年级上半年结束前完成毕业论文初稿。三年级下半年始,修改毕业论文细节,规范性完成毕业论文撰写工作,确保毕业论文达到送审要求。

研究生毕业论文答辩:参照学校要求,组织研究生毕业答辩工作。其间,需要指导研究生组织 PPT、预答辩等小组活动,为正式答辩做准备。

(2) 培养方式。第一,导师负责与学科组培养相结合。鉴于环境地理的学科交叉性质,为满足复合型人才培养目标,对硕士研究生和博士研究生实行导师负责与学科组培养相结合的方式。

第二,课程学习与科学研究相结合。复合型研究生培养需要体现在基础理论和研究实践两个层次。在研究生入学之始,导师根据研究需要,帮助学生选取必修课程、选修课程,用以奠定良好的基础理论体系;在此基础上,指导学生进行科学研究的思维方法训练和技术体系训练。尤其要重视学生从多学科交叉视角认识问题的思维创新能力培养,以及多种技术体系融合的技术方法创新。

第三,教育教学与社会实践相结合。要将基础理论体系与科学研究密切结合起来,就需要将教育教学与社会实践相结合。即根据研究需要,培养研究生的基本科研技能。一方面,要求研究生走进实验室,学习基本的水、土、气、生等环境要素测试分析方法,掌握必要的软件操作(遥感与 GIS 相关软件)技术,学习快速阅读和筛选文献技巧,科学论文写作规范等;另一方面,研究生毕业论文选题与导师科研工作紧密结合,要求研究生能够独立进行野外样方、样带、样点布设与调查,实验报告和野外调查报告撰写,开题报告与学术论文撰写等。

4. 培养成效

(1) 高科研成果产出。环境地理学专业自 2005 年招生到 2016 年年底,年招收博士研究生 5—8 名、硕士研究生 10—12 名;学生在核心期刊和 SCI 刊物发表科研论文 400 余篇;相关导师发表论文 300 余篇,其中 SCI 论文超过 200 篇。

(2) 独立承担科研项目。积极申报各类针对研究生的科研实践项目,在具体的科研活动中,进一步锻炼研究生独立发现问题、解决问题的综合科研能力。

(3) 获得各类奖项。获得研究生国家奖学金、研究生校长奖学金、优秀研究生毕业生等研究生类的奖学金及荣誉称号,校级优秀研究生学位论文以及省级优秀研究生学位论文等各级别优秀研究生论文。

(4) 高就业率。环境地理学专业培养的研究生,一方面有复合型人才具备的多学科交叉的理论知识体系；另一方面熟练掌握各环境要素实验室测试分析方法，以及地学的遥感与 GIS 技术方法。毕业生就业面较宽，能满足社会经济发展现实需求。就业部门包括了城乡规划设计院、环境评价公司、环境检测部门、环境保护部门、合资企业与公司、高校和研究所等，毕业生一般从事国土规划、湿地公园规划、城市景观规划、城市绿地规划、环境影响评价、水环境管理、土地利用规划等管理与教学工作等。

（三）科学技术哲学

1. 培养目标

科学技术哲学人才培养的基本定位，在于力求完善科学教育，提高科学素养，培育科学精神，促进学生辩证地认识科学技术本质。通过对科学技术的哲学反思，要求学生从理论和实践两方面把握当代科学技术发展的一般特征，正确理解科技进步和可持续发展的关系以树立正确的自然观，正确认识科学和技术对社会发展的推动作用和消极影响以树立正确的科学观和技术观，正确认识科学、技术与社会的相互作用以塑造自然、社会与人文相互统一、协调发展的文明意识，从而使他们能够理解科技创新及其人文社会意义，摒弃片面的科学工具主义，实现自然、人文和社会关怀的有机统一。

因此，科学技术哲学专业视野下的"复合"，不是简单的两种或两种以上的知识或技能的数量相加，而是在过度专业化的时代有一种复合的能力。它突出和强调的是思维的复合、能力的复合、视野的复合、方法的复合。也就是有举一反三的能力、融会贯通的能力、随机应变的能力，有批判性思维和创造性品格，有强烈的问题意识。如果从这个角度理解复合，那就是加强哲学的教育。通过系统的哲学教育，学生在通才与专才、普遍与特殊、一般与个别、理论与实践、传承与创造、内容与形式之间寻找一种恰当的平衡，最终具备创造性人才必需的三种精神，即普遍的怀疑精神、执着的批判精神和能动的创造精神。

具体而言，该专业的培养目标主要包括：① 拥有较为厚实的专业基础知识。这些专业知识包括哲学基础知识、自然科学发展史和人文历史知识，以及所在研究方向的系统的专门知识，研究生能在导师指导下独立从事科学研究，提出并解决具有理论意义或应用价值的哲学问题，掌握正确的研究方法，养成较强的专业研究兴趣。② 形成宽广的时代视野。研究生能够把握当代科学技术发展的一般趋势，对科学技术的双刃剑效应有清晰的甄别和判断，对当代自然科学技术领域出现的新问题、新方向，如克隆技术、基因编辑技术、军转民技术、大数据现象、复杂性问题等有比较敏锐的把握，并作出适宜的判断。③ 拥有跨学科思考的习惯和素养，求真求实。培养研究生接续近代以来日益分离和断裂的科学与人文知识传统，养成独立思考、不畏权威、拒绝教条、敢说真话的品性和勇气，使他们崇尚科学精神，自觉遵守学术道德，具有严谨的学风和求真务实的态度，具有良好的知识获取、学术鉴别、科学研究、学术创新以及学术交流能力。毕业后可以进入教育领域、科研院所、党政机关以及企事业单位从事科学研究、行政管理、文字书写、文案策划等具体工作。

2. 培养计划

为了实现上述人才培养目标，科学技术哲学学科主要在师资队伍、招生宣传、课程设置、学科融合、国际合作方面做了一系列具体的探索和尝试。

（1）建构一支跨院系、跨学科的师资队伍。南京师范大学首位科学技术哲学学科带头人是张之沧教授,他于 1987 年获得该专业博士学位,也是我国第一个科学技术哲学博士。在他的带领下,该学科汇聚了校内不同院系(公共管理学院、马克思主义学院、地理科学院、商学院、教育科学院等)众多知名教授,他们的专业背景涉及哲学、地质学、教育技术学、地理学、物理学、管理学等众多学科,师资队伍知识结构体现了显著的交叉、复合的特点。

(2) 创建学科研究平台,促进多院系平台之间的合作与交流。这些平台包括"马克思主义生态文明理论与江苏省生态文明实践"校级协同创新中心、"江苏省地理信息资源开发与利用协同创新中心"、"应用伦理学研究所"校级重点研究所等。这些平台涉及不同的院系、学科、专业,为复合型研究生培养提供了很好的渠道和资源。

(3) 加强宣传,吸引不同专业背景的生源。该专业每年录取的学术型硕士研究生的本科专业领域涉及面非常广泛,涵盖金融、会计、园林、思想政治教育、哲学、行政管理、工商管理、日语、英语、化学等众多专业,为复合型人才培养提供了充分的专业训练基础。

(4) 课程设置重点突出课程的教学与训练。该专业的研究生除了完成哲学一级学科所需要的必修课程以外,必须在导师组的指导下制订课程修读计划,修读一些旨在推进复合型人才培养的专门课程,如"科学方法论""后现代主义研究""自然哲学""技术哲学"等,保证哲学基础类课程、科学技术思想史及方法论课程的教学与训练,同时鼓励研究生到其他学院相关专业修读自然科学的各类基础性、方向性课程。复合型人才培养课程的修读不得少于 6 个学分,修读的时间为第 2 至第 3 学期。

而面向全校开设的"自然辩证法"公共政治理论课,主要设置了科学哲学、自然哲学、科学方法论、技术哲学以及科学技术与社会(STS)5 个专题。研究生必须在其中修读 3 个专题,获得 1 个学分。5 个专题的基本定位就是以增强哲学素养、提升理论品格、锤炼思维能力为目标,旨在提高和训练研究生的思维能力、分析问题和解决问题的能力,力求从认识主体和实践主体角度来锻造研究生素质。

(5) 加强与国外一流大学的交流与合作。该专业积极加强与美国密西根大学、德国卡尔斯鲁厄理工大学、英国利兹大学、日本立命馆大学、韩国中央研究院等一流大学的学术交流、科研合作和研究生培养,展开系列互访活动。从 2006 年到 2016 年,邀请国外著名学者来访讲学 60 多场次,其中,受邀开设哲学类课程或讲座的外国哲学家包括美国科学院院士吉伯德、密西根大学著名哲学家雷尔顿、著名道德情感主义者斯洛特、耶鲁大学著名哲学家达沃尔等。同时,积极创造条件让学生出国交流,招收国际学生来院攻读学位。

3. 培养过程

南京师范大学科学技术哲学专业复合型人才培养过程主要包括以下步骤:

(1) 制度规范方面:研究生入学后 2 个月内,由所在学位点负责人主持完成导师和学生的双向选择程序。导师一旦选定,如无特殊情况,原则上不再更改。学生在导师指导下制订个人培养计划,并由导师审查通过后报学院备案、实施。学生要定期向导师汇报思想、学习和科研进展情况,并随时听取导师的指导。学位点积极创造条件,选派优秀研究生在读期间赴国外高水平大学研修。实施硕士生导师指导小组制度。

(2) 课程学习方面:研究生的课程学习侧重研究生自主学习能力、科研能力和实践能力的培养,通过文献研讨、方案设计、研究报告等多种方式对学习情况进行考核。充分发挥经典文献阅读在夯实研究生学科基础知识和基本理论中的作用,每位研究生根据自己的研究方向,从本学科列出的必读经典文献中选择其中若干本精读,并撰写读书报告或研究论文,交由导师评阅,以此考察研究生对本专业基础知识的把握和理解以及批判性地阅读原著和有关评论性文献的能力。不同课程通过案例分析、社会调查、方案设计、研究报告等多种方式对学生的学习情况进行考核,鼓励跨学科选修课程。部分基础学位课和选修课采用国外最新原版教材,并且采用双语教学。

(3) 学位论文方面:① 研究生入学后,在导师的指导下确定研究方向。通过调查研究和查阅大量国内外文献,确定研究课题,并在第三学期期末完成学位论文的开题报告。研究生在开题报告经学位点有关专家参加的论证会上通过课题评议、修改后开始撰写论文。② 论文写作符合国际通行的学术规范,坚守学术道德与学术规范。③ 研究生必须学完全部课程,考试成绩优良,中期考核合格,并完成教学实习、社会调查和社会实践任务,获得规定的学分之后,方能申请论文答辩。

(4) 积极鼓励硕士研究生在读期间在国内外学术期刊上以第一作者身份发表论文,并积极参加学术会议;要求博士研究生以第一作者身份在国内外高质量的学术期刊发表论文 2 篇及以上,方可获取论文答辩资格。

4. 培养成效

(1) 形成了研究特色。第一,合理吸收现代西方科学哲学的思想和观点,分析、比较、综合逻辑主义与历史主义两大科学哲学分支,紧密围绕科学认识论和方法论等基础理论进行研究,重视理论层面的建构和创新,在"科学游戏起源论""科学实在论""第四世界理论""身体认知论""科学异化论""后现代科学""人向自然生成""生态自由""他者与生态伦理"、女性主义科学哲学等领域获得诸多理论性突破,在国内外都产生重要影响。

第二,在研究方法上,合理吸收西方科学哲学精髓,及时捕捉学科的发展状态及演变趋向;关注现代科学技术的运行机制,加强科学技术与生产力关系的研究;关注科学方法论在社会政治经济、文化教育等领域的运用和实践,注重将科学认识的基本原理用于当代的自然科学、社会科学和交叉学科的研究、探索;开拓科学研究的新领域、新视野;使本学科对建立原创性理论和实现重大的技术发明具有重要的指导意义。

第三,重视开展科技政策与管理的基本原理研究;探索高科技发展机制及产业化的途径和模式,以正确认识当代科技发展规律。围绕这些研究领域,在《中国社会科学》《哲学研究》《自然辩证法研究》《自然辩证法通讯》《伦理学研究》等重要刊物发表学术论文 300余篇,在人民出版社、商务印书馆、三联书店等出版学术专著 30 余部,获国家社会科学基金等各类基金项目 20 余项,获得教育部人文社会科学优秀成果奖等各类科研奖项 10 多项,"科学技术哲学原理"等课程及教材也获得江苏省优秀研究生课程及省级精品教材。

(2) 引导、支持和激励了研究生培养。第一,在"自然辩证法"研究生思想政治理论课课堂上,研究生选课踊跃,受益匪浅。来自不同专业、不同学科的研究生,在这个课堂上充分地感受到哲学思维的高瞻远瞩,拓宽了视野,提升了境界,激发了创造的欲望和求知的动力。

第二,科学技术哲学学术型研究生获取知识的能力、科学研究的能力、社会实践的能力、融会贯通的能力、学术交流的能力得到普遍的提高。

（3）取得了很好的培养质量。到 2016 年年底,该专业已培养硕士研究生 80 余人,相关导师培养博士生 20 余人。硕士生中,继续攻读博士学位的有 10 多人,毕业生就业广泛分布在党政机关、企事业单位,从事教育、金融、管理、文宣、培训工作,他们在学习过程中培养的获取知识能力、科学研究能力、社会实践能力、学术交流能力以及宽阔的视野、批判性思维、创造性品格,在各自的工作岗位上得到了很好的发挥。

二、专业的复合培养研究生复合型人才

（一）神经认知语言学

1. 培养目标

南京师范大学外国语学院神经认知语言学方向研究生的培养目标是:培养具有娴熟的中/英双语表达能力、宽广的国际视野、良好的专业基础、较高的人文素养以及掌握神经认知科学研究方法及应用能力的复合型高级人才。该类型的人才培养具有以下 5 个特点:① 国际化,具备娴熟运用英语进行跨文化交际的能力和宽广的国际视野;② 厚基础,具备较为深厚的语言学基础,对英汉等语言在语音、音系、形态、句法、语义以及语用各个层面上的结构与功能有着深入的了解;③ 跨学科,对大脑的结构以及功能有着一定的了解,对语言、心理以及大脑之间的关系有着相当的了解,熟练掌握心理语言学的实验设计,能够使用眼动仪、脑电仪甚至 fMRI 等仪器从事母语和二语的认知加工研究;④ 高素质,本方向的毕业生应秉承人文理念,崇尚科学精神,自觉遵守学术道德,具有严谨的学风和求真务实的态度,具有良好的知识获取、学术鉴别、科学研究、学术创新以及学术交流能力;⑤ 高层次,毕业后可以进入高等学校、科研院所以及医疗服务机构从事英语教学与研究、语言障碍诊断、康复与治疗工作,为医学、心理学等领域提供高质量的语言服务等方面的工作。

2. 导师队伍建设

为了实现上述人才培养目标,南京师范大学外国语学院根据自身特点,在充分发挥传统语言学学科优势的基础上,通过人才引进、跨院系以及跨机构合作,努力打造合格的师资队伍与有效的培养平台。

（1）在"十一五"规划（2006—2010 年)期间成功引进了具有医学背景的从事神经语言学研究的教授 1 名,本科为英语专业、硕博士为实验心理学方向的青年学者 1 名,教育背景为语言学但后期选择从事神经认知研究的教授 1 名,"十二五"规划（2011—2015 年)期间又成功引进从事神经认知语言学研究的青年学者 1 名,特聘教授、国内神经认知语言学领域的知名学者 1 名,另外还创造条件让 1 名具有潜力的青年教师到德国科隆大学攻读神经语言学方向的博士学位。

（2）积极加入学校"211 工程"三期重点学科建设项目"语言科技创新及工作平台建设",利用该平台与文学院、国际文化教育学院、计算机科学与技术学院以及心理学院进行跨院系合作,联合培养神经认知语言学复合型人才;通过联合申报课题、课程共享、实验室共享以及建立联合培养导师组等方式,将复合型人才培养落到实处。

（3）与中国人民解放军南京军区南京总医院医学影像科建立了人才联合培养机制,

让研究生参与脑神经科学临床诊断、治疗等环节,努力拓宽复合型人才培养的资源及手段。在国际合作方面,聘请国际认知语言学会前主席、德国汉堡大学认知语言学教授克劳斯-乌维·潘瑟为特聘教授全职参与本方向的人才培养;聘请英国伦敦米德塞斯大学、现任国际符号学协会主席(2014—2019)保罗·科布利教授,担任南京师范大学鸿国讲座教授;还聘请美国马里兰大学蒋楠博士作为"张士一讲座教授",定期回国开展"二语习得与神经认知机制"系列讲座以及实验指导,并且接受本方向的研究生赴马里兰大学进行联合培养。

3. 培养计划

复合型人才培养除了具备一支合格的师资队伍、必要的智力、制度以及硬件支持以外,还要有一批适合进行复合型培养的学习者。因此,该方向打破以往只接受外语毕业生的限制,鼓励来自医学、生物、计算机科学以及心理学等领域并具有扎实英语功底的考生报考;鼓励外国语学院的相关教师积极参与其他学院或者机构的联合培养导师小组。另外,为了确保人才培养的双向国际化,除了聘请国际知名教授参与培养、创造条件让学生出国交流以外,还招收国际学生来学院攻读学位。

在课程设置以及修读要求方面,神经认知语言学方向的研究生除了完成外国语言文学一级学科以及外国语言学及应用语言学学科方向所需要的必修课程以外,必须根据自己的研究需要,在导师组的指导下制订课程修读计划,在学院修读以下旨在推进复合型人才培养的专门课程:"神经认知语言学""二语习得""认知语言学""心理语言学研究方法""心理语言学研究专题";在心理学院选修"认知神经科学""基础神经生物学""脑电事件相关电位基础与实验设计""脑生理与心理""高级心理学统计与测量""心理学实验技术"以及"当代神经科学研究进展"等方向性课程。复合型人才培养课程的修读不得少于6个学分,修读的时间为第1至第4学期。

本方向的硕士研究生的学习年限一般为3年,最长不超过5年。根据学校相关文件要求,优秀研究生提前完成课程学习和学位论文者,可申请提前答辩和提前毕业,特别优秀者直接免试进入博士阶段的学习;博士研究生的学习年限一般为3年,博士生如有特殊原因需要延长学习年限,由博士生本人提出申请,经导师同意,外国语学院和研究生院批准,方可适当延长,最长(含休学等中断学习的时间)不超过7年。

4. 培养过程

南京师范大学神经认知语言学复合型人才培养的过程主要包括以下步骤:

(1)定期向导师汇报思想、学习和科研进展情况,并随时听取导师的指导。研究生入学后2个月内,应在导师指导下制订个人培养计划,并由导师审查通过后报学院备案。应按照制订的计划,按时完成各个阶段的课程学习和学位论文工作。

(2)课程学习注重研究生的自主学习能力、科研能力和实践能力的培养,通过文献研讨、方案设计、研究报告、实验操作等多种方式对学习情况进行考核;积极创造条件,选派优秀研究生在读期间赴国外高水平大学研修。

(3)充分发挥经典文献阅读在夯实研究生学科基础知识和基本理论中的作用,列出研究生的必读文献,并在确定研究生录取名单后尽早将文献目录发给拟录取的研究生,提出阅读和考核要求。

（4）研究生在广泛阅读和了解本学科发展动态的基础上，与实际项目、课题或需解决的问题相结合，在导师的指导下确定研究课题，进行开题，开题时间在第三学期。中期考核与学位论文开题报告合并执行，中期考核以及开题报告通过以后，方可进入论文写作阶段。

（5）论文工作环节侧重于对研究生进行系统、全面、严谨的科研训练，培养研究生综合运用所学知识发现问题、分析问题和解决问题的能力。

（6）为了给本方向研究生培养提供有效的保障，外国语学院依托江苏高校哲学社会科学重点研究基地，建设了 100 平方米的实验室，用于神经认知语言学研究及人才培养；投入 150 万元建立的语言认知实验室已成为对国内外学界开放的国际标准化实验室，目前实验室与美国、法国、加拿大、中国香港等国和地区的一流高校或研究机构建立稳定合作关系；研究团队在 SSCI/SCI 国际学术榜期刊发表研究性论文近 20 篇，获得国家社科基金重点及一般项目 5 项，国家自然科学基金项目 2 项。此外，本方向研究生还可以进入心理学院或者联合培养单位的实验室进行课题研究；在实验研究方面，本方向的研究生需要将实验项目与学位论文课题有效结合，在导师组的指导下制定实验方案并提交实验室学术委员会进行科学性以及合伦理性审核，通过后向实验室主任提出申请，方可开展实验。

（7）要求研究生在读期间努力在国内外学术期刊上发表学术论文（"南京师范大学"为第一署名单位），并积极参加学术会议；鼓励硕士研究生以第一作者身份在国内外学术期刊发表论文，要求博士研究生以第一作者身份在国内外高质量的学术期刊发表论文 3 篇，或者在国内权威期刊或国际学术榜期刊发表论文 2 篇。

5. 培养成效

南京师范大学外国语学院神经认知语言学方向到 2016 年年底已经培养硕士研究生 39 名，博士研究生 8 人。硕士生当中，进入博士阶段学习的有 10 人，进入高等学校以及中等学校从事语言教学的有 20 人，其余 9 人进入企事业单位从事科研、编辑出版以及语言服务工作。博士均进入高等院校任专任教师（其中有 3 位进入 985 高校），继续从事本专业教学以及研究工作。硕士生中有 2 人在读期间在国际期刊发表研究论文，博士生发表 CSSCI、SCI、SSCI 以及 A&HCI 论文 20 余篇。其中，1 名博士生毕业留校以来发表 SSCI 和 CSSCI 收录论文 12 篇，由于其突出的科研贡献，于 2016 年入选南京师范大学百名青年领军人才培养计划；1 名博士毕业生的学位论文《二语词汇加工中的一语自动激活：来自中国英语学习者的证据》获得江苏省优秀博士论文。3 名博士生在读期间获得"江苏省高校外语专业研究生学术论坛"一等奖，3 名硕士生获得"江苏省高校外语专业研究生学术论坛"二等奖。

本方向的"外语研究生国际化培养体系的创新与实践研究（20146914）"项目获得 2014 年教育部教学成果二等奖，也是当年江苏省获得的唯一"研究生"的教育奖项。

（二）语言科技

1. 培养目标

社会的发展促进了语言信息处理和计算语言学的快速发展。南京师范大学于 2001 年 4 月成立了语言科技研究所，整合全校相关专业的研究资源，打造一支多学科交叉的、文理结合的教学科研团队，实现培养复合型人才的培养目标：立足当代语言科技领域，放眼未来相关科技前沿,以语言学与相关学科相结合为导向,培养有利于促进 21 世纪科技进步和社会发展的复合型创新人才。

2. 培养方案

在语言信息科技研究中心的平台之下,根据专业本身的内涵以及社会对研究生复合型人才的需求,本方向开设了集语言学、计算机科学、数学于一体的硕士研究生培养课程。

表 8-6　语言科技方向研究生复合型人才培养主要课程设置

基础学位课	算法设计与分析
	工科数学
	随机数据分析
专业学位课	数据库与数据挖掘
	模式识别 2
	计算机网络体系结构
	人工智能
必修环节	文献综述与开题报告
	实践环节
方向选修课	文献选读
	机器学习
	自然语言处理
	统计语言模型
	并行程序设计
	数据库与数据挖掘

3. 培养过程

自然语言处理方向的研究生培养需要学习数学类课程(工科数学和随机数值分析)、计算机类课程(算法设计与分析、人工智能、数据库与数据挖掘)、语言信息处理课程(自然语言处理、统计语言模型)。因此,培养的研究生同时具备了较扎实的数学基础、较强的计算机基础理论,以及比较深入的语言学和自然语言处理的专门知识,实现了研究生复合型人才培养的知识复合。

在教学的过程中,根据计算机应用技术研究生来自理工科学生的特点,在自然语言处理课程的教学过程中,有针对性地介绍汉语的语法、语义知识,使研究生的知识结构更加合理:不仅学习从计算机的视角研究语言信息处理,也学习从语言学的视角分析文本处理所需要的语言学知识。

在自然语言处理课程教学的过程中,研究生必须学习现有语料库的标注体系及标注规范,如北京大学的词语切分和词性标注规范、宾州树库的标注体系等。通过学习,研究生能够熟练运用这些规范来进行语言信息处理的研究。

研究生的学习以独立学习为主。研究生在导师的指导下充分发挥积极性、主动性,认真阅读指定的必读书目、文献,认真阅读自己研究范围内的相关资料,发展创造性思维,做出符合要求的研究成果。导师主要启发研究生深入思考与正确判断,以培养研究生独立分析问题和解决问题的能力。导师在为研究生选定阅读文献时,不仅提供一份关于计算机技术的文献阅读清单,还同时提供一份语言学相关的阅读书目。通过这种方式,夯实研究生在计算机和语言学两方面的基础,增强了他们今后从事研究的能力。

自然语言处理方向具有鲜明的工程应用背景和实践动手能力的要求,研究生应具备良好的动手能力,能熟练地掌握计算机和实验测试技术,并能独立完成计算机软硬件系统的设计、开发和实验测试技术,初步具有独立从事相关科学研究和工程设计的能力,同时具备良好的团队协作能力。为了培养研究生的实践创新能力,过程中依托语言信息科技研究中心,协同文学院计算语言学专家,共同为研究生的学术研究和科学实践选题。所选题目主要来自导师主持的国家自然科学基金项目或者国家社科基金项目,或者国际上研究的热点课题。

4. 培养成效

通过多年的实践和探索,语言科技方向培养了一批国家急需的语言科技人才。至2016年年底,自然语言处理专业的研究生就业率一直是100%,4名研究生在2012年中国计算机学会中文信息技术专业委员会举办的"中文微博情感分析 & 词汇语义关系抽取评测"中取得同义关系抽取评测第一名的好成绩。

三、研究方向的复合培养研究生复合型人才

(一)生物化学方向

1. 培养目标

生物化学利用生物的方法完成原本只能通过化学才能完成的实验,不仅会给生物医学带来新的变革,同时也会给生命科学的其他相关学科,如医药、农业、环境,带来新的发展机遇。当今社会对化学与生物学复合型人才的需求日益增加,而且明确要求相关领域的创新性人才必须具有交叉复合的知识结构与技能、强烈的创新意识、良好的科研素质和能力。因此,生物化学培养复合型人才的目标就是要培养富有科学精神和全面的人文社会科学素养,具有广博而坚实的自然科学基础知识和理论,具有坚实的化学基础,较系统地掌握生命科学与生物技术的基本理论、基本知识和基本技能,受到现代生物学与高新技术基础研究和开发应用研究的初步训练,具有创新精神和创业能力,能从事生物学与相关交叉学科领域的科研和教学工作的拔尖人才。这也是培养该领域研究生的根本目的,让其成为具有在学科前沿独立开展理论探索或应用研究领域解决实际问题的高级人才。相关人才崇尚科学精神,具备批判性思考的能力、扎实的实验和分析技能及解决理论或技术问题的能力,同时掌握一定的与本学科相关的知识产权、研究伦理等方面的基本知识;对从事的研究方向及相关学科有扎实的基础知识体系,对学科发展进程具有敏锐的感知力,并理解这些体系的核心概念;对自己所研究领域的历史与现状有全面系统的掌握。熟悉特定生物学与化学的文献,随时掌握其主要进展;有能力获得在该学科特定领域开展探索性研究所需要的背景知识和基本技能,能够在社会的不同领域的教学、研究和应用开发部门独立承担开拓性的工作。

2. 培养方案

根据培养目标的要求,按照"以人为本,因材施教"的原则,构建以个性化学习为主导的人才培养模式,充分发挥研究生学习的主动性,进一步提高人才培养的质量。制定和完善培养方案,注重两个一级学科知识体系的交叉与融合,构建新的课程体系以实现上述"化学生物学"复合型人才培养目标,保证预期的培养规格和质量。以特色鲜明的人才培养目标为导向,依托南京师范大学化学与材料科学学院和生命科学学院的学科优势资源,精心制定和不断完善化学、生物学复合型人才培养方案。构建了一整套建立在化学和生物学两个一级学科平台上的、富含自身特色的理论与实验教学课程体系以及学生创新意识、专业实验技能和科研基本能力的综合训练平台。除学校公共的通识课程外,以分子科学和微观生物学为主线设置主干课程,即学科基础课程(高级生物化学、生化专题讨论、分子生物学、分子免疫学、生物学研究方法等主干课程构成)、选修课程(化学和生物学相关选修课程组成)以及实验技能与科研训练课程(化学和生物学的基础实验课程),以精品课为中心带动专业知识的优化与整合,着重培养研究生扎实的专业知识基础与创新实践能力,调整必修课与选修课的比例,设置大量的专业选修课程。为了减轻研究生课业负担从而增加其在实验室从事科研工作的时间,研究生可以根据个人兴趣、研究方向或在导师指导下自主选择课程学习,并弹性安排上课时间,深入学习专业知识,培养自主搭建知识结构的能力。

3. 培养过程

在人才培养方案实施过程中,该方向一方面深刻认识到加强化学与生物学师资队伍建设,打造高水平的教学团队是该复合型人才培养质量的根本保障。引进一批获得教育部新世纪优秀人才、中组部青年千人计划项目等且具有交叉学科知识结构的高素质、高层次、复合型的人才,创造条件鼓励年轻教师到国外高校进行交流与访学,鼓励教师积极参加国内外各种学术活动进行多学科交叉学习,对自己的现有知识进行不断更新,使之拥有交叉型知识结构和复合型教育理念,开阔视野,提升业务水平。

另一方面,在课程教学中积极探索研究型教学改革,加强双语教学课程的建设和实践,加强实践教学环节,实行"产、学、研"结合,让学生到相关项目合作企业实训,将自己的研究成果通过中试转化为产品。增加综合性探索性实验,减少验证性实验,依靠"国家动物学重点学科""江苏省优势学科——生物学"以及各个省重点实验室经费的大力支持,为培养学生的动手能力、增强实验技能创造良好的条件。

4. 培养成效

经过近几年的探索与实践,生物化学在研究生复合型人才培养方面取得了一定的研究应用效果和人才培养效益。

(1)由国家留学基金委资助,7名博士研究生前往美国贝勒医学院、俄亥俄州立大学、田纳西大学,日本京都大学进行学习交流,通过一个全新的环境和氛围培养研究生的独立性,拓宽其国际视野,习得多元化的知识。同时吸收来自美国、孟加拉国、印度等国的进修生来学院访学,促进国际交流与合作。

(2)通过学科交叉,拓展了研究生的研究面。多名研究生在导师的指导下取得了较好的科研成果,在 Diabetes(IF=8.095)、J. Pathology(IF=7.429)、Bioresource Technology(IF=5.039)等国际著名刊物上发表多篇高水平科研论文,多人获得江苏省优秀学位论文、研究生国家奖学金。部分博士研究生已能在导师的协助下较为独立地开展相关省级科研项目的研究。研究生与导师联合开发的专利也有一部分寻得合作企业转化为生产力。

（3）复合型人才的培养促进了学院毕业生就业面的极大拓宽。毕业生一部分进入南京大学、复旦大学上海医学院、中国科学院南京土壤研究所、密歇根大学、帝国理工学院等国内外高等院校进行深造，一部分因为具有良好的创新意识和科研能力从而进入南京军区南京总医院、江苏省中医药研究院、江苏省产品质量监督检验研究院、南京大学医学院、扬州大学等高校或科研院所任职，在相应的工作岗位上发挥了积极的作用。复合型人才培养不仅打破了研究生物无出路的尴尬局面，还帮助研究生毕业后在科研界开拓出一番属于自己的新天地。

（二）3D 打印方向

1. 培养目标

3D 打印方向依托南京师范大学综合性大学的人才、学科、科研、教学等优势，构建了跨学院跨学科的 3D 打印方向复合型人才培养体系，并通过产学研紧密结合，将 3D 打印前沿性科研成果及时转化为复合型人才培养的新资源。

2. 培养计划

（1）制订研究生培养计划。综合体现 3D 打印领域的基础理论性、工程应用性和可持续发展性，逐渐完善并丰富研究生的课程教学、课程建设与改革思路；培养方案主要围绕 3D 打印基础理论、关键技术、成型装备及应用，使研究生能够将三维打印技术与自身的科研方向相结合，在掌握了三维打印基本理论基础上，能够将自身专业方向与实验室科研、企业产品开发围绕三维打印领域进行有机结合，在新产品设计与开发过程中引入三维打印技术，适应现代制造技术发展的新方向以及企业的实际需求。

（2）构建人才培养的支撑体系。构建完善的科研平台和学科团队，为培养跨学科的 3D 打印方向研究生提供支撑；协同地方政府和行业骨干企业，建设先进的 3D 打印科普基地、省级研究生工作站、应用产业创新中心、中试基地等研究生教学与科研的实践平台，积极探索与实践研究生专业课程的"产"（与高科技企业合作）、"学"（实际工程案例教学）、"研"（将科研成果融入课程内容）的创新教改建设模式，构建了由学校教授、企业科研人员和管理人员相结合的课程建设团队。

（3）建设复合型人才培养的资源。推进 3D 打印方向的系列课程、教材与实验项目的一体化建设，为研究生的学习提供充足的课内外指导资源，逐步形成完善的课程体系；着力培养研究生自主研究性学习习惯，开发研究生的创新思维，强化建立理论联系实际的工程系统概念，其有效"抓手"就是开展以工程应用案例为核心的教学内容改革，并通过开放 3D 打印重点实验室和协同创新中心等科研机构，鼓励研究生积极开展"第一课堂与第二课堂"有机结合的多样化创新实践活动。

3. 培养过程

3D 打印是一门综合性和交叉性的前沿性复合型高新技术，涉及机械、电子、自动化、计算机、光学、材料、艺术、医学等多学科和多领域。把 3D 打印引入研究生课程及课题研究，是南京师范大学相关学科及方向在研究生教育方面的创新举措，体现教师将最新科研成果及时转化为复合型人才培养的产学研紧密结合的建设思路。

（1）建设国内领先的 3D 打印科研平台、科普基地、中试基地等基础设施，逐步建成国内一流的 3D 打印人才培养基地，为 3D 打印方向研究生培养提供良好硬件支撑。

在国家、地方和学校的支持下，先后投入 3 000 多万元，建成了国内领先水平的江苏省三维打印装备与制造重点实验室、南京市三维打印应用产业创新中心，配置了行业先进水平的各类 3D 打印软件、设备及研发设施，先后建成了三维打印基础理论与技术研究室、三维打印控制与工艺研究室、三维打印成型设备与装备研究室、三维打印成型材料研究室等 4 个专业研究室，以及自研了三维打印建模设计实验平台、三维打印结构光快速数据扫描实验平台、数字化微滴喷射控制实验平台、智能化运动控制实验平台、综合三维打印成型实验平台、彩色三维物体成型实验平台、基于压电微滴喷射的生物材料零件成型实验平台等众多专业性研究平台。

通过与 3D 打印行业骨干企业合作，共建多个企业研究生工作站，以及科研成果孵化基地和中试基地，每年接收数十位研究生进行 3D 打印基础培训、创新实践和课题研究，并由企业选派经验丰富的科研人员和管理人员对研究生进行针对性指导。这些先进的基础设施的建设，为培养多学科交叉的高水平研究生提供了良好的科研平台。

（2）建立跨学院跨学科的 3D 打印创新团队，编写及出版系列教材和专著，开设多学科交叉的系统性课程，为 3D 打印方向研究生培养提供智力资源支撑。

为适应复合型人才培养和多学科交叉科研的需求，学校批准成立并资助经费 500 余万元建设了三维打印协同创新中心，分别由来自多个学院的机械、电子、自动化、计算机、材料等多个学科的教师组成 30 余人的 3D 打印创新团队，该团队成员 80% 具有博士学位，其中 8 名教授、11 名副教授，平均年龄 37 岁。

3D 打印创新团队已编写并出版 3D 打印系列教材 6 部、专著 2 部，基本涵盖了研究生培养阶段所需开设的各类课程内容。这些教材及所开设的课程将主讲教师及三维打印领域前沿性的许多研究性成果以及企业、科研院所的实际经验融入教学，不仅关注于基础知识的教学，更注意培养研究生在学习过程中的研究精神和探索精神，及时更新 3D 打印科研成果发展动态，促进研究生主动地获取知识、应用知识。

为拓宽研究生的学术视野，创新团队每年邀请 10 余位 3D 打印领域的权威专家为研究生做各类专题报告或讲座，对于丰富课程教学内容，拓宽研究生创新思维，使研究生及时了解前沿动态、接收不同科研理念等方面，都有着积极的意义。

（3）研究生教学过程中注重 3D 打印具体工程案例教学模式，突出 3D 打印基础理论与工程实践的具体联系；使用前沿教学模式，突出研讨式教学方法。

在教学过程中，对一些和工程应用联系紧密的内容采用案例教学模式。如在讲授生物打印部分时，三维打印在医学工程领域应用的内容及具体应用案例和数据就由南京市鼓楼医院所提供。通过与医院影像科合作，让研究生能结合医学三维重构软件 MIMICS，对部分胸腔及内部组织的 CT 扫描数据进行三维实体重构，并利用 3D 打印中的熔丝沉积工艺进行快速成型，再以快速成型件为母体进行快速硅橡胶模的开发。这种典型案例的讲解与实例演示，有利于研究生更直观、深刻地理解从扫描到建模再到成型的一系列快速成型操作过程。

创新团队注重将课题组的最新研究成果融入课堂教学中，将研究中遇到的问题、解决方案与研究生一起考虑、分析、比较、尝试和总结。如在讲授异质材料零件成型方法时,教学内容和资料等均来自团队在各类国际期刊发表的相关科研论文。借助这种方式,研究生能够将三维打印技术领域新进展、前沿研究课题与基础知识进行有机结合,为未来更好地从事工程领域科研或工程实践等工作打好基础。

4. 培养成效

"3D 打印方向"充分实践基于"产、学、研"一体化的多学科交叉创新与改革思想,在研究生培养方面的工作成效简述如下:

(1) 科研产出成效。"3D 打印方向"团队近 5 年共承担 3D 打印领域的各类国家级和省部级科研项目 20 余项,科研总经费超过 5 000 万元;研究生全部参与到科学研究过程中,培养的研究生共发表 SCI 论文 10 余篇,权威期刊论文 20 余篇,申请发明专利 20 余项和实用新型专利 30 余项。

(2)教学产出成效。结合科研成果和教学实践,出版著作及教材 8 部,其中专著 1 部——《三维打印设计与制造》(科学出版社,2013),科普教材 1 部——《3D 打印——面向未来的制造技术》(化学工业出版社,2014),系列教材 6 部(南京师范大学出版社,2016);制作了系统化教学课件及微视频,并开发了与实践教学配套的网络化实验系统,实现了3D 打印实验教学的数字化和网络化,提高了师生教与学的积极性与效率。

(3)成果转化成效。以研究生工作站为载体,研究生深度参与到合作单位的科研与产品开发过程中,并积极开展与企业技术研究合作与成果转化工作;相继合作研发了各类三维打印系统 6 套,包括彩色三维打印设备、数字微喷光固化三维打印设备、数字微喷黏结型金属粉末三维打印设备、生物打印设备等创新型产品,先后投产 4 款产品,参与制定企业标准 3 项。

第三节　南京师范大学研究生复合型人才培养机制与特点

南京师范大学研究生教育不断深化,内涵建设成效逐渐显现,研究生复合型人才培养机制进一步完善。

一、研究生复合型人才培养机制

(一) 生源质量保障机制

经过探索、试行和总结,不断推陈出新,南京师范大学于 2016 年 7 月制定了《南京师范大学硕士研究生招生办法》(宁师大〔2016〕41 号)、《南京师范大学博士研究生招生办法》(宁师大〔2016〕42 号),激励培养学院改革创新、优化资源配置,发挥学院、导师自主权,鼓励学院开放思想、不拘一格选拔优秀人才,有力地促进了复合型人才培养高质量生源的选拔。

(二) 教学质量保障机制

制定颁布了《南京师范大学关于学术型研究生培养方案修订工作的指导意见》《南京师范大学关于专业学位研究生培养方案修订工作的指导意见》,适应复合型人才培养的需求,依据特点科学制定研究生培养目标和内容,合理建构课程体系,设计培养方式与培养过程。正确处理课程教学与科学研究之间,研究生共性培养与个性发展之间,导师指导与研究生自主学习、自由探索之间的关系。鼓励导师或导师组指导研究生制订个人培养计划。实施分层分类培养与开放合作培养,使博士研究生国际化培养成为必须。注重对研究生进行一级学科内或类别层面系统性科研训练并与通识教育相结合,改变以往学科方向内因人授课的培养方案,实行弹性修业年限。

建立研究生课程体系动态调整优化改进机制。根据不同学科的特点,考虑到当代社会的快速发展对复合型人才可持续发展的特殊需求,实行培养方案课程适时动态调整优化改进机制,不断完善课程的开设;针对不同的研究生课程,采用多元的评价方法,加强课程质量管理。

(三)学位论文质量保障机制

1. 完善研究生中期考核与分流

加强研究生开题报告、中期考核和论文答辩等重点培养过程环节的监控和管理,全面考察研究生的知识复合性、能力复合性和思维复合性。对研究生尤其是博士生实行严格的中期考核,逐步理顺分流问题,疏通分流去向,加大分流力度,实行研究生学习时限终结制。

2. 实施质量提升计划

从 2003 年起,江苏省教育厅、江苏省学位办开展了"研究生培养创新工程项目",10 多年来,南京师范大学积极贯彻落实相关文件精神,通过多渠道筹集经费,调动各方资源用于研究生教育创新计划项目的实施,提高项目的实施水平和效益。除此之外,南京师范大学全面落实面向博士一年级的学术新人培育计划、二年级的博士优秀选题资助计划、三年级的优秀博士学位论文培育计划,构建三个年级全覆盖的博士拔尖人才培养培育体系,为研究生科研创新创造条件、提供平台。组织开展博士学术论坛、学术沙龙等,加大对研究生科研创新活动的支持力度,积极营造鼓励研究生关注学术、投身科研、勇于创新、追求卓越成果的科研氛围和环境。经过多年的努力和探索,学校的研究生创新项目管理水平不断提高,内涵不断丰富,成效日益显著,为高层次研究生复合型人才培养奠定了良好基础。

(四)管理体系机制

南京师范大学多年来在研究生校园学术、文化环境管理上,经过不断的探索、改进和完善,注重研究生德、智、体、美、劳的全面发展,逐渐形成了以校研究生会管理为基点、以校研究生会和院研究生会联动为动力、以健全学校学术软环境为保障的特色管理制度。

1. 明晰校级研究生会和社团管理制度及两者关系

南京师范大学研究生会成立于 1982 年,是中华全国学生联合会团体会员,是江苏省学生联合会主席团单位,是南京师范大学全体在校研究生"自我教育、自我管理、自我服务"的群众性自治组织,是联系学校与广大研究生、研究生与社会以及各学院研究生的桥梁,其宗旨是全心全意为广大研究生服务。

研究生会在南京师范大学研究生复合型人才培养的过程中发挥了至关重要的作用。首先,校研究生会积极配合学校复合型人才培养总体工作规划的实施,结合学校研究生的学习、生活特点,积极加强与其他高校研究生会及校内学院研究生分会的协作与互利,整合各级资源,努力促进全方位多层次的沟通、交流与合作;丰富和活跃研究生的科技、学术、文化生活；强化研究生的学术意识，提高其学术修养和科研能力；同时针对部分研究生动脑多、动手少的现状，策划和组织各种校园文化活动，搭建各种平台，为研究生提高自身综合素养提供支持和平台。其次，规范内部管理，制定有效的招聘、培训、指导和考核等环节，定期开展内部交流和素拓活动，打破研究生各学科之间的壁垒，通过社团组织，发挥不同学科研究生的优势，形成学科交叉、技能交叉、优势交叉的复合型人才沟通交流平台，并以此打造研究生群体的自我管理、自我服务的培养机制。最后，明晰研究生会和社团的关系，权责分明，互通有无。校级研究生会承担一般性管理事务，义务向各级社团活动的开展提供服务；校级社团遵守各项校园活动管理规定，按照管理办法及时与校研究生会保持沟通；对于合作承办的校园文化活动，两方确定职责范围并相互帮扶。所有制度的设计导向均是学校作为教育管理的一方，真正有效地为研究生提供综合素养，包括有效的领导能力培养、高尚的道德品质以及社会适应能力等学习和交流平台。

2. 建立通畅的校院研究生会联动机制

南京师范大学研究生会通过主席团联席会议制度不断强化与各学院研究生会的联系与沟通，保证校研究生会与院研究生会各项校园文化活动的协调、联动和互补。校研究生会是全校各院研究生会开展活动的领导团体，是联系各院研究生会的重要纽带，通过主席联席会议制度统筹各学院研究生会的工作，以便更好地资源共享、信息共享、互通有无，培养自身和各学院研究生干部的组织管理、团队合作等技能。

3. 校级学术软环境制度配套不断跟进

学术科研始终是南京师范大学研究生复合型人才培养方案中最重要的环节，多年来，学校注重研究生品牌性校级学术活动的传承和发展，通过整合校院资源，以精品学术活动为载体，加强有利于研究生成长的学术软环境建设。

目前，学校建立有学校统筹、各学院自主申报和联合申报的校园学术品牌活动制度，学校实施重点资助和一般资助的激励措施，如由党委研究生工作部牵头、各学院联合承办的"我的学术之路"年度系列活动。此活动打破了学科界限，促进学术交流，拓宽学术视野，营造学术氛围，着力提高研究生的综合性科学素养，进一步加强科学道德教育，推动优良学风建设。如力邀名家大师进校园，推动和繁荣校园科技文化，举办研究生科技文化月活动，通过申报和评比等制度推动各学院学术科技类活动的开展。

学校建立了校级活动申报、评审、奖励和互相补充协调机制。每个学期，各学院根据学科特点和学业发展要求，可以独立或者联合申报项目，学校指导各学院按照复合型人才培养的目标，在活动内容改进、学院协调、资金和人员方面给予支持，从而带动各学院的学术交流和互动，培养研究生复合型人才多学科交叉融合学习的意识和技能。

学校不断完善研究生暑期社会实践管理制度，建立了申报、筛选、指导、评比和奖励五方面的研究生暑期社会实践指导机制，鼓励研究生利用暑期时间走出校园，走进社会，强化研究生理论联系实践的能力和组织沟通协调等方面的技能。

二、研究生复合型人才培养的特点

（一）生源选拔注重复合型人才培养的基础

对于复合型人才的培养，基础与过程同样重要。南京师范大学对于研究生复合型人才的培养,在生源选拔阶段即高度关注跨门类、跨专业生源的招生,从研究生教育的入口即为研究生复合型人才的培养提供基础。同时,在探索与实践的过程中,不断改革、推进,形成相关的文件与制度,使复合型人才培养的生源选拔规范化、长效化。

(二) 培养过程注重复合型人才培养形式的多元化

南京师范大学研究生复合型人才的培养,依托学院、学科、导师/导师组,使其各尽其能、各展其长,培养过程中采用了复合的专业培养研究生复合型人才、专业的复合培养研究生复合型人才以及研究方向的复合培养研究生复合型人才等形式,在知识复合、能力复合以及思维复合方面,充分利用学校的课程资源以及全校课程通修通选平台、实践平台和科研平台、教育管理资源、校内网资源等,全方位、多元化地培养研究生复合型人才。

(三) 培养途径注重复合型人才培养能力复合的需要

南京师范大学研究生复合型人才的培养,从培养方案修订的立足点与重点,课程设置,培养计划的制订,全校范围的方法类课程建设,校内外平台的建设,海内外协同育人模式的探索与实践,研究生教育国际化进程的推进,以及育人软环境的构建与运行,将研究生复合型人才培养从知识的复合,系统、有机地迈入能力复合的平台上,保障了研究生复合型人才培养能力复合的需要。

(四) 条件保障注重复合型人才培养的知识复合、能力复合

南京师范大学为研究生复合型人才培养提供了近乎齐全的学科门类、高水平的师资队伍、众多的课程资源、创新平台、管理制度、经费支持以及社会资源,创造了知识复合、能力复合、思维复合的条件与机会,营造了丰富、多样的研究生复合型人才培养生态环境,有效地保障了南京师范大学研究生复合型人才的培养。

(五) 教育管理注重复合型人才培养的综合能力提升

南京师范大学在研究生复合型人才培养过程中,以"立德树人"为根本,坚持"教书育人、实践育人、管理育人"的宗旨,教育是核心,实践是特色,管理是保证;构建了以研究生成长成才为中心的教育管理机制,营造了优良的学术氛围,搭建了高端开放的实践平台,制定了健全有效的管理制度,以开放、自由、民主和注重实践性为宗旨,形成适宜研究生复合型人才综合能力提升的整体氛围,为研究生复合型人才培养保驾护航。

(六) 人才培养注重改革和整体性

南京师范大学研究生复合型人才的培养不断改革,以教育硕士为例,从四方面,即现有培养的基础上,本着培养"未来教育家"的目标,遴选优质生源,实施本研贯通培养,构建"培养模式+";立足全面提升教育硕士的综合素质和厚博的知识结构,构建"课程结构+";以联合培养基地建设为抓手,全面提升教育硕士"教育教学、教育管理、教育科研"三种能力,构建"实践能力培养+";增加"过程中的表现"评价,创新培养质量评价体系,构建"评价方式+",构建以"培养未来教育家"为目标的教育硕士培养体系。

对策建议篇

DUI CE JIAN YI PIAN

第九章 研究生复合型人才培养的对策建议

第一节 对政府管理部门的建议

政府管理部门作为教育行政工作的管理者,应以教育为本,高屋建瓴,高瞻远瞩,在研究生复合型人才培养过程中,以"调整布局、优化结构、指定政策、宏观调控、加强监督、规范行为"为准则,通过强化政策引导、加大资助力度、健全管理机制、加快信息化建设,推动研究生复合型人才培养的发展。

一、完善研究生复合型人才培养政策

复合型人才培养是当代经济社会发展的新要求,是拔尖创新人才培养的重要内容,对于创新型国家建设起着重要的基础性作用。其作用能否充分发挥,则从根本上取决于是否有与复合型人才培养相适应的好的教育政策,尤其对于我国来说,人才培养的戎效往往离不开相关政策的推动。

政府管理部门是人才培养政策的主要制定者和政策实施的督查者,要通过完善政策,充分发挥政策引导在研究生复合型人才培养中的推动作用。在政策制定中,注重树立复合型人才培养理念,着力从政策层面引导高校营造研究生复合型人才培养氛围,开展研究生复合型人才培养活动。在具体政策实施上,突出适应复合型人才培养要求的课程设置制度建设、学科与学位授权点建设、各类研究生人才项目立项等等。在高校人才培养质量督查中,突出将复合型人才培养的相关要素和要求融入培养质量评价的各个环节中,以推动高校更多地培养适应社会需求的研究生复合型人才。同时,要建立由教育部门、财政部门、科技部门等组成的研究生培养协调组织,围绕研究生复合型人才培养统筹多方资源,共建有利于研究生知识复合、专业复合、能力复合、成果复合的培养平台,强化高校与行业在复合型人才培养上的协同效应。

二、以研究生教育综合改革为牵引,引导高校推进研究生复合型人才培养模式改革

我国已成为研究生教育大国。当前和今后一个时期,如何满足经济社会发展的多样化需求、全面提高研究生教育质量,是研究生教育最核心、最紧迫的任务。研究生教育综合改革的重点在于培养模式的改革。从传统专业性人才向复合型人才培养的转型又是研究生培养模式改革的一个重要任务。政府管理部门在规划实施研究生教育综合改革工作时,要把引导高校推进研究生复合型人才培养模式改革作为一项工作重点。

在规划和部署研究生教育综合改革任务时,要明确研究生复合型人才培养的目标、任务、路径和督查要求,引导高校以社会需要为参照基准,主动适应经济社会发展对研究生

复合型人才培养的需求。具体地说，首先，要引导高校优化学校的专业总体结构，对于增设专业、合并专业，从复合型人才培养要求出发重新定位其培养目标、设计其培养规格、制定其培养方案、选择其培养途径。其次，以问题为导向，以结果评价为手段，引导高校深化研究生复合型人才培养模式改革。

另外，政府管理部门要充分发挥对人才培养质量进行监督的职责，将社会对人才培养结果（毕业生的质量，包括类型与规格，知识、能力、素质结构）反馈给高校，驱动高校及时对专业的培养目标、培养规格进行调整，进而根据培养目标与培养规格，调整专业的培养方案与培养途径，使之更好地适应社会需要，符合经济社会发展对复合型人才的需求。

三、推进高校、校企联盟建设，为高校实施研究生复合型人才培养创造条件

高校联盟是整合人才培养资源，促进科学交流、学科交叉、复合型人才培养的重要举措。通过高校联盟、联合办学，每所高校都有各自的优势学科，将最好的学习资源向其他高校开放，可以满足研究生跨校选课、跨学科选课的需求，不仅可以发挥高校整体优势、提高办学效益、提高教育教学质量，而且非常有利于复合型人才的培养。国内外许多知名高校都进行了此方面的探索，以期培养高素质的复合型人才。比如欧洲已建成"欧洲学分转换系统"，哈佛、耶鲁、麻省理工等高校实行合作办学、学分互认，为学生提供宽口径的培养平台。

校企联盟是高校与行业之间共享科研和人才培养资源、合力培养行业创新人才的重要平台，是促进供需双侧人才链、创新链、产业链深度融合，提升人才、科技供给质量和水平的重要举措。校企联盟可以针对行业企业人才、科技实际需求，有效促进行业拔尖创新人才培养模式改革和科技创新体制机制改革。通过校企联盟，高校与行业共同修订培养方案，共同开发课程，共建实训培训、创新创业教育、创业孵化等各类基地和研发中心。

在校企合作培养研究生方面，要进一步开展省级研究生工作站的管理和质量监督工作，充分发挥研究生工作站对于复合型人才培养的重要作用。研究生工作站必须按照管理办法的要求，明确任务，落实责任，加强建设，规范管理，完善机制，切实办出水平、办出实效、办出特色、办出影响。要明确高校在研究生工作站建设中的责任，鼓励高校深化内涵建设，注重工作创新，不断完善"双导师制"。同时，也要明确企业在研究生工作站建设中的义务和责任，鼓励企业充分利用进站团队的科研优势攻克技术难题，优化企业文化，提升企业的转型升级能力，同时为研究生的培养创造优良条件。要建立省级研究生工作站培养资源共享机制，鼓励、引导、支持不同学科研究生团队共建、进入同一个工作站。科技管理部门在企业发展支持政策上，对研究生工作站在资金、项目上要给予优先支持。在研究生工作站建设质量监督上，要开展绩效评估工作和信息平台建设，加大动态管理力度，组织或委托第三方机构不定期抽查，奖优汰劣。

四、健全研究生复合型人才培养的奖助机制

政府管理部门在由财政资金资助的各类研究生创新创业项目立项中，要突出对复合型人才培养的要求，对于具有复合型人才培养特征的教育创新计划项目优先进行立项。在由政府管理部门组织的优秀研究生学位论文评价中，要在一定程度上体现对研究生复

合型创新能力的要求。由政府管理部门立项资助的各类研究生学术论坛、研究生暑期学校、研究生工作站等,要体现研究生复合型人才培养的目标和标准要求。同时,政府管理部门对高校开展研究生复合型人才培养的过程和成效要进行有效的评比和督查,对于取得很好成效的高校要予以肯定和奖励,对于具有示范性、创新探索性的研究生复合型人才培养改革要及时帮助高校总结经验,加以推广。

五、加快与研究生复合型人才培养要求相适应的教育信息化建设

政府管理部门应制定实施研究生复合型人才培养资源的共享制度,建立区域性研究生培养资源公共信息平台和网络。同时,注重加强研究生复合型人才培养的软硬件设施建设,主要是建立先进的信息系统、通信系统、信息网络、科技成果数据库、专利数据库等,尽可能免费让高校、科研院所和企业使用,促进区域范围内的信息和资源的共享。特别要加大互联网建设力度,促进中小企业、高等院校、研究机构等的网络交流平台,做到各方对于研究生复合型人才从培养标准、培养环节、培养资源到人才供给需求的信息互通,实现研究生复合型人才培养的无缝对接。

第二节　对培养单位管理者的建议

研究生复合型人才培养在培养单位能否顺利有效地实行,培养单位管理者是关键。培养单位管理者一要以国家需要、社会需求和研究生发展需求为导向,深刻理解研究生复合型人才培养的重要性和内涵,加强顶层设计和统筹谋划,科学制订研究生复合型人才的培养计划。

二要通过多种方式整合各种教育资源,破除各种壁垒和障碍,建立健全激励政策,推进体制机制改革,大力促进各门类学科、各一级学科、各学科方向之间,自然科学和社会科学之间的相互渗透和融合,促进交叉学科建设。

三要明确研究生复合型人才的培养目标,以知识复合、能力复合、思维复合为着力点,通过专业的复合、复合的专业、研究方向的复合、专业上下游贯通的复合、产学研相结合的复合等多种方式,优化人才培养模式,建立完善研究生复合型人才培养所需要的课程体系,构建有利于研究生复合型人才培养的学分互认体系和学位授予机制,组建跨学科、跨院系、跨专业、跨院校、跨行业领域的、虚实结合的学术平台、科研平台、实践平台,为研究生复合型人才培养创造良好的条件和环境。

四要加强复合型教师队伍建设,通过实行"双导师制"、导师组制、专兼结合的导师制等多种方式,打造与研究生复合型人才培养要求相适应的、具有较强指导能力的导师团队,完善聘任、考核、评价等管理制度和激励机制,加大培养培训力度,鼓励导师自身不断提高复合型水平,鼓励导师跨学科、跨院系指导,鼓励导师积极参与产学研相结合的指导,促进研究生复合型人才指导水平和培养能力的不断提高。

五要加强制度建设,推进制度创新,建立健全包括研究生复合型人才培养各个环节、各个方面在内的培养制度,为研究生复合型人才培养的顺利实施提供制度保障。

第三节　对研究生导师的建议

导师作为研究生培养的"第一责任人",是研究生培养工作的主要组织者和实施者。导师在研究生复合型人才培养诸多环节中是最为重要的一环,可以说是研究生复合型人才培养质量的关键因素。

一、树立研究生复合型人才培养的理念

经济社会发展对创新人才的需求以及研究生教育系统发展的内在需求,使得研究生复合型人才培养成为当前研究生人才培养的主流。

国家在相关政策中明确了研究生导师是研究生培养的"第一责任人"。研究生培养质量的高低在很大程度上依赖研究生导师,研究生复合型人才培养的成效也在很大程度上依赖研究生导师。研究生导师应树立研究生复合型人才培养的理念,强化将研究生培养成复合型人才的意识,而无论自己所在的学科是否交叉性学科、无论是否事先设定了自己的研究生成为复合型人才的培养目标,要将培养复合型人才作为自己的自觉行为。

首先,在指导研究生科研训练中,导师要有跨学科和交叉学科的意识,注重引导研究生从不同的学科角度出发进行思考和探索。因此,导师自身就要注重跟随学科领域的新发展,不断更新知识结构,加强跨学科知识的了解和学习,将不同学科的理论方法融汇到本学科的教学工作中,启迪和引导研究生学会多角度、多方法探讨问题。

其次,在与研究生探讨问题,指导研究生提出研究规划过程中,导师要注重鼓励和爱护研究生多学科的创新思维。当今社会是一个知识社会,各类知识和信息的传播极其快速和广泛,研究生接受知识的途径和方式也非常丰富,这有利于研究生构建复合型知识体系,拓宽思维,提升创新能力。在学习和科研训练中,研究生往往会提出一些与传统学科范式不一致的思考,甚至有一些是看似不成熟、不实际的想法,在这种情况下,导师要注重鼓励和引导。因为这些想法有可能是产生新成果的火花,弥足珍贵。从这个意义上说,导师是否具有复合型人才培养的理念,将直接决定如何指导和培养研究生,也最终决定能否实现研究生复合型人才培养的成效。

二、全过程注重研究生复合型人才培养

研究生复合型人才的培养从招生选拔、人才培养到教育管理都至关重要。导师在每个环节都应该重视并参与研究生复合型人才培养。

在招生选拔阶段,导师不仅要支持培养单位突破学科方向界限,推进一级学科招生和跨学科招生,同时在招生选拔工作中要积极出谋划策,提出科学的复合型人才培养选拔标准,在考核面试等环节落实好对考生复合型知识和能力的测量和考核。

在培养阶段,首先要着眼于复合型人才培养要求,指导研究生制订好个人培养计划。培养计划的制订是研究生学习生活开始的第一步,要能够体现并最终促成研究生复合型人才的培养。导师要根据研究生已有的学科背景和特长、兴趣爱好和个性特点,围绕培养目标,结合社会对本学科专业复合型人才的需求,指导研究生选择好跨学科、交叉学科、综

合学科的课程,制订好文献阅读、科学研究、实践研究、学术活动与交流等计划。指导研究生的过程全方位体现复合型人才培养。其次,在科研训练中注重指导研究生学会研究性学习以及自主的科学研究。研究生阶段的学习不仅仅是掌握知识和方法,还要学会学习和科研,如此,研究生才有可能成为复合型人才。再次,在指导研究生完成学位论文工作中,引导研究生从多学科、交叉学科角度和方法进行选题。学位论文工作是对研究生进行科学研究或承担专门技术工作的全面训练,是培养研究生的创新能力,综合运用所学知识发现问题、分析问题和解决问题能力的主要环节,是研究生复合型人才培养的重要环节。另外,在培养环节,还要支持并鼓励研究生积极参加教育管理部门组织的学术活动、实践活动、文体活动等,促进研究生的能力复合。

在教育管理上,导师要树立立德树人的理念,注重研究生学业与品德的"双提升",这也是复合型人才培养的基本要求。导师在指导研究生学业的同时,也具有对研究生进行思想品德教育的教导责任。目前,中国的教育界在如何培养人才的问题上基本形成了这样一个共识,即要教会学生"做人、做事、做学问"。三者相较,让学生学会"做人"是第一位的。所谓的"做人",就是要具备良好的思想品格与道德情操,有崇高的追求目标与责任担当。研究生是高素质的群体,是未来国家建设的重要力量。如果他们不能树立正确的价值观、人生观,不能把他们的才华用于社会贡献而一味地追求私利,那么对于我们的教育来说就是一种悲哀。在研究生教育中,导师可以说是与学生接触最多的一名教师,导师的思想品德与为人处事等无不对学生产生潜移默化的影响。对于一名研究生导师来说,不仅要有渊博的专业知识和丰富的教学经验,同时也应具有高尚的思想品德与人格魅力;不仅应体现出"率先垂范"的理念,而且更应具有"身体力行"的风范。正如教育家加里宁所言:"教师的世界观,他的品行、生活,他对每一现象的态度,都这样或那样地影响着学生,可以大胆地说,如果教师很有威信,那么这个教师的影响会在某些学生身上永远留下痕迹。"导师要注重从教学、研究、生活、为人处世等各方面引领和培养学生认真、诚实、守信的作风,促进学生良好道德素养的形成。把每一个学生培养成为对国家有用的人才,把他们打造成人格健全且具有高道德水准的人,这既是导师的良知,也是导师的责任。

三、提供研究生复合型人才培养的条件支持

首先,要营造一个勇于创新、气氛活泼的科研团队,潜移默化地带动研究生在科学研究活动中培养团队意识,提升协同协作能力。导师的角色不同于单纯传授知识的授课教师,也不同于单纯提供指导的技术顾问,更不同于只专心于研究工作的研究人员。导师的"导"字,一方面包含"指导"的意义,即导师需要具备丰富的学识和经验,从而对研究生进行高屋建瓴的指导;另一方面,又带有"领导"的含义,导师需要自然而然地成为一个科研团队的领导人物。无论是十余名师生组成的大团队,还是师徒二人组成的小团队,导师都需要非常了解团队内成员的特点,并据此安排工作、协调内部关系,要随时把握团队工作的进展,还需要在实验的设计、数据的处理等环节进行把关。构建科研团队,一方面为团队交流、协作提供条件,另一方面,也培养研究生在团队合作过程中增强相互学习、相互启发的意识,在完成任务过程中培养处理团队内部关系的能力,使研究生达到复合型人才的高素质要求。

其次，要注重通过导师团队推进研究生复合型人才培养目标的实现。研究生复合型人才的培养，仅局限于其导师一人的指导并不能达到理想的效果，而需要来自不同学科专业领域甚至相同学科专业领域的双主体或多主体导师的指导，因此就需要组建导师团队共同指导研究生。不同知识背景和学术专长的导师组成的导师团队可以改变过去单一导师指导带来的知识面不宽、专业领域过窄的缺陷。研究生与多位导师进行交互式接触，可以博采众长，最终发展为复合型人才。导师团队的组建一要梯队合理、二要责权明确、三要经常互动。研究生导师需要克服学科专业和个人的偏见，走向相互合作，超越学科专业和个人的局限，增进学术理解、促进学术交流与合作，扩大跨学科专业视野，开展跨学科专业研究，增进跨学科专业理解，更有效地培养研究生复合型人才。

再次，在日常的指导研究生工作中，导师要积极指导研究生申请各类研究生科研或实践创新项目等，引领研究生参加科研项目、课题研究，尤其引导研究生多参加一些跨学科领域的学术活动、科研活动和实践活动；要积极为研究生提供课题研究的学习、交流平台，促进研究生与导师、研究生与研究生之间的学习交流；定期跟研究生见面，检查、指导研究进展；支持研究生参加联合培养、短期访学、高水平学术会议等交流，开阔研究生的视野，提高研究生国际化水平；关心研究生的思想及生活；鼓励研究生参加社会实践活动，等等。

第四节　对研究生的建议

研究生复合型人才培养的对象是研究生，若研究生自身不积极主动参与复合型人才培养，那么研究生复合型人才培养就是流于形式。

一、树立目标，做适应社会发展需求的复合型创新人才

习近平总书记在2016年12月召开的全国高校思想政治工作会议上指出，我们对高等教育的需要比以往任何时候都更加迫切，对科学知识和卓越人才的渴求比以往任何时候都更加强烈。研究生教育作为国民教育序列的顶端和国家创新体系的生力军，是高层次拔尖创新型人才的主要来源。当今世界，综合国力竞争日趋激烈，科技发展在高度分化的基础上又高度综合，政治、经济、科技、文化、教育和社会等问题日益复杂，国家对高层次创新型的复合型人才的需求更加迫切。研究生复合型知识和复合型能力的培养是创新能力培养的重要内容。作为研究生，要深刻认识到时代发展对人才的要求与以往相比发生了重要的变化，要深刻认识到复合型能力与创新能力内在的关联，要深刻认识到自己承载了未来国家科技创新、文化传承的历史重任。研究生既是现实科研工作的参加者，又是未来国家创新体系中科研队伍的后备力量，其复合型水平不仅直接影响高等学校知识创新的水平，也关系国家未来的整体创新能力，对国家创新体系有着重要影响，对个人的长远发展也有着深远的影响。因此，研究生要自觉树立成为复合型人才的努力目标，要积极适应社会发展的需要，努力使自己成为社会发展需要的复合型人才。

二、发挥主动性，完善和提升自身的复合型知识和能力

研究生作为学习的主体、研究的主体、发展的主体，应主动发挥自身的主体性，积极扮

演学习主体、研究主体和发展主体的角色，主动、自觉承担主体自我导向发展责任，以研究生复合型人才为自我发展目标。

首先，要在导师的指导下，围绕复合型培养人才要求制订好个人培养计划。研究生入学后要尽快了解学科全貌，要了解行业发展对新知识、新技术、新方法的需求，在个人培养计划的制订上精心做好课程选择、科研训练、实践训练、学术交流的方案。要充分了解和利用培养单位提供的课程资源、科研平台、实践平台、教育管理等资源，依据培养计划积极参与跨学科专业知识的学习和研究，主动请教多学科专业导师指导，自觉参与实习实践以及各类教育活动，积极争取出国联合培养、短期访学、高水平学术会议等交流。

其次，要以创新能力提升为牵引，强化复合型知识学习和复合型创新能力提升。创新能力培养是研究生教育的核心，更是研究生培养质量的重要标志。创新的本质在于不断发现新事物、提出新见解、解决新问题，而不是重复和复制别人的成果。积累丰厚的多学科知识，掌握先进的多学科科研方法，是培养创新能力的必要途径。因此，研究生在学习和科研实践中要广博汲取多学科知识，要学会理论与实践有机结合，特别是要注重借助自己原有的学科优势开阔视野，培养勇于创新的精神。

再次，要有宽广的学术视野和团结协作的精神。视野是一种心胸，是一种格局，学术视野是研究生学术追求的基础，也决定了研究生研究的广度和深度，决定了研究生的创新水平，决定了复合型人才培养的成效。当代学科发展呈现出高度的综合性、交叉性特征，每一项重大的科技创新都离不开多学科的交叉与融合。研究生要努力掌握多学科的理论与方法，具备跨学科的视野和思维。同时，科学技术又是世界性的，发展科学技术必须具有全球视野、把握时代脉搏。研究生要主动跟踪本学科研究的国际动态，瞄准学科前沿，积极参加国内外学术会议，主动把握境外访学和学术交流的各种机会，全力把自己打造成专业优秀、视野开阔的高水平研究生。

提升创新水平还离不开团结协作。团队精神是研究生培养的重要内容。随着科学技术发展和科学研究的社会化，科学研究已由个人的科学创造向团体科学创新转化，科技人才的培养和发展，也必须由自由式发展向团队式发展转变。只有具有团队合作精神的科技人才，才能在融洽的学术氛围中获得创造性科学成果。教育部提出的 21 世纪人才素质的标准中，明确指出了团队精神、合作能力在人才素质结构中具有重要的地位。研究生在学习和科研实践中要注重增强团队协作意识，学会相互合作，相互激励，使自己的创新创造能力在团队合作中得到最大限度的发挥。

三、注重提高思想品德，做德才兼备的高素质复合型人才

复合型人才培养必须符合党和国家的教育方针。党的十八大报告指出，要"坚持教育为社会主义现代化建设服务、为人民服务，把立德树人作为教育的根本任务，培养德智体美全面发展的社会主义建设者和接班人，全面实施素质教育"。因此，复合型人才应当是德才兼备的人才。我国高校具有完备的思想政治教育体系，在学生思想品德道德情操培养上发挥着巨大作用，但从德育生成的角度看，作为内因，受教育者的主体作用是起决定性作用的。德育过程在本质上是一个外因通过内因起作用的过程，也就是先把外在的客观要求转化为内在的主观意识，再由内在的主观意识转化为个体的思想品德和行为习惯

并作用于社会的实践活动。内化型德育模式认为,德育过程是学生尝试发现社会生活规范和自我完善、自我构建的过程,它强调学生通过自己的各种自主活动,如探索、模拟、角色扮演、体验、理解等,选择、接受社会的思想、政治、道德观点,提高道德判断和推理能力。从这个角度说,研究生的自我塑造、自我教育、自我创造对于人格发展、道德情操养成具有关键作用。

首先,要树立科学的世界观,注重提高科学素养。研究生要结合业务学习和科研实践去树立辩证唯物主义的世界观和价值观,用科学的方法和思想去认识事物发展的客观规律,并能应用这些规律为人类造福。要自觉锻炼和努力培养自身的科学精神、科学思想、科学方法。这包括培养和提高自己观察、实验、思维、自学等的能力,培养独立、求实的科学精神。自信、自主、自强、自立,敢于独立思考,勇于克服困难,树立追求真理和发展真理的信心和勇气。科学的世界观和科学素养既是研究生个人在科研上取得成果、取得个人成功发展的关键,也是实现中华民族伟大历史复兴的关键。

其次,要养成良好的个性品质。良好的个性品质、正确的自我意识是心理健康的重要条件,是顺利适应环境,主动进行自我教育和自我激励的基本前提。研究生具有很强的自主意识,要培养正确认识和评价自我的能力,严于解剖自己,敢于批评自己;要树立崇高的理想、远大的目标、正确的追求并为之奋斗拼搏;要养成良好的个性品质,坚韧不拔,锲而不舍。这样才能战胜消极情绪,增强对挫折的适应能力,使身心健康发展。

再次,要注重生活素质的养成。生活素质是生活价值观、生活态度及生活能力等方面的总称,它是随着阅历、年龄的增长,知识、生活经验的积累以及教育的影响而不断提高的。目前,在市场经济的冲击下,研究生强调个体差异性,独立自主地选择生活方式,生活价值观呈现多元化。他们不希望自己的生活方式被别人干预,更不会被迫接受某种生活价值观,只注重自我需求。研究生中出现高分低能、缺乏必要生活技能的现象屡见不鲜。因此,研究生作为高知识分子群体,要获得全面的发展,一定要从具体的实际生活出发,养成文明、健康、科学合理的生活方式。有意识地培养自己积极健康的生活价值观取向,以积极进取达观的生活态度来直面生活中的痛苦和坎坷;培养诚信守规的生活操守,选择积极健康的生活内容;培养自己适应社会和解决生活问题的能力。①

---

① 刘静:《研究生自我素质养成与德育》,载《经济与社会发展》2006 年第 2 期。

后　记

　　2015年1月,南京师范大学领导班子工作分工调整,我受命主管学校研究生教育教学管理及其思想政治教育工作,并作为副校长、党委常委兼任研究生院院长。不久,即获悉:在江苏省学位委员会副主任殷翔文会长主持下,江苏省学位与研究生教育学会正策划组织编撰一套研究生培养方面的系列研究专著丛书,其中有关"高层次复合型人才培养的研究"分册,拟委托我校并由我主持完成。

　　此后,我与时任校研究生院常务副院长(后任研究生院院长)魏少华教授、学位与培养处副处长黄凤良教授多次商讨,认真编写了课题研究设计与论证报告,并于2015年7月1日提交了课题申报材料。随后,又组建了课题组,我为组长,魏少华教授为副组长,胡建华教授(我校教育科学学院原院长、著名高教研究专家)、冯建军教授(教育部人文社会科学重点研究基地南京师范大学道德教育研究所所长、教育部"长江学者奖励计划"特聘教授)、祝爱武教授(我校教育科学学院硕士生导师、高教研究专家)、黄凤良教授(兼任秘书长)为核心成员,并于2015年9月30日上报学会。

　　2015年11月20日,省学位与研究生教育学会正式发文(苏学研会〔2015〕7号),委托我校承担并由我负责主持江苏省研究生教育教学研究与实践重大课题"高层次复合型人才培养的研究",研究经费为20万元(见苏教研〔2015〕2号文和苏财教〔2015〕173号文),要求确保此研究项目在2018年年底前完成。

　　2016年1月24日下午,我主持召开了课题组首次研讨会,魏少华、胡建华、冯建军、祝爱武、黄凤良等教授和校内相关成员参加。在这次研讨会上,进行了《研究生复合型人才培养研究》书稿框架的最初构建以及相关工作的初步分工。2016年4月形成了书稿框架初稿,后分别于6月、9月又进行了校内研讨,进一步明晰了书稿章节结构,并明确了书稿内容要求和编写格式。

　　2016年10月18日上午,我主持召开了由我校牵头,邀请南京大学、东南大学、中国药科大学、南京工业大学和南京医科大学等共6所高校相关同志参加的课题组研讨会。与会人员就书稿内容结构、编写要求及编撰相关工作进行了专题讨论。此后,6所高校即分别以该校研究生院相关同志为负责人,组织团队,撰写了各自学校研究生复合型人才培养的基本情况、个案分析、机制与特点等专章。

　　2016年10月28日,由省学位与研究生教育学会主办、我校承办的"江苏省高层次复合型人才培养研究专题研讨会"在我校随园校区召开。研讨会由学会副会长、省政协副主席、南京中医药大学校长胡刚教授主持。我简要介绍了课题进展情况。胡建华教授和祝爱武教授分别围绕研究生复合型人才培养研究的旨趣、研究生复合型人才培养的内涵与特征,进行了相关的理论探讨。南京大学研究生院副院长朱俊杰教授、东南大学研究生院副院长袁榴娣教授、中国药科大学研究生院常务副院长邵蓉教授、南京工业大学研究生院副院长张华教授、南京医科大学党委研究生工作部汪洁云副部长、扬州大学研究生院副院长孙伟教授等，就如何培养研究生复合型人才，结合本校实际分别作了研讨报告。最后，殷翔文会长作总结讲话，并充分肯定了课题组的工作及其阶段性研究成果。这次研讨会有力推进了课题的研究工作。

2016年3月28日，《研究生培养研究丛书》编撰委员会成立。在殷翔文主任主持下，委员会分别于2016年4月6日、7月25日、12月29日召开了三次编委会会议，我作为副主任、魏少华教授作为委员，还有我们课题组的黄凤良教授、祝爱武教授，均参会研讨。我们结合本书的撰著实际，为本丛书的编撰工作出谋划策，贡献了微薄之力。另外，我们也参加了本丛书全部目录、书稿的两次专家评审工作。

2017年8月，我们完成了本书第一稿。其间，组织召开了大小9次研讨会，克服了许多困难。例如，我们课题组成员查阅了迄今为止的教育专业词典和相关研究成果，均无与"研究生复合型人才"完全匹配的概念解释。祝爱武教授潜心研究，在本书首次从构词学、人才分类培养、跨学科等多视角解读界定了此概念，为全书的撰著确定了基调。

2017年10月13日上午，我主持召开了由我校牵头，南京大学、东南大学、中国药科大学、南京工业大学和南京医科大学等6所高校相关同志共同参加的书稿改稿会，大家按照编委会邀请的20多位专家对书稿的评审意见，对书稿的修改完善工作进行了详细讨论。后于2017年12月19日完成本书第二稿。《丛书》编委会殷翔文主任最后对书稿进行了审阅、删改，我们据此又进行了修改完善，并于2018年1月定稿，即第三稿。在书稿修改过程中，胡建华教授、魏少华教授和我均对全部书稿进行了审阅修改。

2016年1月至2018年1月，经过课题组全体成员的共同努力，作为我国第一部聚焦研究生复合型人才培养研究的专著，历经两年，终于完成。令我们欣慰的是，课题组比规定完成时间提前一年提交了最终结题成果！

《研究生复合型人才培养研究》书稿的完成，是6所高校相关同志组成的课题组共同努力的结果。他们是：南京大学卞清、周玥，东南大学袁榴娣、耿有权、彭志越、王怀永，中国药科大学张永泽、顾洁，南京工业大学张华、刘越男，南京医科大学张萌、汪洁云、苏荣健，南京师范大学魏少华、胡建华、冯建军、祝爱武、王莹、林祥瑜、孙志人、莫少群、王正平、黄凤良、李扬、夏曼丽、陈功、朱安友、黄峰、刘若雪、孙加翠、李俊、杨九东，上海师范大学黄海涛和江苏第二师范学院崔艳丽。在此，我要对上述全体同仁表示由衷的感谢与诚挚的敬意！

同时，我也非常感谢《丛书》编委会全体委员和评审书稿的专家们对我们的指导与帮助！感谢南京大学出版社范余、束悦等同志给予的大力支持。书稿中的个案部分得到了相关学科专业老师的帮助，文稿校对得到了一些研究生的支持，在此一并表示谢意。

最后，我要特别感谢总主编殷翔文会长的统领与智慧！特别感谢学会储宪国秘书长所做的大量工作！特别感谢我校魏少华教授、胡建华教授、祝爱武教授、莫少群教授（研究生院副院长）、黄凤良教授的潜心研究、辛勤笔耕与精诚合作！借此机会，也向长期以来关心、帮助与支持我工作的所有领导、专家、同事和朋友们，致以衷心的感谢与崇高的敬意！

南京师范大学　潘百齐
2018年8月于南京